国家高端智库 CHINA TOP THINK TANKS

NIFD 国家金融与发展实验室 National Institution for Finance & Development

CFT50 金融科技50人论坛 FinTech 50 Forum

# 中国金融科技运行报告

## (2020)

主　编/杨　涛　贲圣林

副主编/杨　东　宋　科　刘　勇

社会科学文献出版社
SOCIAL SCIENCES ACADEMIC PRESS (CHINA)

# 《中国金融科技运行报告（2020）》
## 编　委　会

# 编写单位简介

## 主编单位

**国家金融与发展实验室（NIFD）** NIFD系中央批准设立的国家级高端金融智库，遵循科学性、建设性、独立性和开放性原则，针对国内外金融发展、金融治理、货币政策、金融监管和国际宏观政策协调等领域，展开高质量、专业性、系统化、前瞻性研究，为提高我国经济和金融综合研判能力、战略谋划能力及风险管理能力服务，为国家制定货币金融政策和宏观经济政策服务，为各地区金融发展服务，为推动国内外金融学术交流和政策对话服务，为国内外科研组织、金融机构和工商企业提供应用性研究成果与咨询服务。2017年底，NIFD正式成立金融科技研究中心，目标是建设成为国内外金融科技领域的理论、政策与实践研究高地。

**金融科技50人论坛（CFT50）** CFT50于2017年4月22日在北京发布成立。CFT50会聚了国内金融科技一线的管理层人士、专家学者和企业领袖，共同探究前沿课题、助力产业实践，为金融科技领域的发展贡献力量。论坛紧密围绕金融科技理论、实践与政策前沿，努力建设成为服务于“政产学研用”的独立学术平台，并积极推动金融科技领域的交流协作与教育培训。

## 支持单位

中国支付清算协会金融科技专业委员会

中国社会科学院产业金融研究基地

中国人民大学国际货币研究所

浙江大学互联网金融研究院

北京立言金融与发展研究院

蚂蚁集团研究院

腾讯金融研究院

神州信息

# 主要编撰者简介

**杨　涛**　研究员，博士生导师，拥有中国注册会计师与律师资格证书。国家金融与发展实验室副主任，中国社会科学院产业金融研究基地主任、支付清算研究中心主任，北京立言金融与发展研究院院长。主要学术兼职包括中国人民银行支付结算司外部专家、中国银行间市场交易商协会交易专业委员会委员、中国保险行业协会学校教育专业委员会副主任委员、互联网金融安全技术工业和信息化部重点实验室学术委员、中国人民大学国际货币研究所学术委员、北京市金融学会学术委员、北京金融科技研究院监事长、金融科技50人论坛学术委员、文化金融50人论坛学术委员等。主要研究领域为宏观金融与政策、产业金融、金融科技、支付清算等。

**贲圣林**　先后获得清华大学工程学学士学位、中国人民大学企业管理硕士学位和美国普渡大学经济学博士学位。浙江大学教授，浙江大学互联网金融研究院院长、国际联合商学院院长。兼任金融科技50人论坛学术委员，中国人民大学国际货币研究所联席所长，全国工商联国际合作委员会委员，中央统战部党外知识分子建言献策专家组成员，浙江省政协常委、经济委员会副主任，浙江省人民政府参事，浙江互联网金融联合会联合主席，广东金融专家顾问委员会顾问委员，《中国金融学》执行主编，青岛啤酒股份有限公司、中国国际金融有限公司等独立董事。拥有丰富的国际金融业从业经历，主要研究领域为金融科技、创业金融、国际金融、国际商务等。

**杨　东**　中国人民大学未来法治研究院教授，中国人民大学区块链研究院执行院长，教育部“长江学者”特聘教授，教育部创新创业教育指导委员会委员。担任联合国国际电联数字货币焦点工作组顾问、中欧数字经济和网络安全专家工作组成员、世界互联网大会组委会高级别专家咨询委员会顾问。2017 年 7 月出版专著《链金有法：区块链商业实践与法律指南》，填补了我国区块链商业实践领域法律方面的空白。

**宋　科**　经济学博士、副教授，中国人民大学国际货币研究所副所长、金融科技研究所执行所长，兼任金融科技 50 人论坛学术委员，跨境金融 50 人论坛学术委员、秘书长，全球金融科技实验室联席主任，新华社中国经济信息社专家顾问等。主要从事货币银行、国际金融、金融科技等领域的理论、政策与战略研究。先后在国内外核心期刊上发表学术论文数十篇，著有《黄达传略》《宏观审慎政策研究》《互联网金融中的非法集资典型案例解析》等，主持和参与国家社会科学基金、国家自然科学基金以及财政部、中国人民银行等多项省部级以上重大课题研究。

**刘　勇**　中关村互联网金融研究院院长，中关村金融科技产业发展联盟秘书长，金融科技 50 人论坛学术成员，中国互联网金融三十人论坛秘书长，国培机构董事长。主持和参与《北京市促进金融科技发展规划（2018 年 ~ 2022 年）》《海淀区建设具有全球影响力的金融科技创新中心五年发展规划》《小微企业融资环境评价报告》《中关村金融科技行业发展研究报告》《北京市知识产权投融资体系建设研究》等多项金融科技与互联网金融专项研究。在《清华金融评论》《中国大学教学》《金融时报》《金融电子化》《中国农村金融》等报刊上发表多篇文章。著有《开放银行：服务无界与未来银行》《智能投顾：开启财富管理新时代》《保险科技》《区块链：重塑经济与世界》《互联网金融》《中国小微金融与互联网金融竞争力评价报告（2015）》，主编“互联网金融职业能力”系列丛书等，曾被评为中信出版集团年度最佳作者，荣获第二届金融图书“金羊奖”。

# 摘　要

《中国金融科技运行报告（2020）》系国家金融与发展实验室金融科技研究中心与金融科技 50 人论坛（CFT50）联合推出的系列年度报告的第三本。报告旨在系统分析国内外金融科技创新与发展状况、演进动态与市场前景，充分把握国内外金融科技领域的制度、规则和政策变化，不断完善金融科技相关的理论基础与研究方法。

报告主要包括五个部分。一是明确了讨论“金融科技”时，究竟有哪些“科技”需要关注。围绕大数据技术、人工智能技术、互联技术、分布式技术、安全技术等，“技术篇”从基础技术及其应用层面着手，围绕相关技术类别进行了理论探讨与动态跟踪。二是虽然谈到金融科技时人们更关注新兴业态与产品，但是技术创新早已成为金融变革的主线，只是在当前形势下才趋于“质变”。由此，“行业篇”从银行业、证券业、保险业的角度深入探讨传统金融行业拥抱科技的情况及前景。三是根据金融稳定理事会和巴塞尔委员会的分类方法，金融科技活动主要分为支付结算、存贷款与资本筹集、投资管理、市场设施四类。依托该分类原则，“业务篇”侧重分析主流金融体系之外的金融科技创新尝试。四是金融科技的健康发展离不开对风险和监管的深入思考，风险识别、管理与监管本身就是金融科技研究的重要领域。“风险篇”试图在此领域弥补现有研究的不足。五是立足全球视野，“比较篇”努力探索金融科技理论、政策与实践的比较研究范式。

报告致力于为金融科技相关监管部门、自律组织及其他经济主管部门提供重要的决策参考，为金融科技企业和金融机构的业务探索提供有效支撑，为金融科技领域的研究者提供文献素材。

# Abstract

*China FinTech Annual Report* (*2020*) is the third report co – published by the Research Center of Financial Technology in National Institution for Finance and Development and Fifty People Forum of Financial Technology. The report is aimed at improving the theoretical basis and research methods in FinTech with systematic analysis of the innovation and development, the evolution and market prospects, and the standard and policy changes in FinTech area at home and abroad.

The report consists of five parts. The first part clarifies the definition and scope of FinTech that we should give more focus on. The section of technology starts from basic technology and application level, including big data, artificial intelligence, interconnect technologies, distributed technology, as well as security technologies, and conducts theoretical discussions and dynamically tracks on related technology categories. While people pay more attention to some emerging FinTech business and products, the second part shows that technology innovation has long been the main driving force of financial reform even though its role only gets recognized recently. The section of industry tries to investigate on the application of FinTech in traditional finance areas from the perspective of banking industry, securities industry and insurance industry. Based on the classification of Financial Stability Board and Basel Committee, the third part divides the FinTech business into four segments: payment and settlement, deposit and loan and capital financing, investment management, market facilities. Based on the classification methods stated above, this part focuses on the analysis of the financial innovations outside the mainstream of financial system. The fourth part proposes that healthy development of FinTech business depends on the deep understanding of risk and supervision, particularly the identification, management and supervision of risks. Those factors constitute to an important research area of FinTech. The section of risks tries to make up for the lack of those research area. From a global perspective, the fifth part explores a comparative research paradigm of theory, policy and practice in FinTech area.

This report can be a reference book for regulators, self-regulatory organizations and other economic authorities in their decision – making related to FinTech. It also offers basic materials to financial institutions, FinTech enterprises and researchers in FinTech area.

# 目　录

## 风险篇：金融科技与风险识别及监管



## 比较篇：全球视野下的金融科技理论与实践



## 附　录

# CONTENTS

## Risk Part: FinTech and the Identification and Supervision of Risk



## Comparison Part: FinTech Theory and Application with a Global Perspective



## Appendices

# 前言 2019年金融科技运行及2020年展望

杨 涛  刘 勇  李 晶*

## 一 2019年的总体情况

2019 年，金融科技产业延续了良好的增长势头，在营收规模、融资金额、企业发展、人才培养等方面都取得了一定成绩。2019 年，中国金融科技产业营收规模达到 1.44 万亿元，较 2018 年增长 48.1%①；中国金融科技融资数量达到285 笔，占全球的24.4%；金融科技融资额为656 亿元，占全球的 25%。② 其中，以人工智能、大数据、区块链等为主要技术支撑的金融科技领域受关注度比较高，支付业务备受金融机构青睐。同时，中国金融科技企业发展势头依然迅猛。2019 年 10 月胡润研究院发布的《2019 胡润全球独角兽榜》显示，中国上榜的独角兽企业达到 22 家，占全球上榜金融科技独角兽企业总数的 39% 左右。中国金融科技独角兽企业的总估值为 2620 亿美元，占全球上榜金融科技独角兽企业总估值的近 70%。金融科技人才培

---

* 杨涛，国家金融与发展实验室副主任，中国社会科学院产业金融研究基地主任、支付清算研究中心主任，北京立言金融与发展研究院院长。刘勇，中关村互联网金融研究院院长，中关村金融科技产业发展联盟秘书长，金融科技 50 人论坛学术成员，中国互联网金融三十人论坛秘书长，国培机构董事长。李晶，北京立言金融与发展研究院首都金融智库合作基地负责人，首都经济贸易大学金融科技校友会副秘书长，金融科技 50 人论坛青年研究员，北京市互联网金融行业协会党委副书记。

① 数据来源于中关村互联网金融研究院。

② 零壹财经：《2019 全球金融科技融资报告》，2020 年 1 月。

养进入“科班”培养时代。2019 年，19 所本科院校新增互联网金融专业；上海、香港、深圳等地联合国内外一流大学开展金融科技人才培养并设立奖学金，强化金融科技人才发掘培养。

应用于金融的科技探索不断展开。金融科技底层技术的产业规模日益扩大，竞争实力进一步提升，适用范围不断拓展。大数据产业规模稳步扩大。2019 年，中国大数据产业规模达到 8500 亿元。[①] 人工智能高质量发展。2019 年上半年，中国人工智能核心产业市场规模超过 49.6 亿美元。2019 年，中国人工智能企业占世界人工智能企业总数的 21.67%，排名世界第二[②]；人工智能专利申请量累计达 44.4 万件，位居世界第一。[③] 互联技术平稳推进。移动互联经济发展进入新阶段，中国正式进入 5G 商用元年。2019 年全国共计建成 13 万个 5G 基站，全年电信业务收入达 1.3 万亿元，业务总量同比增长 18.5%。[④] 物联网市场规模稳中有升，2019 年超过 1.5 万亿元。随着 5G 技术的不断商用，一个万物互联的新时代即将开启。分布式技术迎来新一轮快速增长，区块链产业规模不断扩大，竞争实力持续提升。截至 2019 年 10 月，中国区块链企业[⑤]约有 1000 家，其中通过国家网信办两批次区块链信息服务备案的公司近 400 家。[⑥] 截至 2019 年 11 月 27 日，中国区块链专利数量达到 1894 件[⑦]，远超各国合计专利数量。云计算发展稳步推进。2019 年，中国云计算产业规模达到 1290.7 亿元，较上年增长 34.1%。[⑧] 安全技术不断升级。密码生态系统的制度化建设稳步推进。2019 年 10 月 26

① 数据来源于中商产业研究院数据库。

② 中国新一代人工智能发展战略研究院：《中国新一代人工智能科技产业发展报告（2019）》，2019 年 6 月。

③ 国家工业信息安全发展研究中心：《2019 年人工智能中国专利技术分析报告》，2019 年 12 月。

④ 《国新办举行 2019 年工业通信业发展情况新闻发布会》，国务院新闻办公室网站，2020 年 1 月 20 日，http：//www.scio.gov.cn/xwfbh/xwbfbh/wqfbh/42311/42454/index.htm。

⑤ 此处的区块链企业是指真实开展区块链业务或以区块链为重点业务的企业。

⑥ 零壹财经：《中国区块链企业发展普查报告 2019》，2019 年 12 月。

⑦ 数据来源于 IncoPat 专利数据库。

⑧ 数据来源于中关村互联网金融研究院。

日，《中华人民共和国密码法》正式颁布，密码的应用和管理得到了进一步规范。生物识别技术稳步发展。指纹识别、人脸识别技术应用范围明显扩大，在远程开户、刷脸支付、贷款等业务领域迅速普及。

金融科技加速推动传统金融的变革。银行系金融科技子公司发展向好，北银金融科技、工银科技、中银金融科技等银行系金融科技子公司相继成立；直销银行主战场发生转移，更加注重线上线下融合；民营银行数字化发展势头迅猛，截至2019年11月末，18家民营银行总资产达8812亿元，不良贷款率为1.04%，拨备覆盖率为380%[①]；开放银行模式的探索和实践逐渐铺开，超过50家银行已经上线或正在建设开放银行业务。证券科技发展加速。国内证券公司对信息系统的投入之和超过130亿元，多家券商密集增设首席信息官，证券业正在加紧布局金融科技。人工智能、区块链、云计算、大数据四项技术应用最为普遍，在托管结算、场外市场、风险管理等方面发挥了巨大作用。保险行业的变革已经由渠道变革转向运营和服务变革阶段，保险科技加快发展。2019年，行业经营主体较为稳定，行业保费缓慢增长；金融科技在财产险、人身险方面的创新实践日益丰富。

金融科技进一步拓展金融服务的边界。支付领域的开放加快了金融科技开放的步伐。2019年9月30日，中国人民银行批准国付宝股权变更申请，PayPal成为进入中国支付服务市场的第一家外资机构；区块链技术在支付清算领域有较大发展，区块链跨境支付汇款业务稳步开展。数字货币稳步推进。2019年8月，数字货币研究进程加快，中国人民银行推出的数字货币DCEP呼之欲出。中国消费金融发展空间广阔。2019年中国消费金融市场规模（不含房贷）超过10万亿元，市场渗透率高于20%。[②] 大数据风控技术已经成为驱动消费金融行业发展的关键技术，混合云计算模式、人工智能在消费金融领域得到更深入的应用。投资管理持续创新发展。2019年中国智能投顾资产管理规模约为4.6万亿元，按0.2%的管理水平计算，收入规模

① 数据来源于2019年民营银行经营交流座谈会。

② 数据来源于中关村互联网金融研究院。

达到 92 亿元。[①] 智能投研、智能客服、智能风控、智能产品管理等领域实现了平稳较快发展。

## 二　2019年的政策与制度环境

2019 年，我国金融科技延续“严监管、促发展”的态势，出台《金融科技（FinTech）发展规划（2019～2021 年）》，统筹协调、稳步推进人工智能、云计算、大数据等新一代信息技术在金融领域的合理应用，强化金融科技创新规范引导，金融科技监管规则逐步完善，行业制度规范日益健全，为行业营造了良好的发展环境。在社会责任方面，加大消费者保护力度，消除用户在信息安全、使用合规上的顾虑，推进普惠金融建设。

金融科技监管目前遵循“一委一行两会”的格局，但中国人民银行统筹监管的职能凸显。2019 年，中国人民银行统筹协调监管制度设计，多面着力，在数据治理、金融科技产品标准化、监管沙盒应用等多个方面出台规范性文件。以中国人民银行为主导，结合行业协会自律管理，中央和地方金融监管部门在监管基础上侧重于行为监管和功能监管。

采用包容监管、柔性管理方式，积极探索监管创新，快速推进中国版“监管沙盒”。在监管思路方面，监管部门秉持“守正创新、安全可控”的严监管原则，通过监管创新，除了严防死守风险底线外，还不断激发和保持行业活力，探索运用信息公开、产品公示、社会监督等柔性管理方式，引导金融科技充分发挥在普惠金融、小微金融等方面的独特优势。在监管能力方面，积极探索并应用监管科技，监管机构加强对金融科技的应用，尤其是运用大数据技术提高风险识别、监测和处置的前瞻性。在首届“2019 外滩金融峰会”上，中国人民银行科技司有关负责人表示，中国人民银行正在积极探索构建监管科技的应用框架，建立健全金融科技监管基本规则体系，打造中国版“监管沙盒”，为数字化转型营造良好的环境。2019 年 10 月 12

① 数据来源于中关村互联网金融研究院。

日，中国人民银行等六部门批准在北京首先开展金融科技应用试点工作；12月5日，试点启动，标志着中国版“监管沙盒”正式启动。

金融科技顶层设计不断优化。2019年9月6日，中国人民银行正式发布《金融科技（FinTech）发展规划（2019～2021年）》，标志着我国金融科技顶层设计基本完成，确定了包括加强金融科技战略部署、强化金融科技合理应用、赋能金融服务提质增效、增强金融风险技防能力、加大金融审慎监管力度、夯实金融科技基础支撑在内的重点任务，提出到2021年建立健全我国金融科技发展的“四梁八柱”，为金融科技的进一步发展指明了方向。

数据保护加码，数据保护体系进一步制度化、规范化。随着大数据、智能风控等行业的迅速发展，个人信息采集和应用规范逐步成为监管关注的重点。2019年监管部门陆续出台《数据安全管理办法（征求意见稿）》《App违法违规收集使用个人信息行为认定方法（征求意见稿）》《信息安全技术　个人信息安全规范（征求意见稿）》《信息安全技术　移动互联网应用（App）收集个人信息基本规范（草案）》等多项政策；大力打击以大数据技术之名行盗取个人信息之实的爬虫行业，数十家公司被查，头部数据公司纷纷宣布停止爬虫业务；在针对超范围收集个人信息和强制授权等现象的App整顿中，超过50款金融类App因隐私权政策问题而被点名批评；针对仿冒、钓鱼网站问题，2019年下半年，监管部门着手推动金融App备案，拟对App进行规范管理。2019年10月，中国人民银行下发《个人金融信息（数据）保护试行办法（初稿）》至各银行征求意见，预示着中国人民银行在个人金融信息保护监管方面的思路已经成熟，监管部门对大数据行业的整顿将会更加深入。

金融科技标准化升级。为落实国务院关于产品质量认证体系的要求，继2017年《网络安全法》对网络安全提出标准化工作的明确要求后，2019年10月，国家市场监督管理总局、中国人民银行决定将支付技术产品认证扩展为金融科技产品认证，并确定了《金融科技产品认证目录（第一批）》，制定了《金融科技产品认证规则》。《金融科技产品认证规则》将中国人民银行原本对支付技术产品进行认证的监管思路进一步推广到所有金融科技产品，且可能参照对支付技术产品的使用要求，将该认证实际发展为强制性认证。目前，包括客户端软件、声纹识别系统、云计算平台在内的《金融科技产品认证目录（第一批）》已由国家市场监督管理总局和中国人民银行发布。同时，2019 年中国人民银行发布的《移动金融客户端应用软件安全管理规范》作为金融行业推荐性标准，对移动金融 App 在风险防控、信息保护、实名备案、监督处置等方面提出了具体要求。2019 年 12 月，国家金融科技测评中心在深圳成立，致力于开展金融科技应用测评、风险监测以及监管科技与合规科技建设。金融科技产品认证、金融科技产品真实性验证，以及金融科技标准化水平的提升，将助力金融科技发展顶层设计所构想的金融科技应用先进可控目标的实现。①

## 三　2019年存在的问题与挑战

综观我国金融科技发展历程，从 20 世纪 80 年代的金融业务电子化，到 21 世纪的金融渠道网络化，再到 2016 年以来的金融服务智能化，我国金融科技经历了历史性的迭代和技术革新，可以说金融科技是金融业转型升级的加速器、服务实体经济的瞄准镜、推进普惠金融发展的引擎、防范金融风险的利器。

### （一）标准与规范尚需完善

金融科技产业兼具金融属性和科技属性，金融行业的高度复杂性、敏感性与科技领域的快速创新性、灵活性相叠加，对金融科技产业发展的规范性和标准化有着更为严格的要求。从目前已有的发展实践来看，若产业规范与技术标准不能及时建立，金融科技应用发展的风险会不断外溢，进而影响科技应用的正面效应。当前，从技术层面针对云计算、大数据、人工智能和区块链等新兴领域的相关标准制定已具备一定的经验，亟须结合金融业务应用

① 方达律师事务所金融机构组：《金融法律监管年度报告（2020）》，2020 年 2 月。

场景，从金融科技产业发展实践和应用需求出发，制定明确的业务规范和技术标准，为金融科技应用与产业发展指明方向、划定边界。

### （二）监管面临新挑战

金融科技在带来一系列金融服务创新模式的同时，也给金融行业监管带来了新的挑战。一是金融科技具有跨市场、跨行业特性，而且带来金融服务市场主体的不断多元化，传统的以“栅栏方式简单隔离商业银行和网络借贷之间的风险传播途径”面临巨大挑战。二是由于金融科技具有去中心化的发展趋势，金融风险也呈分散化和蜂窝式分布，目前采取的对现有金融机构自上而下的监管路径也面临新的挑战。三是金融科技的发展使金融交易规模和交易频率呈几何级数增长，金融监管面临的数据规模性、业务复杂性、风险多样性持续上升，面对日益纷繁复杂的金融交易行为，金融监管能力面临巨大挑战。

### （三）信息安全面临管控风险

金融科技的广泛应用在进一步提升金融服务数字化水平的同时，也给金融信息安全带来了更加严峻的管控风险。一是金融科技带来金融业务全流程的数据化，尤其是大量非传统金融企业成为金融服务市场主体，金融信息数据使用范围扩大、渠道增加，客观上增大了信息泄露的风险。二是金融科技应用衍生出大量创新性金融服务模式，监管的滞后性给部分非法机构利用监管漏洞非法获取或使用个人金融信息带来了便利。三是目前大量金融科技应用侧重于获取效益和提升价值，能够直接创收的技术往往被大范围采用和开发，而安全保护属于成本性投入，难以带来明显的经济效益，造成当前金融科技中业务发展能力与安全防控能力显著失衡，也间接为危害金融信息安全的违法犯罪行为提供了可乘之机。

### （四）能力、成本、机制受到多重制约

从实际应用能力来看，金融科技各类技术的应用程度参差不齐，面对金

融行业个性化需求的相关技术开放设计仍有待加强。云计算和大数据的技术成熟度较高，但在应用方面，系统云化集中面临的传统信息系统改造升级的压力较大，大数据平台构建在系统稳定性和实际使用效益方面均面临挑战，人工智能和区块链仍处于技术演进发展阶段，金融行业的应用价值还有待进一步挖掘。同时，金融科技应用对金融机构原有业务模式和运营机制有着明显的冲击，如何克服原有体制机制制约，制定符合自身实际的金融科技发展战略，为金融科技应用创新营造良好环境，也是金融机构面临的重要挑战。

### （五）人才匮乏

人才是产业发展的原动力，这一点在金融科技产业也不例外。一方面，金融科技相关应用呈爆发式增长，业务发展对人才的需求也随之快速增长；另一方面，人才缺口造成大量企业在人才市场的激烈竞争，高薪挖人成为常态，极大地影响了企业的业务稳定性。同时，在传统金融机构中，对新兴科技人员的管理模式和激励机制仍较为落后，难以适应更加灵活和创新化的科技应用发展模式。而且，金融机构对科技人员的重视程度仍有待提升，很多传统金融企业往往把信息技术部门简单当成一个后台基础支撑部门，科技人员仍被认为是系统管理员，在企业中的受重视程度较低，与高层的沟通机会较少，导致科技人员的职业晋升渠道相对单一，积极性不高，存在感不强。此外，企业内部技术创新氛围和环境培育不够，科技人员自身的能力优势得不到有效发挥。

### （六）应用场景过于单一

在金融科技产业应用场景方面，云计算和大数据的技术成熟度较高，但其在金融领域的应用存在覆盖范围不足、应用场景单一和应用效益不高等问题；人工智能和区块链等技术仍处于快速演进中，其对金融行业的巨大应用价值还没有得到很好的体现。

### （七）数据共享、数据开放、数据安全存在诸多问题

在数据共享、数据开放方面，金融领域机器学习模型的效果受数据本身

的影响较大。目前直接获取的数据通常受限于特定业务痛点和特定管辖范围，而相关领域和行业的数据很难获取。打破传统，获取跨部门、跨业务的数据，可以促进机器学习的效果得到极大提升。

目前合法途径获取的数据局限于工商、征信、舆情等官方网站，数据种类和内容较少，有时企业会根据业务需求通过爬虫工具获取脱敏后的企业或个人数据，但通过这种方式获取的数据在使用安全性、合法性、准确性方面没有保障，目前企业在使用时比较慎重，亟须政府相关部门给予明确的政策指导。

### （八）金融科技企业各自为战，转型艰难

一是目前金融机构开展金融科技研发创新未形成合力，难以实现规模效应；二是由于金融科技属于新兴产业，许多新成立或者转型的金融科技公司在申请高新公司资质时，受到“成立一年以上”的时间限制。

### （九）成本问题制约了云计算等平台的规模化发展

目前云计算应用主要在 PaaS（平台即服务）和 SaaS（软件即服务）层面，对于云计算底层技术、云安全技术的掌握和研究还不够充分。云平台建设成本较高，目前云应用大多集中于大型金融机构。传统银行信息部门组织架构难以适应云平台建设与发展的要求。云计算应用场景开放程度不够，尤其是涉及政府部门的相关场景。缺少具有可操作性的云技术指引，如公有云、私有云及行业云的适用范围需要进一步明确；缺少银行、保险、证券、消费金融、泛金融等云建设的行业指导意见。

### （十）数据开放问题

对于中小银行来说，目前遇到的瓶颈主要是数据问题。因为监管部门和政府机构暂未向银行开放企业的全维度数据，如企业的工商、司法、税务、行政、环保、质监等业务数据，所以数据模型无法实现客户的精准画像，从而影响了识别优质客户的授信准入，同时增大了银行对中小微企业的信贷风险。

# 四　2020年发展展望与建议

## （一）发展思路

推动金融科技变革与数字化创新，既是为了适应经济数字化带来的长期趋势性变化，也是为了应对短期内新冠肺炎疫情带来的挑战。从金融电子化、金融信息化、互联网金融、金融科技到金融数字化，本质上是通过金融业的“基因优化”全面提升金融服务能力和效率。从供给侧因素来看，技术快速迭代、市场竞争加剧、监管思路转变，共同推动金融数字化进程；从需求侧因素看，当数字化引致产业与分工模式、企业与消费者偏好发生重大变化时，与之相应的金融服务也必须求变。

客观来看，技术演进深刻改变了经济金融运行模式，整个现代金融业就是一部科技发展史。例如，20 世纪 60 年代的半导体、微处理器，推动电子数据替代人工记账，信用卡产业开始腾飞；70 年代的中央处理机，实现了系统批量处理和连续运作，促使 SWIFT 等金融通信服务快速发展；80 年代的终端机、个人电脑，推动银行业务实现远程化和自动化，进而 ATM 不断普及；90 年代的局域网、互联网，先是开启数据中心、公司内网新时代，进而实现了数据全球共享，推动跨国机构发展；21 世纪初智能设备的快速发展，搭建了手机数据及客户互动的新载体，推动数字银行变革；21 世纪第二个 10 年，移动设备的普及促使移动支付、移动银行加快应用。近年来，大数据、人工智能等新技术快速迭代，金融产品与服务创新日益复杂，二者叠加迸发出强大的生命力。

由此看，当前金融数字化转型面临重要历史转折点，我们既要避免重蹈互联网金融发展的覆辙，又需直面机遇和挑战，在 2019 年中国人民银行发布的《金融科技（FinTech）发展规划（2019～2021 年）》的引领下，推动金融科技创新健康、持续发展。

### （二）“抗疫”驱动金融科技创新探索

进入2020年，新冠肺炎疫情给我国经济社会带来了较大冲击，也对开放金融服务模式产生了深远影响。综合来看，未来经济金融体系或许呈现以下几个方面的变革趋势。

一是在疫情之下，我国在经济、社会、金融层面更加重视数据信息的优化、标准化，运用大数据技术以解决信息不对称问题，为数字化时代奠定重要的生产要素基础。二是疫情的压力给客户端带来了新的冲击与影响，催生了一批积极拥抱数字经济的新客户，值得我们未来继续关注。三是金融机构在疫情压力下，更加重视数字化转型，将进一步拥抱人工智能、区块链等新技术，推动产品与服务的线上化、移动化、智能化。四是科技助力金融更好地服务于受疫情影响的实体企业，在特殊环境下经受了实战考验。五是从经济社会层面来说，新技术难以“单兵突进”，更离不开制度规则、文化伦理等方面的合理化、透明化、规范化。

进一步聚焦金融业在“抗疫”过程中的数字化探索，可以看到既有顺应长期趋势的变革，也有过渡期的不成熟尝试，还有需理性看待、避免夸大的地方。

一是“抗疫”促使非接触、零接触金融服务受到前所未有的高度重视，尤其是从金融机构供给和客户需求两端带来深远影响。在疫情影响下，原有对线上服务偏好程度较低的客户，如个人客户中的中老年群体、部分高净值人群，以及众多企业客户，都更加适应数字化、非接触金融服务。

二是针对企业尤其是中小微企业的服务能力有所提升。北京大学数字金融研究中心的研究显示，数字信贷发展水平每提升1%，疫情对经营的冲击将减弱2.57%。随着越来越多的银行突破技术瓶颈，发展数字信贷，疫情对企业经营的影响有望降低。当然需要注意的是，中小微企业面临困境并不能仅靠融资来解决，金融科技在其中也“独木难支”，需要多方着力和各种政策配合。

三是加强了金融服务供给的多渠道、多视角协同。过去金融机构纷纷着眼于金融科技，但大多是“跑马圈地”和低效布局，不同部门、不同渠道缺乏协同。而在疫情的压力下，面向客户的多元服务协同能力也遭受了考验，促使金融机构真正实现转变。

四是更加重视B端的金融业务，尤其是基于供应链、贸易链、产业链的产融结合式创新。多数金融机构努力运用大数据和新技术来补齐原有“短板”，并且积极进行平台模式的合作，寻找B端最佳场景。当然，也存在一些“新瓶装旧酒”的现象，以供应链金融为例，有许多难点并非仅靠数字化、线上化就能解决。

五是全新的风控压力。对于许多线上业务与金融科技积累较少的银行来说，其面临的风险更加复杂。而当金融机构试图服务那些数字化程度较低的传统行业时，金融科技也面临“束手束脚”的问题。

六是金融机构自身的数字化能力得到提升。数字化转型不是简单地开发线上产品，而是对金融机构战略管理、经营文化的全面革新，以及内部治理、组织架构、人才能力的再造。

七是非融资性服务加快拥抱新技术，包括B端支付服务、风险管理、投资与财富管理等。

## （三）对策建议

一是政府部门应建立以市场为导向、产学研深度融合的技术创新体系。加强金融机构同业之间的技术交流培训，搭建科技创新交流平台，让银行同业之间以及银行与互联网金融企业之间进行创新机制和成果的交流。

二是依托大学及科研机构，通过政产学研用相结合的方式，培养金融与科技复合型人才，特别是加强目前短缺的人工智能及金融分析复合型人才的培养。

三是采用重点项目攻坚锻炼、技术研究团队互助、业务与科技人员定期轮岗、外部行业专家引入等方式，深化业务与科技的融合。

四是加快明确金融科技从业人员需具备哪些必要的资质、哪些基本的能力，以及怎样评估人才的金融能力处于什么级别。建议出台一系列针对金融科技人才的优惠政策，如户籍、住房、子女教育等；畅通金融科技人才引进绿色通道，对金融科技优秀人才引进给予政策倾斜。

五是建立金融机构间的联动机制，统筹布局前瞻性技术研究，注重技术储备，整合创新项目，联合各方实现资源共享和优势互补，特别是在基础性的技术研究方面，探索共同创新、充分验证和快速推广，避免资源重复投入，加速技术迭代和科技成果转化。

六是在合规与风险可控的前提下，适度放宽金融科技申请高新公司资质的期限。金融科技企业因注册限制问题，目前带“金融”“金融科技”“金融信息”“金融服务”等字样的企业名称、工商经营范围都无法批复。

七是金融主管部门应通过出台相关政策引导金融云服务发展，扶持金融云计算项目，引入产业合作，共同构建金融云生态。

八是由国家相关部门牵头研究我国金融科技企业认定标准，为地方政府制定相应支持政策提供权威性依据。

九是监管部门应加大对金融科技创新的支持力度，对金融科技创新产品采取政策倾斜和奖励机制。对于金融科技创新可借鉴并积极探索具有中国特色的“监管沙盒”模式，这一模式有助于鼓励和保护金融创新产品，使创新主体实时跟进试行情况，并根据改进意见对进入沙盒中的创新产品进行快速改进。

十是加强征信体系建设，目前个人或企业信用体系建设仍不完善，如对保险公司赔付的个人消费信贷、企业信用贷款等领域业务的违约方，未能及时有效地纳入信用体系记录，也未对违约方设置惩戒机制、追偿机制，以弥补权益方损失。建议建立健全相关政策，打通各行业对个人及企业的信用评价信息使用渠道，实现信息共享，共同防范风险。再如目前许多持牌金融机构希望各部门提供打通中小微企业关于工商、税务、社保、司法等方面数据的平台，为银行风控模型提供权威、真实、有效的补充数据。

# 技术篇：可应用于金融的科技探索

Technology Part：Technology Exploration Applicable to Finance

## 第一章 大数据技术及其应用

王 强　邱艳娟　李 曼*

摘　要：数据是数字经济时代的生产要素，基于大数据的生产变革和业务模式创新驱动全球范围内经济社会各个领域的数字化、智能化转型。合规合法、有效利用大数据技术开展创新应用，成为金融机构高质量发展的核心竞争指标之一。2019 年，大数据整体呈理性合规发展的趋势，大数据产业发展进入一个全新的环境。在国家重视数据资源、部委强化大数据合规发展监管的整体态势下，金融机构对数据资产管理与治理也更

* 王强，中国信息通信研究院人工智能与数据治理研究中心副主任，主要从事大数据、人工智能、区块链等领域的研究与咨询。邱艳娟，中国信息通信研究院主任工程师，主要从事人工智能、大数据、数字经济等领域的研究与咨询。李曼，中国信息通信研究院工程师，主要从事大数据、人工智能等领域的研究与咨询。

加重视，同时积极提升大数据实时计算能力，以数据中台战略提升大数据分析能力，更好地支撑精准营销、信贷风控、交易预警、反欺诈等金融大数据应用。

关键词：　数据治理　个人信息保护　金融大数据　实时计算分析
数据中台

## 一　大数据发展整体态势

2019 年是大数据发展值得铭记的重要一年。党中央、国务院持续推进大数据、互联网、人工智能与实体经济深度融合，加大数字经济发展支持力度，明确数据资源在经济制度中的重要地位，可谓大数据发展历程中的又一里程碑。2019 年 1 ~ 12 月，贯穿全年的高压监管工作将大数据技术公司从幕后推向台前，从部委的个人信息保护监管举措到地方的数据管理办法，国家关于数据治理的态度逐步明朗化，大数据行业正全面迈向合规合法的发展道路。双重关键因素的叠加，使得大数据在 2019 年几近重生。

### （一）数据资源的地位实现历史性跨越

近年来，数字经济成为全球经济增长的关键动力，也成为我国经济发展的新引擎。党中央、国务院高度重视数字经济发展。习近平总书记多次强调要构建以数据为关键要素的数字经济，在创新、协调、绿色、开放、共享的新发展理念指引下，推进数字产业化、产业数字化，引导数字经济和实体经济深度融合。李克强总理指出，要壮大数字经济，坚持包容审慎监管，支持新业态、新模式发展，促进平台经济、共享经济健康成长。2019 年，我国数字经济增加值规模达到 35. 8 万亿元，占 GDP 的比重达到 36. 2% ，对经济增长的贡献率为67.7%[①]，数字经济成为构建现代化经济体系的重要内容。

为贯彻落实党中央、国务院关于数字经济发展的战略部署，2019年11月国家发展改革委、中央网信办联合印发《国家数字经济创新发展试验区实施方案》，围绕解决数字经济发展关键问题，发挥一些地区在数字经济发展中的示范带动作用，探索数字经济发展和产业转型升级的路径与模式，并启动了浙江省、河北省（雄安新区）、福建省、广东省、重庆市、四川省6个国家数字经济创新发展试验区的建设工作。

数字经济最鲜明的特点是以数据为关键要素，在数据经济蓬勃发展的当下，党中央更是创新性地提出数据也是社会主义基本经济制度的生产要素。党的十九届四中全会提出，要健全劳动、资本、土地、知识、技术、管理、数据等生产要素由市场评价贡献、按贡献决定报酬的机制。这是党中央首次提出将数据作为生产要素参与收益分配，提升了数据资源的地位，充分体现了我国社会主义基本经济制度的与时俱进，以及党中央对数字经济发展的重视。

### （二）行业高压监管，加强数据治理

随着移动互联网的快速发展，大众出行、社交娱乐、通信购物、教育医疗等日常生活越来越离不开各类手机App。从线下到PC线上，从PC线上到手机线上，个人信息采集获取的渠道更广、难度更低，数据资源也变得维度更丰富、规模更庞大。但与此同时，App用户隐私协议不规范、强制授权、过度索权、超范围收集个人信息的现象大量存在，大数据公司违法违规使用个人信息的问题十分突出。个人信息滥采滥用的一系列问题，影响和制约了我国数字经济的持续健康发展。

2019年伊始，国家就释放出加强数据治理、规范个人信息收集使用的强信号。2019年1月，由中央网信办、工业和信息化部、公安部、国家市场监管总局四部门联合发布《关于开展App违法违规收集使用个人信息专项治理

① 中国信息通信研究院：《中国数字经济发展白皮书（2020年）》，2020年7月。

的公告》，打响了2019年数据专项治理的第一枪。2019年12月，四部门又联合印发了《App违法违规收集使用个人信息行为认定方法》，旨在为监督管理部门认定App违法违规收集使用个人信息行为提供参考，为App运营者自查自纠和网民社会监督提供指引。2019年，公安部加大了App违法违规采集个人信息集中整治力度，共查处违法违规采集个人信息的App 683款。[①] 2019年11月，工业和信息化部发布了《关于开展App侵害用户权益专项整治工作的通知》，自查自纠阶段共有8000多款App完成整改，并于2020年1月通报了56款尚未完成整改的App。[②] 此外，中国人民银行重点关注个人金融信息保护，于2019年10月下发了《个人金融信息（数据）保护试行办法（初稿）》，表示将加大对违规采集、使用个人征信信息的惩处力度。

高压监管之下，多家爬虫技术与大数据风控机构接连被查，大数据行业重新洗牌。2019年9月6日，第三方数据风控公司魔蝎数据和新颜科技的相关负责人在同一天被警方带走调查。之后，聚信立、天翼征信、公信宝、同盾科技子公司、51信用卡等诸多公司也相继被查。2019年11月20日，江苏淮安警方依法打击了7家涉嫌侵犯公民个人信息犯罪的公司，涉嫌非法缓存公民个人信息1亿多条。上述大数据公司被查与其开展的爬虫业务有关，而这些爬虫业务主要服务于互联网金融机构。作为互联网金融业大数据风控的关键一环，提供数据支撑的这些第三方大数据公司在经历了前几年的辉煌之后，终于迎来了最强监管浪潮。

数据治理之网已经打开，大数据发展和利用进入正规化管理的新阶段。随着战略地位的拔高、监管的深度介入、从业门槛的陡然提升，大数据产业发展进入一个全新的环境，大数据技术与应用也在不断应对新的变化，需要持续创新。

## 二　大数据基础技术

大数据技术体系发展至今，不断得到充实与完善，与互联网、物联网、

① 《公安机关开展App违法采集个人信息集中整治》，人民网，2019年12月4日。

② 数据来源于工业和信息化部网站。

人工智能等其他信息通信技术融合交汇，现已较为成熟。围绕数据资源的全生命周期过程，大数据基础技术包含大数据采集技术、大数据预处理技术、大数据存储与计算技术、大数据分析技术等。

## （一）大数据采集技术

大数据采集是大数据生命周期的第一个环节。随着各类技术和应用的发展，数据来源多种多样，除了传统的关系型数据库外，还包括众多非结构化数据库，以及互联网、物联网等。数据类型也越来越丰富，包括原有的结构化数据，但更多的是半结构化数据和非结构化数据。按照数据来源不同，大数据采集技术和方法也存在较大差异，下面按照数据库数据采集、网络数据采集、物联网数据采集分类说明。

**1. 数据库数据采集**

数据库数据采集因数据库类型不同以及其中存储的数据类型是结构化还是非结构化而有所不同。

针对传统关系型数据库，数据采集一般采用 ETL（数据抽取、转换和加载）工具、SQL 编码、ETL 工具与 SQL 编码相结合三种方式。ETL 工具经过多年的发展，已经形成了相对成熟的产品体系，尤其是针对传统关系型数据库，典型代表包括 Oracle 的 OWB、IBM 的 Datastage、Microsoft 的 DTS、Informatica 的 PowerCenter 等。借助 ETL 工具可以实现数据库数据的快速采集及预处理，屏蔽复杂的编码任务，也可提高速度、降低难度，但是缺乏灵活性。通过 SQL 编码方式实现数据库数据采集，相较于使用 ETL 工具更加灵活，可以提高数据采集及预处理的效率，但是编码复杂，对技术的要求比较高。ETL 工具与 SQL 编码相结合可以综合前两种方式的优点，极大地提高数据采集及预处理的速度和效率。

针对非结构化数据库采集以及不同类型数据库之间的数据传递，目前用得比较多的是一些开源项目提供的 ETL 工具，典型代表包括 Sqoop、Kettle 和 Talend 等，专为大数据而设计，可兼顾离线和实时数据采集，实现主流非结构化数据库（如 HDFS、HBase 及其他主流 NoSQL 数据库）与传统关系型数据库（如 MySQL、Oracle、PostgreSQL 等）之间的数据双向传递。

相对来说，数据库数据的价值密度较大，主要通过日志文件、系统接口函数等方式采集，采集技术规范，可用工具较多，面向不同类型数据库的统一采集技术将成为未来的重要发展趋势。

**2. 网络数据采集**

网络数据采集根据采集的数据类型不同可以分为互联网内容数据采集和网络日志采集两类。

互联网内容数据采集主要是利用网络爬虫技术和网站公开的应用编程接口（Application Programming Interface，API）等方式，辅以分词系统、任务与索引系统的综合运用实现从网站上获取内容数据的过程。这种方式可将互联网上的半结构化数据、非结构化数据从网页中提取出来，并以结构化的方式将其存储为统一的本地数据文件，支持图片、音频、视频等文件或附件的采集以及自动关联。网络爬虫是一种按照一定规则，自动抓取互联网内容的程序或者脚本。网络爬虫技术最早主要运用在搜索引擎中，互联网搜索引擎与网页持有者之间通过 Robots 协议约定哪些信息可以被爬取、哪些信息不该被爬取。

网络日志采集目前用得比较多的是开源日志采集系统，典型代表包括 Flume、Scribe、Logstash、Fluentd 等。Flume 是 Cloudera 贡献给 Apache 的一个开源日志采集系统项目，具有高可用性、高可靠性和分布式的特点，可以实现海量日志的实时动态采集、聚合和传输。Scribe 是 Facebook 的开源日志采集系统项目，具有可扩展性和高容错的特点，可以实现日志的分布式采集和统一处理。Logstash 部署使用相对简单，更加注重日志数据的预处理，可以为后续日志解析做好铺垫。Fluentd 的部署与 Flume 比较相似，扩展性非常好，应用也相当广泛。

随着大数据时代的到来，一些大数据公司不再受 Robots 协议的约束，利用网络爬虫技术爬取一切可爬取的内容，包括电商、外卖、地图、共享单车等各类平台的用户个人信息，以及用户的通信录、上网地址、收货地址、聊天记录、搜索记录、支付记录等信息。大数据公司利用爬取到的用户个人信息进行精准用户画像，开展精准营销和广告推送，产生了良好效益。但也有一些大数据公司通过直接销售用户个人信息以获利，造成了巨大的不良影响。上述违法违规行为的大量存在终于在 2019 年迎来了行业监管的重锤，多部门联合开展违法违规采集个人信息集中整治，逐步推进网络爬虫技术的合规使用和大数据采集的规范发展。

**3. 物联网数据采集**

无论是消费物联网、产业物联网，还是智慧城市物联网，都可能涉及 RFID 电子标签、定位装置、红外感应装置、激光雷达以及多种传感器等装置，可以说物联网终端设备的作用就是采集物联网数据，可能涉及对声音、光照、热度、电流、压力、位置、生物特征等各类数据的采集。物联网数据涉及范围广，数据相对分散，数据类型差异巨大，数据采集方法和采集手段也存在较大差异。

金融行业大数据应用对物联网数据利用较少，主要还是借助外部网络数据与内部数据库系统数据融合实现众多金融大数据应用创新。例如，金融机构通过采集互联网用户的微博内容数据、社交媒体数据、电商交易数据等对用户的信用等级进行综合评估；证券分析机构通过采集新闻、股票论坛信息、上市公司公告、行业研究报告、股票交易数据、市场行情数据等，构建分析模型，分析挖掘各类事件对股市以及某只股票价格走向的影响；监管机构通过采集社交媒体数据、网络新闻数据、网络舆情数据等，与监管机构自有数据库数据进行对比分析，可发现潜在风险，向投资者发布风险提示，并采取适当监管措施以维持金融市场稳定。随着个人信息保护力度的逐步加大和大数据监管体系的日益完善，金融相关大数据的采集也将逐步走上合规化道路。

## （二）大数据预处理技术

大数据分析与挖掘所需的数据往往是通过多个渠道采集的多种类型的数据，通过上述大数据采集技术采集到的数据往往存在数据冗余、数据缺值、数据冲突等数据质量问题，需要通过大数据预处理技术提高数据质量，使数据更符合分析挖掘需要，以保证大数据分析的正确性和有效性，获得高质量的分析挖掘结果。大数据预处理技术可以对采集到的原始数据进行清洗、填补、平滑、合并、规格化以及一致性检查等操作，将杂乱无章的原始数据转化为相对单一且便于处理的结构类型，为后期的大数据分析挖掘奠定基础。大数据预处理主要包括数据清理、数据集成、数据变换以及数据归约四大部分。

**1. 数据清理**

数据清理主要是通过检测数据中存在的冗余、错误、不一致等问题，利用各种清洗技术去除噪声数据，形成一致性数据集合，包括清除重复数据、填充缺失数据、消除噪声数据等。清除重复数据一般采用相似度计算等统计分析方法。针对缺失数据的处理方式有两种：一种是忽略不完整数据，即清除缺失数据；另一种是通过统计学方法、分类或聚类方法填充缺失数据，以确保数据可用。在实际应用中，数据采集过程中还会由于多种原因产生大量的噪声数据（在合理的数据域之外），如果不加以处理，会造成后续分析挖掘结果不准确、不可靠。常用的消除噪声数据的方法包括分箱、聚类、回归等统计学方法和数学方法。

主要的数据清洗工具包括前文所述的 Sqoop、Kettle、Talend 以及 Apache Camel、Apache Kafka、Apatar、Heka、Scriptella 等开源 ETL 工具。此外，Potter's Wheel 应用也较多，此款数据清理工具交互性强，还集成了偏差检测和数据变换功能。

**2. 数据集成**

数据集成是指将来源于多个数据源的异构数据合并，存放到一个一致的数据库中。这一过程主要涉及模式匹配、数据冗余、数据值冲突的检测与处理，主要工具仍是上文提到的开源 ETL 工具。模式匹配主要用于发现并映射两个或多个异构数据源之间的属性对应关系，朴素贝叶斯、Stacking 等机器学习算法在模式匹配中应用较为广泛。数据冗余可能源于数据属性命名的不一致，可以利用皮尔逊积矩相关系数（Pearson Product - moment Correlation Coefficient）来衡量数据属性命名的一致性，其绝对值越大表明两者之间的相关性越强。数据值冲突主要表现为来源不同的同一实体具有不同的数据值，针对数据值冲突问题有时需要辅以人工确定规则加以处理。

**3. 数据变换**

数据变换就是处理采集上来的数据中存在的不一致的过程，既包括数据名称、颗粒度、规则、数据格式、计量单位等的变换，也包括对新增数据字段进行组合、分割等变换。数据变换实际上也包含了数据清洗的相关工作，需要根据业务规则对不一致数据进行清洗，以保证后续分析结果的准确性。数据变换的主要目的在于将数据转换成适合分析挖掘的形式，选用何种数据变换方法取决于大数据分析和挖掘算法。常用的数据变换方法包括：函数变换，使用数学函数对每个属性值进行映射；对数据进行规范化，按比例缩放数据的属性值，使其尽量落入较小的特定区间。规范化既有助于各种分类、聚类算法的实施，又避免了对度量单位的过度依赖，同时还可规避权重不平衡问题。

**4. 数据归约**

数据归约是指在尽可能保持数据原貌的前提下，寻找最有用特征以缩小数据规模，最大限度地精减数据，其涉及的技术和方法主要包括高维数据降维处理方法（维归约）、实例归约、离散化技术，以及不平衡学习等机器学习算法。数据归约技术可以用来得到数据集的归约表示，使得数据集变小，但同时仍然近于保持原数据的完整性，可以在保证分析挖掘准确性的前提下提高分析挖掘的效率。目前基于海量数据的数据归约技术已经成为大数据预处理的重要问题之一。

### （三）大数据存储与计算技术

大数据存储与计算技术是整个大数据系统的基础。2004 年，谷歌公司率先提出一套分布式数据存储与计算的技术体系，即分布式文件系统谷歌文件系统 GFS、分布式计算系统 MapReduce 和分布式数据库 BigTable，以较低的成本很好地解决了大数据面临的困境，奠定了大数据技术的基础。受谷歌公司论文启发，Apache Hadoop 实现了自己的分布式文件系统 HDFS、分布式计算系统 MapReduce 和分布式数据库 HBase，并将其开源，这是大数据技术开源生态体系的起点。随着大数据技术的不断发展与应用，大数据存储与计算技术呈现以下新特征。

**1. 基础框架逐渐成熟，满足批处理与流处理场景需求**

大数据存储与计算技术已形成了以开源为主导、多种技术架构并存的技术生态体系。Apache Hadoop 最初定义了基础的分布式批处理架构，打破了传统数据库一体化的模式，将计算与存储分离，解决了海量数据的低成本存储与规模化计算问题。近年来，随着大数据分析时效性的需求愈加突出，Apache Flink、Spark Structured Streaming、Kafka Streams 等流计算基础框架技术备受关注，为满足流处理场景需求打下了基础。其中，最热门的 Apache Flink 使用了流处理的思想来实现批处理，是能够同时支持流处理和批处理的计算引擎，包括阿里巴巴、腾讯、百度、字节跳动、Uber、Lyft、Netflix 等在内的国内外公司都是 Apache Flink 的使用者。除了开源的存储与计算框架之外，还有一些成熟的闭源产品，如亚马逊的 Redshift、阿里巴巴的 MaxCompute 等。

随着金融领域数据量和分析应用数量的快速增长，传统的数据仓库平台并发能力差、扩展能力受限等问题凸显，技术架构逐渐向分布式架构迁移，除了大型央企外，监管机构、股份制银行、农商行等金融机构也都开始使用分布式架构构建大数据平台。

**2. 大数据存储与计算技术逐渐云化**

在公有云方面，各大云厂商纷纷构建各类大数据产品以满足用户需求，众多大数据技术被搬到了云上，计算和存储资源的使用更加弹性，其运维方式和运行环境也发生了较大变化。云厂商提供的多种类型的云产品方便用户选择合适的方案云化迁移，如阿里云将其自身的大数据计算服务开放 MaxCompute，提供 PB 级数据仓库解决方案，同时还推出 E - MapReduce（EMR）——构建在阿里云云服务器 ECS 上的开源 Hadoop、Spark、HBase、Hive、Flink 生态大数据 PaaS 产品。

在私有云方面，私有部署的大数据技术也逐渐采用容器、虚拟化等技术，更加精细化地利用存储与计算资源。

大数据存储与计算解决方案向云化演进，可以更加专注于数据和业务逻辑，不必操心如何维护底层的硬件、网络以及存储与计算框架，在很大程度上降低了大数据技术的学习成本和使用门槛。值得一提的是，早期的大数据存储与计算云化产品大部分是对已有本地产品的云化改造，而现在越来越多的产品从设计之初就遵循了云原生的概念，生于云长于云，更适合云上生态。

**3. 引入异构计算满足场景多样性需求**

随着大数据应用的逐步深入，应用场景越来越丰富，大数据存储与计算平台开始承载人工智能、物联网、视频转码、高性能计算等多样性的任务，以 CPU 为底层硬件的传统大数据技术性能瓶颈凸显，已经无法有效满足新业务需求。以 CPU 为调度核心，协同 GPU、FPGA、ASIC 及各类用于 AI 加速“xPU”的异构算力平台成为行业热点解决方案，以 GPU 为代表的计算加速单元能够极大地提升新业务计算效率。

英特尔、英伟达、AMD 等多家厂商都在提供异构计算的产品，并提出不同的应用技术方案。由 AMD、高通、ARM、三星、联发科、Imagination 等公司发起的全球异构系统架构联盟（HSA 联盟），是异构计算领域最大的国际化标准和产业组织，强调生态共建、资源共享。该联盟成员包括中国电子技术标准化研究院、华夏芯、华为、CEVA 等全球 80 多家芯片公司、高校及科研院所。

此外，产业界也在尝试从统一软件开发平台和开发工具层面实现底层不同硬件体系的融合，如英特尔在 2019 年超级计算大会上发布了全新软件行业计划 oneAPI 及其开发者测试版本，旨在完善统一软件平台搭建，并以生态系统培养为主推动产业的进步。oneAPI 支持跨 CPU、GPU、FPGA 和其他加速器等多架构开发的编程模型，提供一套统一的编程语言和开发工具集实现对多样性算力的调用，从根本上简化开发模式，针对异构计算形成一套全新的开放标准。截至 2019 年 11 月，支持 oneAPI 的企业和研究机构已经超过30家[①]，包括高性能计算领域的领导者、人工智能领域的创新者、硬件厂商、独立软件开发商、云服务商、高校等。

## （四）大数据分析技术

大数据分析需要从纷繁复杂的数据中发现规律并提取新的知识，是大数据价值挖掘的关键。数据分析主要有两条技术路线：一是凭借先验知识，由人工建立数学模型来分析数据；二是通过建立人工智能系统，使用大量样本数据进行训练，让机器代替人工获得从数据中提取知识的能力。传统数据挖掘对象大多是结构化、单一对象的小数据集，挖掘侧重于根据先验知识预先由人工建立模型，然后依据既定模型进行分析。对非结构化、多源异构大数据集的分析往往缺乏先验知识，很难建立显式的数学模型，这就需要发展更加智能的数据挖掘技术。近年来，大数据分析技术呈现以下新特征。

**1. 融合AI能力实现大数据分析智能化升级**

用智能化的手段来分析数据是释放数据价值的高阶之路，当前出现了TensorFlow、Caffe、CNTK、Torch等独立的机器学习平台，但用户往往不希望在大数据平台和机器学习平台之间不断地搬运数据，因此两个平台深度整合是大势所趋，大数据平台除了支持机器学习基础算法之外，还将通过与AI平台融合以支持更多的AI类应用。例如，以Spark为代表的计算平台开始积极探索如何支持深度学习能力，TensorFlowOnSpark等解决方案实现了TensorFlow与Spark的无缝连接，更好地解决了两者数据传递的问题。Spark的商业化公司Databricks在解决方案中还提供“一站式”的分析平台Data Science Workspace，Cloudera也推出了相应的分析平台Cloudera Data Science Workbench。

**2. 数据中台模式推动数据分析应用**

随着大数据的工具和技术栈逐步成熟，以阿里巴巴、腾讯、京东等为代表的互联网头部企业从集团层面推动以搭建中台为目标的组织架构变革，围

① 《英特尔oneAPI：一个针对异构计算以开发者为中心的平台》，驱动中国网站，2019年11月22日。

绕工具与数据的生产链条、数据的管理和应用等逐渐形成了能力集合，并通过“数据中台”这一概念来统一数据资产的视图和标准，提供通用数据的加工、管理和分析能力。此外，数据领域的一批创业公司也纷纷提出中台战略，越来越多的企业开始关注中台。

数据中台是一个由多种工具和能力组合而成的数据应用引擎、数据价值化的加工厂，用以连接下层的数据和上层的数据应用团队，从而形成敏捷的数据驱动精细化运营模式，为数据分析提供“一站式”支持。数据中台打破了原有企业内的复杂数据结构，使数据和业务更贴近，并能更快地使用数据驱动决策。数据中台能够有针对性地解决三个问题：提高数据获取的效率、打通数据共享的通道、提供统一的数据开发能力。

**3. 借助数据可视化技术强化数据分析**

数据可视化技术的基本思想是将数据库中每一个数据项作为单个基本图形元素表示，大量的数据集构成数据图像，同时将数据的各个属性值以多维数据的形式表示，可以从不同的维度观察数据，从而对数据进行更深入的观察和分析，为人们提供一个直觉的、交互的和反应灵敏的可视化环境。

通过可视化图像对数据进行分析，可迅速掌握不同数据之间的关系，使数据显示更加直观。首先，通过丰富的可视化功能，帮助用户从不同角度分析数据、缩小答案的范围、展示数据的不同影响。除了饼状图、柱形图、热图、地理信息图等数据展现方式，还可以通过图像的颜色、亮度、大小、形状、运动趋势等多种方式在一系列图形中对数据进行分析。其次，通过不断改善分析的功能和可操作性，让前端布局自定义搭配，让业务人员随心所欲地布置，为不同用户提供个性化的分析体验。此外，将每一项数据在不同维度指标下交互联动，展示数据在不同维度的走势、比例、关系，发现数据背后的知识与规律，并支持数据的上钻下探、多维并行分析，利用数据推动决策。

## 三　金融大数据场景及实践

大数据与金融领域的融合，是一个彼此成就、实现更大价值的过程。从数据资源的角度看，经过多年积淀，金融领域庞大的系统内积累了大量高价值的数据，拥有用于数据分析的基础资源，金融领域是大数据技术应用落地最早也是最成熟的领域之一。从金融业发展的内在需求看，当前整个金融业的运作模式正在重构，行业竞争日益激烈，依托大数据开展精细化运营、创新金融产品的需求日益迫切，大数据是应用最早、效果最显著的金融科技之一。

2019 年，在国家重视数据资源、部委强化大数据合规发展监管的整体态势下，金融机构对数据资产管理与治理也更加重视，加大了在数据治理项目中的投入，高效地管控数据资产，从而提升自身的核心竞争力。同时，积极提升大数据实时计算能力，以数据中台战略提升大数据分析能力，更好地支撑精准营销、信贷风控、交易预警、反欺诈等金融大数据应用。

### （一）数据管理与治理解决方案

2019 年，银行业在数据管理与治理方面开展了积极且有成效的探索。

银行业是典型的数据驱动行业，具备数字化转型的先天优势。大数据在银行业细分领域有很多成功的应用案例，但在向数字化快速转型的同时，银行业仍存在需要突破的瓶颈：数据分布零散化，缺乏全口径和全生命周期性的管理；数据标准度不高，取数规则各异；数据挖掘与数据应用力度不足，与外部数据隔离；数据治理人才储备不足，未建立专门针对数据治理的专业队伍以及与之匹配的激励机制。相关数据显示，目前超过 85% 的中小银行将数据治理纳入公司治理范畴①，但是中小银行数据治理处于萌芽期，亟须提高数据的管理与治理能力，强化数据资产理念，构建数字化经营能力，这样才有可能盘活数据所具有的巨大的潜在价值。

近年来，金融主管部门也逐渐加大对银行业金融机构数据治理工作的引导力度。2018 年 5 月，中国银保监会发布了《银行业金融机构数据治理指引》，首次将数据治理提升到银行常规管理的战略高度，明确要求银行将数

① 中小银行互联网金融（深圳）联盟、金融壹账通：《中小银行数据治理研究报告》，2019 年 11 月。

据治理工作常态化、持久化。2019 年 10 月，中国人民银行向部分银行下发了《个人金融信息（数据）保护试行办法（初稿）》，广泛征求意见。

在政府的引导下，国内银行业金融机构加快数据管理与治理的探索应用节奏。

一是建立数据治理架构。建立组织架构健全、职责边界清晰的数据治理架构，明确董事会、高级管理层、监事会和相关部门的职责分工，建立多层次、相互衔接的运行机制。例如，中国银行建立了集团数据治理架构体系，制定并发布了数据治理框架政策、管理指引和操作流程，为全行数据管理和应用提供了重要组织保障。华夏银行针对外部数据资源的引入，成立了专业的外部数据引入委员会，整合需求、集约采购，实现了外部数据引入的共享与价值提升。

二是健全数据治理体系。围绕数据的全生命周期管理，从数据质量、数据流转、数据权属等方面入手，确立详细的数据标准，建立一套完整的、动态调整的数据治理体系，保证数据的统一性、完整性、真实性和可用性。例如，中国工商银行建立了统一的企业级数据标准，能够覆盖当事人、产品、协议、账户、介质等十大标准主题，为大数据体系下的数据共享奠定了基础。同时，建立了国内金融行业首个全行级信息标准管理服务平台，实现了数据标准的建立、变更、发布、查询、废止等全生命周期管理。

三是形成企业级数据治理解决方案。已有金融科技服务商开始输出银行数据治理解决方案，面向中小银行提供全面服务。解决方案包括："一行一策"，建立全行数据标准规范；开展元数据管理，梳理数据资产和数据关系；开展数据质量监控，全方位提升数据质量；制定数据安全管理策略，保障数据资源安全。企业级数据治理解决方案全面提升了银行业数据管理的效率。

**案例 1　金融壹账通：基于大数据平台的全流程数据治理方案①**

中国平安旗下深圳壹账通智能科技有限公司于 2019 年 8 月推出加马数

① 《中国数字银行论坛桂林论坛召开　国内首个全流程数据治理方案亮相》，新华网，2019 年 8 月 14 日。

据治理解决方案。

该方案基于大数据平台，打造六个模块，构建了全流程的数据治理方案。模块一，开展数据标准检索，帮助银行制定一整套适合自身的数据标准规范，包含基础类数据标准、分析类数据标准两大类型，利用自然语言技术及知识图谱技术帮助工作人员快速定位到相关的数据标准；模块二，开展元数据管理，通过数据地图等功能梳理出数据和数据之间的关系，可视化展示数据资产视图，同时自动化分析数据流向及上下游血缘关系；模块三，开展数据质量监控，提供变动异常扫描、标准质量监控等工具，一键生成质量分析报告，帮助银行实现智能数据质量监控；模块四，开展数据安全管理，通过智能扫描识别敏感数据一键配置脱敏的方式解决大数据平台上的海量数据识别脱敏问题，有效降低大数据平台操作及数据泄露风险；模块五，开展治理监控分析，运用自然语言技术、维度自助下钻技术等，自动了解用户分析意图，呈现数据治理相关监控结果，方便进行自助探索分析；模块六，开展智能数据报送，通过图形化工具实现零代码开发接入外部数据，智能检测外部数据质量，提示风险预警。

该解决方案将无序数据关联化、隐性数据显性化、静态数据动态化，部署时间比传统的产品缩短 1 ~2 个月。经过 3 个月在银行真实数据治理环境中的落地检验后，该解决方案已被证明能够降本增效，并与多家中小银行达成合作意向。

### 案例 2　联通大数据：数据聚合管控平台解决方案①

联通大数据有限公司于 2019 年为某省级农商银行推出数据聚合管控平台解决方案。

该方案由“4 平台 +1 体系”组成，采用混合云大数据访问服务模式，满足先进性、易用性、安全性、可靠性、可扩展性等元组建设开发设计要

---

① 《联通大数据助力某省级农商银行打造“数据聚合管控”标杆案例》，C114 通信网，2019 年 8 月 20 日。

求。“4 平台”是指数据接入管理平台、数据服务发布平台、数据服务管理平台、数据服务计费平台，“1 体系”是指一套数据安全管控体系。该方案实现了外部合作数据资源的统一接入、集中管控和安全灵活服务，有效进行了外部数据资源的集约化管理、规范化应用。项目团队基于搭建的银行数据聚合管控平台，接入联通大数据数盾风控产品等多项成熟应用以及银行外部数据资源池，封装后以可视化系统实现友好交互。

该方案推出后全面支撑某省级农商银行及其二级单位共 56 套业务系统，在保障外部数据质量和数据管控能力的基础上，大大提升了银行管理和运营效率，有效支撑了各部门的横向协作，促进了数据与业务流程的整合。

### （二）实时计算大数据解决方案

实时计算分析能力，正不断成为衡量金融大数据应用性能高低的核心指标。目前，信贷风控、精准营销、交易预警和反欺诈等金融机构最常见的大数据应用都需要实时计算的强有力支撑。

以信贷风控为例，近年来随着金融监管力度的不断加大，风控规则越来越多，风控计算复杂度越来越高，对实时计算分析能力的要求也随之提高。信贷风控需要实时分析海量的用户行为数据，根据既定的规则计算出相应的指标，并与风险模型进行匹配，第一时间判断风险等级、发现异常事件，并采取相应的风险控制措施，发出自动告警通知，改变业务流程。在金融交易场景中，风控系统如果不能实时观察每一个账户的行为动态，就可能因为 1 秒的延迟遗漏风险，造成重大损失。

以精准营销和交易预警为例，精准营销要求在客户短暂的访问与咨询时间内发现客户的投资倾向，为其推荐适合的产品。交易预警场景要求大数据解决方案在秒级完成从事件发生到感知变化，再到输出计算结果的整个过程，识别客户行为的异常，并做出交易预警。

2019 年，实时计算大数据解决方案得到更广泛的应用，满足了低延时复杂应用场景的需求。从性能来看，实时计算大数据解决方案能够实时处理海量数据，打破传统数据库信息范围限制，为模型的精准计算提供强有力的数据支持；能够有效消除传统数据库对硬件资源的依赖，实现软硬件的松耦合、存储与计算等资源的在线灵活扩展；能够实现从采集到模型的全流程秒级实时响应，抵御超大规模行情的冲击。

**案例 3　金仕达科技：基于流式计算的大数据异常交易管理系统**[①]

上海金仕达软件科技有限公司于 2019 年 10 月上线大数据异常交易智能管理系统。

该系统以分布式流式计算引擎为核心，抽取海量数据构建监控模型，使用机器学习训练模型，通过实时计算管理平台，监控分析客户全业务交易行为，一网打尽事中、事后的异常交易行为，在证券公司内部形成合规宣导长效机制。该系统部署灵活、周期短，可在不影响系统使用的前提下，与异常交易监控系统 V8 版本无缝衔接，在模型精准性、监控结果有效性及可视化展现方面取得了较大突破。

目前，金仕达大数据异常交易智能管理系统已在招商证券等多家证券公司顺利上线并稳定运行，获得了客户的积极反馈。该系统已实现高度精准的监控结果预警，在 500 万客户规模的券商中每天预警数在 5 条以内。系统在某券商再次取得监控结果精准度的数量级提升，实现了预警内容对函件范围的 100% 覆盖，彻底突破了大量无效预警结果造成的工作量瓶颈，在真正意义上实现了工作效率的大幅提升。

### （三）数据中台服务体系

2019 年，数据中台的概念从互联网行业一路火到了金融领域。数据中台为金融领域数据体系注入了新活力，正成为金融领域实现共享服务、支撑

① 《金仕达实时大数据产品——异常交易智能管理系统全新上线》，网易号，2019 年 10 月 28 日。

业务创新的有效举措，也是未来的发展趋势。构建数据中台服务体系，对金融企业与金融科技企业都大有裨益。

对于金融企业来说，数据中台是链接前台业务系统和后台数据系统之间数据和能力的一条快速通道。数据中台将前台中的共性需求进行抽象，打造为平台化、组件化的技术能力，归并下沉到中台层，以接口、组件等形式共享给各前台业务单元使用，以“小前台”提供灵活多变的业务。同时，数据中台将后台中的共用技术能力归并上浮到中台层，独立强化发展，实现对前端多业务服务线的灵活赋能。数据中台为前台的业务团队、客户经理、财富顾问与后台的数据专家、算法模型专家、人工智能专家架起了一座强有力的支撑桥梁，基于这种模式，业务团队专注于产品的具体逻辑与业务管理流程，数据专家则专注于加速从数据到价值的过程，提高对业务的响应能力。

对于金融科技企业来说，数据中台是开发标准化产品的重要契机。金融科技企业一般以提供定制化解决方案为主，根据金融企业的实际业务需求，有针对性地开展合作。基于数据中台的模式，金融科技企业开始尝试输出包含标准化平台与个性化功能模块在内的成熟产品，既可有效降低企业的边际开发成本，提高企业利润，又能提升产品性能。

### 案例 4　民生银行：数据中台体系①

民生银行于 2019 年公开了数据中台体系建设与实践过程。

民生银行结合自身技术积累与业务经营需求，对数据中台建设从技术平台和数据交付两个层面制定目标。技术平台方面，民生银行建立了由 4 大功能体系、12 个子系统构成的金融数据中台体系，数据中台核心运转模式由 Engine 引擎体系、Service 服务体系、Open 路由体系、Plus 管理体系核心组件协同运转完成。数据交付方面，民生银行提出了一套“场景分区 + 技术分级”的数据中台场景服务管理方案，形成了由 11 项业务场景、4 级服务组成的数据服务管理矩阵，其中 4 级服务包括对客服务类、客户经理类、内

① 何鹏、周礼、罗京：《民生银行数据中台体系建设实践》，《金融电子化》2019 年第 7 期。

部管理类、监控查控类。通过技术平台的技术分区和数据内容的服务分级建设思路，数据中台在为各业务场景快速提供在线数据价值输出的同时，也能够做到数据使用的管控和跟踪。

目前，民生银行数据中台体系取得了较好的成效。支撑小微 3.0 新模式探索，全技术架构实现了中台化，实现了多项业务领域创新性应用的落地。助力互联网金融数字化运营，打通了管理驾驶舱和线上服务平台的数据链路，已完成首家分行试点，试点行在 2019 年第一季度实现理财资产增加 20 余亿元，代发目标客群资金留存率提升 3.41 个百分点，累计带来行外资产 40 余亿元。

## 参考文献

陈晨：《一篇文章让你了解大数据采集技术》，CSDN 网站，2018 年 11 月 1 日，https：//blog. csdn. net/cqacrh2798/article/details/83617134。

陈纯：《流式大数据实时处理技术、平台及应用》，《大数据》2017 年第 4 期。

陈永坚：《大数据技术与金融行业的深度融合研究》，《中国商论》2020 年第 4 期。

丁晓平：《大数据时代商业银行数据治理》，《中国银行业》2019 年第 11 期。

杜小勇、陈跃国、范举、卢卫：《数据整理——大数据治理的关键技术》，《大数据》2019 年第 3 期。

高尚：《从金融科技创新到金融模式变革——流式计算在信用卡实时大数据应用领域的研究》，《国际金融》2018 年第 6 期。

何鹏、周礼、罗京：《民生银行数据中台体系建设实践》，《金融电子化》2019 年第 7 期。

孔钦、叶长青、孙赟：《大数据下数据预处理方法研究》，《计算机技术与发展》2018 年第 5 期。

潘光伟：《提升数据治理能力　构筑共治共享行业新生态》，《中国银行业》2019 年第 12 期。

《企业数字化转型的加速引擎——2019 年中国数字中台行业研究报告》，艾瑞咨询系列研究报告，2019 年 11 月。

孙冰：《数据隐私保卫战　爬虫背后的灰色大生意》，《中国经济周刊》2019 年第 20 期。

谢玮、宋杰:《“爬虫”怎么成了“害虫”?》,《中国经济周刊》2019 年第 20 期。

《一文梳理大数据四大方面十五大关键技术》, CDA 数据分析师网站, 2016 年 11 月 30 日, http://cda.pinggu.org/view/20910.html。

中国信息通信研究院:《大数据白皮书 (2019 年)》, 2019 年 12 月。

中国信息通信研究院:《中国金融科技生态白皮书 (2019 年)》, 2019 年 7 月。

# 第二章
# 人工智能技术及其应用

张 骁 李小庆*

摘　要：当前，人工智能处于快速发展期，已从计算智能、感知智能发展到认知智能阶段，其在金融领域应用的深度和广度不断拓展。在数据、算法和算力三要素具备的基础上，计算机视觉、语音识别等感知智能技术广泛应用，自然语言处理、知识图谱等认知智能技术逐步落地。多模态信息的融合处理、分布式模型学习、跨领域迁移学习等成为人工智能发展的热门方向，算法模型的可解释性得到关注，治理原则进一步完善。随着人工智能商用成熟度的不断提升，智能金融新业态正从单一产品应用向综合解决方案演进，其价值创造也由以降本增效为核心朝提高客户满意度方向发展。

关键词：人工智能　多模态学习　联邦学习　智能金融

## 一　政策与市场环境

### （一）国内政策支持：促进人工智能与实体经济深度融合

继 2017 年人工智能上升至国家战略后，已连续三年写入《政府工作报

---

* 张骁，农信银资金清算中心云支付中心产品经理，信息系统项目管理师，中国社会科学院大学金融系博士研究生。李小庆，北京理工大学管理学博士，中国农业发展银行总行信息科技部数据服务处处长，金融科技专家。张骁负责本章第一和第四部分的撰写，李小庆负责本章第二和第三部分的撰写。

告》，国家出台了一系列相关的总体布局、区域规划、产业政策和治理原则，为人工智能技术的快速发展和应用提供了利好环境。

2019 年 3 月，中央全面深化改革委员会第七次会议审议通过了《关于促进人工智能和实体经济深度融合的指导意见》，强调市场导向和产业应用，构建“数据驱动、人机协同、跨界融合、共创分享”的智能经济形态。

在区域规划方面，科技部、工信部分别支持建设人工智能创新发展试验区和人工智能创新应用先导区，旨在创新体制机制，发挥先行先试作用，形成一批可复制的人工智能创新发展典型模式，促进人工智能技术的应用推广和产业化。目前，北京、上海、天津、深圳、杭州、合肥等多个城市获批建设人工智能创新发展试验区，上海（浦东新区）、济南 – 青岛、深圳等区域获批建设人工智能创新应用先导区。

在产业政策方面，2019 年 8 月，科技部印发《国家新一代人工智能开放创新平台建设工作指引》，鼓励人工智能细分领域的领军企业整合技术资源、产业链资源，搭建开放、共享平台，输出人工智能技术研发能力和基础设施服务能力。目前，已有 15 家企业入选，涵盖自动驾驶、城市大脑、医疗影像、智能语音、智能视觉、基础软硬件等多个领域。其中，在金融领域，以普惠金融为代表的中国平安成功入选。

在治理原则方面，2019 年 6 月，国家新一代人工智能治理专业委员会发布《新一代人工智能治理原则——发展负责任的人工智能》，提出了“和谐友好、公平公正、包容共享、尊重隐私、安全可控、共担责任、开放协作、敏捷治理”八项原则，以更好地协调人工智能发展与治理的关系。此外，中国人工智能产业发展联盟提出了签署《人工智能行业自律公约》的倡议，从行业组织角度推动人工智能相关企业自律发展。

### （二）国内市场环境：“智能 +”深入发展，应用场景导向

#### 1. 安防、金融等场景快速渗透，市场接受度显著提高

人工智能技术催生的“智能 +”不仅带来了各行业的深刻变革，而且成为经济增长的新动能。2019 年我国人工智能市场规模预计将达到

760 亿元[①]，增幅达 35.71%（见图 2－1），在安防、金融、营销、客服等场景快速渗透，进入规模化应用阶段；在医疗、零售、交通、制造等场景逐渐发力，激发应用价值潜力。截至 2019 年 5 月，我国人工智能企业共计 1093 家[②]，近 80% 的企业分布在北京、上海、深圳和杭州，四座城市完善的人工智能产业链带来了明显的集聚效应。

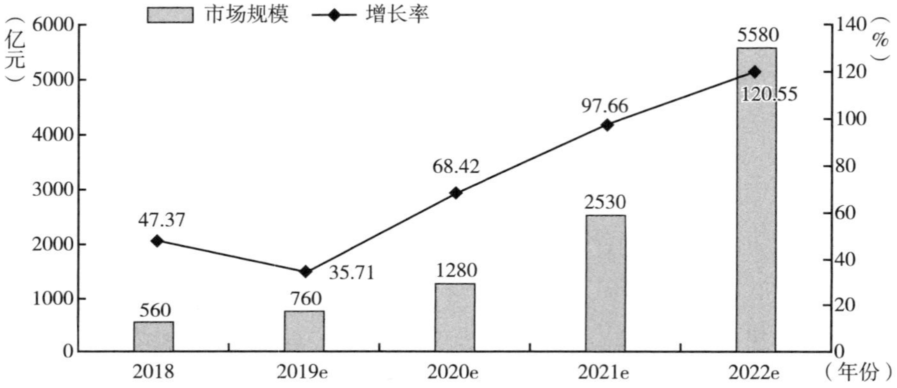


**图 2－1　2018～2022 年我国人工智能市场规模及其增长率**

注：2019～2022 年为预测数。

资料来源：易观：《2019 年中国人工智能应用市场专题分析》，2019。

IDC 调研结果显示，人工智能的市场接受度从 2017 年的 10% 提升至 2019 年的 45%[③]，多数未使用人工智能技术的企业计划在未来 1～2 年内部署，大部分已使用人工智能技术的企业计划在未来 2 年增加至少 1 倍的投资，人工智能的发展空间和潜力巨大。

**2. 数据、算法、算力不断发展，基础支撑持续改善**

随着大数据、云计算、物联网等多种新兴技术的快速发展，人工智能广泛应用的基础支撑环境不断改善。2019 年，5G 技术进入商用时代，助推物联网进一步发展，各类场景的数据总量持续爆发式增长，为人工智能训练模

---

① 易观：《2019 年中国人工智能应用市场专题分析》，2019。

② 亿欧智库：《2019 中国人工智能投资市场研究报告》，2019。

③ IDC、浪潮集团：《2019～2020 年中国人工智能计算力发展评估报告》，2019。

型提供了丰富的数据资源。同时，越来越多的人工智能训练任务使用大量模拟数据来解决某些场景下训练数据较少的难题，从而提升了人工智能训练结果的精准度。

作为当前人工智能领域最有效的机器学习算法，深度学习以大量的、标记化的训练数据为基础。为拓展人工智能技术的应用场景，越来越多的以少量、非标记化数据为特征的算法模型不断推陈出新，降低了对标记化数据的依赖性和为此投入的大量人力资源。而自动机器学习（AutoML）的逐步应用，也降低了机器学习算法的使用门槛，提高了人工智能应用的普及率。

强大的算力支持是人工智能技术大规模应用的根本保障，遭遇瓶颈期的传统人工智能算力正向云端和边缘端扩展。基于云计算的人工智能即服务（AIaaS）和基于边缘计算的各种人工智能专用芯片不断涌现，形成了云端训练、云端推理、边缘推理等更灵活、更具效益的人工智能应用部署方式。

**3. 企业创新加速推进，学术研究水平迅速提升**

我国企业和研究机构高度重视人工智能技术的创新发展和学术研究，在专利申请和论文发表方面均取得了巨大的成就。自 2010 年以来，我国申请人工智能专利数量的增长速度明显加快。截至 2019 年 10 月，我国人工智能专利申请量累计达 44 万余件①，超越美国成为人工智能专利申请量最多的国家。百度、腾讯、国家电网、中国科学院、清华大学等主要专利权人不断积累技术储备，在人工智能领域提升全球竞争力。

目前，我国在人工智能领域发表的学术论文数量已超过美国，论文质量和引用指标迅速提升。根据艾伦研究所的分析，人工智能领域引用次数前 1% 的论文，也就是具有最高影响力和学术价值的顶尖论文，中国所占比例快速提高，迅速缩小与美国的差距。

**4. 行业资本更趋理性，基础技术研发融资依然不足**

近年来，我国人工智能行业的融资事件数量不断增加，融资规模持续扩大，预计 2019 年将出现首次回落，行业泡沫减退，资本更趋理性。平均融

① 国家工业信息安全发展研究中心：《人工智能中国专利技术分析报告》，2019。

资规模总体呈现跨越式增长，从 2014 年的 0.65 亿元增加至 2019 年的 2.27 亿元[①]，资金更多流向头部企业，独角兽企业和成长期项目融资热度不减，人工智能早期项目融资难度有所增大。

从投融资事件地域分布看，北京、深圳、上海已成为我国人工智能行业发展的核心区域，带动京津冀、粤港澳大湾区、长三角经济区的人工智能技术快速发展，并影响全国。从投融资事件细分领域看，行业资本因其逐利特征更多流向人工智能各类应用场景，人工智能基础技术研发所受重视程度依然不足。

**5. 人才供应严重短缺，高等教育和普及教育刚刚起步**

目前，我国人工智能领域的人才供应严重短缺，相关学科的高级人才培养和大众普及教育刚刚起步。2019 年 3 月，教育部公布了 2018 年度普通高等学校本科专业备案和审批结果，全国 21 个省（自治区、直辖市）共计 35 所高校获得首批人工智能专业本科建设资格。此外，还有众多高校新增机器人工程、智能科学与技术、智能制造工程、智能医学工程等专业，也均与人工智能相关。

在普及教育方面，人工智能课程开始试点进入中小学课堂，以感受和体验为主，仍在探索科学可行的实施路径，存在教学标准缺失、师资力量匮乏、课程体系不完善等问题，缺少人工智能教育的科学观和方法论。

### （三）国际发展环境：科技竞争加剧，国际治理共同关注

全球主要经济体高度重视人工智能发展，加快进行人工智能中长期战略规划，各国纷纷将人工智能提升至国家战略，力争在全新科技竞争中占据主动，基础设施、公共数据集、伦理法律、国际治理等成为各国布局人工智能的共同关注点。

**1. 美国加强战略引导，确保人工智能全球领先地位**

2019 年 2 月，美国总统特朗普签署行政令，启动“美国人工智能倡议”，从国家战略层面优先考虑投资人工智能研发，以“维持美国在人工智能领域

① 投中研究院、崇期资本：《2019 中国人工智能产业投融资白皮书》，2019。

的领导地位”。2019 年 6 月，美国更新了《国家人工智能研究和发展战略计划》，突出了投资人工智能研发的主要优先事项，在原有七大战略的基础上更新为八大战略，新增扩大公私合作以加速人工智能发展。人工智能不仅成为美国政府预算和规划中的优先事项，而且成为中美国家竞争、贸易摩擦的角力点之一。2019 年 10 月，美国商务部将 28 家中国企业加入“实体管制清单”（Entity List），禁止这些企业购买美国产品，其中包括 8 家人工智能技术公司。

**2. 欧盟促进协同发展，重视伦理道德与法律框架**

为推进欧洲在人工智能领域形成合力，欧盟理事会于 2019 年 2 月审议通过《关于欧洲人工智能开发与使用的协同计划》，促进欧盟各成员在投资、数据、人才和信任四个方面加强合作，共同面对人工智能技术发展带来的机遇和挑战。欧盟重视人工智能发展的伦理道德和法律框架，于 2019 年 4 月发布《人工智能伦理准则》，坚持以人为本、值得信任的人工智能发展理念，提出了人的能动与监督、安全可靠、隐私保护、透明公平、社会福祉、可追责等关键要求。

**3. 其他国家纷纷跟进，人工智能治理成为国际议题**

2019 年，英国、阿拉伯联合酋长国等国家更新各自的人工智能战略规划，俄罗斯、韩国、荷兰、丹麦、西班牙等国家纷纷制定或发布人工智能国家战略。5 月，经济合作与发展组织（OECD）的 36 个成员以及阿根廷、巴西等 42 个国家通过了一项人工智能指导原则，以规范各国研发和应用人工智能的行为。在 6 月举行的 G20 数字经济部长级会议上通过了《G20 人工智能原则》，对促进建立可信人工智能的知识共享与国际合作产生了积极影响。

## 二　人工智能技术的进展与趋势

### （一）人工智能主要技术进展

随着金融科技的快速发展，人工智能等先进技术在金融领域获得了广泛的运用，推动了业务创新和业务模式的变革。特别是在计算机视觉、语音识别、自然语言处理、知识图谱等方面智能技术的研究和进展，使得人工智能在智能客服、智能运营、智能服务、智能营销、智能风控等领域广泛应用，并在其服务流程和服务模式创新中发挥了较大作用，极大地推动了这些领域向智能化方向发展。

**1. 计算机视觉**

计算机视觉研究的最终目标是让计算机视觉系统具有人类视觉的能力，甚至超越人类视觉的效果，使其更加敏锐地观察和理解世界，不仅能够清晰细致地看清动态的图像内容，而且能够理解动态场景，还可以进行实时处理，并做出相应的态势预测。当前重要的进展之一是理解复杂图像所蕴含的含义，对其理解和描述是一个融合计算机视觉、自然语言处理和机器学习的综合过程，其目标是对一幅复杂图像进行视觉输入，分析理解其中所代表的含义，并转化为一段文字描述，在方法上主要采用层次化的卷积神经网络模型和启发自认知模型，进行图像层次化的关系识别，然后采用递归神经网络的编码器、解码器等主要模型进行类似自然语言翻译的过程，形成图像含义的描述。

基于计算机视觉的场景理解取得重要进展。场景理解是通过获取场景的层次结构及各类要素，分析场景所处的变化情况，感觉周围环境要素的变化趋势，进行语义推理，实现态势感知。其采取的主要方法为，利用社会－长短记忆网络（Social－LSTM）实现环境主体要素之间的状态联系建模，结合各自历史运动轨迹，推断在时间约束、空间约束等条件约束下，在即将到来的时间内分析预测其环境要素的运动走向或变化趋势，从而不仅能够感知环境要素的当前行为，而且能够预知环境要素即将发生的动态变化，让计算机视觉主体提前采取相关的行为或措施进行应对。

**2. 语音识别**

语音识别就是让计算机能够识别、听懂人类的讲话，其技术就是将语音信号转换成相应的文本或者指令，让计算机理解和识别人类语音。语音识别技术广泛应用于多个领域的自动客服、自助语音翻译、指令控制与交互等场景。当前，语音识别技术在理论和应用方面取得关键突破，其发展如火如茶，在各类生产生活场景中获得广泛应用，特别是在金融领域，语音识别在智能客服、智能交互、语音身份验证等方面取得了较好的应用效果。语音识别技术主要包含预处理、特征提取、声学模型处理、解码输出等过程，其主要原理是，对语音进行声学预处理，基于语音特征参数的模式识别，通过不断地训练和学习，将输入的语音分帧按相关模式进行分类，根据分类的情况，找到最佳的匹配效果，并进行解码输出。

当前语音识别技术在单纯的环境中识别率已经达到95%以上，但在嘈杂的环境中识别率会明显下降，如何去掉嘈杂的环境背景音，是当前语音识别的重要研究内容。2019 年有关研究提出了深度对抗声学模型训练框架，该框架由生成器、判别器和分类器组成。生成器用来将带噪语音数据分布变成纯净语音，判别器用来判定语音信号是否来自纯净语音训练集，分类器指导生成器提取分布特征。生成器、判别器和声学模型进行联合对抗训练，三者相互密切配合，突出真实语音的特征，有效地提高了声学模型的鲁棒性。

**3. 自然语言处理**

自然语言处理是指通过相应的模式和方法，对语言的逻辑进行相应的处理，包括对词、句、篇章的输入、识别、分析、理解、生成、输出等的操作和加工过程。自然语言处理和理解是人工智能、计算机科学和语言学交叉领域的一门重要学科。自然语言理解分析是一个复杂的过程，当前主要对其进行模型化、层次化处理，共分为 5 个层次，即语音分析、词法分析、句法分析、语义分析和语用分析。在实际应用中，由于其千变万化的语言文本以及对话各种语境的不同语义，各种用词存在广泛的多义性或歧义性，有时要根据上下语境来确定语言的具体含义，因此在技术处理方面的难度非常大，特别是有效地学习、准确地理解和分析相关信息之间的关系显得格外重要。为了较好地解决这些问题，在多模态词汇表示模型、大规模关系抽取、时间检测和事件识别等方面取得了相关进展。

相较于文本的模型，多模态模型可以进行更好的词汇表示。由于不同模态的信息对不同类型词汇的贡献度不同，因此当前研究提出动态融合机制，可以分别针对词类和词汇，对其不同模态赋予不同的权重，以便加以区分，建立动态多模态模型，利用相关或相似词汇作为弱监督学习信号，让模型在学习相关或相似词汇的过程中，通过动态融合的多模态机制，对不同类型的词汇赋予不同的权重，可以在较大程度上提高词汇识别、处理和表示的质量。

**4. 知识图谱**

知识图谱本质上是基于语义网络而形成的知识库，即基于语义网络存在相互关联关系的集合，这些关系蕴含现实世界对象之间的关联。知识图谱一般从逻辑上可以包含多种类型的节点和多种类型的关联，这种多类型的节点通过相互不同类型的关系进行关联，从而形成复杂的网络结构，也就映射着复杂的现实世界。

为了构建知识图谱，通常用点来表示实体，用边来表示关系。例如，在现实中，实体可以表明一些具体的人、事物或抽象的概念；而关系则可以表达不同实体之间的某种关联，如某人和某人之间的关系是朋友、某人是某企业的股东等。因此，实体关系在很多场景非常适用，并适合用知识图谱来表示。例如，在一个社交网络知识图谱里，既可以有“人”的实体，也可以包含“公司”实体。人和人之间的关系既可以是朋友关系也可以是同事关系，人和公司之间的关系既可以是“现任职”关系也可以是“曾任职”关系。一个实体具有很多属性，并且具有各种各样的关系，从而可以全方位地刻画，通过关联和属性的刻画深刻地去描述世界。

当前构建知识图谱的主要流程分为实体识别、关系识别、实体归一、知识解析。其中，关键是需要大量的信息和属性进行刻画，这就需要收集不同维度的丰富的信息和数据。对于一个成形的知识图谱来说，其数据主要来源于两个方面：一是实体本身的数据，主要是实体日常行为数据或在交易中形成的数据；二是外部数据，主要是实体在维护社会关系和进行经营管理过程中，政府部门或第三方部门对市场进行管控而面向实体采集的相关公权数据。这些数据既有结构化的数据，也有大量非结构化的数据。对于非结构化的数据，可以按大数据的方法进行处理。知识图谱形成的关联图可存储在图数据库中，如 Neo4j、Flock DB、AllegroGraph 等，实现高效关联运算和复杂关系分析。

## （二）人工智能技术的发展趋势

当前，人工智能处于快速发展期，已从计算智能、感知智能发展到认知智能阶段，其在金融领域应用的深度和广度不断拓展。在数据、算法和算力三要素具备的基础上，人工智能的发展趋势为多模态信息的融合处理、分布式模型学习、跨领域迁移学习等，同时追求模型的可解释性，使其在金融等重要领域取得更好的应用效果。

**1. 多模态学习**

在现实世界中，模态存在的类型多样，如触觉、听觉、视觉信息等都是模态类型。在实践中，我们要基于多模态数据并在此基础上开展多模态机器学习，因此需要具备识别、分析和处理多模态信息的能力。通过获取多模态信息，进行信息协同处理和机器学习，实现多模态信息融合。

当前多模态的主要研究方向为多模态表示学习、模态映射、模态对齐、多模态融合和协同学习。多模态表示学习主要是将图像、语音、视频等所蕴含的语音信息转换、整合、抽象为实值信息的方法和过程。在多模态信息中，抽取被研究对象的特征，同时考虑到多模态信息的一致性和互补性，充分利用多模态之间的互补性，剔除多模态之间信息的冗余性，进行信息融合。模态映射是将一个模态的信息转换成其他模态的信息，其研究趋势是将计算机视觉和自然语言处理领域结合起来进行模态映射，以实现信息互补并且能够进行大规模处理，获取更加合理的视觉表述，如将语音和嘴唇动作进行结合，形成较好的语音处理方式。

**2. 联邦学习**

联邦学习是 2016 年谷歌最先提出的，其主要设计目标是进行大数据交换时，在保障信息安全、个人隐私安全等合法合规的前提下，多个参与方或者计算节点之间开展联合、高效率的模型学习。随着联邦学习的快速发展，使用的模型不仅仅限于神经网络，还包括随机森林等学习算法，其主要发展趋势是基于人工智能协同计算和协作网络，解决节点之间的联合建模问题。

联邦学习的主要框架是联合训练学习模型，为保障数据的安全性、保密性，在使用联合训练学习模型前，采取公钥对样本数据加密之后进行分发，相互之间采用加密数据的模型进行训练，并将训练的结果发送给相关的联邦学习参与方。联邦学习参与方接到相关的训练结果之后，利用私钥对数据进行解密。因此，联邦最主要的是数据上的联邦，在训练交互过程中数据被隔离，相互之间不会被泄露，采取严格的方式保护了样本隐私数据安全。联邦学习参与方的地位平等，能够开展公平协作，在各方的共同努力下对信息和模型参数进行交换，使模型获得良好的优化。

联邦学习作为分布式的机器学习方式，能够较好地解决数据孤岛问题，让联邦学习参与方在数据安全的情况下开展联合建模，从技术上打破了数据孤岛，实现了人工智能的协作。当前的研究趋势主要是突破业务领域和相关网络的限制，优化分布式安全计算框架，突破连接边界，提供高性能的计算支持。在建模过程中，应研究成熟的学习范式，提高模型训练效率，提升模型质量，保护用户隐私，增强模型的健壮性和安全防御能力，更加关注安全和公平。推动联邦学习更加通用化、产业化和场景化，在不同的领域、不同的机构和不同的数据结构之间发挥作用。

**3. 迁移学习**

在机器学习和深度学习的过程中，要对大量的数据或者训练资源进行标注，而在现实中大部分数据是没有标签的，从收集数据标签到构建一个模型，需要付出高昂的代价。此时需要对模型原来带有标签的数据进行重用，因而提出了迁移学习方法。迁移学习就是运用已有的知识来推测新知识，也就是找到已有知识和新知识之间的相似性，然后去认知新知识。在迁移学习中将已有的知识称作源域，要学的新知识称作目标域，源域和目标域不同，但有一定的关联。通过迁移学习，分析相关差异，利用源域已知的知识，对目标域的数据进行标注，从而解决了模型数据缺失标签的问题。

研究迁移学习的重要方向之一就是如何避免负迁移。目前大部分迁移学习是基于源域和目标域存在一定的相关性，一旦这个假设不成立，可能在实际应用中就会产生负迁移，其效果比不迁移还要差。为了避免负迁移的发生，源域和目标域可迁移性的方法值得深入研究。一种思路是通过相关途径进行适当的迁移测试，面向源域和任务抽取一定的知识，应用目标域进行适应性测试，获取相似性标准，进行相似距离的度量。当前迁移学习主要是基于有监督学习领域，随着深度学习在无监督和半监督领域的应用越来越广泛，在迁移学习发展领域，未来深度迁移学习算法将得到越来越多的关注、研究和应用。

**4. 可解释的机器学习**

机器学习模型的可解释性是要明确在建模型在决策过程中所做出选择的原因、程度，机器学习模型由具有多维特性的算法组成，算法试图从大数据中学习潜藏的模式、关系和规律，而无须依据相关的编码和固定的规则。因此，在实际表现中像是使用了一个黑盒，但在实际应用中特别是在金融业务领域，对决策过程进行解释，不仅要知其然，而且要知其所以然。可解释性对决策过程非常关键，目前在机器学习领域，可解释性是一个重要的研究方向，首先要理解机器学习模型的方法，其次要确定模型解释方法的标准，确定模型的解释范围。

机器学习模型的可解释性范围分为局部解释和全局解释。当前局部解释取得了一定的进展，全局解释是孜孜以求的方向。已有研究提出不可知解释框架模型可用于未知的局部解释，主要关注某个节点的特征变化，分析其影响周围局部区域其他节点的结果，从而获取局部特征空间的因果变化。全局解释试图理解模型的结构和各个组成部分如何发挥作用，以及模型的子集如何影响模型的决策。理解和解释整个模型，需要完整的模型结构、假设和约束知识，基于完整的数据集理解和解释响应变量与预测变量之间的特征交互和关联关系，但当模型在三维以上，理解其可视化特征就变得非常困难，因此是未来需要突破的重要领域。

## 三　人工智能治理

### （一）人工智能治理的内涵及挑战

在新科技的革命浪潮之下，人工智能快速发展，推动各行业转型升级、模式重塑和产品创新，成为产业发展和转型升级、支持供给侧结构性改革的重要技术。人工智能被广泛地应用于人类的各类活动场景中，正在深刻地改变人们的生产生活方式，提升人们的生活质量。但是，在实际应用中，人工智能和人的矛盾不能被忽视。人工智能内置自身的算法和规则，由于算法本身的复杂性，存在一些算法模型的运转过程不具有可解释性，难以说明结果是如何决策得出的，当其行为结果与人类法律规则或社会规范相冲突时，就会给人类的生产生活带来较大挑战甚至威胁，其挑战主要存在于以下几个方面。

技术失控的风险。在技术的发展史上一直存在技术控和技术失控二维逻辑主线的博弈关系，人工智能的发展将技术失控问题推到了一个新的高度。由于人的认知是基于一个局部环境获得最优，而人工智能和大数据技术的发展有可能将信息收集能力、学习和分析能力提升到一个全新高度，超越了人类认知的局限性，人类的规则、规范及道德是不可量化的领域，人工智能可能难以进行识别学习并融入自身规则，因此人工智能和人类之间存在人性上的差距，其缺乏主体性意识，难以真正像人那样带有温情地理解、感知和对创造力进行洞察。如果我们对人工智能算法的控制力或者想象力缺失，人工智能技术将会破坏人类规则，出现让人难以接受的结果和各种意外的情况。

信息安全方面的风险。在人工智能处理过程中，需要对大量的数据信息进行海量数据处理、深度融合和快速计算。这些数据涉及人类生产生活的方方面面，而且有些数据还相当敏感，这些重要数据信息一旦在处理过程中出现泄露，将会造成严重的后果。有些不法分子为了攫取不当的利益，采取各种手段和措施控制机器程序，注入木马病毒，实施盗窃行为，导致数据丢失泄露。同时，智能处理程序本身可能存在缺陷，被动地将相关信息泄露出去，这些信息一旦被网络不法分子利用，则会造成相当严重的后果。保证数据的机密性、完整性和可用性，必须在人工智能技术应用过程中引起高度重视。

伦理道德方面的风险。创新技术和伦理道德内在冲突反复，呈现在不同的发展阶段，只有处理好新技术与人和社会的关系，才会为人工智能发展营造一个良好的环境。人类对文化发展、社会环境和人工智能技术的认识具有局限性，有些算法是基于这些局限性而建立的，导致出现算法偏差和机器歧视，如在谷歌搜索中搜索黑人的名字更容易出现暗示具有犯罪历史的信息。同时，人工智能的发展使人类对机器虚拟环境越来越依赖，人的衣食住行、决策管理和组织协调越来越需要机器的支撑，“人际关系”在很大程度上被“人机关系”所替代，人类将产生严重的依赖性，从而可能产生异化危机。

### （二）人工智能治理的路径及建议

虽然人工智能给人类带来了各种问题甚至难题，但我们不应反对技术本身，而应该深刻反思技术，技术发展最终会更好地为人类服务、为人类造福，要以风险预防为核心、以法律法规为主导、以价值实现为目标构建人工智能治理体系，建立人工智能技术应用的监管和风险防范机制。

对人工智能活动进行立法。建立面向人工智能的现代化治理体系和制度，进一步完善法制法规体系，探索制定有关人工智能和机器人的法律，构建以伦理为基础、以规范为目标、以价值为导向的人工智能治理法制体系，在规范技术应用、研发活动、信息共享等的基础上，鼓励人工智能技术创新，同时注重在道德层面进行引导。在技术研发及推广过程中要对机器智能活动进行分类指导、分级量化，不能根据不同等级制定不同的规则，应规定活动范围，明确机器智能服务背后的民事主体，确定对应的权利、责任和义务，推动人工智能技术和产业良性发展。

完善治理机制。在制定人工智能相关的公共政策过程中，应考虑到社会发展公平正义的要求，制定相关的产业经济政策和社会政策，实现良好的价值导向。确定包括透明要求、开源要求在内的关键治理原则，消除或规避人工智能的算法偏差和机器歧视，完善社会保障机制，缓释技术创新带来的失业潮等社会风险。加强数据治理，规范数据的分享、使用和数据价值的分配。提高人工智能算法模型的透明度，加强开源、平台和共享框架建设，加强相关协作标准的制定和开放平台的搭建，研究促进合作框架的形成，推动形成人工智能全球治理机制。充分发挥主权国家的多边主义作用，引入多种利益方相关模式，探索合作共赢、成果共享的途径，防止巨头垄断的形成，使全球人工智能发展形成合力。

加强监管。推动技术和社会的良性互动，监管是不可缺失的一环。监管部门应根据相关政策的特点，制定相应的监管政策，对人工智能的创新机制、算法模式、应用过程等关键环节和关键内容进行监管，对智能服务产生的结果进行合理判定。持续规范智能机器的行为，维护行业秩序，平衡技术创新与社会风险，保障人类的权益。加强人工智能风险事先预防和监控，拓展良好的风险规避和报告路径。研究推动人工智能服务相关的保险产品创新，要求相关保险机构推出相应的企业责任保险、失业保险等，为被保险者提供保险服务，在一定程度上弥补纠纷、失业带来的损失。

## 四　人工智能技术应用于金融领域的发展趋势

随着人工智能技术商用成熟度的不断提升，智能金融新业态正逐步渗透于传统金融行业的各个领域和各个环节，从银行、证券、保险到市场基础设施，从营销推广、风险控制、客户服务到产品设计，人工智能与金融业务深度融合发展，催生了智能营销、智能风控、智能客服、智能运营、智能投顾、智能投研等一系列智能金融应用。

### （一）计算机视觉、语音识别等感知智能技术广泛应用

作为发展相对成熟的人工智能技术，计算机视觉、语音识别侧重于图像、视频、音频等模态的信号识别和内容感知，如应用较为热门的人脸识别、OCR 光学字符识别、声纹识别等技术。这些智能识别技术在金融领域的广泛应用，不仅改变了金融服务的用户交互方式，而且提高了金融机构的运营管理效率。

近年来，金融服务逐渐由线下走向线上，再到线上线下相互融合，用户交互方式随之大大改变，普通个人用户感触颇深。现在我们通过手机 App

动一动手指、扫一扫面部，就可以完成金融业务办理；填写银行卡号、证件信息时，不再需要手动输入，而是通过手机摄像头扫描证照原件后系统自动代填；面对纷繁复杂的 App 功能，我们也可以说出关键词，通过语音交互实现快速智能导航。计算机视觉中的人脸识别和 OCR 光学字符识别已成为金融行业手机 App 的标配，语音识别技术推动的语音助手也开始成为大中型金融机构移动客户端的新风潮。

在上述场景中，人脸识别无疑是最有可能带来金融行业变革的人工智能技术。目前，人脸识别广泛应用于用户登录、远程开户、支付转账、业务办理、保险理赔等各类金融场景的身份认证环节，其中在支付领域的应用引起了市场和监管层的极大关注。2019 年，支付宝、微信支付、银联云闪付先后推出新一代“刷脸支付”产品，继条码支付之后，在支付行业形成了新的竞争格局。人脸识别技术在提升支付体验的同时，也因弱化交易意愿验证、存在隐私泄露风险等问题引起了较大的争议。2019 年 8 月，中国人民银行发布的《金融科技（FinTech）发展规划（2019～2021 年）》指出，将探索人脸识别线下支付安全应用，利用专用口令、“无感”活体检测等实现交易验证，由持牌金融机构构建以人脸特征为路由标识的转接清算模式，实现支付工具安全与便捷的统一。

在运营管理环节，计算机视觉中的图像分割和目标检测技术可辅助金融机构开展抵押、保险标的物的远程检测，减少人员实际前往查勘的相关成本，提升服务效率。例如，在车险领域，基于图像、视频等信息的远程智能定损产品，只需客户上传车辆受损部位的照片或视频，便可自动得出定损结果，“小剐小蹭”等简单车辆损伤案件的识别准确率已达到甚至超越人工标准，大大缩短了定损理赔的处理时间，实现了“闪赔”的极致客户体验。此外，基于语音识别技术的智能质检和智能外呼，为金融机构节省了大量的人力投入，提升了质检质量水平和线路资源利用率。

## （二）自然语言处理、知识图谱等认知智能技术逐步落地

作为更接近人脑推理过程的人工智能技术，自然语言处理、知识图谱

侧重于语义的分析与理解、因果关系的逻辑推理、知识的抽取和表现等认知智能，在智能问答、文本挖掘、机器翻译、知识检索等任务中的表现日益显著。尽管目前其成熟度仍不足以为金融机构创造较高的价值，但其广阔的应用前景促使这些认知智能技术逐步落地，成为金融服务智能分析决策的基础。

着眼于当下的应用场景，智能客服是自然语言处理技术能够为金融机构带来的“即战力”。针对用户各式各样的咨询提问，金融机构利用自然语言处理技术归纳、总结相似的问题，在知识库中智能检索、精准匹配标准问题与答案，实现客服机器人的自动问答，在简单、高频的业务咨询中有效减少了人工客服的数量，降低了运营成本。但是，目前商用的智能客服更像是在线自助查阅的“服务说明书”，依赖于建立一个高质量、可扩展的语料知识库。其中的标准问题与答案仍需要大量的人工维护和审核，AI 扮演的角色只是人工的辅助。而自然语言处理、知识图谱等认知智能技术的融合应用和创新发展有望推动客服机器人自主地从金融机构大量的内部文本资源中提取规则、知识，从而在智能客服的问答对话中展示更好的智能表现。

在投资管理领域，自然语言处理、知识图谱等人工智能技术与大数据分析相结合，带来了智能投研。与智能投顾主要面向 C 端长尾用户不同，智能投研主要面向 B 端资产管理机构，向其提供一种辅助性的投资研究工具。它能够自动从招股书、年报、公司公告、券商研报、新闻等文本和表格数据中提取关键信息，构建产业链知识库和企业画像，完善研究方法，输出投资观点。当然，现阶段智能投研自动生成的研究报告的可用性不强，但在数据搜集、信息提取方面大大提升了资产管理机构的工作能力和效率，成为投研人员更好的辅助工具。

从金融行业实际的应用效果看，知识图谱技术逐步应用于风险评估与反欺诈、精准营销、产品个性化设计等领域，在处理非结构化信息、整合多源数据、分析关联关系等任务中显现出较强的智能化优势。例如，在信贷风控场景中，知识图谱基于客户的借款记录、消费记录和行为记录，构建关联关系，从而有效预防多头借贷、黑产攻击等问题。虽然知识图谱技术本身的商用成熟度仍有待提升，整体应用广度和深度还比较有限，但其“金融大脑”的核心地位使其有望成为未来智能金融发展的新动力。

### （三）智能金融从单一产品应用向综合解决方案演进

目前，人工智能技术在金融行业的广泛应用主要是基于单一智能技术的产品应用形态，如人脸识别、OCR 光学字符识别、客服机器人等。为了在金融行业创造更大的价值，领先的金融机构和人工智能技术服务商正在努力推动面向金融场景的综合解决方案，以满足金融服务各个环节的智能化需求。

以语音交互场景为例，市场上现有的语音助手和客服机器人的功能往往相互脱节，大多数在线客服仅能通过文字交流，缺乏统一的客户体验。为了实现智能化的语音交互服务，某持牌金融机构基于语音识别、自然语言处理、知识图谱等多种人工智能技术，对源自客户语音的文本内容进行语义理解和知识检索，并生成准确的文本应答，最终通过语音合成技术向客户反馈，形成了集智能客服、智能质检、智能外呼等于一体的智能语音交互平台。

在银行业，中国工商银行于 2019 年 11 月发布智慧银行生态系统 ECOS，从信息科技整体架构层面布局人工智能、区块链等前沿技术，在客户服务、精准营销、风险控制、决策管理等各个环节提供更加智能高效的科技支撑。此外，自 2018 年以来，领先的银行机构纷纷成立金融科技子公司，在构建自身核心竞争力的同时，也在积极布局向外提供技术输出和场景化的智能金融解决方案。

### （四）价值创造由以降本增效为核心朝提高客户满意度方向发展

现阶段，人工智能技术为金融行业创造的价值主要体现在各个环节的降本增效以及客户体验的改善。大量自动化执行的工作流程在简单、高频的重复性任务替代方面发挥了重要作用，更强大的数据处理和分析能力拓展了可利用的数据资源和关联关系，显示出超越人脑的智能。人工智能技术为金融机构降低运营成本、提升服务效率、增强风控能力提供了强大的技术支撑，智能化的交互方式也带来了优质的客户体验。

长期来看，智能金融将更加关注客户多样化、个性化的需求，推动产品设计与定价差异化、客户服务与营销精准化，真正实现以客户为中心，提升金融服务的客户满意度。越来越多的金融机构，尤其是商业银行，通过人工智能技术分析客户的身份、行为、习惯等特征信息，形成精准的客户画像，在线上服务渠道提供不同的个性版本、展现不同的功能排列、推荐不同的产品内容，打造“千人千面”的金融服务。相信在不远的未来，除了交互形式的个性化，更多基于定制规则的金融产品也会不断涌现出来，进一步满足客户个性化的需求。

## 参考文献

36氪研究院：《人工智能商业化研究报告（2019）》，2019。

艾瑞咨询：《2019年中国人工智能产业研究报告》，2019。

爱分析：《实践与展望：AI如何为金融业创造价值》，2020。

刘斌、赵云德：《金融科技：人工智能与机器学习卷》，机械工业出版社，2019。

清华大学－中国工程院知识智能联合研究中心、中国人工智能学会吴文俊人工智能科学技术奖评选基地：《2019年人工智能发展报告》，2019。

易观：《2019年中国人工智能应用市场专题分析》，2019。

赵智慧：《计算机人工智能技术研究的进展及应用》，《信息与电脑》（理论版）2019年第24期。

中国信息通信研究院、中国人工智能产业发展联盟：《全球人工智能战略与政策观察（2019）》，2019。

Benaich, N., Hogarth, I., "State of AI Report", Jun. 28, 2019.

Liu, B., Nie, S., Zhang, Y., Ke, D., Liang, S., Liu, W., "Boosting Noise Robustness of Acoustic Model via Deep Adversarial Training", IEEE, 2018.

Snyder, D., Garcia-Romero, D., Sell, G., Povey, D., Khudanpur, S., "X-Vectors: Robust DNN Embeddings for Speaker Recognition", IEEE, 2018.

# 第三章
# 互联技术及其应用

唐 杰*

摘 要： 2019年国内手机市场总体出货量同比下降6.2%，移动互联网接入总流量同比增长71.6%，移动网络流量平均资费同比下降41.5%，携号转网在全国实行，4G基站净增172万个，超过中国此前历年净增数量，也超过中国之外所有其他国家和地区4G基站存量之和，实现4G网络普遍覆盖，5G牌照正式颁发，5G建设拉开序幕。展望2020年，受新冠肺炎疫情影响，智能手机或将出现连续第四年销量下滑，线上应用进一步繁荣，5G网络作为“新基建”第一项将得到大发展。

关键词： 互联技术 手机出货量 移动网络流量 基站 5G

## 一 2019年互联技术应用情况概览

### （一）手机销量跌幅收窄

根据中国信息通信研究院的数据，2019年国内手机市场总体出货量（生产商出货给代理商或中间商的数量）为3.89亿部，同比下降6.2%，其

---

* 唐杰，中国人民大学普惠金融研究院特约研究员，曾任北京大学国家发展研究院研究员、中国金融40人论坛研究部主任。

中 2G 手机 1613 万部、3G 手机 5. 8 万部、4G 手机 3. 59 亿部、5G 手机 1377 万部。2019 年，智能手机出货量为 3. 72 亿部，同比下降 4. 7%，占同期手机出货量的 95. 6%，其中安卓手机在智能手机中的占比达 91. 2%。

2019 年，国产品牌手机出货量为 3. 52 亿部，同比下降 4. 9%，占同期手机出货量的 90. 7%。2019 年，上市新机型为 573 款，同比下降 25. 0%，其中 2G 手机 138 款、3G 手机 1 款、4G 手机 399 款、5G 手机 35 款。

自 2016 年以来，国内手机市场总体出货量持续萎缩。2016 年的数值为 5. 6 亿部，2017 年和 2018 年分别下降到 4. 91 亿部、4. 14 亿部，同比分别下降 12. 3%、15. 7%。2019 年国内手机市场总体出货量在近年来第一次低于 4 亿部，同比下降 6. 0%，增速仍为负值，但与 2017 年和 2018 年相比则有明显的收窄（见图 3 - 1）。

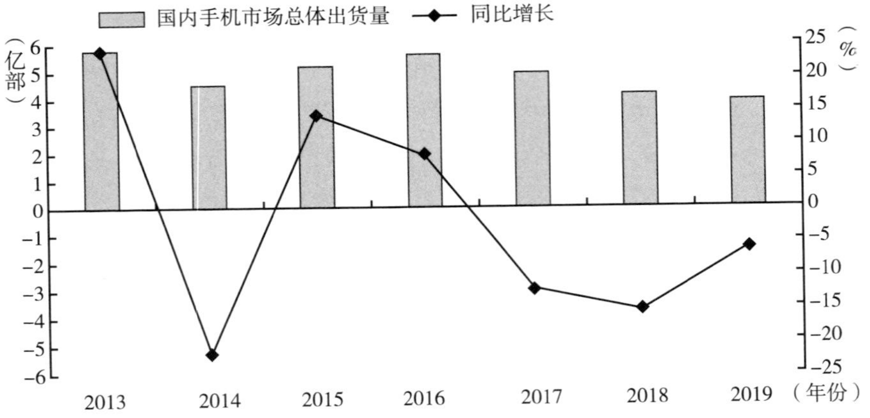


**图 3 - 1　2013 ~ 2019 年国内手机市场总体出货量及其同比增长情况**

资料来源：中国信息通信研究院。

上述中国信息通信研究院数据与其他数据来源有所差别，但差距并不大。根据国际数据公司（IDC）数据，2019 年中国智能手机市场出货量约为 3. 7 亿部，同比下降 7. 5%。其中，出货量数据与中国信息通信研究院数据非常接近，但下滑幅度大于后者。根据 CINNO Research 数据，2019 年中国国内市场智能手机销量约为 3. 9 亿部，同比下降 3. 3%。其中，出货量数据大于中国信息通信研究院和国际数据公司数据，但下滑幅度明显小于后两者。

手机出货量下滑的原因是多方面的，既有长期原因，也有短期原因。其中，人口因素是个长周期变量。出生人口数量的长期下降导致人口结构发生重大改变，中国劳动人口（手机需求最大、购买力最强的人群）总量已经见顶。根据国家统计局数据，15～64岁人口总量在2013年达到最大值100582万人，2016年下降到100260万人，2019年进一步下降到98910万人，比2016年减少1350万人，比2013年减少1672万人。

人口因素不会在短期内有剧烈变化，对手机出货量的解释能力有限。短期原因方面，从4G到5G的切换影响手机出货量。在此时点，手机厂商会采取“轻装上阵”的运营策略，对库存水平进行持续控制。从消费者角度看，5G手机单价大幅提升，但暂时未能提供足够明显的差异化体验，购买4G手机则会面临即将过时的担心，消费者犹豫情绪持续升级。

### （二）移动流量增速放缓

根据工信部数据，截至2019年底，全国移动电话用户总数达16亿户，其中4G用户总数为12.8亿户，占移动电话用户总数的80%。根据国家统计局发布的《2019年国民经济和社会发展统计公报》，2019年末全国内地总人口为14亿人。移动电话用户总数之所以会超过人口总数，是因为一个人可以拥有两个或更多移动电话号码。两个或更多移动电话号码可集成在一部手机上，也可分布在不同的手机上。

2019年全国移动电话用户总数同比净增3525万户，远低于2016～2018年的同比净增数量（分别为5054万户、9555万户、1.49亿户），略高于2015年的同比净增数量（1965万户）。工信部运行监测协调局认为，2019年全国移动电话用户总数净增较少的原因包括：一是在漫游费取消后，用户迁移换号和一户多卡的需求明显下降；二是运营商将营销重点转向深挖存量用户价值而非争抢用户；三是网络建设资源投向4G和5G，部分地区3G用户数量大幅下降；四是来自转售企业（转售企业就是俗称的虚拟运营商，从基础电信运营商那里购买通信服务，重新包装成自有品牌并销售给用户）的用户分流，已开展业务的 38 家转售企业新增移动用户超 4500 万户。目前市场上以 170、171 开头的手机号就是虚拟运营商号码。

在用户数量基本稳定的情况下，移动互联网接入总流量保持高速增长。根据工信部数据，2019 年移动互联网接入总流量达 1220.0 亿 GB，比上年增长 71.6%（见图 3－2）。根据电信企业的流量数据监测结果，2019 年移动用户使用抖音、快手等短视频应用消耗的流量占比已超过 30%。

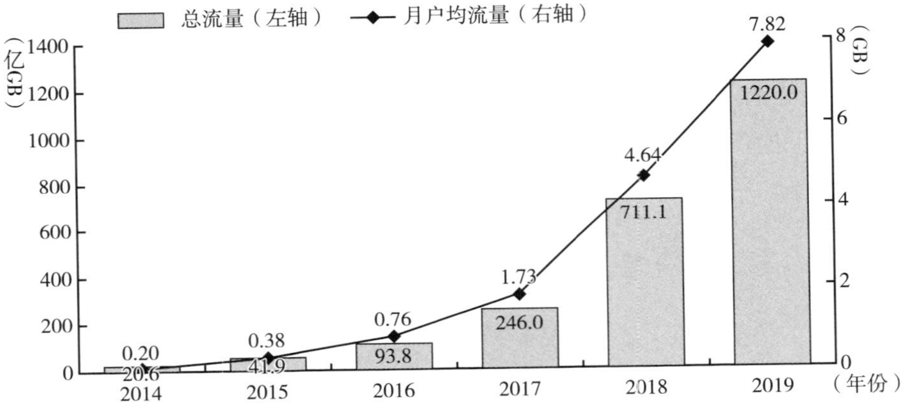


**图 3－2　2014～2019 年我国移动互联网接入总流量及月户均流量**

资料来源：工信部。

总流量的增长基本上来自月户均流量的增长，而非来自用户数量的增长。2019 年移动互联网接入月户均流量达 7.82GB，比上年增长 68.5%，其中 2019 年 12 月当月移动互联网接入月户均流量高达 8.59GB。

尽管 2019 年移动互联网接入总流量和月户均流量都保持高速增长，但增速相比过去几年出现大幅下滑。相比之下，2015～2018 年移动互联网接入总流量同比分别增长 103.4%、123.9%、162.3%、189.1%，远高于 2019 年的 71.6%；2015～2018 年移动互联网接入月户均流量同比分别增长 90.0%、100.0%、127.6%、168.2%，同样远高于 2019 年的 68.5%（见图 3－3）。

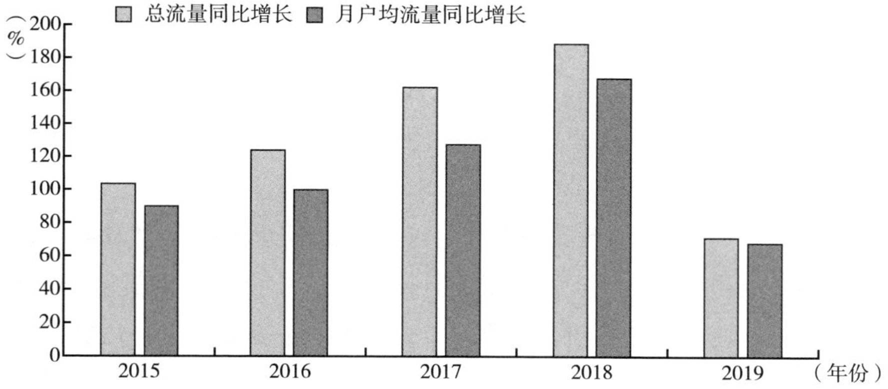


**图 3－3　2015～2019 年我国移动互联网接入总流量及月户均流量同比增长情况**

资料来源：根据工信部数据计算而得。

## （三）提速降费深入推进

自 2015 年 5 月 13 日国务院常务会议召开以来，网络提速降费工作已有 10 多次被列入国务院常务会议议题，连续写入 2017～2019 年的《政府工作报告》，其受重视程度可见一斑。提速降费的实施范围越来越广，从宽带、专线、电话到移动互联网；提速降费的目标非常实在，给出明确数字，杜绝模糊空间。

2019 年《政府工作报告》要求持续推动网络提速降费；开展城市千兆宽带入户示范，改造提升远程教育、远程医疗网络，推动移动网络扩容升级，让用户切实感受到网速更快更稳定；2019 年中小企业宽带平均资费再降低 15%，移动网络流量平均资费再降低 20% 以上，在全国实行“携号转网”，规范套餐设置，使降费实实在在，让消费者明明白白。

与往年相比，上述要求具有以下特点。①继续关注宽带建设，但第一次提到千兆宽带，第一次提出中小企业宽带平均资费降低目标。②对于移动网络流量平均资费，在要求 2018 年至少降低 30% 的基础上，2019 年要求进一步降低 20% 以上，造福几乎每一个中国人。两年累计下来，移动网络流量平均资费降低 44% 以上。③推动移动网络扩容升级和全国实行携号转网，为网络提速降费提供了技术上和制度上的基础，有利于持续推进提速降费。④第一次要求规范套餐设置，增强消费者关于提速降费的获得感。⑤没有继续提出电话业务方面的降费要求，原因可能是 2017 年已有部署以及电话业务占比已经较低。

2019 年 5 月 14 日的国务院常务会议进一步落实 2019 年《政府工作报告》部署，列出实现网络提速降费的具体措施：推动基础电信企业通过下调资费价格、免费提速升档等方式，年内实现中小企业宽带平均资费降低 15%；通过实施普惠制套餐升档降费、大幅降低套餐外流量单价、针对低收入和老年群体推广“地板价”资费，多措并举实现移动流量平均资费降低 20% 以上。其中，“大幅降低套餐外流量单价”的要求切中消费者痛点，非常具有针对性。消费者经常碰到的情况是，套餐内移动流量资费较低，一旦超出套餐流量则资费暴涨，稍不注意则可能导致较多支出。

为什么如此重视网络提速降费？2019 年 5 月 14 日的国务院常务会议对此进行了解释：进一步推进网络提速降费、增强网络基础能力，不仅能给企业和群众增便利添实惠，而且能拉动有效投资和消费，带动扩大就业，发挥数字经济等新动能对经济社会发展的支撑引领作用，是既利当前又惠长远的一举多得之策。

此前李克强总理也做过说明：“新一轮科技革命以‘互联网 +’、大数据、智能制造等为代表，其中最大突破口就是电信网络行业。”“中国制造 2025”的核心是智能制造，而智能制造的基础就是电信网络。所以，称电信网络现在已成为国家发展的基础性产业毫不过分。

从结果来看，2019 年《政府工作报告》关于移动网络流量平均资费再降低 20% 以上的要求已经实现。2019 年 12 月 23 日，全国工业和信息化工作会议在京召开，表示要超额完成网络提速降费年度任务。根据工信部数据，2019 年三家基础电信企业完成移动数据及互联网业务收入 6082 亿元，同比增长 1.5%[①]；移动互联网接入总流量达 1220 亿 GB，同比增长 71.6%。

① 不同年份收入数据统计口径有所调整，因此同比增长率存在偏差。

按此计算，2019 年移动网络流量平均资费为 4.99 元/GB。根据工信部发布的《2018 年通信业统计公报》，2018 年，移动数据及互联网业务收入为 6057 亿元，同比增长 10.2%；移动互联网接入总流量达 711.1 亿 GB，同比增长 189.1%。按此计算，2018 年移动网络流量平均资费为 8.52 元/GB。

可见，2019 年移动网络流量平均资费与 2018 年相比降低了 41.4%，远超 20% 的目标。其原因是虽然移动互联网接入总流量增长 71.6%，但相关收入只增长 1.5%。相比 2018 年，总流量和收入的增速都大幅放缓。在收入增速放缓的情况下，提速降费的压力更大。最终能够圆满完成任务，尤为难得。

### （四）携号转网全国实行

携号转网能够实现电话号码与电信运营商的脱钩，使得存量用户能够在保留原有电话号码的前提下自由选择电信运营商，是促进电信市场竞争、提高电信服务质量、降低电信服务成本的有力举措，是一项具有广泛社会影响和重大社会效益的惠民工程。在不能携号转网的情况下，用户如果要更换电信服务商，只能舍弃原来的电话号码，将新号码通知每一位亲朋好友，成本较高。

很多国家或地区已实现携号转网。具体实施时间以及国家或地区分别为：1997 年新加坡，1999 年英国、中国香港，2000 年西班牙、瑞士，2001 年澳大利亚、瑞典，2002 年意大利、葡萄牙，2003 年美国、法国，2004 年韩国、奥地利，2005 年中国台湾、爱沙尼亚，2006 年日本、南非，2007 年加拿大、新西兰，2008 年埃及、墨西哥，2009 年巴西、厄瓜多尔，2010 年泰国、约旦，2011 年印度、肯尼亚，2012 年智利、巴拉圭，2013 年阿塞拜疆、尼日利亚，2014 年亚美尼亚、洪都拉斯，2015 年萨尔瓦多、塞内加尔，2016 年伊朗、马尔代夫，2017 年坦桑尼亚，2018 年孟加拉国，2019 年乌克兰。

我国在携号转网方面已有不少探索。2010 年 11 月 22 日，第一批携号转网（号码携带）试点在天津、海南启动。2014 年 9 月 20 日，第二批携号转网（号码携带）试点在江西、湖北、云南落地。截至 2018 年 12 月底，全国累计携号转网 167 万人次，相关流程还不够顺畅制约了携号转网数量的增加。

2019 年我国携号转网工作实现突破。3 月 5 日，国务院总理李克强在《政府工作报告》中明确要求在全国实行携号转网。《政府工作报告》的权威性为携号转网工作的顺利进行奠定了基础。

2019 年 3 月 15 日，工信部副部长陈肇雄主持召开会议，部署在全国实行携号转网工作。会议决定，要加强统筹协调，密切协同配合，完善工作方案，确定好时间表、路线图，形成工作合力，确保按时、高质完成。

2019 年 11 月 11 日，工信部印发《携号转网服务管理规定》，要求电信业务经营者在提供携号转网服务过程中，不得有下列行为：无正当理由拒绝、阻止、拖延向用户提供携号转网服务；用户提出携号转网申请后，干扰用户自由选择；擅自扩大在网期限协议范围，将无在网期限限制的协议有效期和营销活动期默认为在网约定期限，限制用户携号转网；采取拦截、限制等技术手段影响携号转网用户的通信服务质量；在携号转网服务以及相关资费方案的宣传中进行比较宣传，提及其他电信业务经营者名称（包括简称、标识）和资费方案名称等；编造、传播携号转网虚假信息或者误导性信息，隐瞒或淡化限制条件、夸大优惠事项或携号转网影响、欺骗误导用户，诋毁其他电信业务经营者；为携号转网用户设置专项资费方案和营销方案；利用恶意代客办理携号转网、恶意代客申诉等各种方式，妨碍、破坏其他电信业务经营者携号转网服务正常运行；用户退网后继续占用该携入号码；其他违规行为。

2019 年 11 月 27 日，全国“携号转网”正式提供服务启动会议在京召开。工信部信息通信管理局副局长鲁春丛介绍，为推动全面实现“携号转网”，全行业齐心协力完成1800 余项系统建设改造；实施网内网间联调联测项目超过 103 万个；三家企业累计投资超过 30 亿元；建成全国 31 个省（自治区、直辖市）“携号转网”实时交互联动系统，率先达到“小时级”携转效率。

三大电信运营商2019年12月的用户经营数据陆续公布，体现了携号转网的影响。具体来看，中国移动移动用户净增373.2万户，累计达到9.5亿户；4G用户净增498.5万户，累计达到7.58亿户。中国电信移动用户净增118万户，累计达到3.35亿户；4G用户净增124万户，累计达到2.81亿户。中国联通移动用户净减278.8万户，累计达到3.18亿户；4G用户净增18.8万户，累计达到2.54亿户。可见，用户数量最多的中国移动净增用户数量最多，呈现强者愈强的马太效应；中国联通移动用户明显减少，特别是3G用户减少较多。

### （五）4G网络普遍覆盖

基站是提供移动信号的基础设施，基站数量是衡量移动网络覆盖程度的重要指标。2019年是基站建设大发展的一年。根据工信部数据，2019年我国移动电话基站数达841万个，比上年净增174万个，其中4G基站数达到544万个，比上年净增172万个（见图3－4）。可见，4G之外的基站数量基本保持不变。

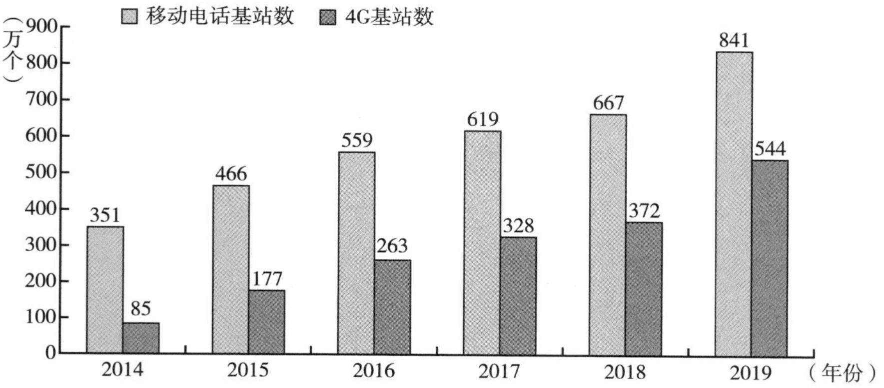


**图3－4　2014～2019年我国移动电话基站数及4G基站数**

资料来源：工信部。

与往年相比，2019年4G基站建设异军突起。2015～2018年4G基站数同比分别增加92万个、86万个、65万个、44万个，2019年增加的4G基站数分别是 2015 ~ 2018 年增加的 4G 基站数的 1.9 倍、2.0 倍、2.6 倍、3.9 倍。从 4G 基站数的同比增速来看，2015 ~ 2018 年分别为 108.2%、48.6%、24.7%、13.4%。不考虑 4G 引入初期的 2015 ~ 2016 年，2017 ~ 2018 年的同比增速均远远低于 2019 年的 46.2%。尤其是 2019 年的基数较大，增速快尤其难得。

放眼全球，2019 年中国 4G 基站建设速度之快更是惊人。2019 年 6 月 14 日，黄奇帆在《中国经济周刊》发表文章《美国政策制定者犯了六个错误》，文中提到，目前，全球 4G 基站共有 500 多万个，其中中国有 370 多万个，美国仅有 40 万个左右，其余各国约有 100 万个。中国拥有 370 多万个 4G 基站的数据与工信部 2018 年底的数据一致，可见全球和美国的数据也应是截至 2018 年底。根据上述数据，2018 年底中国之外所有其他国家和地区的 4G 基站数之和仅 140 万个左右。2019 年中国新增 172 万个 4G 基站，超过中国之外所有其他国家和地区多年建设的 4G 基站数之和。经过 2019 年的大发展，中国 4G 基站数占全球的比重将达到 80% 左右。

2019 年 9 月 20 日，国务院新闻办公室就中华人民共和国成立 70 周年工业通信业发展情况举行发布会，工信部部长苗圩指出，70 年来我国建成了全球规模最大的信息通信网络，我国人口约占世界人口的 1/5，但是 4G 基站数占全球的一半以上，也就是我国平均每个人享受的信息基础设施水平远远高于世界平均水平。这从官方角度证实了中国 4G 基站数的全球地位。

工信部运行监测协调局为 2019 年 4G 建设大发展提供了官方解释：一方面，实现网络大规模扩容，弥补农村地区覆盖的盲点，提升用户体验；另一方面，提升核心网络能力，为 5G 网络建设夯实基础。可见，4G 与 5G 并不是截然分开的，4G 建设得好有利于 5G 加速发展。

4G 建设大发展与政策推动有关。我国将电信普遍服务作为打赢脱贫攻坚战、实施乡村振兴战略、建设网络强国的重大举措之一全力推进。自 2015 年底工信部和财政部正式启动推进农村及偏远地区光纤和 4G 网络覆盖的电信普遍服务试点工作以来，中央财政资金带动三大电信运营商累计投入 400 多亿元。目前，已成功组织五批电信普遍服务试点，累计支持超过 13

万个行政村光纤和4G网络建设，我国行政村通光纤和4G网络比例均超过98%。其中，前三批试点支持行政村通光纤，27个省（自治区、直辖市）的13万个行政村被纳入试点；第四、第五批试点开始支持行政村通4G，共部署3.6万个4G基站建设。

在前期建设的基础上，中共中央、国务院对网络覆盖提出了更高要求。2020年2月5日，中共中央、国务院发布一号文件《关于抓好“三农”领域重点工作确保如期实现全面小康的意见》，提出要加大农村公共基础设施建设力度，基本实现行政村光纤网络和第四代移动通信网络普遍覆盖。2019年4G建设大发展为落实上述要求奠定了良好基础。

## （六）5G牌照正式颁发

2019年成为5G商用元年。2019年6月6日，工信部向中国电信、中国移动、中国联通、中国广电四家企业颁发了基础电信业务经营许可证，批准四家企业经营“第五代数字蜂窝移动通信业务”。自此，5G商用正式拉开序幕。

**1. 牌照颁发时间早于预期**

2018年12月，工信部给四家运营商颁发了5G试验频段的使用许可证，通常情况下从试用阶段到商用阶段需要一年时间，业界普遍认为5G牌照会在2019年底或者2020年初颁发。

5G牌照提速源于国际竞争。各国都在加速推进5G建设，一方面，借此吸引社会关注，体现科技能力；另一方面，借此获得合作伙伴的优先支持，在标准之争中抢占先机。韩国、美国、瑞士、英国已在我国之前颁发5G牌照，我国成为第五个5G商用的国家。如果晚些时间颁发5G牌照，可能还会有其他国家排在我国之前。

美国的5G发展速度对我国影响深远。早在2018年11月15日，美国联邦通讯委员会就召开了第一次5G频谱拍卖会，拍卖的是27.5～28.35GHz（共计850MHz）频段。尽管美国5G商用时间早于我国，但我国5G建设完全有可能后来居上。我国5G建设方面的优势之一是拥有中低频谱资源。中低频谱意味着信号覆盖距离广、所需基站数量少、建设成本低。相比之下，美国的中低频谱已被占用，中短期内难以释放，所以美国的5G建设集中于高频谱。此外，我国在5G建设方面的优势还包括产业链完整，拥有华为等供应商；电信运营商属于央企，容易得到银行支持，资金实力雄厚；等等。

**2. 频谱分配蕴含深意**

频谱是移动通信发展的核心资源。在四家获得5G牌照的电信运营商中，中国电信获得3.4～3.5GHz（共计100MHz）的频谱资源，中国联通获得3.5～3.6GHz（共计100MHz）的频谱资源，中国移动获得2515～2675MHz及4.8～4.9GHz（共计260MHz）的频谱资源。

三大运营商的频谱资源各有利弊。中国电信、中国联通获得的5G频段虽然只有100MHz，但分布于3.5GHz周围，是5G部署的黄金频段，在产业链匹配方面拥有显著的规模和成本优势。当前爱立信、华为、诺基亚等主流设备厂商一直基于3.5GHz来进行5G产品的研发与测试，产品相对成熟稳定。国内前期的5G测试也集中于3.5GHz频段。对于资金面相对薄弱的中国联通和中国电信而言，这种频谱分配算是一个最优方案。相比之下，中国移动获得的5G频段比中国电信、中国联通宽很多，但分布在两个区域。其中，2.6GHz频段的覆盖性较好，所需基站数量少，而且紧邻4G频段，可以利用4G设备，在建设速度上有优势；4.9GHz频段可在高流量热点区域进行重点覆盖。不过2.6GHz和4.9GHz的产业链都非常不成熟，需要投入大量资金进行布局和完善，如此重任只有财力雄厚的中国移动可以承担。

中国广电成为5G牌照发放和频谱分配的大赢家。中国广电之所以能在三大运营商之外拿到第四张5G牌照，是监管部门出于促进电信网、互联网、广播电视网“三网合一”的考虑。三大电信运营商已经拥有了IPTV牌照，体现了三大电信运营商的跨界，此次获得5G牌照体现的是中国广电的跨界。

中国广电不仅有5G牌照，而且有早就获得的得天独厚的700MHz左右的频谱资源。这个频段远低于中国移动的2.6GHz，更是远低于中国电信和中国联通的3.5GHz，具有信号覆盖广、建网成本低的优势。据估计，使用此频段建设全国5G网络只需要40万个基站。不过，这个频段的带宽不足，无法满足大容量需求。所以，中国广电后来又申请了 4.9GHz 频段并获得了工信部的许可，将其与低频段协同组网。

2019 年 10 月 22 日，全球移动通信系统协会（GSMA）发表文章《从中国实践看全球 5G 频谱治理：GSMA 关于 5G 频谱资源最佳组合的建议》，称赞中国的频谱分配方案。GSMA 认为，对快速 5G 服务的最佳支持是在主要的 5G 中频为每个运营商提供 80～100MHz 的连续频谱，以及在重要的毫米波段中为每个运营商提供宽达 1GHz 的连续频谱。2018 年 12 月中国发放的 5G 中低频段使用许可使每家基础电信企业获得 100MHz 或以上连续试验频段，保障了 5G 商用所需的频谱资源。需要强调的是，中国是在 5G 中频段给予运营商连续频谱资源最多的国家。

在频谱价格上，GSMA 的研究显示，高昂的频谱价格往往与较低的网络覆盖率和昂贵却低质的信息服务之间有关联，这些严重影响了消费者体验。频谱拍卖不是一直行之有效，失败案例屡次出现。最典型的“反例”是德国。2019 年德国进行 5G 频谱拍卖，经过 497 轮的竞标，总拍卖金额达到了 65 亿欧元。德国电信公开抱怨称，德国 5G 频谱拍卖的方式造成频谱短缺，可能会导致运营商缺乏资金建设下一代网络。相比之下，中国的 5G 频谱则由政府无偿分配，这不失为更好的选择。

### （七）5G 建设拉开序幕

随着 5G 商用牌照的颁发，5G 建设拉开序幕。2019 年我国所取得的 5G 建设成果令人振奋，但与最终目标还有很长的距离。一方面，5G 商用牌照的颁发时间是 2019 年 6 月 6 日，牌照颁发后 2019 年只剩下约半年时间；另一方面，5G 的技术还在完善，市场需求还在培育，运营商需要综合考虑成本与效益。2019 年 8 月 9 日，中国移动董事长杨杰在业绩报告会上表示，对于 5G 建设，要实事求是、积极推进，目前 5G 技术、产业成熟还需要时间，要把握好节奏。

基站是移动通信设备接入互联网的接口设备，是移动通信网络中最关键的基础设施，其主要功能是实现无线覆盖，即实现有线通信网络与无线终端之间的无线信号传输。基站包括机房、电线、铁塔桅杆等结构部件。

根据工信部数据，截至2019年底，我国5G基站数超过13万个，用户规模以每月新增百万户的速度扩张。三大运营商对外公布的2019年5G基站建设目标与上述数字吻合，其中中国移动5万个，中国联通和中国电信都是4万个，三者合计13万个。

基站建设需要大量投资。2019年8月，在各自的上半年业绩发布会上，三大运营商披露了5G基站投资规划，其中中国移动240亿元、中国联通80亿元、中国电信90亿元，三者合计410亿元。

2019年完成建设的5G基站数与所需建设总量还有非常大的差距。给定范围内所需建设的基站数主要由无线电频率决定。如果所使用的无线电频率较低，则波长较长，单个基站的覆盖范围较广，给定范围内所需建设的基站数较少；反之，如果所使用的无线电频率较高，则波长较短，单个基站的覆盖范围较小，给定范围内所需建设的基站数较多。由于5G所使用的无线电频率通常较高，因此所需建设的5G基站数较多。

2019年完成建设的5G基站分布于首批5G商用城市（或新区）。2019年10月31日，中国移动和中国联通公布了首批50个5G商用城市（或新区）。两家运营商的5G商用城市（或新区）名单大同小异。中国联通的50个5G商用城市（或新区）包括北京、上海、广州、深圳、杭州、南京、天津、武汉、济南、郑州、苏州、青岛、重庆、成都、宁波、温州、嘉兴、绍兴、东莞、佛山、中山、珠海、无锡、常州、南通、沈阳、长沙、大连、兰州、福州、石家庄、太原、西宁、西安、厦门、贵阳、雄安、呼和浩特、南宁、海口、哈尔滨、南昌、合肥、银川、昆明、长春、泉州、柳州、鹰潭、乌鲁木齐，其中绍兴、中山、珠海、常州、南通是中国移动的50个5G商用城市（或新区）名单中所没有的。晋城、芜湖、南阳、株洲、琼海等城市在中国移动的50个5G商用城市（或新区）名单中，但不在中国联通的50个5G商用城市（或新区）名单中。

## （八）万物互联稳步推进

物联网技术与5G密切相关，但也有所区别。在需要大数据量实时交互的物联网场景（如自动驾驶），5G 技术必不可少；在时效性不强、数据量不高的物联网场景（如查电表），用 5G 如同杀鸡用牛刀，这时可采用窄带物联网技术。

所谓窄带，是指网络接入速度为 60Kbps 及以下的网络接入方式，可直接部署于 GSM 网络。由于每个设备需要的带宽如此之低，即使部署在 2G 通信网络，也能实现海量连接，一个 2G 基站可支持近 10 万个物联网终端。窄带物联网（与蜂窝物联网大致同义）的优势在于能耗低、待机时间长（电池寿命长达 10 年）、信号好（在地下室或偏远的乡村也能覆盖）。对于运营商来说，发展窄带物联网可以继续利用原来的频段和设备，有助于增加收入。

2019 年 5 月 7 日，在第二届数字中国建设峰会物联网分论坛上，工信部总经济师王新哲透露，截至 2018 年 12 月底，三家基础电信企业蜂窝物联网用户达 6.71 亿户，占全球的一半以上。

根据工信部数据，截至 2019 年 12 月底，三家基础电信企业共发展蜂窝物联网用户 10.3 亿户[①]，全年净增 3.57 亿户，与 2018 年净增 4 亿户相比略有下降。物联网业务收入比上年增长 25.5%，比 2018 年 72.9% 的收入增速大幅放缓。2019 年电信企业提供的物联网行业应用超百种，泛智能终端产品超 3000 款，不断渗透于公共事业、智慧交通、智慧社区、智能制造等领域。

## 二　2020年互联技术应用情况展望

### （一）新冠肺炎疫情冲击手机销量

手机销售主要依靠线下渠道，新冠肺炎疫情对线下渠道影响较大。第一手机界研究院对覆盖全国 25 个省（自治区、直辖市）的 10034 家线下手机实体店的销售情况所做的统计显示，2019 年 2 月，中国大陆线下手机市场出货量占手机出货总量的 80%。受新冠肺炎疫情影响，大多数线下销售场

① 不同年份用户数据统计口径有所调整。

所关闭，手机出货总量严重萎缩。根据中国信息通信研究院数据，2020 年 2 月，国内手机市场总体出货量为 638.4 万部，同比下降 56.0%；1 ~2 月，国内手机市场总体出货量为 2719.7 万部，同比下降 44.0%。

CINNO Research 认为，受新冠肺炎疫情影响，2020 年中国智能手机或将连续第四年出现销量下滑，面临 10 年来的销量新低，5G 带来的换机效应也将受到抑制。如果疫情延续至 4 月底，供应链的影响将放大，整体销量或将呈现两位数的跌幅（17% ~23%），年度销量将降低至 3.0 亿 ~3.2 亿部。

### （二）线上应用锦上添花

线上应用本身就呈现快速增长趋势，新冠肺炎疫情会使其加速发展。除了少数需要与线下密切结合的线上应用（如旅游、交通）外，疫情对线上应用的影响基本上是正面的，具体可以分为三个方面。首先，很多线下活动受疫情影响转移到线上，包括购物、教育、办公、娱乐等。疫情结束后，很多活动会重新回归线下，这种情况下疫情的影响是短期的，但是不少消费者发现线上应用的优势后会将线上消费习惯固化，这种情况下疫情的影响则是长期的。其次，受疫情影响，消费者社交、运动时间减少，可用于线上活动的时间增多，对于线上应用也会有促进作用。最后，疫情改变了很多人的风险观念，企业家、投资者、从业人员等会重新审视自己所处行业的风险情况，有可能会做出新的选择，开始走向线上。

线上应用的繁荣不一定会带来移动流量的增加。疫情期间，大多数人持续居家，对宽带的使用增多，对移动网络的使用减少。疫情结束后，随着人们外出时间的增加，线上应用的繁荣与移动流量的增加开始具有正的相关性，预计 2020 年移动流量的增速会进一步放缓。

### （三）5G 建设快马加鞭

为了缓解新冠肺炎疫情冲击，促进经济增长，中共中央、国务院已经进行多方面部署，顺势推出“新基建”。2020 年 3 月 4 日，中共中央政治局常务委员会召开会议，研究新冠肺炎疫情防控和稳定经济社会运行重点工作。

会议强调，要加快5G网络、数据中心等新型基础设施建设进度。

这次会议提出“新型基础设施建设”概念，并将5G网络列为“新基建”的第一项。之所以如此重视5G网络，是因为5G网络无论是技术的先进性还是影响的广泛性都是首屈一指的。5G网络具备高速率、多并发、低时延等优势，多项性能指标相比4G网络有了跨越性提升。与以前注重人际互联的移动网络不同，5G网络第一次为万物互联提供技术基础。5G网络的建成将促进相关应用的开发和成熟，为各行业带来降本增效和业务创新机会，成为经济增长的新引擎。

三大运营商均表态将加快5G建设。中国移动表示，力争2020年底5G基站数达到30万个。考虑到2019年已建成5G基站约5万个，2020年中国移动新增5G基站将达到25万个。中国联通和中国电信的5G频段非常接近，将共同建设5G基站，力争在2020年底前完成30万个5G基站建设的目标。与2019年全年建设13万个基站的进度相比，2020年的5G基站建设明显加速，实际建设数量可能会超过上述计划。

### （四）工业互联加速发展

物联网既可用于居民生活，也可用于工业生产。物联网是工业互联网的重要支撑。2020年2月21日，中共中央政治局召开会议，要求推动生物医药、医疗设备、5G网络、工业互联网等加快发展。工业互联网被广泛认为属于“新基建”。在“新基建”政策的扶持下，工业互联网将驶上快车道，带动物联网的发展。

## 参考文献

工业和信息化部运行监测协调局：《2019年通信业统计公报》，2019。

工业和信息化部运行监测协调局：《2019年通信业统计公报解读》，2019。

黄奇帆：《美国政策制定者犯了六个错误》，《中国经济周刊》2019年6月14日。

李正茂、王晓云、张同须等：《5G+：5G如何改变社会》，中信出版集团，2019。

马婧、程子姣：《一图看懂携号转网》，《新京报》2019 年 5 月 16 日。

全球移动通信系统协会：《从中国实践看全球 5G 频谱治理：GSMA 关于 5G 频谱资源最佳组合的建议》，2019。

中国信息通信研究院：《2019 年 12 月国内手机市场运行分析报告》，2019。

# 第四章
# 分布式技术及其应用

马洪杰　于宏志*

摘　要：分布式技术覆盖的范围比较广，最典型的就是云计算和区块链。云计算从诞生至今已经走过了10余个年头，在这10余年间，云计算取得了飞速发展，不仅引发了信息技术领域的革命，而且进一步影响了各行业开展业务活动的方式和方法。如今的云计算已经在各行业得到了广泛且深入的应用，进而也衍生出了各种具有行业特色的云业务场景。本章将通过介绍云计算在金融科技领域的应用和影响情况，帮助读者了解云计算驱动下的金融科技在业务、技术、管理等方面发生的变化、存在的问题，以及后续的发展方向和趋势。另外，2019年伴随国家政策的调整，在加强区块链技术金融监管和产业创新应用的背景下，政府出台了一系列政策，扶持区块链技术的发展和产业创新应用的落地，区块链技术在国内迅速发展并与各行业深度融合，以创造社会价值、赋能实体经济为核心的方向成为区块链技术发展的主旋律。区块链技术已被提升至国家战略的高度，成为我国核心技术自主创新、

* 马洪杰，大连理工大学系统工程学博士，神州信息副总裁，兼任中国软件行业协会副理事长，中国电子工业标准化技术协会副理事长，中国电子工业标准化技术协会ITSS分会副秘书长，ISO/IEC JTC1 SC40专家，全国信标委ITSS分技术委员会委员、副秘书长，全国信标委大数据标准工作组服务大数据专题组组长等。于宏志，神州信息CTO，神州信息工程院院长，拥有超过20年的金融行业IT系统规划、设计和建设经验，擅长金融行业业务与场景规划、企业级IT系统架构设计及大型软件的交付和管理。

产业赋能的重要突破口。同时，金融行业在互联网转型过程中逐渐引入分布式技术来解决遇到的问题，目前已经形成了比较完整的分布式整体解决方案，并且各细分领域也在独立、快速发展。

关键词： 分布式技术 云计算 区块链 金融科技 分布式架构

# 一 云计算技术发展分析

## （一）云计算技术发展现状

### 1. 国际发展情况

进入2019年，全球数字经济继续保持高速增长，云计算作为推动数字化转型的重要技术手段，发展势头迅猛。据国际数据公司（IDC）预测，2019～2023年，公有云服务和基础设施方面的支出将从2290亿美元增加到5000亿美元，五年复合年增长率为22.3%。① 这说明行业广泛采用云计算作为数字化转型与创新的重要基础，使得云计算成为IT行业增长的最大引擎。

2019年，围绕云计算所开展的一系列数字化变革步伐加快，相应技术领域不断发生变化，并不停地涌现出新技术与新理念。

一方面，云计算作为人工智能、大数据服务、IoT服务等新兴技术的依托平台，利用基于云的人工智能、机器学习、区块链、敏捷应用（如容器技术、微服务应用程序架构、基于API的集成技术）等创新技术来构建日益分布和优化的生态系统已经成为行业发展的趋势。

另一方面，云计算技术也深刻影响着从行业发展策略、行业生产工艺流

① "Worldwide Public Cloud Service Spending will More than Double by 2023, According to IDC", Jul. 3, 2019, https://www.idc.com/getdoc.jsp?containerId=prUS45340719.

程到行业政策法规等的方方面面。随着越来越多的企业将业务部署到云上，在有效运营的同时，需要确保云基础设施与数据的安全，符合监管要求或促成全新的监管体系建立，用以防范安全漏洞以及潜在的系统性风险。

与此同时，随着行业用户在云计算领域使用经验的不断积累，为避免绑定单一云服务提供商所带来的风险，行业用户开始倾向于采用多云、混合云部署模型作为基础架构的一部分，以充分利用不同云服务提供商的优势、产品特性。云服务提供商为云构建的各种应用程序（也称作“一切即服务”）在多云、混合云部署模式下被用户更多地加以使用。其中，“云原生”作为一种全新的利用云计算优势来构建和运行业务应用的方法更是受到普遍关注，并吸引了更多行业用户加以实践。此外，随着行业用户在云计算领域参与度的逐渐提高，可以通过技术手段进行业务流程的集成、改造与编排以及业务处理的自动化、云服务治理、成本控制、用户体验优化等最佳实践，从而实现数字转型。

**2. 国内发展情况**

我国云计算产业持续保持强劲的发展态势，年均增速超过 30%，是全球增速最快的市场之一。[①] 预计到 2023 年，我国云计算产业规模将超过 3000 亿元。2019 年，随着多个国家级、区域级大型数据中心的建成并投入运行，我国信息化发展的进程进一步加快，政府和企业上云率得到进一步提升，预计到 2023 年政府和大型企业上云率将超过 60%。[②]

当前我国仍处于数字经济智能化转型的关键时期，云计算作为人工智能、区块链、大数据等新兴技术的基础，在彼此影响、快速演进中成为行业数字化、智能化转型的重要支撑。同时，随着 5G 技术在全国正式商用，云计算与 5G、物联网、人工智能、大数据、边缘计算等新兴技术呈现不断融合的态势，覆盖范围更广的创新超融合生态正在孕育中。

---

① 申明：《我国云计算产业年增速超过 30%　已是全球增速最快市场之一》，中国科技网，2019 年 4 月 12 日，http：//www. stdaily. com/index/kejixinwen/2019 - 04/12/content_ 760268. shtml。

② 国务院发展研究中心国际技术经济研究所：《中国云计算产业发展白皮书》，2019。

目前，我国云计算生态仍处于不断完善阶段。位于产业上游和中游的芯片、服务器企业，从保障国家安全、提高核心技术竞争力角度出发，陆续推出自主研发产品。位于产业下游的云基础平台、分布式数据库、云原生、SaaS（软件即服务）应用领域，在国内领先企业以及初创企业的推动下，发布了一系列具有市场竞争力的自主研发产品。由此，全栈自主可控的云计算平台初具雏形。此外，开源社区蓬勃发展，开源技术作为创新力量的重要分支逐渐汇入主流，越来越多的企业在开源软件上深耕细作，为构建开放的云计算生态贡献力量。

随着越来越多的传统企业将业务应用系统迁移到云平台上，通过引入云计算技术来改造生产流程、提升生产效率、形成新的业务增长点成为业界共识。与此同时，越来越多的初创企业通过迅速、充分地利用新兴技术来对行业进行重塑。而国家有关部门也陆续出台相关行业标准、规范，以解决影响云计算大规模市场化和商业应用的互操作性问题以及服务评估与定价标准的商业指标等问题。其中，国家互联网信息办公室联合各部门颁布的《云计算服务安全评估办法》已自2019年9月1日起正式实施。云计算的安全与合规日益成为行业上云过程中重要的衡量指标。

## （二）金融科技云计算应用

按照全球金融系统监控协调机构——金融稳定理事会（FSB）的定义，金融科技是指技术带来的金融创新，它能创造新的业务模式、应用、流程和产品，从而对金融市场、金融机构或金融服务的提供方式造成重大影响。

从以上特性可以看到，金融科技非常依赖和重视云计算等新技术的业务运用，实际上，其对云计算等前沿技术的运用已经渗透于各种创新业务场景，可以说，云计算技术已经成为金融科技开展业务创新的必备承载平台。

**1. 云计算成为承载金融科技的基础设施**

作为金融科技依赖的四大核心技术（人工智能、区块链、云计算、大数据）之一，云计算凭借其自身的高可靠性、高扩展性、按需服务等特点，提高了各类金融科技业务场景的承载能力，同时降低了获取和配置IT资源的成本和风险，提升了资源的运用和运营效率。

借助云计算技术，可以降低开展金融创新业务的基础设施投入，简化基础设施运营成本，提升运营效率，为创新业务提供按需伸缩的资源配置，使金融机构可以将有限的人力、物力、财力投入创新业务运作中，从而降低开展创新业务的试错成本，进一步促进金融科技的蓬勃发展。

与此同时，云计算技术还引发了IT资源获取、软件开发、架构部署及系统运维等方面的一系列技术变革。业务应用的开发引入了开源技术和敏捷方法，应用的交付过程引入了持续交付体系，系统的架构引入了容器和分布式架构。

云计算技术和这些技术相融合，在金融科技领域得到了越来越广泛的应用，催生了丰富的金融科技应用场景，使云计算成为事实上的承载金融科技创新业务场景的最佳平台。

根据中国信息通信研究院发布的《金融行业云计算技术调查报告（2018年）》，近九成金融机构已经或计划应用云计算技术。在接受调查的391家金融机构中，41.18%的金融机构已经应用云计算技术，46.80%的金融机构有计划应用云计算技术，共有344家金融机构已经应用或计划应用云计算技术（见图4－1）。

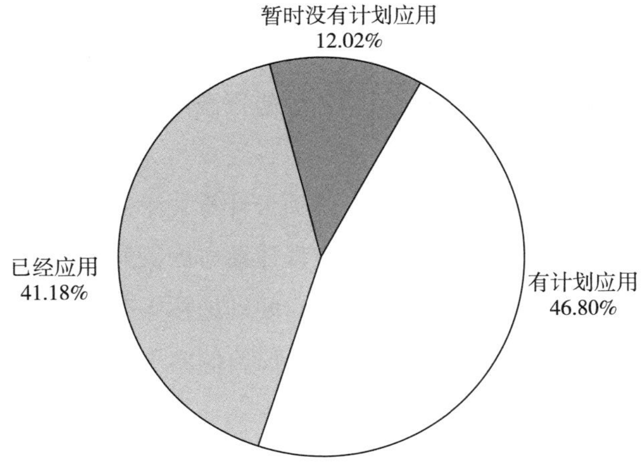


**图4－1　云计算技术应用进展**

资料来源：中国信息通信研究院：《金融行业云计算技术调查报告（2018年）》，2018。

在中国人民银行2019年发布的《金融科技（FinTech）发展规划（2019～2021年）》中，第三章“重点任务”则明确提到要“合理布局云计算。统筹规划云计算在金融领域的应用，引导金融机构探索与互联网交易特征相适应、与金融信息安全要求相匹配的云计算解决方案，搭建安全可控的金融行业云服务平台，构建集中式与分布式协调发展的信息基础设施架构，力争云计算服务能力达到国际先进水平”。

综合市场调研和行业规划，可以看到，云计算技术的应用在金融行业已经进入“深水区”，并且还在持续扩展。

**2. 金融科技应用云计算面临的主要问题**

金融科技是金融和科技的深度融合，其核心属性仍然是金融，由此衍生的业务场景本质上依然属于金融行业场景。因此，与其他前沿新技术一样，云计算技术在金融科技业务场景中应用时，在产生业务价值、促进业务创新的同时，仍然需要遵循金融行业的内在规律和相关的金融行业监管要求，这就导致了新的运营和合规管理问题，这些问题主要体现在混合云运营管理和标准化及安全合规两个方面。

混合云运营管理问题。根据IDC发布的《IDC金融行业云计算白皮书》，截至2018年，在亚太地区已经上云的金融机构中，有80%采用混合云的模式作为新一代的运营模式架构基础。可以看到，混合云基础架构将成为一个长期存在的形态。多种云及基础设施资源的并存，对原有的运维及运营技术、人员和流程提出了综合挑战。

为了应对这一问题，金融机构在借助云计算技术开展金融科技业务的同时，还需要在技术工具、人员储备及流程体系方面做好综合性的应对，使业务部门可以通过自助化、自动化的手段，便利地按需获取混合云服务，使科技管理部门可以通过数据化、可视化的手段，洞察分析云资源的分布和使用情况，实现更加科学的云资源的运营管理。

标准化及安全合规问题。金融行业的标准化及安全合规要求主要体现在强监管、业务连续性和信息安全等方面。由于金融科技具有的创新性和融合复杂性，从目前的发展来看，仍然缺乏针对金融科技的明确的业务规范和技术标准。

对于置身其中的云计算技术，金融机构可以参照通用的云计算技术规范和标准，加强云计算风险管控，确保金融科技领域的云服务安全可靠。同时，还应该积极开展内部研究和外部合作，借助外部专业技术服务机构的力量，结合自身基础和现状，逐步制定并完善针对金融科技云计算技术的相关安全规范和技术标准，提升金融科技服务质量与安全水平。

相信通过持续不断的建设和完善，金融科技的云计算应用一定能得到更加广泛、深入和稳健的发展。

### （三）云计算对金融科技的影响

在“一切皆上云”的大趋势下，技术中台、数据中台和快速迭代的业务应用都在以难以想象的速度与云环境融合。而金融行业的显著特点在于其体量大，对 IT 的投入超过其他所有行业，在银行业监管的强压下，其建设标准和对技术的要求也最为严格，涉及业务的系统，对于数据丢失、业务中断几乎是零容忍。而云计算技术融入金融行业，在业务的稳定运营、快速交付创新、降本增效等多个方面满足了金融 IT 系统的需求，在系统架构、开发运维、自主可控等多个层面深刻促进了金融科技的发展。

**1. 系统架构层面：容器化、微服务化、云原生等技术**

IDC 发布的《2019 容器技术及其应用发展白皮书》指出，基于云和数字化的业务创新与加速能够显著增强企业核心竞争力，企业实施数字化转型已成为其未来生存与发展的必由之路。无论是新兴的数字原生企业，还是积累沉淀的传统企业，数字化转型所带来的生产、管理、市场、运营能力的提升和客户服务体验的改善，都是企业面向剧烈变化的市场时所能倚靠的坚实能力根基。IDC 2019 年的调研数据显示，已经有 18.3% 的企业把数字化转型做成企业的标准业务模块；12.8% 的企业进一步将数字化转型优化与业务深度融合，激发出无限的创新动力；其余 68.9% 的跟随者也都在不同程度地开展数字化转型活动。① 云计算技术的应用将在很大程度上助力金融行业

① IDC：《2019 容器技术及其应用发展白皮书》，2019。

实施数字化转型，摆脱发展瓶颈，同时云原生技术也将助力打造新一代金融PaaS中台，实现新的市场突破。

在云计算产业的快速发展过程中，容器技术已经成为云原生技术的重要组成部分，以Docker和Kubernetes为代表的容器技术在金融行业得到了广泛应用，并不断积累形成基于容器的云上生态系统，基于容器技术的PaaS平台能够完美结合微服务架构，帮助金融行业实现敏捷、轻量、快速、高效的开发、测试、交付和运维一体化融合模式。

在规模型的企业中，金融行业已经走在云原生技术的前列，基于对业务安全性、稳定性和维护持续性的考虑，核心、借记卡等生产系统短时间内不会迁移到容器上，而以互联网服务、普惠金融、信用卡为主的ToC端业务系统，由于其客户层面存在激烈的跨界竞争，因此对服务满意度、发布质量和效率有着极高的要求，在这些业务系统中，云原生技术已经得到了大规模应用，甚至部分金融机构或金融科技公司已经将九成以上的互联网相关业务转换至容器环境中。获客系统、手机App、理财系统和银行活动系统等一大批面向ToC端用户的应用，以容器技术为支撑，获得了很好的管理和用户体验。①

在未来2~3年内，基于容器的云原生技术将更广泛地应用于金融行业中，出于构建统一业务中台的需要，除交易系统外的大量金融业务将逐渐迁移到容器平台上，实现PaaS层的标准化能力输出。②

**2. 开发运维层面：DevOps、DevSecOps**

长期以来，金融科技的开发模式可总结为三类——按固定版本排期的开发模式、按项目排期的开发模式和敏捷开发模式，为大型金融企业业务的快速发展提供了强有力的IT保障，同时也确保了产品的质量，降低了运行风险。但是近年来金融科技受互联网，尤其是移动互联网迅猛发展的冲击，正面临跨界竞争的压力，在普惠金融和面向ToC端的互联网服务方面均有强

① IDC：《2019容器技术及其应用发展白皮书》，2019。
② IDC：《2019容器技术及其应用发展白皮书》，2019。

烈的数字化转型需求，金融企业在对业务模式加快创新的同时，其 IT 团队也要加快开发节奏，快速推出满足业务发展需求的产品。这种需求对金融企业现有的 IT 开发模式提出了挑战。而 DevOps 模式将开发与运维打通，很好地解决了金融科技面临的矛盾和挑战。由于金融行业更强调稳定和安全特性，DevSecOps 方案也越来越多地融入应用的整个生命周期中，强调一体化的安全防护。

无论是 DevOps 还是 DevSecOps，在金融行业都是以敏态化改造的形式出现的，以满足企业在高速迭代、永不宕机、横向扩展、自动运维等多方面的需求，并与容器化、微服务化、运维智能化并向发展，快速成为金融企业转型的方向，并与传统的稳态研发模式并驾齐驱、互为补充。

云原生技术的各种特性为 DevOps 所倡导的开发、测试、交付和运维一体化体系提供了需求匹配度极高的支撑保障，而 DevOps 具备的流程一体化执行能力也使容器的应用获得了理想的场景支持。在传统的应用发布流程中，开发、测试和发布环境相互独立，各环节间的审批也较为复杂。应用容器技术后，测试、运维可以在容器中进行，不需要单独建立测试环境，容器镜像自始至终保持一致性，在前端应用持续迭代发布时，开发人员从代码编译到上线，可实现一键式部署过程，周期可缩短至分钟级。DevOps 的流水线方式可以使 70% ~80% 的执行过程实现自动化，辅以少量的审批和手工测试，即可在十几分钟内完成一次部署，而与其相对应的早期 VM 环境则需要数小时。

伴随 DevOps 实践的不断深入，在 DevOps 标准建设方面有了很大的突破，由中国信息通信研究院牵头编制的国内外首个《研发运营一体化（DevOps）能力成熟度模型》（标准）的发布，标志着我国 DevOps 体系与方法更加成熟，对金融科技的 IT 转型具有重要意义。

**3. 自主可控成为我国金融科技发展的重要课题**

随着信息安全问题的日益突出，信息安全已上升至国家战略，自主可控、国产化替代已成为必然趋势。习近平总书记于 2016 年 10 月 9 日在中共中央政治局第三十六次集体学习时强调，要加快推进国产自主可控替代计划，构建安全可控的信息技术体系，这表明自主可控、安全可控战略已经进入全面实施阶段，安全可控的信息技术应用创新也成为当今中国经济发展的新动能。而云计算的发展，正是推进自主可控信息技术应用创新的有力抓手。

金融领域的基础设施堪比经济社会运行的神经中枢，对于金融科技而言，更是高度依赖金融网络和信息系统，因此，安全可控的信息系统对金融行业的发展至关重要。随着云计算的发展，越来越多的金融企业进入自主可控的技术转型方案的实施阶段，从核心技术上提升竞争力。

2014 年 9 月银监会发布的《关于应用安全可控信息技术加强银行业网络安全和信息化建设的指导意见》明确提出，到 2019 年，安全可控信息技术在银行业总体达到 75% 左右的使用率，将建立银行业金融机构应用安全可控信息技术工作情况的监督评价机制，对纳入监管评级体系的机构，其考核结果并入机构信息科技监管评级，自主可控、安全稳定将成为今后一个时期内金融业信息化的重要任务。

中国人民银行于 2019 年 8 月发布《金融科技（FinTech）发展规划（2019 ~ 2021 年）》，明确了科技赋能作用，安全可控成为基本原则，目前金融 IT 领域基础层软硬件的国产化程度较低，具有较大的替代空间。

## 二　区块链技术发展分析

区块链技术本质上就是一种分布式账本技术，是密码算法、共识机制、点对点通信协议、分布式存储等多种核心技术高度融合而成的一种分布式基础架构，抛开比特币、以太币等各种虚拟货币的价值，我国政府和金融科技行业更关注区块链底层技术的自主创新和区块链产业应用创新所带来的无限价值。

### （一）国内区块链发展概述

2019 年，区块链技术依然是全球金融科技备受关注的技术之一，各个国家纷纷布局区块链技术，甚至已有国家通过区块链技术发行央行法定数字货币。而在国内，区块链技术已被提升至国家战略的高度，成为我国核心技术自主创新、产业赋能的重要突破口。2019 年 10 月 24 日，中共中央政治局就区块链技术发展现状和趋势进行第十八次集体学习，习近平总书记在主持学习时强调，区块链技术的集成应用在新的技术革新和产业变革中起着重要作用。要把区块链作为核心技术自主创新的重要突破口，明确主攻方向，加大投入力度，着力攻克一批关键核心技术，加快推动区块链技术和产业创新发展。

**1. 在金融强监管背景下，区块链回归技术本源，从币圈时代转入链圈时代**

早在 2017 年，区块链技术就已经非常火爆，第一个区块链数字货币比特币一度暴涨至 2 万多美元，数字货币背后所代表的财富增长机会吸引了大批投资者和投机者的注意。因为比特币等虚拟货币具有分布式、去中心化、安全可靠、匿名保护等特点，而且具有某种意义上的货币属性，所以为黑客攻击、暗网交易、洗钱、不受管制外汇汇款等提供了便利的支付通道，给国家的金融监管和外汇管制带来了很大的问题，增大了反洗钱的难度，造成国家大量资金流失。此外，一种名为 ICO 的虚拟货币融资方式也大量涌现，项目方通过发布 ICO 的方式圈钱，投机者则想通过 ICO 找到下一个万倍币，不受管制的非法集资和诈骗导致大量的空气币和庞氏骗局，给人民群众带来大量财产损失，引发一系列金融风险和社会风险。2017 年 9 月 4 日，中国人民银行等七部门联合发布《关于防范代币发行融资风险的公告》，明确叫停 ICO，后续也关闭比特币等虚拟货币的交易，宣布国内公有链的币圈时代正式结束。部分区块链公司关停矿机挖矿数字货币交易等业务，部分通过转移将业务搬到国外。在国内的区块链技术论坛上，业内人士也鲜有提及虚拟货币、某某币、ICO、Token 等名称，甚至规避此类名称，区块链技术的应用和发展受到一定程度的影响，金融行业部分机构对区块链技术的真正价值也产生了一定的质疑。

2019 年，伴随国家政策的调整和改变，在加强区块链技术金融监管和产业创新应用的背景下，政府出台一系列扶持政策促进区块链技术发展和产业创新应用落地，区块链技术在国内迅速发展并与各行业深度融合，以创造社会价值、赋能实体经济为核心的方向成为区块链技术发展的主旋律，区块链技术进入下一轮发展的快速通道，区块链公司重新回归区块链底层技术研究和产业赋能的领域内，各级政府以及众多的金融机构和科技企业，包括央行、银保监会、银行、保险公司、企业等会有更多的研发经费投入区块链技术的应用探索，区块链技术将聚拢更多专业性人才从而获得飞速发展。

**2. 地方政府纷纷发布政策，大力扶持区块链技术和区块链产业的发展**

北京、上海、广州、深圳、杭州、南京、天津等地发布区块链政策，加速产业发展；福建、江西、四川、郑州、西安、长沙等省市的区块链协会纷纷成立，截至2019年底，已有30多个省市发布政策开展区块链布局。各级政府也出台相关激励扶持政策吸引区块链技术公司入驻，各地产业园已经成为区块链技术创新和发展的润土。例如，中关村、雄安新区、粤港澳大湾区等都建立了区块链产业园，全国各地建立的区块链产业园已达到38个，为“政产学研用投”等各界搭建起沟通的桥梁。再如，2018年河北省政府提出为加快全省工业转型升级，打造雄安新区高端高新产业发展核心区，积极培育发展区块链、量子通信等未来产业。

中关村科技园在2019年10月24日公示了对科技型小微企业研发费用支持名单，超2000家企业将获得研发费用支持，其中包括融链科技、阿希链、链上科技、福德树、欧链科技、链方达、节点共识、魔链科技、链云智慧、数链科技等多家区块链企业。而在2019年10月28日，为贯彻和落实《广州市黄埔区广州开发区加速区块链产业引领变革若干措施》文件精神，广州市黄埔区工业和信息化局、广州开发区经济和信息化局制定了《广州市黄埔区广州开发区加速区块链产业引领变革若干措施实施细则》。对提供区块链示范项目信息服务的企业或机构，区块链应用示范累计建设达到30个节点（或50个节点以上），且有效交易量累计达到1000笔（或5000笔以上），一次性给予奖励30万元（或50万元）。

除了扶持资金之外，各地企业还为区块链公司提供便捷的公司注册服务，制定相应的税收减免政策，提供租金远低于市场价格的研发办公环境——区块链孵化器产业园，截至2019年底，国内区块链创新公司已经达到2.8万家左右。

**3. 区块链标准化体系建设有序发展，国家区块链技术自主创新处于国际前列**

在区块链技术形态尚具可塑性阶段，有必要制定关键技术的安全规范，以便金融机构按照合适的安全要求进行系统部署和维护，避免出现短板，为区块链技术大规模应用提供业务保障能力和信息安全风险约束能力，对产业应用形成良性的促进作用。

工信部下属的中国电子技术标准化研究院相继发布《区块链参考架构》和《区块链数据格式规范》，全国区块链和分布式记账技术标准化技术委员会正在筹建，首个区块链国家标准也正着手研制，工信部和多个头部金融科技公司参与其中。中国的区块链技术应用场景多，区块链标准化体系建设走在世界前列，在促进国际区块链技术标准制定方面也发挥了重要作用。

为落实《中国金融业信息技术“十三五”发展规划》和《金融科技（FinTech）发展规划（2019~2021年）》的要求，规范区块链技术在金融领域的应用，提升区块链分布式账本技术的信息安全保障能力，2020年2月，中国人民银行编制并正式发布《金融分布式账本技术安全规范》。该标准由中国人民银行数字货币研究所提出并负责起草，中国人民银行科技司、中国工商银行、中国农业银行、中国银行、中国建设银行、国家开发银行等单位共同参与起草。标准中规定了金融分布式账本技术的安全体系，包括基础硬件、基础软件、密码算法、节点通信、账本数据、共识协议、智能合约、身份管理、隐私保护、监管支撑、运维要求和治理机制等方面，为金融机构探索区块链在金融行业的创新应用提供了安全规范指引，将进一步促进区块链技术在金融行业的创新和应用。

## （二）区块链底层技术平台正在加速技术发展

区块链底层技术已经逐步成熟，国内自主创新的区块链技术百花齐放，全球专利申请量呈指数级增长，现有专利2.2万件，中国以63%的占比显著领先。

公有链技术平台上已有比特币、以太坊、EOS等多个公共区块链开发与应用平台，公有链的技术平台为初创区块链公司，为区块链研发技术人才快速开发区块链创新应用场景、部署运行区块链应用提供了一个方便快捷的基础支撑平台。据不完全统计，在以太坊公有链应用平台上，目前已经有2600多个应用，部署的智能合约数量超过4200个，每日活跃用户数超过2.7万人，已经构建了一个强大的区块链分布式应用生态体系。

公有链的底层平台基本上是开源的，而联盟链技术主要由金融科技公司主导，因公司的发展战略不同，在探索建设底层技术平台的过程中逐渐形成了开源和闭源两种模式。在开源区块链技术平台方面，国外有由Linux基金会、IBM科技巨头等主导的Hyperledger Fabric，国内有由金链盟、众安科技、京东数科、百度等分别主导的区块链底层技术平台相继开源。在闭源区块链技术平台方面，较为著名的有腾讯的TrustSQL、蚂蚁金服的联盟链、平安一账通的FiMAX壹账链等平台，其源码暂未对外开放，技术平台目前主要用于支撑企业内部搭建产业生态场景的应用，或以BaaS的形式对外提供区块链云服务。不过，从目前国内区块链技术长远发展的趋势来看，未来很多闭源的技术平台也会逐步走向开源，部分企业已经给出了开源的时间窗口。

例如，在国内众多开源区块链底层技术平台中，金链盟组织的区块链生态已经颇具规模。金链盟旨在整合及协调金融区块链技术研究资源，形成金融区块链技术研究和应用研究的合力与协调机制，提高成员单位在区块链技术领域的研发能力，探索、研发、实现适用于金融机构的金融联盟区块链，以及在此基础之上的应用场景，其成员已涵盖银行、基金、证券、保险、地方股权交易所、科技公司六大类行业的100多家机构。早在2017年12月，金链盟就已成立由微众银行、神州信息、华为、亦笔科技等8家成员单位组成的区块链开源工作组，并共同发起国内第一个区块链开源底层技术平台块FISCO BCOS，旨在打造安全可控、适用于金融领域的区块链底层平台，经过多年的发展和开源生态建设，已经成为国内外联盟区块链技术的闪亮明珠、国内众多应用场景的首选技术平台，以及区块链技术自主创新的典范。

FISCO BCOS 经过多年研发和众多实际应用场景的试验，已经成熟稳定并能够兼容以太坊上的智能合约，单链条处理能力达到 2 万多笔/秒，具有智能合约虚拟机、联盟多账本技术、高效共识算法等能力。2019 年 12 月，由国家信息中心主导的中国区块链服务网络（BSN）将 FISCO BCOS 纳入其适配的两大联盟链底层平台之一，FISCO BCOS 成为目前 BSN 中唯一的国产联盟链底层平台。

再如，国内领先的金融科技公司神州信息整合 BCOS、Hyperledger Fabric、以太坊等技术形成了具备行业跨链协作功能的区块链技术解决方案 Sm@ rtGAS，在金融科技、智慧城市、农业、税务、企业服务等领域不断开展应用。Sm@ rtGAS 作为行业成熟的区块链解决方案和产品，成为区块链技术与金融市场业务之间的技术“桥梁”，自 2019 年开始逐步帮助央行、国有大型银行、股份制银行、城市商业银行、农商行等金融机构设计区块链应用场景，如金融监管、供应链金融、数字钱包、智慧城市市民卡、交易存证、发票管理、商业票据、对账清算等，对区块链技术和金融行业的应用结合起到了重大的促进作用（见图 4 –2）。

在金融机构中，中国工商银行依托金融科技优势，于 2018 年对外发布了具有自主知识产权的企业级区块链技术平台，具有高性能的技术架构、金融级的隐私保护方案、软硬件相结合的国密加速技术、易扩展的跨链互访能力，单链性能高达 2 万 TPS。目前该平台已经取得 60 余项核心技术突破，提交 41 件专利，在企业级金融安全体系建设、节点资源动态扩容和伸缩配置、共识节点及记账节点热备智能切换、区块链平台集群资源监控、多种区块链产品的一键式组网、基于拜占庭共识的区块链并发处理能力等方面实现了突破，应用于资金划收、资金清算、资金拨付、银企互联等 60 多个场景，在金融同业中领先推出安全可靠的区块链服务。

可见，不管是金融机构、区块链产业联盟、金融科技头部公司，还是小微区块链创业公司，都在积极推动国内区块链技术的发展，并且已经实现区块链技术的自主创新，提升了区块链交易的安全性和处理性能，实现了国家对区块链技术自主创新的战略目标。

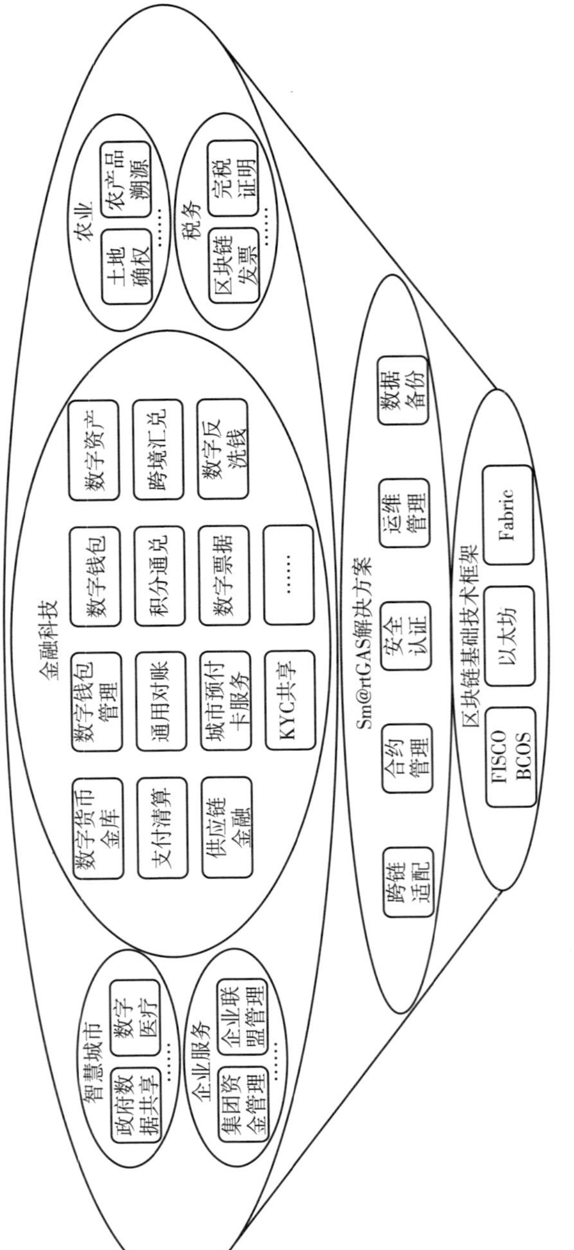


图 4－2　神州信息区块链技术发展战略

## （三）区块链金融场景应用分析

区块链具有公开透明、不可篡改、可追溯等特点，能够起到促进数据共享、优化业务流程、降低运营成本、提升协同效率、建立可信任体系等作用。目前区块链已在金融、供应链、知识产权、电子合同、司法存证、产品溯源、医疗等领域有较大规模的应用，在金融科技领域，已经形成较多典型的场景应用，下面介绍几个典型的金融行业应用。

**1. 央行数字货币 DCEP**

中国人民银行正在试验的央行数字货币 DCEP 是数字货币电子支付工具，是依托区块链技术发展而来的全新加密电子货币支付体系。为了达到 30 万笔/秒的处理性能，DCEP 没有照搬区块链技术，而是使用了区块链技术的核心功能——加密数字货币和数字钱包等区块链底层核心技术，并采用央行中心节点验证控制的方式来验证交易的过程。公有链上的数字货币如比特币等是通过工作量证明共识算法和全世界矿工来确保加密数字货币支付过程不会被“双花”或“多花”，并且 1 笔交易的确认过程需要 1 个小时。而 DCEP 支付流转的过程此问题是采用央行的中心节点验证完成的，能够瞬时验证完成并实现自动找零等。因为 DCEP 的发行机构中国人民银行具有国家法定信用背书，DCEP 具有无限法偿性，所以采用中心验证的过程同样具有最强大的可信用性，从而简化整个支付的过程控制，加快交易的速度，提升用户的体验。

（1） DCEP 的发行将采用双层运营体系

央行先把 DCEP 兑换给银行或者其他金融机构，再由这些机构兑换给公众，金融机构从央行兑换 DCEP 需要足额缴纳人民币以获得发行权，对现有金融体系不会带来大的冲击。DCEP 与人民币可以按 1∶1 自由兑换，是 M0 的替代，即 DCEP 发行后，金融体系将逐渐进入无现金时代，DCEP 不是简单的人民币数字化。

（2） DCEP 采用数字钱包的弱账户体系

DCEP 发行后对银行现有的账户体系不会带来大的影响，银行当前的存款依赖于银行的账户体系，依托于银行等信用机构的信用背书，而 DCEP 采用区块链技术中的数字钱包技术，存入数字钱包的 DCEP 和纸币的价值是一样的，数字钱包里的 DCEP 不具有投资属性，也不产生任何利息。用户创建数字钱包后可以从存款账户中将钱取出变为 DCEP 并存入钱包，钱包收到比较多的钱后也可以存入银行变为存款账户里的人民币，进行其他投资理财等。DCEP 数字钱包采用分级管理的机制，主要有三类。

A 类：用户创建的数字钱包（类似于Ⅲ类账户），匿名但额度有限制。

B 类：绑定某银行卡进行实名认证的数字钱包（类似于Ⅱ类账户），实名后交易额度进一步放宽。

C 类：经过委托银行面签验证的实名认证的数字钱包（类似于Ⅰ类账户），面签后交易额度很高甚至不做限制。

（3）DCEP 可以简化支付流程，并带来有限匿名性

电子支付过程依赖于现有金融系统的账户体系和支付交换系统（网络、大额支付、小额支付等），看似一个简单的支付动作，其实经过了众多系统处理环节，如付款人手机、付款方银行系统、支付交换系统、收款方银行系统、收款方终端等，经过众多交易节点，IT 处理成本高，也会带来交易数据隐私保护的问题。而 DCEP 的交易过程，只需要付款方、收款方和央行验证系统即可完成支付，具有匿名隐私保护的功能，同时还支持双离线交易，即在收款方和付款方都没有网络的情况下，也能够完成支付动作。首先，参与方减少，支付过程不需要经过银行、微信、支付宝、网联等支付机构，用户隐私保护程度更高。其次，匿名数字钱包的存在，使得支付过程可以是匿名的，这是现有电子支付系统所不具备的，能够满足民众在某些匿名场景的使用需求。当然，央行可以通过大数据等其他技术手段来进行反洗钱的分析和控制。

（4）DCEP 有利于人民币的流通

当前微信、支付宝等电子支付方式盛行，国人已经逐步转向无现金消费时代，但现钞系统还需要持续流转。纸钞、硬币的发行，包括印制、流通、回笼、贮藏等各个环节的成本都非常高，同时还要投入一些资金用于防伪，

而且携带既不方便也不卫生，容易传染病菌。中国是一个幅员辽阔的国家，整个纸币运转体系只要还在运行，金融系统和社会系统的运行成本就依旧很高，DCEP 的出现将大大降低这一成本支出，便于人民币的使用和流通。举个简单的例子，在 DCEP 时代，运钞车、ATM 机、点钞机、各地央行金库等将不再需要，也不需要银行柜员拥有点钞技能，民众收到假币的情况也不可能再发生。

（5）DCEP 将促进人民币国际化

人民币国际化是指人民币能够跨越国界，在境外流通，成为国际普遍认可的计价、结算及储备货币的过程。DCEP 发行后，在全球拥有网络的任何国家，只要收付双方手机里都装有支持中国 DCEP 钱包标准的 App，就可以根据即时汇率显示的当地货币与人民币的兑换价转换成 DCEP 实现支付交易，双方通过 App 或钱包设备进行 DCEP 划转就能完成跨境支付动作。这与传统的跨境支付有很大的区别，如 Visa、MasterCard、银联等信用卡，依赖于双方各自的银行账户系统，在使用支付时，先要通过银行卡注册账户，如果其中一方的银行账户系统不支持，交易就无法完成，交易确认周期也很长。而 DCEP 则不依赖于账户，同时高安全性的数字钱包还能规避跨境盗刷的风险，未来将成为国人境外消费的最佳选择。

在“一带一路”倡议下，中国已经成为全球第一大贸易国，在当前中美贸易摩擦背景下，国际形势风云变幻，推进人民币国际化是国家崛起的必然选择，而央行法定数字货币的出现将有助于加快人民币的国际流通，提升人民币的国际地位，特别是在跨境贸易过程中如果能够使用 DCEP 直接结算，将简化跨境贸易的购汇流程，减少交易双方转汇美元的手续成本，提升交易的效率，降低交易双方对美元的依赖。所以，随着我国国际地位的提高和人民币价值的稳定提升，DCEP 将逐步在跨境贸易、石油交易中发挥作用。

**2. 区块链 + 供应链金融**

2018 年下半年以来，金融供给侧结构性改革应运而生。金融机构资产端“做减法”逐渐影响到实体经济负债端借贷，民营企业和小微企业融资难、融资贵问题突出，实体融资出现结构性问题，金融供给难以匹配金融需求，金融结构难以匹配经济结构。与金融去杠杆单纯“做减法”不同，金融供给侧结构性改革强调“有增有减”，完善金融供给，构建多层次、广覆盖、有差异的融资体系。

2019 年 7 月，银保监会向各大银行、保险公司下发《关于推动供应链金融服务实体经济的指导意见》，指出在加强供应链金融风险管控方面，银行业金融机构在开展供应链融资业务时应对交易真实性和合理性进行尽职审核与专业判断。鼓励通过采用“区块链 + 物联网 + 人工智能”等技术实现供应链金融的交易真实性审核，将核心企业的信用价值辐射到端末的中小微企业，确保交易的真实性，提升银行的风控水平，降低交易融资审查的成本，真正解决中小微企业融资难、融资贵的问题。

区块链技术与金融业相结合，为供应链金融提供了全新的技术解决方案。区块链技术具有可追溯、不可篡改的特征，将核心企业和上下游供应商的日常往来数据上链，如合同状态、电子发票，并通过 5G 物联网技术将货物的物流、出入库数据上传到区块链系统中存证，确保供应链条上的交易信息真实可靠。同时，通过区块链上的智能合约将应收账款的签发、结算在区块链上结合银行的清算与结算功能自动完成。例如，一级供应商和核心企业完成某一个合同状态后，需要在 90 天后付款 1000 万元，此过程可以通过区块链签发一个 1000 万元到期兑付的数字资产，类似一张票据。供应商收到应收账款的数字资产后，通过区块链技术可以实现保存，等到企业到期兑付时，可以将此资产实现快速融资或拆分后形成核心企业信用背书的数字货币，完成对其供应商的支付动作。假如该应收账款有 100 万元流转到某一个 5 级供应商手中，此时供应商 A 需要现金，可以向链上的金融机构提交融资申请，银行在审查此贷款业务时，利用区块链数据可溯源的特点确保该应收账款的有效性，如流转正常、合同正常、发票正常、业务正常、物流正常、仓储正常……结合人工智能等一系列审查技术，可以根据核心企业的信用额度快速发放贷款。放贷过程也将 100 万元应收账款数字资产流转到金融机构，变成此笔贷款的数字抵押物，银行能做到秒级审查、分钟级放贷，最终等待核心企业按期兑付，完成清算与结算。在这个过程中，核心企业的信用价值最为关键，能够有效传递到末端企业，帮助其解决资金问题。

所以，在供应链金融领域，可通过“区块链+物联网+人工智能”的技术手段向供应链两端延伸，为上游多级供应商或者下游分销商和经销商提供融资业务增信。2019年，有关“区块链+人工智能”的应用已经有非常多的实际案例，如招商银行、光大银行、中国工商银行、金融壹账通等都有类似的区块链产业应用。2020年，随着5G网络的发展，物联网技术进一步成熟，必将形成更加全面的供应链金融产业应用，实现精准放贷扶持实体经济，解决中小微企业融资难题，实现金融赋能产业生态，完成金融供给侧结构性改革的目标，同时还能降低银行端信贷风险和信贷审查成本。据国家统计局数据，2020年6月末我国规模以上工业企业应收账款余额为15.34万亿元，“区块链+供应链金融”相关解决方案的落地应用，能够大幅盘活此应收账款，对推动实体经济发展意义重大。

**3. 金融监管**

在ABCDE（AI、Block Chain、Cloud Computing、Data Tech、Edge Computing）等新技术中，区块链技术无疑是最适合应用于金融监管的技术。“区块链+金融监管”的范围是非常广泛的，下面简单介绍几个能应用于金融监管的场景。

（1）网贷、P2P等交易存证和监管

随着P2P网贷、移动支付、众筹融资等互联网金融产品的不断涌现，国内发生的多起P2P风险事件引发了各界关注，促使监管部门开始加强对金融科技的专项监管与引导，并不断出台相关法规条例。但仅依靠法律法规的监管，灵活性和时效性都相对不足。区块链作为一种新兴的技术，具有分布式共享、去中心化和不可篡改等特性，能够让资金划转变得透明且可监督，也为健全金融风险监测分析框架、治理金融乱象和整顿金融秩序、促进新兴金融业态规范发展提供了技术支撑。

（2）金融理财产品存证和监管

2018年12月某股份制银行旗下理财产品首次出现大规模逾期，由于各方面风声控制得比较紧，仍有大批用户不知道该理财产品已出现问题，仍在习惯性购买。2019 年 5 月，理财平台发出公告，所有理财产品不能按时兑付，该产品自 2018 年起已经在金融局办理良性清退，称银行只是理财产品的发布平台，所有资金去向不明。此类违规事件如果有区块链技术的监管，将进一步规范银行理财产品的销售行为。部分地区的中国人民银行分行正在考虑通过区块链技术加强地方理财产品的报备和监管，便于用户查验。

（3）银行合规性审查的交易监管

区块链数据的不可篡改性将规范企业的合法合规经营，银保监会和某国有大型银行正在探索使用区块链存证需要报备的监管数据。

（4）供应链金融应用场景的监管

监管机构直接作为监管的区块链节点加入供应链平台实现监管，不再需要银行或供应链平台上传数据，确保数据真实。

所以，在当前金融强监管、避免引发系统性金融风险的背景下，利用区块链的不可篡改性特点，将区块链技术应用于金融监管的过程无疑是最佳的技术选择。所以，2020 年 2 月发布的《金融分布式账本技术安全规范》也要求强化区块链的金融监管，为区块链底层技术提供了一定的指引和方向，要求区块链的技术公司升级区块链底层技术实现，以满足金融监管的要求。

## （四）区块链技术架构参考模型

从技术架构角度看，广义的区块链技术架构可以分为核心层、服务层、应用层。在这个三层模型中包含智能合约、共识机制、安全认证、账本管理、运维监控等多个功能域（见图 4－3）。

核心层。核心层是一个完整的区块链协议体系，提供分布式账本、智能合约、共识机制、授权认证、账本存储机制等基础性通用功能。

服务层。服务层是一个完整的区块链企业应用基础服务的支撑体系，包括安全认证、访问控制、账户体系、备份机制、共识适配管理、智能合约、生命周期管理等基础性服务功能。

应用层。应用层是面向用户提供的在核心层和服务层之上的某一个具

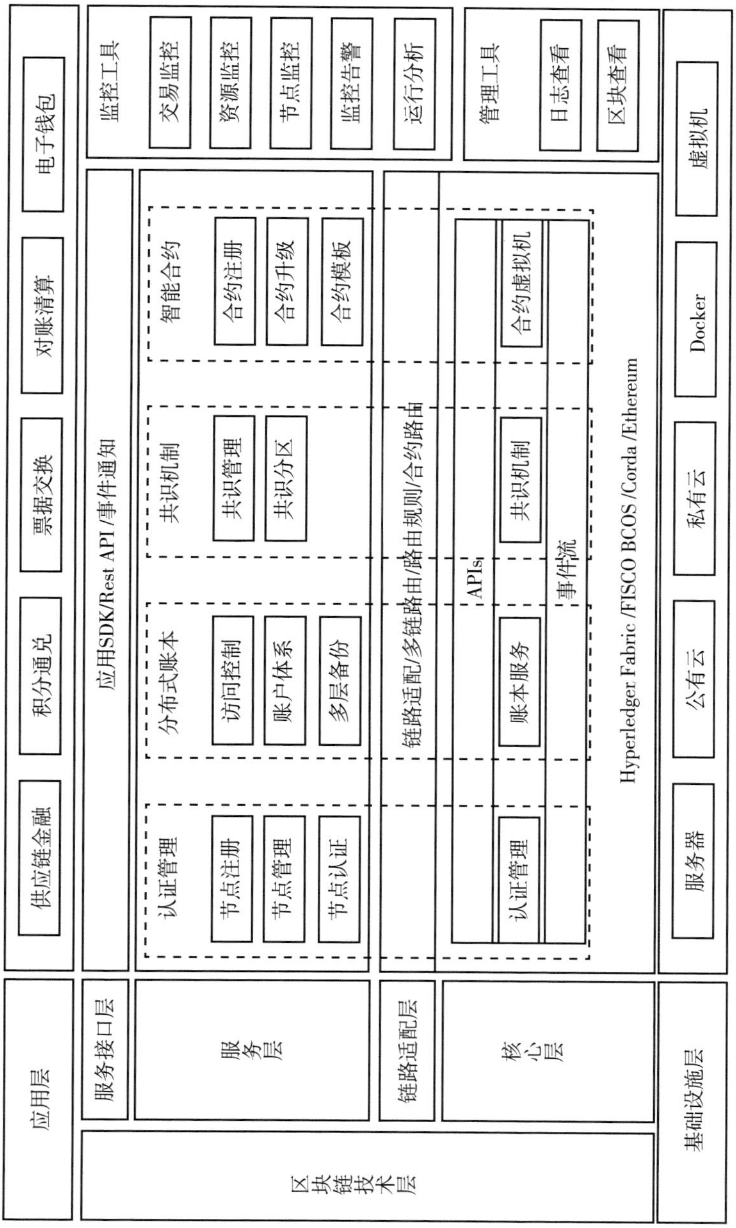


图 4－3　区块链技术架构参考模型

体场景的区块链应用。

**1. 智能合约**

智能合约也称为链上代码，其实质是在区块链节点上运行的分布式交易程序，用以自动执行特定的业务规则，最终会更新账本的状态。智能合约分为公开、保密和访问控制等类型。只有发布了智能合约，才能在区块链平台上进行数据的保存、交易等操作。该功能域提供智能合约审核、智能合约发布、智能合约虚拟机、智能合约运行、智能合约升级、智能合约注销、智能合约模板等功能。

**2. 共识机制**

共识机制是区块链中的核心技术点。多方参与的节点在预设规则下，通过节点间的交互对数据、行为或流程达成一致的过程称为共识。该功能域中的共识管理对区块链网络中达成共识所采用的共识算法进行管理与实现，实现对共识算法的模块化支持，方便切换不同共识算法实现。当前联盟链普遍采用的共识算法是拜占庭容错算法和 Raft 算法。

**3. 安全认证**

在账本的各类事件和交易中，参与者和对象都具有明确的身份信息。身份认证服务管理着系统中各种实体、参与者和对象的身份信息，验证者在网络建立的时候可以确定参加交易的权限级别。新节点接入集群、事务在集群中被执行都需要通过认证。集群内的各节点都知道彼此的身份（证书和公钥）。任何新节点接入集群，都需要向管理员申请授权证书，然后将授权证书和自身的证书、公钥发送到 CA 中心进行验证。该功能域还提供节点管理、访问控制、流量控制等功能。

**4. 账本管理**

账本管理包含完善的账本存储管理机制，以应对区块链的高冗余存储，保证区块链平台的扩展性和稳定性。该功能域包含分层存储、数据备份等功能。

**5. 运维监控**

运维监控主要是对区块链体系、网络、节点进行可视化应用和日志系统的综合监控，以及各类异常的实时报警与通知，支持根据不同业务领域需求进行综合监控扩展。

### （五）区块链发展面临的问题

虽然区块链技术持续快速发展，但在实际应用过程中仍然存在一些问题。

**1. 缺乏统一标准**

区块链的底层技术基础设施是区块链场景应用创新和发展的基础，然而在当前的发展阶段，这方面的标准还比较宽泛，缺乏对安全、隐私和数据交换等明确定义的通用标准，使区块链平台跨链协作面临困难，阻碍了区块链技术的发展。

**2. 使用成本高**

区块链作为一种底层技术基础设施，一方面，能够更加彻底地改写和颠覆行业的规则与运作模式；另一方面，使用区块链技术进行场景创新要求企业和机构对底层的技术架构进行重新设计，对应用进行改写，并与现存的系统进行整合，需要投入较高的基础设施建设和应用开发整合成本，同时区块链技术本身的特点还决定了将带来额外的网络及存储开销。此外，网络的通信成本和数据存储成本也是相对比较高的。

**3. 应用场景落地缓慢**

目前我国的区块链企业近 2.8 万家，但投入生产环节的仅占 3.6%，这说明区块链技术的真正应用相对比较缓慢。除了数字货币外，还缺乏为用户树立可靠信心的拳头性、标杆性应用，无法直接让众多企业看到区块链的真正价值。

**4. 区块链人才短缺**

区块链本身的特点要求区块链人才具备信息安全、IT 技术、金融、经济等方面的综合能力。在区块链行业当前所处的发展阶段，这类人才的短缺将制约区块链行业的发展。

**5. 量子技术带来的挑战**

安全加密机制是区块链技术的核心基础，量子计算机带来的新一代计算能力革命可能大大降低区块链中密码安全的攻破壁垒，给区块链分布式节点中的数据安全带来挑战。

## （六）2020年区块链技术发展展望

2020 年，区块链技术将持续火爆，其本身有着极大的技术魅力和商业潜力，相信区块链技术将在各个领域找到更多合适的落地场景。下面总结区块链技术最适合的应用场景，以便帮助大家思考如何用好区块链技术。

（1）数字货币、数字资产和某类资产的数字化场景。通过高安全性的数字钱包控制数字化资产的流转，如数字货币、数字票据、数字资产证券化等。

（2）存证类场景。区块链技术的一个最大特性是数据不可篡改，虽然区块链技术不保证链上数据的正确性，但能保留伪造数据的污点，在高信用社会环境下，伪造数据的不可磨灭性以及由此引发的不良影响，将迫使关联方最大限度地确保数据的真实性，其应用也可以辅以其他技术手段来验证数据的正确性，如电子合同存证、医疗保险、专利存证、司法存证、产品溯源等。

（3）数据共享和强监管场景。分布式账本技术的分布式存储特性在需要强监管或高效共享数据的场景也是非常适合使用区块链技术的，如黑名单客户共享、KYC 共享、金融监管、P2P 监管、网贷监管、机构间实时对账等。

（4）流程复杂且需要多方协作加强信任的场景。例如，跨境贸易、信用证、贸易融资等，通过区块链技术可以实现贸易双方、境内外金融机构以及物流、保险、海运、海关等多方的高效协作和数据共享。同时，简化流程、确保业务的真实性，也非常需要区块链技术。

对于 2020 年区块链技术的发展趋势，从众多行业报告提供的信息中可以看到，金融科技行业非常看好区块链技术的发展。阿里达摩院发布的《2020 十大科技趋势》显示，规模化生产级区块链应用将走入大众。腾讯证券发布的《2020 投资趋势洞察白皮书》显示，5G 及科技相关行业、自主可控、区块链、数字货币四大题材将成为2020年A股备受关注的概念。百度研究院发布的《2020年十大科技趋势预测》称，区块链将以更加务实的姿态融入更多场景。

受2020年初新冠肺炎疫情的影响，中国人民银行要求为保障现金使用安全，重点疫情地区不仅要对现金进行消毒，而且要将现金隔离14天以上才能重新投放流通，民众在疫情期间也尽可能规避使用现金，所以如果DCEP能够按计划发行，将受到民众的欢迎，为区块链技术应用落地营造良好的基础环境。DCEP有望成为金融科技最成功的区块链技术应用项目，并促进其他区块链项目的落地。特别是每个人都有了数字钱包后，其中的数字证书对其他应用场景的落地将起到非常大的促进作用，如数字票据、数字房产、数字资产、数字遗嘱、数字土地确权、数字合同、数字信用积分等。在实现了跨链访问的技术后，同一个数字钱包里的数字证书可以应用到众多的场景，会加速其他场景的落地。所以，笔者也最为看好DCEP的价值及其带来的附加价值，期待中国人民银行能够早日完成试验并正式发行。

受疫情的影响，众多的民营企业和中小微企业面临经营困难、融资困难的境地，将区块链技术应用于产业链中以解决民营企业和中小微企业融资难的问题可能会受到金融监管部门和更多金融机构的关注，同时核心企业为了确保自己的产业链不受影响，会有更强的上链意愿。所以，在确保安全可靠的基础上，区块链技术在产业链端的供应链金融领域应该会有更广泛的应用。

对2020年区块链技术在金融科技领域的应用展望如下。

（1）众多区块链标准将开始推行，加速应用落地。

（2）区块链技术将持续创新和发展，联盟链之间将实现便捷跨链。

（3）在金融供给侧结构性改革的指引下，“区块链+5G+物联网+人工智能”将为供应链金融产业链赋能。

（4）DCEP有望在2020年推出，将极大地促进区块链技术的快速发展。

（5）金融监管、数据存证、数据共享等垂直领域将成为金融机构应用区块链技术的试点领域。

## 三　分布式技术在金融行业的应用及发展

分布式技术的范畴比较宽，前文提到的云计算、区块链都可以应用于金融行业，但这两种技术更多的是为金融行业提供基础设施层面的支撑，本部分将从金融行业系统建设的视角来看待分布式技术，看哪些具体的分布式技术已经被应用于金融行业，并切实解决原有系统所面临的问题。

### （一）金融行业与分布式技术的结合是必然选择

**1. 互联网对金融行业发展的推动作用**

互联网正在深刻地改变整个社会，对金融行业也起到了巨大的推动作用。以银行业为例，在初期银行只是利用互联网发布一些信息，目的是推广银行的产品。随着互联网的持续发展，银行发现互联网蕴藏了很多新的机会，于是逐渐把互联网当成新的渠道，通过这个渠道完成的交易不断攀升。2013 年余额宝横空出世，短短几个月的时间，就让很多传统银行感受到了前所未有的压力，出现了客户流失、存款流失等情况。余额宝出现以后，很多金融机构也推出了各种类似产品，这些都是传统金融业人士在互联网背景下思考的产物，直到现在，很多银行还在尝试如何在互联网模式下把金融产品做得更好，其实整个过程也是一个不断探索的过程。当然，随着互联网的继续发展，不仅要用互联网把产品包装一下，或是结合起来，而且要充分体现互联网思维。互联网思维最关键的一个特点就是以客户为中心，这里的以客户为中心，不仅要关注客户的金融类交易，而且要关注客户的日常生活，关注如何快速为客户提供所需的产品，使客户的生活更加便利。所以说，基于互联网思维，银行不仅要将产品与互联网进行对接，而且要在发展战略、系统建设、产品定义、市场营销甚至组织结构等方面进行全面的调整。

**2. 互联网给金融 IT 系统建设带来的挑战**

互联网在给金融行业带来机会的同时也带来了巨大的挑战，余额宝开始对接天弘基金的时候，给天弘基金带来了巨大的客户流量，交易额也快速增长，但随之而来的是天弘基金后台的交易系统压力持续增大，不得不紧急进行升级。在互联网模式下，任何人在任何时间、任何地点、任何场景通过任何设备都可以进行交易，在上述情况下，IT 系统将面临巨大的挑战。首先，海量的客户没有地域的限制，也没有年龄的限制，所以系统的并发数将大大超过传统模式；其次，客户在任何时间、任何地点都可以进行交易，这些海量交易背后又会产生海量的数据；再次，上述几种情况可能同时出现，最典型的就是每年的“双十一”，每当这个时候，大部分人在购物狂欢时，很多与“双十一”关联的系统却面临严峻的考验；最后，互联网的商业模式也加剧了行业的竞争，只有快速灵活地推出新产品，才能迅速占领市场。

**3. 金融行业的现状及特点**

虽然各行业都面临互联网带来的冲击，但每个行业都有自己的特点，金融行业由于信息化开展得比较早，同时还与资金有着密切的关系，所以复杂度更高。同样以银行业为例来看一下金融行业的现状。

首先，从软硬件环境来看，不同的银行差别非常大，甚至在某些银行，IBM 的大机、小机，X86 服务器，甚至云平台同时存在。另外，业务系统的情况也比较复杂，一般传统银行有上百套系统，有些大银行甚至有上千套系统，这些系统一般由不同的厂商建设，由于时间跨度比较大，有些系统的建设厂商已经不复存在，当然对于科技能力比较强的银行来说，有些系统也可以自建。

其次，从运维角度来看，银行需要高可用、低风险，并且运维可控，监管机构会采取很多管理措施，如果出现较大的生产事故还需要上报监管部门，甚至面临处罚的风险，这与互联网企业有着比较大的差别。

最后，银行的业务与互联网有着较大差异。一方面，对数据的一致性要求非常高，尤其是与账务相关的交易，如果按照互联网的模式做有损补偿的话，这个代价会非常高。另一方面，由于银行业已经发展了很多年，所以业务场景不仅多，而且很复杂，这与互联网企业的差别还是非常大的。互联网企业很多业务比较单一，边界清晰，但是传统银行的业务错综复杂，甚至一套业务系统就包罗万象。

**4. 分布式技术是必然的选择**

结合前文的分析可以看出，金融行业必须在满足其对业务复杂度、数据一致性等特殊要求的前提下，才能解决互联网带来的高并发、大数据量等问题。单独解决其中任何一个问题都是比较容易的，但是现在不是解决一个点，而是要同时解决整个面，这才是金融行业面临的真正挑战。

云计算主要解决系统的横向扩展能力，但如果一个业务系统自身比较庞大，启动过程需要几分钟甚至十几分钟的话，云的特性就很难发挥出来。另外，即使在云上部署了多个节点，但由于各种原因，业务系统数据操作的能力受限，部署再多的节点意义也不大。所以，云计算更多的是提供基础设施层面的支撑，对与业务系统密切相关的问题的贡献不大。同样，现阶段大数据技术更多的是面向非结构化数据，但一般业务系统处理得更多的是关系型数据，也就是使用的是传统的关系型数据库，如果有些表的数据量有上亿条，其处理能力就会明显下降，但这些问题不是大数据所能解决的。

虽然云计算、大数据不能直接解决金融行业所面临的问题，但其背后的理念给行业带来了巨大的启发，那就是“分布式”。分布式不管以什么形式体现，其最根本的思想就是：逻辑上是一份，物理上是多份。前文提到的高并发和大数据量问题产生的根本原因都是“大”，那就要进行“拆”。如果数据量大，就对数据进行拆分；如果并发请求量大，一个实例不够，就用多个实例。当然，在解决上述问题的同时，不能忽略金融行业所特有的要求：数据的一致性、时效性和业务的复杂度。在解决高并发和大数据量问题的同时，必须保证整个金融行业需要遵循的原则，那就是在分布式技术体系下，必须保证事务的高度一致，整个机制必须覆盖银行所有的业务场景。也就是说，需要将分布式理念应用到系统的各个层面，形成一个完整的体系。

## （二）金融行业分布式技术的整体情况

传统金融行业的业务系统大部分是集中式的架构，这种架构已经严重制约了生产力的快速发展，如果不做改变，互联网的优势不仅利用不上，而且会造成较为严重的影响。虽然分布式已经被行业证明为切实可行的解决方案，但在不同金融机构的应用中其差别还是比较大的。

银行、证券及保险作为金融行业的典型代表，都在进行分布式技术应用的探索，但整体来看银行业走在前列。

首先，对于国有商业银行来说，由于“工、农、中、建”这几家银行的科技能力都比较强，所以在分布式技术的应用方面也居于领先地位，其中中国工商银行早在 2015 年前后就已经启动了分布式技术的相关研究工作，随着研究的不断深入，其内部基本形成了比较完整的分布式技术体系，并且已经在很多新建系统中使用。另外，这几家银行的核心业务系统都是基于 IBM 大机构建的，目前都在考虑对大机上的核心业务功能进行剥离，并用分布式技术体系重新构建，最终实现所有的核心业务功能都在分布式技术体系上运行，当然这个过程还是比较长的。

其次，大部分全国性股份制银行也在积极进行分布式技术的尝试，但各个银行采用的方式有较大差别。中信银行于 2017 年启动了新一代分布式核心的建设，其整体思路是直接用分布式重构全套核心，虽然计划的上线时间有所推迟，但其建设模式在行业内是具有一定代表性的。2018 年 1 月 28 日，民生银行自主研发的分布式核心账户系统成功上线，并且完成了直销银行系统全部 1200 万个电子账户的迁移，在行业内产生了较大的轰动效应，同时也进一步推进了分布式技术在行业中的发展。浦发银行于 2018 年启动了分布式技术平台的建设，通过一些新建系统对平台进行验证，后续逐步推进核心系统的分布式升级。广发银行于 2019 年底也启动了核心系统分布式的改造工作，其基本思路也是先建设分布式技术平台，再进行业务系统的建设。另外，招商银行、光大银行、兴业银行、华夏银行、平安银行、恒丰银行等也或多或少地进行了分布式技术的研究。

再次，城市商业银行在分布式技术的应用上也做了很多尝试。北京银行从 2017 年开始引入厂商的分布式相关业务系统，逐渐形成自己的全行级分布式技术平台，再慢慢对现有的核心系统进行剥离。南京银行在 2018 年与阿里云和蚂蚁金服进行战略合作，完成了互联网金融平台的建设，目前这个平台主要支撑与互联网相关的业务系统的建设。另外，上海银行、天津银行、宁波银行、重庆银行以及其他一些区域性银行都进行了很多不同形式的探索，但整体来看，相较于前两类银行，这类银行的科技能力稍弱，大部分会选择与外部厂商进行合作。

最后，民营银行也是一支不可忽视的力量。由于民营银行是新建银行，没有历史包袱，思想也比较开放，所以其对分布式技术的接受更快。此类银行有一些也与大型互联网公司有一定的关联性，这些互联网公司也会为其提供一定的技术支持，便于其分布式技术体系的建设，如浙江网商银行、前海微众银行、中信百信银行分别与阿里巴巴、腾讯和百度建立了战略合作关系；也有一些民营银行采用厂商提供的分布式技术体系进行系统的建设，如新网银行、上海华瑞银行、温州民商银行等。

### （三）金融行业分布式技术的应用及发展

分布式技术要真正应用于具体行业，就必须与行业的需求紧密关联，以解决实际问题。金融行业在多年的探索和实践中，已经将分布式技术应用于业务系统的多个层面，每个层面都具备横向扩展的能力，系统的整体处理能力得到大幅提升。在使用方式上，也由最初的与业务系统紧密耦合的方式逐渐发展为独立的平台，随着使用场景复杂度的提升，又要求平台的各部分功能既可以保证各自的独立性，又可以紧密地配合。另外，随着一些大型互联网公司进入金融行业，其使用方式又多了一种——金融 PaaS，考虑到目前国内金融行业云计算基础设施的整体发展水平，该方式在短期内使用得比较少，但一定是未来的发展方向。在整体架构演进的同时，分布式技术涉及的多个层面也实现了独立、快速发展。

**1. 应用层的分布式处理**

金融行业传统的业务系统大部分是集中式的，如果系统的负载超过单体系统的处理能力，系统就会出现瓶颈，所以必须用多个实例来共同承担系统的负载。另外，集中式的系统一般是大而全的系统，如果要修改或者新增功能，就有可能影响整个系统，影响面及灵活性都是问题，所以还需要对系统从业务功能层面进行拆分，使系统之间的耦合性降低，各子系统更加独立、灵活。

应用层分布式的发展经历了多个阶段，前文提到的第一种方式，也就是采用多个实例来共同承担系统负载的方式，虽然从负载的角度来说算是分布式理念的体现，但从应用的角度来看则更像是一个无状态的应用的集群，并不是严格意义上的分布式。随着对业务系统按功能维度进行拆分，应用层的分布式才真正迈出了第一步，但如果仅仅是拆分，每个子系统还会面临单点故障的风险，所以逐渐演变为分布式和集群整合在一起的方案，也就诞生了微服务。

2011 年 10 月，阿里巴巴开源了自己的 SOA 服务化治理方案的核心框架 Dubbo，微服务的理念才逐渐被国内开发者所认知（虽然当时“微服务”的叫法还很少），并被广泛应用。可以说，Dubbo 对国内微服务的推动起到了非常重要的作用，但是 Dubbo 更关注运行态的功能，对配套的运维管控等方面的能力比较弱，这就造成 Dubbo 的用户出现了两种类型：大部分用户直接采用 Dubbo 进行业务系统的开发，并不关注生产级的运维管控；也有一些研发能力比较强的企业对 Dubbo 进行了二次扩展，并把配套的运维管控等方面的能力逐渐补齐，形成了一套完整的微服务体系，如中国工商银行、民生银行，以及部分金融供应商基本采用这个模式。

2014 年 3 月，Martin Fowler 发表的一篇关于“微服务”的文章提到，微服务架构是一种架构模式，提倡将单一应用程序划分成一组小的服务，各服务之间互相协调、互相配合，为用户提供最终价值。此后，“微服务”的叫法才在行业内广泛流行。2015 年 3 月，Spring Cloud 发布了第一个版本，由于其技术体系具有先天优势，开源生态发展得比较好，微服务体系也相对完整，于是 Spring Cloud 很快就拥有了庞大的用户群体。2015 年，国内大部分微服务的应用还是基于 Dubbo 构建的，但是到 2017 年，Spring Cloud 在国内的影响力日益凸显，2018 年以后，新建的微服务系统大部分是基于 Spring Cloud 构建的，甚至其已经成为微服务的代名词。虽然 Spring Cloud 开源体系中已经提供了比较丰富的组件，但要达到生产级的要求，以及对业务场景提供更加完备的支持，还需要使用者进行比较深入的扩展实现，目前国内金融行业大部分是按照这个思路进行微服务体系建设的。

微服务的实现并不一定局限于某一种开发语言，Spring Cloud 的出现只是使各个机构更加方便地构建微服务体系，虽然金融行业内部更倾向于技术体系的统一，但 Java 语言确实很难覆盖其内部的所有业务系统，所以金融行业对全行级的跨各种开发语言的微服务体系具有潜在的需求，并且很多金融机构也在尝试容器云体系的建设，这与微服务领域的发展趋势不谋而合。在 Spring Cloud 快速发展的同时，微服务架构的另一种方式 Service Mesh 也得到了发展，最早可追溯到 2016 年的 Linkerd，可以说这是第一个 Service Mesh 的实现，也是它创造了“Service Mesh”这个词。但是 Service Mesh 真正被大家所了解还在于 Istio，它来自 Google、IBM 和 Lyft，是 Service Mesh 的集大成者，它为 Service Mesh 带来了前所未有的控制力，并于 2017 年 5 月发布了 0.1 版，很快该领域的几个重要参与者 Envoy、Linkerd、Nginmesh 选择与 Istio 合作，从而促进了 Istio 的快速发展。2018 年 7 月 31 日，Istio 宣布推出 1.0 正式版本，并表示可用于生产环境，这在 Service Mesh 领域是一个重要的里程碑。2018 年前后，国内很多公司加快了对 Service Mesh 的研究，有些公司逐步推出了与 Service Mesh 相关的产品，但大部分是基于 Istio 技术栈进行的。从整体的情况来看，Service Mesh 领域的产品复杂度比较高，除此之外，通常还需要与容器、Kubernetes 等相关技术配合使用，所以国内生产领域使用得还比较少，金融行业考虑到配套的技术需求以及对系统稳定性等方面的要求，对 Service Mesh 大多持比较谨慎的态度，但随着容器化技术的普及以及 Service Mesh 产品的不断成熟，金融行业的微服务架构肯定会朝这个方向发展。

**2. 数据的分布式存储及访问**

当应用层的瓶颈解决后，压力就会向数据库传递，如果某业务表的数据量达几千万条甚至上亿条，那么针对该表的数据操作就会成为瓶颈，所以需要对数据进行拆分，将数据按一定的维度拆分为多份，每一份用一个数据库节点来承载，这样不仅单库的数据量降低了，而且整个系统数据库的运行资源也增加了。

数据的分布式处理理论上在数据访问过程中的每一层都可以实现，但是难度系数基本上是越往下越高，行业的发展也基本上是自上而下地推进。按照实现层级的不同，行业内出现了以下几种主要的实现方式。

（1）业务层处理。在数据分布式处理的初期，业内可供参考的实现非常少，更多的是需要业务开发人员在开发业务逻辑时同步考虑数据的存放位置，显然这种模式对业务开发人员的能力要求比较高，并且对业务代码的侵入性也比较大。

（2）分布式数据访问组件。将数据的分布式处理与业务逻辑解耦，由数据访问组件完成数据拆分及处理，对业务开发和底层的数据库基本透明。这种模式也是最轻量的一种实现方式，行业内采用这种思路的主要有淘宝的TDDL、当当网的 Sharding - JDBC 以及神州信息的 Galaxy - DAL。

（3）分布式数据访问中间件。在应用系统和数据库中间增加一个独立的中间件，由中间件完成数据的分布式处理等功能，相关的配置也在中间件进行设置，业务系统几乎感知不到中间件的存在，在访问过程中只需将数据库的连接切换到中间件即可，但由于相较于传统模式多了一次网络开销，对其性能还是有一定影响的。行业内采用这种理念的主要包括开源的 Amoeba、Cobar、MyCAT、DBLE 以及阿里专有云的 DRDS 等，但其中有一些产品是与后端的 MySQL 数据库深度绑定的。

（4）基于代理模式的分布式 MySQL 数据库。对于这种类型的数据库来说，数据存储主要依赖相对成熟的 MySQL 数据库，但是在 MySQL 之上增加了一个访问代理，数据分布式处理的功能主要在代理中实现。除此之外，还提供了比较专业的数据库集群保障机制以及配套的运维管理工具。这种模式是由第三种模式演变而来的，所以同样增加了一次网络开销，这种类型的数据库主要包括腾讯的 TDSQL、中兴通讯的 GoldenDB、热璞科技的 HotDB 等。

（5）基于全新数据库理论的分布式数据库。这种类型的数据库在数据存储、计算、访问及事务等方面的处理与传统的关系型数据库有着非常大的区别，可以理解为比较彻底的一种分布式数据库，但由于其毕竟是新生事物，在功能的完备度及生态体系方面还有待进一步提升。这种类型的数据库主要包括阿里巴巴的 OceanBase、PingCAP 的 TiDB 以及华为的 GaussDB。

2018 年初，由中国信息通信研究院牵头，国内一些大型银行及部分分布式数据库科技公司共同参与制定了金融分布式事务数据库行业标准，并于 2018 年 4 月发布《金融分布式事务数据库白皮书》，结合当前金融分布式事务数据库应用现状及问题，提出了金融分布式事务数据库发展的策略建议，必将推动该领域的快速发展。

上述几种模式有各自的特点，虽然分布式数据库现阶段还不是非常成熟，但整体来看肯定是未来的发展方向，尤其是基于全新数据库理论的分布式数据库。例如，某银行只建设一个简单的业务系统，面临数据量非常大的问题，如果直接选择一个分布式数据库，总成本也许会大大超出整个项目的预算，而这种情况下分布式数据访问组件模式则是更好的选择；如果金融机构想大范围地使用数据分布的能力，并且投入也比较可观的话，直接采用分布式数据库应该是一个不错的选择，但同样会面临诸多问题，如对业务的支持程度是否满足要求、分布式事务的处理机制是否完备、行内是否具备对该数据库的运维和管控能力、分布式数据库厂商是否长期存在等。

目前上述几种模式在国内金融行业都有使用，神州信息承建的多个银行的分布式核心系统、互联网金融平台以及支付类相关的系统大范围地使用了其分布式数据访问组件 Galaxy - DAL，还有一些银行基于 Sharding - JDBC 来构建其数据分布的能力。相对而言，分布式数据访问中间件模式使用较少，前几年使用 MyCAT 的还比较多，但由于其自身存在比较多的问题，再加上其社区已经没有人维护，目前已经很少使用。分布式数据库目前更多的是在一些外围系统中使用，但也有银行已经开始在一些比较重要的系统中使用，如中信银行在新一代分布式核心系统（建设中）中使用了 GoldenDB，南京银行、天津银行在一些互联网核心系统中使用了 OceanBase，北京银行在网联、网贷等多个互联网系统中都使用了 TiDB，一些民营银行对分布式的

MySQL 数据库使用得也比较多。由于分布式数据库的发展不是一蹴而就的，而且传统的关系型数据库也不可能马上退出历史舞台，所以可预见在未来相当长一段时间内，还是多种模式共存的方式。

**3. 分布式缓存的合理使用**

虽然理论上分布式的节点是可以无限增长的，但是在实际使用过程中由于存在各种资源的争抢（如同时对数据库中某条记录进行写操作），会有一定的衰减，所以如果要提升系统整体的吞吐量，缩短单笔交易的响应时间是一个非常重要的因素，在分布式系统中，合理利用缓存技术可以大幅降低与数据库的交互次数，缩短交易响应时间，提升整体的处理能力。

由于分布式系统一般都有多个应用实例，所以一些应用级的信息缓存在传统模式下很难实现，在这方面互联网行业给金融行业带来了很大的启示。互联网行业在进行大量信息查询时，为了提升访问效率，引入了内存数据存储技术，最典型的代表就是 Redis 和 Memcached。随着金融行业对分布式技术理解程度的不断加深，逐渐引入了该项技术，经过不断的实践，目前大部分以 Redis 为主，最典型的应用就是与数据库配合来提升数据查询的效率。在使用初期，主要是将一些系统级的参数信息存放到 Redis 中，当参数信息需要改变时，通过管理端进行更新，对所有实例即时生效。但是这种使用方式对金融行业的贡献并不是很大，因为金融行业每天访问的更多的是客户及账户等相关信息，只有将这些信息也纳入缓存体系中才会真正提升系统的性能，但这样又会面临一个问题，那就是这些数据的变化频率比较高，如果出现数据库和缓存不一致的情况，就会造成比较严重的影响，尤其是一些与账务相关的数据，这方面也是金融行业与互联网行业差别比较大的地方。在互联网行业，大多认为这是一个低概率事件，完全可以忽略，但是对金融行业的影响有时是巨大的，这也是影响这种技术在金融行业大规模应用的一个主要障碍。

上述情况通常在对同一条缓存数据读和写交叉，或者是并行写的情况下才会发生，如果这个问题不能很好地解决，将直接影响金融行业缓存的使用率。随着行业探索的不断深入，已经有一些厂商在这方面取得了突破，从而大幅提升了缓存的使用率。缓存的使用率提升后又会面临另外一个问题，那就是缓存的数据量大幅增加，如果只是用一个 Redis 节点来存储，就会面临容量超限的问题，所以对 Redis 分布式访问的诉求越来越强，这样就需要用多个 Redis 节点来共同存储缓存数据，如果需要还可以再增加 Redis 节点。

上述问题都解决后，在具体使用过程中还会面临一个比较实际的问题，如果前文提到的 Redis 与数据库配合使用，还要考虑分布式的访问，这些工作如果都由开发人员来解决，难度系数就比较大，所以如何降低使用难度也是一个非常重要的问题。同样，在这个方面国内金融行业也在积极探索，从目前市面情况来看，已经有通过注解的方式（基于 Java 语言）或者通过配置的方式进行自动处理，而不需要业务开发人员自己调用 Redis 的相关 API。

互联网行业对 Redis 的使用已经非常成熟，有些互联网公司的 Redis 分布式节点数有上百个甚至更多，而金融行业在 Redis 的使用上还处于一个相对初级的阶段，还有很多业务场景需要进一步探索，这个过程可以借鉴互联网的经验，但更多的还是要结合金融行业的特点形成一套自己的体系。

**4. 分布式调度**

金融行业的业务系统相较于其他行业而言，还有一个比较特殊的场景，那就是在机构下班关门后要进行很多批量处理的工作，尤其是银行要完成类似结息、计提这种计算密集型的任务，如果用传统的处理方式，执行时间就会比较长，有时会影响第二天的开门营业。如果采用分布式的理念来处理，就可以利用更多的应用服务器和更多的数据库服务器，将整个时间控制在一个合理的范围内。

调度层面要实现分布式的处理，最关键的是执行节点可以分布式地运行，也就是同时有多个执行节点并行执行任务，其实只要应用层和数据层都实现了分布式，自然而然地就满足了这个条件。但要实现分布式调度还需考虑很多问题，同样要与金融的业务场景紧密结合。调度通常分为任务定义、任务调度、任务执行及任务监控几个环节，其中在任务定义环节，分布式调度与传统调度差别不大。但在任务调度环节，分布式调度会将任务分配到不同的执行节点，尤其是一些可以并行执行的任务，将同时在多个节点上执行，相较于传统模式会有更多的物理资源来参与任务的执行，将明显缩短执行时间。当然，在执行过程中如果某个节点出现物理故障，分布式调度可以快速将其任务重新分配给其他节点，这在传统的调度体系中是不具备的。

前文提到的功能可以算是通用的分布式调度机制，但在金融行业还有一些典型的场景需要进行特殊处理。例如，某家银行有 5000 万个账户需要结息，按照传统的模式，结息只是众多任务中的一个，但是其所要处理的数据量是巨大的，当然花费的时间也会比较长。目前在行业内已经有了明确的应对机制，对于数据量庞大的账户，一般都会进行数据层面的分布式处理，当然在结息的时候，不同的分库可以并行执行，同时行业内还有一些分布式调度平台，可以对每个分库内的数据进行进一步拆分，最终将一个比较庞大的结息任务拆分为几百个甚至上千个小的结息任务，然后再分派到多个执行节点并行执行，这样整个结息的时间就会大大缩短。

**5. 分布式事务**

分布式在提升系统高并发、大数据量处理能力的同时也产生了一些副作用，最典型的就是事务的问题变得更为复杂。传统的集中式系统由于只有一个应用数据库，事务的 ACID 特性基本上依赖数据库就能全部搞定，但在分布式系统中，如果将以前大的应用拆分为多个小的应用，或者将数据拆分为多个数据库节点，有些业务场景中的事务就不可避免地面临跨应用或者跨数据库的情况，也就是分布式事务。由于不同的应用和数据库在物理上是完全独立的，所以事务的处理就变得比较复杂，但这也是金融行业分布式落地过程中必须面对的一个问题。

其实分布式事务的场景在金融行业由来已久，如跨行转账，传统的处理方式一般是通过业务层面对账或者冲正来保证的，其实采用这种方式有时是不得已而为之，因为之前遇到的分布式事务通常是跨系统的，并且这些系统所使用的技术大部分也不一样，甚至有些场景还会跨不同的金融机构，所以相同的地方就只有业务，也只能从业务层面来解决。随着分布式技术的引入，分布式事务的发生概率明显提升，但很多情况是在分布式技术体系内部发生的，也就是大部分系统是同一个技术体系，这为分布式事务的处理机制提供了新的契机。

在分布式事务发展的初期，大部分金融机构跳不出传统的处理思路，还是想通过冲正来解决，甚至让业务人员自己实现相关的逻辑代码，只提供一个“谁发起谁保证”的大原则，但是后来发现在这种模式下代码的质量难以保证，并且不同系统实现的方式也有较大差异，如果出了问题就很难定位。于是，慢慢地就出现了框架级实现的补偿机制，这种模式至少在内部是一种统一的处理机制，业务开发人员也可以更多地关注业务功能的实现，相比之前有了比较大的进步，这种模式再往后发展就与行业典型的 Saga 模式不谋而合。

Saga 模式在隔离性的保证上有较大的缺失，金融行业的一些场景对隔离性的要求很高，同时对保证度及性能也有较高的要求，所以金融行业也在不断探索新的解决方案。在 2008 年软件开发 2.0 技术大会上，支付宝首席架构师程立在题为“大规模 SOA 系统中的分布事务处理”的演讲中提出了 TCC 的概念，该模式在支付宝内部大范围使用。虽然该模式提出的时间比较早，但真正在传统金融行业引起重视并被接受是最近几年的事情。2015 年，神州信息的分布式技术平台首先采用这种机制进行了轻量化的实现，并应用于银行分布式核心系统的产品中。自 2017 年开始，一些大型银行的科技部门也开始关注 TCC 模式，并且有一些银行已经实现了 TCC 模式，但很多一直很难在具体的业务系统中落地。2018 年之后，TCC 模式逐渐被各大金融机构重视，但目前真正在业务系统中使用的依然比较少，其主要原因还是 TCC 模式对业务开发人员的能力要求比较高，需要对 TCC 模式深入理解，并且可以根据金融业务场景合理地进行资源预留，同时还要综合考虑联机交易和日终批处理的影响。

分布式事务领域的探索任重道远，如何在保证隔离性、保证度以及性能的前提下降低对业务的侵入度成为主要目标。2017 年，蚂蚁金服推出了其第二代分布式事务解决方案 FMT，解决了使用 TCC 模式的效率问题，提供了业务无侵入的分布式事务解决方案；2019 年 6 月，神州信息也推出了其第二代分布式事务解决方案 VIRGO，为行业实现对业务无侵入的分布式事务提供了更多的选择。

金融行业的业务场景比较多，理论上不同的业务场景对事务的诉求是有一定差异的，一个模式很难适用所有场景。所以，分布式事务的发展除了在处理机制上要进行创新外，还要与业务场景紧密结合，形成一套完整的体系。

## 参考文献

阿里达摩院：《2020 十大科技趋势》，2020。

百度研究院：《2020 年十大科技趋势预测》，2020。

国务院发展研究中心国际技术经济研究所：《中国云计算产业发展白皮书》，2019。

火币研究院：《全球区块链产业发展全景（2019～2020 年度）》，2020。

李斌：《区块链的理性认识与感性实践》，《凤凰周刊》2019 年 12 月 25 日。

穆长春：《科技金融前沿：Libra 与数字货币展望》，得到 App，2019 年 12 月 27 日。

腾讯研究院：《2019 腾讯区块链白皮书》，2019。

腾讯证券：《2020 投资趋势洞察白皮书》，2020。

中国电子技术标准化研究院：《区块链　参考框架》，2017。

中国电子技术标准化研究院：《区块链　数据格式规范》，2017。

中国信息通信研究院：《金融分布式事务数据库白皮书》，2018。

中国信息通信研究院：《金融行业云计算技术调查报告（2018 年）》，2018。

中金公司：《区块链与数字货币：科技如何重塑金融基础设施》，2019。

IDC：《2019 容器技术及其应用发展白皮书》，2019。

IDC：《金融行业云计算白皮书》，2019。

# 第五章
# 安全技术及其应用

王珉然　王阳东　杜 培　吴潍浠　潘能智*

摘　要：　本章主要从端安全、数据安全两个维度，探讨金融科技面临的安全威胁及解决方案。首先，移动终端的兴起带来了从端安全、通信链路安全到服务端云安全的全链路信息安全挑战，数字金融技术面临的攻击面相比传统信息产业要大；其次，指纹识别、人脸识别等生物特征识别技术的应用对算法的识别能力和可靠性都提出了更高的要求。如何有效解决这些问题，降低安全风险，是数字金融技术长期面临的巨大挑战。

关键词：　可信计算　端安全　生物特征识别技术　侧信道攻击　人工智能

## 一　端安全

### （一）概念与类别

“端安全”是相对于“云安全”而言的，是指在支付链路中参与交易

---

* 王珉然，支付宝资深安全专家，天穹安全实验室负责人，国内知名 Web 安全研究者。王阳东，支付宝天穹安全实验室安全专家，主要研究领域为病毒分析、云安全、IoT 安全、AI 安全等。杜培，支付宝天穹安全实验室安全专家，主要研究领域为浏览器安全与 AI 安全。吴潍浠，支付宝天穹安全实验室安全专家，第一位谷歌安卓漏洞赏金获得者，因发现并报告行业漏洞多次获苹果、谷歌等国际公司致谢。潘能智，支付宝天穹安全实验室高级安全工程师，擅长安卓、Linux 和 IoT 的漏洞研究，拥有丰富的安全技术分享经验。

数据计算和验证的终端设备的安全防护。

端安全中的“端”主要是指支付终端设备，如用户手机、商户 POS 机、扫码盒子、刷脸机具等。在使用场景上，终端设备又可分为私有终端设备和公共终端设备。

不同的使用场景面临的安全威胁等级不同，所以对应的安全防护也不同。

**1. 私有终端设备**

此类设备包括手机、平板电脑、个人 PC 等，属于用户私有财产，具有软件操作系统开放性强、软件环境不可控等特性，很可能存在用户主动安装运行的高风险程序。同时，此类设备常与固定的一个或少数账户存在关联性，核身认证与交易具有较强的对应关系。

保护私有终端设备上的交易过程需要关注以下能力。

一是设备辨识能力。通过随机令牌将具体设备与具体交易账户进行绑定，通过令牌信息控制账户只能在常用私有终端设备上进行交易；在账户不常用设备或第一次登录的设备上，由于不具备合法令牌，可以禁止账户交易，或进行更严格的核身认证。

二是软件环境感知能力。交易程序运行时，能够判断设备内软件环境的安全风险等级，检测交易程序自身是否被篡改、调试，将风险情况上报交易中心，并根据风险等级决定是否通过交易。

**2. 公共终端设备**

此类设备包括商户 POS 机、刷脸机具等，属于公共使用的交易设备，具有软件操作系统定制化程度高、软件环境封闭等特性。同时，相较于私有终端设备，此类设备不与具体的少数账户产生强绑定，任何具有支付功能的账户随时都有可能通过公共终端设备进行交易。

保护公共终端设备上的交易过程需要关注以下能力。

一是程序准入限制。通过定制化开发，限制设备中运行的程序功能，禁止未经厂商授权的程序进行安装和运行。

二是安全防御能力。设备系统应具有比较强的硬件或软件安全防护，具有 TEE/SE 级别的关键数据保护能力，当设备被拆解、改装、遭遇黑客攻击时，能够检测到攻击行为，上报交易中心，阻断交易发生，必要时可进行设备拉黑和设备远程抹除。

三是用户账户信息保护。公共终端设备正常使用中会出现较多非设备持有人的账户隐私数据，这部分数据的使用需遵循最小化原则，按需使用，不过度存储不需要的冗余数据。同时，数据存储和传输过程中应进行足够强度的加密。

## （二）主要安全问题

**1. 软件安全**

软件安全是指支付设备中的软件环境，以及交易程序本身程序代码存储和运行时的安全性。

由于开放式操作系统具有平台属性，实际的软件运行环境通常比开发设计人员想象得更加复杂，面临的安全威胁也多种多样。常见的针对软件进行攻击的方法如下。

（1）隐私数据窃取

隐私数据窃取是指从磁盘存储或内存中提取还原用户隐私数据的攻击行为。

（2）程序逻辑修改

程序逻辑修改是指通过软件调试、线程注入等方法，对原有程序逻辑进行修改，绕过认证过程或篡改支付逻辑的攻击行为。

（3）交易数据修改

交易数据修改是指通过软件调试、通信数据修改等手段，对原有交易内容进行修改，更改交易金额或交易方账号的攻击行为。

对于用户私有的个人设备（如手机、个人 PC 等），由于运行环境不可控，支付程序只能从应用层对磁盘文件的完整性、存储数据的机密性、程序自身的运行和调试情况等状态信息进行检查，当无法保证整个软件环境的安全性时，首先检查支付程序自身的安全状态，做到及时发现攻击行为，并及时上报、及时阻断。

对于商户使用的公共支付设备，由于整个设备经过厂商定制，厂商具有完整的控制权，可以对内置软件进行签名，没有合法签名的软件禁止运行。同时，内置安全防护软件，可以对软件运行环境的整体安全状态进行监控。

**2. 系统安全**

系统安全是指支付设备系统平台本身的安全性。

操作系统作为应用程序运行的基础，其自身的安全性对上层的应用程序影响深远。操作系统安全的发展，是“道高一尺，魔高一丈”这一俗语的生动体现。操作系统的安全防护无法做到一劳永逸，必须通过长期、持续性的新漏洞修复、缓解、安全运维来维持。关于系统安全主要包括以下三个方面。

（1）漏洞修复与安全运维

操作系统级别的安全问题大多属于二进制安全范畴，二进制漏洞通常是各种程序缺陷导致的恶意数据被当作二进制代码执行，最终让程序走向攻击者精心构造的逻辑模式，从而让攻击者控制程序执行。

对于已经发现的漏洞，系统层面需要对能够构成安全威胁的高危漏洞进行补丁修复，或采取其他规避、缓解措施以消除或减小对应的安全威胁。在产品发布后的使用声明周期中，需要及时跟进行业内的安全讯息，及时了解对具体软件系统具有威胁的高危漏洞的情况，及时开发补丁进行升级修复，或制订漏洞防护方案。这个过程需要长期的安全投入，以保证底层的软件系统具有抵抗最先进攻击的能力。

（2）缓解措施

缓解措施是指通过建立通用的操作系统防御机制，增加传统二进制漏洞的利用难度。

工业界常用的缓解措施实践主要有以下几种方式。

一是 Stack Canary 栈帧保护。在栈帧的返回地址附近插入随机 Token，通过验证插入值的合法性防御栈溢出漏洞。

二是 DEP/NX 数据执行保护。对内存数据进行标记，禁止“数据”标记的内容被当作“代码”标记的内容执行。

三是 ASLR（地址随机化）。通过对堆、栈、共享库等线性地址的随机化，增加攻击者预测目的地址的难度，防止攻击者直接定位到攻击代码的位置，达到阻止攻击的目的。

四是 SMAP/PAN 管理模式访问保护。主要对内核空间非法访问用户空间数据进行访问保护。

五是 SMEP/PXN 管理模式执行保护。主要对内核空间非法执行用户空间数据进行执行保护。

六是 CFG/CFI 控制流完整性。通过判断合法的调用/跳转/返回位置，限制代码执行流程，增加栈破坏导致的恶意代码执行的难度。

（3）减小攻击面

减小攻击面是指产品设计中遵循最小化暴露原则，不需要的端口不开放，不需要的调试模式不开启，不需要运行的进程或代码不运行。通过降低系统复杂度和减少暴露在外的服务接口，缩小与外部程序的实际接触面，从而减少漏洞或降低缺陷暴露在外的可能性，增加实际的攻击成本。

例如，关闭不必要的 Telnet 服务，外部攻击者就难以直接通过 Telnet 破解口令或执行命令。关闭不必要的 Web 监听端口，即使 Web 服务中存在未知的高危漏洞，攻击者也很难直接访问到服务程序并加以利用。

**3. 可信计算**

可信计算是近年来新产生的安全防护方式，主要是通过特殊硬件或特殊的 CPU 设计，在操作系统之外独立开辟出一个具有签名认证功能的计算空间。通过可信计算的能力，即使在操作系统被完全攻破的情况下，依然可以保证部分机密数据的安全性，以及关键程序运行结果的可靠性。常见的可信计算实践主要有 TEE、SE 两种设计理念。

（1）TEE

TEE 即可信执行环境（Trusted Execution Environment），是一组软硬件组件，为应用程序提供必要的设施（见图 5－1）。常见的实现方式需要 CPU 等硬件支持，与 REE（Rich Execution Environment）环境隔离，其性能相较于 SE 安全方案更强。

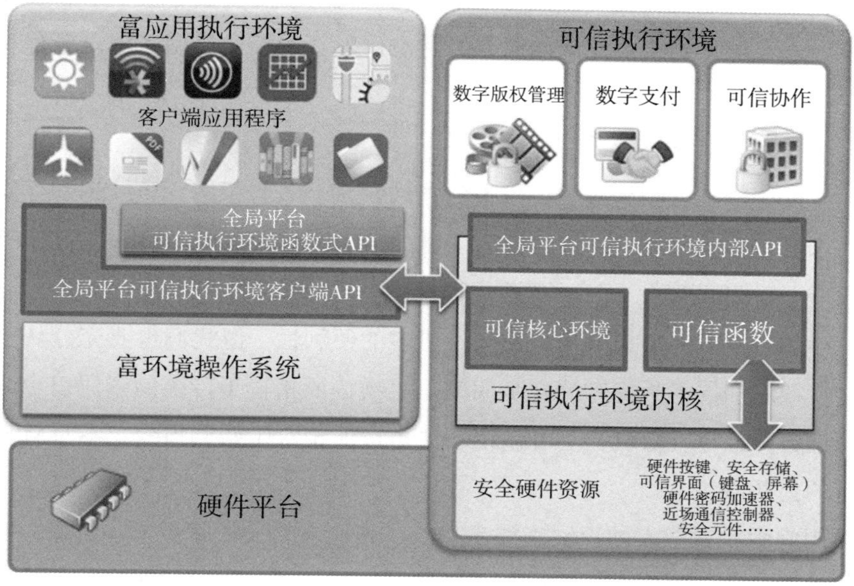


**图 5－1　TEE 架构**

TrustZone 技术是 ARM 架构下对 TEE 的一种实现，SGX 技术是 Intel x86 架构下对 TEE 的一种实现。

（2）SE

SE 即安全元件（Secure Element），是一组单独的硬件组件，独立于 CPU 等计算元件。相较于 TEE 技术，SE 的硬件成本可以更低，但电路设计相对复杂，计算性能也相对较低。较常见的银行 U 盾就是一种基于 SE 的安全认证设备。

对于可信计算技术，可以使用侧信道攻击手段尝试获取加密密钥等关键数据，侧信道攻击主要利用安全元件的电磁特性和功耗特性的变换，在不拆解破坏安全元件的情况下计算还原加密密钥或机密信息。目前这类攻击的成本较高，成功率比较低。

面对侧信道攻击这类攻击手法，安全元件在设计和部署时，应当尽量屏蔽对外耗散的电磁泄漏，减少不必要的信息泄露。另外，对于加密算法的能源消耗也应提高随机性，降低与特定变化模式的匹配程度。对于新型的安全风险，应在保持高度关注的同时及时考虑研发新的安全模型，建立更有效的安全防御模式。

**4. 生物识别安全**

随着生物特征识别技术的发展，指纹识别、人脸识别、声纹识别等以往存在于影视剧作品中的“黑科技”逐渐走进了我们的日常生活，指纹支付、刷脸支付已经进入大众日常消费的场景中。

生物特征识别技术给我们带来了更多的便利性，但我们也要充分认识到生物特征识别技术所特有的安全问题。生物特征相较于传统的密码口令，其保密性弱，且不可修改、不可撤销，生物特征相对于密码口令，本身就具有一定的公开性。

用肉眼对其他人的识别来类比，虽然其他人的长相属于公开信息，但是人眼能够区别出真实的生物个体与伪造的特征假体，所以即便是长相信息公开，也难以伪造出一个替身完全欺骗肉眼的身份识别。因此，对于生物特征的认证，除了要求识别算法能够将生物特征准确地对应到正确的身份外，还要求识别设备能够准确地对真实生物个体和伪造生物假体进行区分。生物识别实现中需要注意的部分主要如下。

一是算法准确性。识别算法本身能够准确地将某一具体生物特征对应到某一具体身份，对于误识别率，不同场景应有不同的要求。

二是假体识别。生物识别传感器需要具备区分真实生物个体与假体的能力，能够应对模拟程度比较高的假体攻击。

**5. 传感器及硬件安全**

生物识别设备除了能够准确区分真人与假人外，还要具备较强的抗攻击能力。在生物识别设备中，判断一个具体身份的关键数据来源于最前端的生物传感器设备，这个设备产生的数据的合法性是整个支付链路安全性的重点。源头的数据不合法，后续支付链路的防御就没有意义。

对于公共终端设备，设备持有者具有拆解和改装设备的可能性，一旦设备遭到改装，该设备便有可能对其他使用公共终端设备的用户造成安全威胁。

在传感器层面，传感器采集的一手数据需要具备可证实性，即设备内的软件程序可以通过一定方法验证传感器数据的合法性，并具备抗重放攻击的能力。可以采用以下思路对传感器安全进行防护。

一是传感器电路高度集成，增加了硬件改装的难度。

二是传感器内置签名功能，并结合具体传感器序列号和时间戳进行认证，设备操作系统集成 TEE 环境，并在安全环境中对数据进行验证，在云端对原始数据进行二次验证。

为了保护设备不被非法改装，目前常用的安全防护思路如下。

一是操作系统内增加外接设备的验证，拒绝非法设备的接入。

二是增加硬件级的防拆电路，使终端设备具有拆机自我报废的能力。

**6. 通信安全**

通信安全是指支付终端设备与云端交易中心通信数据的安全性。

在大多数使用场景中，支付终端设备到达云端交易中心的网络路径可能会经过移动通信网络、WiFi 网络、有线网络等民用网络基础设施，网络环境复杂，机密性差，交易数据面临网络嗅探、中间人攻击（MitM）、消息重放等网络攻击威胁。

具有交易、支付属性的通信协议设计，需要考虑以下安全措施，以防范网络通信侧的安全威胁。

（1）保密性

通信过程应遵循保密性原则，通信数据即使被网络侧的第三方完整抓包窃取，也不能还原出通信数据的明文形态，加密数据只有合法的通信两端才可以进行解密还原。

（2）完整性

参与通信的两端程序应具备通信数据的验证能力，能够验证传输数据的准确性和完整性，可证数据未经篡改。

（3）不可否认性

不可否认性又称拒绝否认性、抗抵赖性，网络通信双方在信息交互过程中确信参与者本身和所提供的信息真实且具有同一性，即所有参与者不可否认或抵赖本人的真实身份，以及提供信息的原样性和完成的操作与承诺。

在实际的金融支付应用场景中，常采用对称加密、非对称加密、消息认证码、信息摘要算法、数字签名等技术相结合的混合加密系统，用于保证实际通信过程中交易信息安全。通用的加密算法举例如下。

（1）对称加密算法

常用的对称加密算法有 AES、Blowfish、RC5、RC6，已证实不安全的对称加密算法有 DES、3DES、TDEA、IDEA、RC4。

（2）非对称加密算法

常用的非对称加密算法有 RSA、Diffie – Hellman 密钥交换、EIGamal、ECC 椭圆曲线加密、DSA。

（3）信息摘要算法及哈希算法（散列算法）

常用的哈希算法有 SHA256、SHA384、SHA512，已证实的不安全的哈希算法有 MD5、SHA1。

经过长时间的实践证明，通用的加密算法具有较强的安全防护能力，在实际的应用场景中应避免使用自研算法，转而使用久经考验的通用算法实现通信数据加密，一个好的加密实现依赖于密钥的安全性，不可依赖算法的机密性。

在具体的通信场景中，推荐使用通用的加密算法进行组合，以满足具体场景对数据机密性保护的需求。

## 二　数据安全

### （一）算法安全

算法安全是指对用户身份进行判断和完成支付扣款逻辑的软件程序本身的安全性。传统的软件算法已经有较多的安全实践讨论，因此这里主要介绍人工智能算法在实践中需要注意的安全问题。

人工智能技术是近年来快速发展的一种计算机技术，其基于神经网络理论和深度学习的实践方法，在图像识别、生物识别、风险控制等众多领域创造性地解决了很多历史性难题。但是，人工智能技术并非完美无缺，目前大量的人工智能应用面临人工智能技术所特有的诸多安全风险。

除了传统的信息安全问题，人工智能还面临机器学习技术所固有的安全问题，如训练数据投毒、模型偷取、模型反演、对抗样本攻击、对抗性重编程、对抗攻击的物理迁移、训练数据成员推理等。机器学习系统攻击面见图5－2。

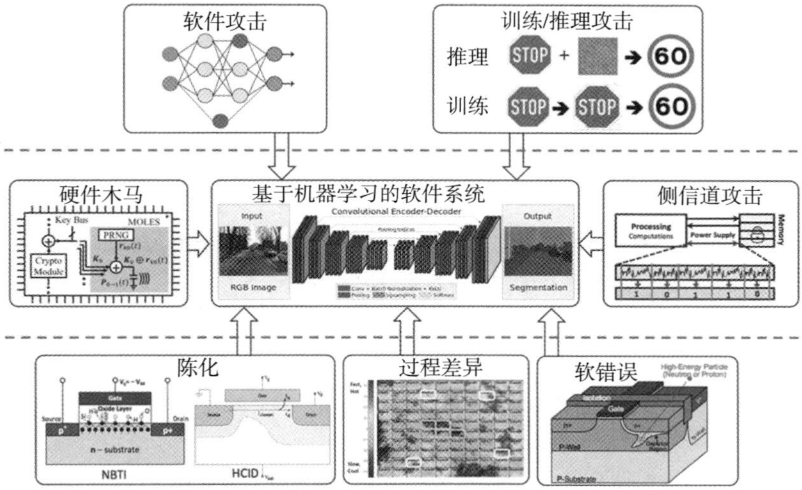


**图5－2 机器学习系统攻击面**

人工智能技术给安全技术带来了新的提升，同时也降低了恶意用户的攻击成本。尤其是在指纹识别、人脸识别、声纹识别等AI技术应用广泛的领域，AI算法的抗攻击能力是生物识别安全的关键。在AI对抗领域已经出现了较工程化的StyleGAN、Deepfakes、ZAO换脸、Adobe VoCo、Replica Studios、Lyrebird AI等开源项目或商业化产品，这些涉及人脸、声纹等生物特征伪造的新方法对生物特征识别技术提出了更大的挑战。面对新技术和新挑战，程序算法本身在设计时需要考虑多种攻击场景，从而提升算法本身的抗攻击能力。主要可以从以下几个方面考虑。

一是提升训练集的随机性、代表性，增加训练样本的数量。

二是减少对公开模型的依赖和继承，尽可能重新训练模型。

三是模型不直接返回分数到客户端，不暴露详细的比对结果，只返回通过/不通过等简单结果。

四是针对生产环境成熟的模型，不断进行对抗攻击研究，同时旁路训练对抗样本检测模型，定期迭代升级。

人工智能技术的可靠性和安全性仍然处于不断摸索前进阶段，在具体的产品实践中不能完全依赖 AI 模型的返回结果，需要结合 AI 模型之外的其他判断做参考，减少 AI 安全缺陷造成的安全风险。

## （二）隐私数据存储

长期以来，用户隐私一直是信息安全领域的一个重要课题，关于传统的用户隐私保护技术，相关文章和介绍内容较为丰富，本部分主要介绍生物识别和移动支付等新场景下的隐私数据保护问题。

对于隐私数据存储，这里也按场景将私有终端设备和公共终端设备分开来分析。

**1. 私有终端设备**

典型的私有终端设备如智能手机，在日常使用中不可避免地会记录较多与用户身份强相关的隐私数据，传统的如短信、通话记录、浏览器历史、邮箱账号、常用软件信息等，智能手机普及后又增加了位置、常去地点、运动步数、手机使用时段、家庭网络密码、车辆蓝牙地址、指纹信息、人脸模型信息等。主流的手机设计厂商对于此类数据通常遵循的原则是，将大部分敏感数据（如指纹、人脸数据）保存在手机的安全存储环境中，仅将必要的少数数据与云端服务同步，并在云端做加密或做匿名化处理。这样，用户的关键数据基本只存储在用户拥有所有权的设备中，仅供当前用户使用。

私有终端设备上的软件程序也应该遵循最小取用原则，在保证产品功能的同时尽可能将用户隐私数据（如指纹信息、人脸特征信息等）加密保存在用户个人设备中，对于需要云端存储的信息，需要经过合规审查，并经过用户许可。

**2. 公共终端设备**

常见的公共终端设备有 POS 机、扫码盒子、刷脸机具等，由于设备所有权不属于实际完成支付的用户，在设备中直接存储用户的隐私数据具有较高的隐私数据泄露风险，当一台久经使用的公共终端设备被所有者进行拆解分析时，设备中的所有历史数据都有泄露的风险。

公共终端设备应该尽可能少地获取和使用具有隐私属性的用户数据，关键数据直接与云端交互，减少本地处理和留存。如果必须在本地进行计算和存储，应保证用户数据的机密性和匿名性，减少隐私数据泄露的风险。

### （三）风险控制

风险控制是指风险管理者采取各种措施和方法，消灭或减少风险事件的发生，或由风险控制者减少风险事件发生时造成的损失。

在数字金融领域，风险控制是保障用户合法财产的最后一道防线。对交易双方进行大数据分析，能够及时发现非法交易的异常状态，及时阻断非法交易，从而避免进一步的财产损失。完善的风控策略，能够较好地补充传统信息安全领域的安全防护措施，进一步保障整个交易支付体系的安全性。

风控策略的制定，需要结合实际应用场景，对交易账户、交易时间、交易位置、交易金额等多个因素进行研判。经过长时间的经验总结，利用大数据、人工智能等先进的数字技术，可以较好地训练出一套风险控制系统，赋予每一种异常因素合理的风险分数和权重，从交易风险维度对每笔交易进行定制化的风险追踪和安全处置。

**参考文献**

《信息安全技术　个人信息安全规范（GB/T 35273—2017）》。
《移动终端智能卡与安全环境研究》，FREEBUF 网站，2019 年 10 月 14 日，

https：//www. freebuf. com/column/216643. html。

中国信息通信研究院：《人工智能数据安全白皮书（2019 年）》，2019。

Andrew，M. ，Jugal，P. ，Emre，K. ，Ram，S. S. K. ，《AI/ML 转到安全开发生命周期 bug 栏》，微软网站，2019 年 11 月 11 日。

Zhang，J. J. ，Liu，K. ，Khalid，F. ，“Building Robust Machine Learning Systems：Current Progress，Research Challenges，and Opportunities”，Conference Paper，Jun. 2019.

# 行业篇：金融科技与传统金融变革

Industry Part：FinTech and the Reform in Tradition Financial Area

## 第六章 银行业的创新与发展

宋 科　齐庆武*

摘　要：当前经济社会迅速向数字化演变，全球范围内银行业也在快速推进传统业务和管理的数字化，从而从容应对全面数字化竞争。银行数字化转型具有较为明确的路径，即从线下到线上，从独立体系到开放式平台，从以产品为中心到以客户为中心，从重资产、轻交易到轻资产、重交易。银行对标互联网企业，在管理架构、人事架构等方面积极调整，通过制定数字化战略推进组织架构创新。在提升服务质量方面，制定差异化产品定价策略，提供场景化综合金融服务，以及为客

* 宋科，中国人民大学国际货币研究所副所长、金融科技研究所执行所长，主要研究领域为货币银行、金融科技等。齐庆武，中国人民大学金融科技研究所助理研究员。感谢楚丽君、杨世祺、吴海波、许琰姿等助理研究员对本报告的撰写所提供的支持。

户提供更加精准的金融服务。随着信息技术不断发展，银行通过技术为客户提供更加便捷、智能的金融服务，从而提升客户体验。随着金融科技核心技术日渐成熟，人工智能、区块链、云计算、大数据等技术在完善银行风控体系、打造银行底层分布式架构、重建信用形成机制等方面发挥重要作用。打造开放生态是银行数字化转型的未来趋势，通过开放数据和服务推进开放银行建设，加强渠道整合、外部合作，促进金融与科技深度融合，打造更为广泛的开放生态体系。

关键词： 银行数字化转型　金融科技　开放生态

近年来，随着科技的发展及其在金融业的应用，银行业数字化转型升级得以不断加速推进，这意味着传统银行的营运模式和思维都需要发生巨大的改变，具体表现在IT基础设施、业务模式、风控体系以及产品服务逻辑等方面。现代信息技术的应用在推动银行数字化转型中发挥重要作用，银行为客户创造价值的方式逐渐改变，银行的经营理念将越来越向着“以客户为中心”转变，银行将服务深度嵌入客户的应用场景中，使得服务的每个环节、每个业务、客户的每个需求都能够通过系统联系在一起，将会建立起一整套全新的生态体系，让银行、金融科技公司以及其他第三方公司，在这样一套开放生态中共同协助为客户提供无缝衔接的金融服务。

## 一　银行数字化转型是大势所趋

信息化和数字化已经成为当今社会变革的催化剂，各行各业的规则和模式都在发生改变，新的业务模式、产品形态、服务体验正在不断涌现，深刻改变着人们的生产生活。与此同时，银行业也需要紧随时代潮流，通过利用先进技术手段加速数字化创新，升级金融服务。

第一，用户习惯发生变化，更加追求智能化、场景化、无感化的金融服务体验。互联网的发展深度影响着人们的生活方式，体验更好、成本更低、服务更加便捷已经成为新的商业标准，客户心理预期也逐渐水涨船高。随着新兴技术与金融业务的逐步融合，催生出移动支付、互联网消费金融等金融科技新业态，用户更加追求智能化、场景化、无感化的金融服务。依靠智能化，通过大数据的方式，从客户纷繁复杂的日常行为中，洞察客户的兴趣、偏好、信用等信息，进而有针对性地、更加精准地提供服务，进一步减少客户思考和选择的成本。将金融服务嵌入场景，在场景中形成交易，缩短了金融服务的时空距离，让客户体验到无感化的金融服务。

第二，金融科技迅速发展，银行需要积极应对跨界冲击。近年来，伴随着新一轮信息技术的发展，金融科技与传统金融业务快速融合，科技公司利用互联网思维和大数据思维，凭借优秀的客户体验和低廉的运营成本，催生出多种新型金融服务模式，迅速抢占金融业务的市场份额。易观数据显示，2019 年第三季度，中国第三方支付中移动支付市场交易规模达 51.89 万亿元人民币，环比升高 5.68%，超过任何一家商业银行手机银行活跃客户数量。同时，科技公司更加贴近用户的服务方式，使得银行与客户之间的传统联系也变得更加疏离，银行无法直接分析客户行为习惯，继而丧失对市场的敏感度，进一步导致银行金融中介功能的边缘化。因此，银行需要积极应对跨界冲击，拥抱金融科技，与传统金融业务深度融合，推进数字化转型升级。

第三，普惠金融迫切需要银行数字化转型升级。传统商业银行在经营模式上，重视在经济资源发达区域进行网点布局，忽视欠发达地区；在客户选择上重视优质客户，忽视更广大客户的金融需求。同时，传统商业银行虽然资金渠道多、资金成本低，但是对小微企业或个体客户触达能力弱，缺少场景和数据，在服务长尾客户时面临触达难、风控难、授信难和运营难等多重痛点，通过传统模式开展普惠金融都会面临高成本、低效率的问题。

传统银行通过推进金融与科技深度耦合，提升数字化能力，能够有效缓解中小微企业融资难问题。金融科技核心技术的研发与应用，能够打破物理空间的限制，有效触达长尾客户；能够获取多重场景中海量行为数据，突破原有信息不对称的困境；能够摒弃需要抵押物的传统融资模式，通过大数据风控技术评估企业信用，进而提供无抵押线上信用融资服务。

第四，银行需要自我突破以应对经营环境的改变。近年来，国际经济金融形势不断变化，我国宏观经济迅速调整，外界环境的变化使得传统的银行业发展模式面临挑战，对传统商业银行重资产的经营模式产生冲击。利率市场化压缩利差水平，金融监管趋于严格，对货币政策和宏观审慎评估政策产生很大影响。《巴塞尔协议Ⅲ》于2017年底完成修订，对资本提出更高要求，银行普遍进入低盈利时代。银行需要通过数字化转型升级，建立基于金融科技新一代核心技术的金融生态系统，有效降低边际成本，提高服务效率，增强银行服务的空间穿透力，拓展生存空间，同时也能够很好地推动银行管理创新。

## 二　银行数字化转型路径分析

### （一）制定数字化战略推动组织架构创新

传统银行在数字化转型过程中要紧密关注国家数字化战略，把握“数字中国”建设机遇，根据自身发展情况，基于自身资源以及科技等方面的能力和潜力，制定并不断调整数字化战略。银行数字化转型中的竞争，归根到底是组织与人才的竞争，应对标互联网企业，在管理架构、人事架构等方面积极做出调整。从原有的被动变革思维转变为主动创新思维，以互联网思维自上而下推动数字化战略。

**1. 持续优化并逐步实现精简扁平化、敏捷高效化、精细专业化**

第一，银行管理架构的精简扁平化改革主要是通过减少决策层和操作层之间的中间管理层，打破企业自上而下层级制的框架束缚，改变垂直冗余的管理架构，效仿互联网公司模式，形成跨线条跨层级的灵活项目制团队，进而搭建一种更为紧凑的横向组织，优化整合业务流程和管理流程，从而提高银行运行效率。中国工商银行总行在2014年进行了股改上市以来新一轮组织架构的整合，压缩原有部门中心，撤销多个二级部。将原来近 47 个部门机构调整为 26 个一级部门、5 个二级部门、3 个部门管理中心。2016 年，平安银行在总行部门设置方面，也进行了大规模调整，相当数量总行部门被压缩。被精简的部门共 13 个，包括大客户金融事业部、机构管理部、小企业金融事业部、对公综拓部、信贷工厂、战略规划部、大数据部、机构金融事业部等 13 个一级部门。调整之后，平安银行总行一级部门从此前的 42 个精简到 30 个，行政类一级部门由 12 个精简为 7 个，内勤人员进一步压缩。

第二，在探索敏捷高效化的管理架构时，一方面可以通过将产品线与客户线进行分离，强化板块内业务的协同合作，明确前中后台的职责分工，在产品开发和客户服务上努力实现及时化、高效化；另一方面，可以分别按照客群、产品、支持职能为划分类别建立相应的敏捷部落，并按照业务规划与需求目标在每个部落内部动态建立敏捷工作小组，将决策权下放，赋予敏捷团队更大的决策自主权。兴业银行将产品线与客户线进行分离，前台与后台的分离越发显著，投行与金融市场总部不涉及营销方面的工作，专注于在产品方面深耕细作，意味着更加转向后台；同时同业金融市场部更加注重关系管理与营销，倾向于向前台部门靠拢。中原银行于 2018 年将组织敏捷化作为数字化转型的切入点实施改革，成立敏捷中心并划分为多个敏捷小组，组建敏捷教练团队，形成以敏捷小组为单位的作战单元，建立敏捷成熟度评价机制，形成全行年度 OKR 目标任务。

第三，实现银行专业化管理与运营，主要通过事业部改革、成立专门的金融科技部门或子公司的形式。银行的管理架构在向事业部式方向改革的进程中，一般会根据不同的客群、产品成立多个部门来进行专业化经营与管理。面对金融科技迅速发展对商业银行产生的冲击，商业银行也迅速出击成立专门的金融科技部门或者子公司，构建金融科技组织架构。专业且精细的部门设置不仅有利于业务的集中化经营，而且有助于商业银行在业务方面深入研究，进行开拓创新，领先抢占市场。交通银行于 2017 年在总行层面成立太平洋信用卡中心、离岸金融中心等六大事业部利润中心，根据业务的类型将部门分门别类进行专业化管理。中国工商银行通过设立金融科技部、业务研发中心、数据中心、软件开发中心、工银科技有限公司、金融科技研究院来打造“一部、三中心、一公司、一研究院”的金融科技格局，为在金融科技方面取得突破创新而全力构建较为完备的金融科技组织架构（见表6－1）。

**表6－1　部分银行的专业化布局**

| 银行 | 总体战略 | 专业化布局 |
|---|---|---|
| 中国工商银行 | 科技强行，构建面向未来、生态开放、敏捷开放、智慧智能的银行 | 构建“一部、三中心、一公司”的格局，包括金融科技部、业务研发中心、数据中心、软件开发中心、工银科技公司 |
| 中国农业银行 | 推进数字化转型，再造一个线上农业银行 | 构建“一中心，多部门”的格局：成立研发中心；在北京、上海、广州、天津、成都、西安设立研发部，组建数据分析师团队 |
| 中国银行 | 科技引领，建设数字化银行 | 成立信息科技管理委员会、信息科技部，并成立数据中心、软件中心和中银金融科技有限公司 |
| 中国建设银行 | 金融科技作为三大战略之一 | 成立金融科技创新委员会和数据中心，建立全资子公司“建信金融科技公司” |
| 交通银行 | 打造数字化、智慧型银行 | 搭建“1＋2＋5＋N”和1家子公司：打造1个以“集中＋分布”并存的技术架构夯实智慧化基础；构建2个支持平台，即数据应用和信息安全两大平台；围绕5大应用领域，落实“国际化综合化”战略，全面提升集团跨境跨业一体化服务能力；建立全渠道多重感知、能听会说、能看会认的生物特征智能化应用体系，大力发展能理解会思考、能解决问题的人机协同金融服务模式；成立“交银科技”全资子公司 |

资料来源：笔者根据上述银行的公司年报整理。

### 2. 加强对复合型人才的培养和布局，完善配套的人才激励和考核机制

在银行人事架构上，要加强对金融科技复合型人才的培养和布局。银行数字化转型过程中，不仅仅需要优秀的传统金融人才，更需要具有创新精神、互联网思维以及科技经验的复合型人才。目前来看，各大银行都在加大科技类人才的引进力度，以此扩充自身科技人力资源，但是市场上缺少既有

科技经验又有业务经验的复合型人才。一方面，可以采取与外部专家合作的方式，通过项目的形式定向引入人才资源；另一方面，可以通过成立金融科技子公司的模式，将银行内部的优秀金融科技人才引入子公司。另外，还可以与高校等科研机构以及科技企业等合作，设立定向培养计划或者创新实验室，通过跨界合作重点培养既具备银行业务能力，又具备数据分析和应用能力的人才（见表6－2）。

**表6－2 部分银行的人才培养情况**

| 银行 | 人才培养工程 | 具体措施 |
| --- | --- | --- |
| 邮储银行 | 两年人才队伍扩建计划 | 制订了两年科技队伍建设的目标计划:2019年末总行信息科技队伍规模翻一番,2020年末全行信息科技队伍建设规模翻一番 |
| 中国农业银行 | 人才三支队伍 | 总分行组建一支1300人的产品经理队伍,总行建立一支1000人的科技项目经理队伍,总分行层面建立一支450人的数据分析师队伍 |
| 交通银行 | 金融科技人才队伍“三大工程” | 全面启动FINTECH管培生、金融科技万人计划、存量人才赋能转型三大工程 |
| 微众银行 | 深大－微众金融科技研究院 | 深圳大学与微众银行联合成立金融科技研究院,建立创新产教融合的人才培养机制 |
| 光大银行 | 数字金融科技实验室 | 以“定标准、建平台、创产品、育人才”为指导方针,致力于逐步打造区块链商业化应用研究、技术创新和人才培养高地 |

人才引进的同时，也要针对金融科技复合型人才建立相匹配的考核机制和培养方式，鼓励人才的创新性和互联性。财务指标、风控指标、合规指标、服务指标等属于传统银行的考核机制，主要是量化考核达标为主。对于银行数字化转型中的复合型人才，则应参照互联网思维制定考核指标，例如网页访问量、点击量、日活数，以及转化率、复购率等。同时，可以构建一个创新的容错空间，鼓励员工试错。通过建设一支数字化转型团队，支持战略决策，推进数字化转型进程。国内多家银行纷纷建设自身金融科技队伍，例如，中国农业银行建设1000人的科技项目经理队伍，并建成了450人的

数据分析师队伍，推动产品经理、项目经理、数据分析师和客户经理密切协同。

## （二）通过产品服务创新提升服务质量

**1. 制定差异化产品定价策略**

传统的商业银行产品定价方法主要有成本导向法和市场导向法。前者侧重于从风险成本结构入手，通过对资金成本、运营成本、风险成本进行分析，确定贷款价格的底线；后者是指基于行业竞争，随行就市地制定贷款价格。然而随着利率市场化改革的日益深化，商业银行的业务在传统的定价策略下也呈现越来越明显的同质化倾向，而数字化转型能够为产品差异化组合定价提供条件，解决同质化危机。

由于传统贷款评估主要依靠抵押品、资产评估等，方式较为固定和单一。与之相对，在金融科技日益完善的条件下，信用等级、贷款额度、借贷期限等方面的评定变得更为灵活多样。在贷款发放前，商业银行可通过和电商平台、社交平台等合作或通过自有信息渠道获得小微企业交易行为、关系网等大量的信息和数据，然后进行量化处理和分析，差异化地识别目标客户的“信用风险”、“经营风险”和“欺诈风险”，然后建立风险评估模型，推测违约概率，最终针对该客户确定贷款额度和期限。

运用更精细的量化模型，可以将贷款定价因素不再局限于期限、额度、存款方式等，还可以综合考虑多方面因素，即组合定价。在传统定价因素基础上，增加业务贡献、账户余额等因素，同时结合商业银行自身的目标利润，综合考虑客户的资产业务、负债业务、中间业务，对特定的客户进行有针对性的差异化定价。此外，还能起到激励客户的作用，使风险控制由客户被动向客户主动转变。差别化定价的核心是以客户为中心，以客户的满意度为出发点制定价格策略。

除了针对不同的客户进行差异化定价以外，也要根据纵向的时间做到定价差异化。最典型的例子就是“市场渗透定价法”，它本质上是一种跨期的价格歧视，即商业银行开发新产品后先以较低价格卖给客户，以此来迅速抢占市场份额，后期再通过提高价格以谋求长期利益。数字化转型使得这种定价策略能够更有效实施，通过互联网技术等手段对市场价格和市场份额数据实时监控，让银行能够精确地动态定价，使自身利益最大化。

**2. 提供场景化综合金融服务**

以“蚂蚁金服”“财付通”等为代表的互联网企业凭借技术优势在我国金融领域取得了蓬勃的发展，基于场景化快速发展出了多种多样的创新业务模式，打破了原有的市场竞争格局，给商业银行发展带来了很大的挑战，因此商业银行要将开展场景化嵌入的综合金融服务当作数字化转型重点。比如在针对企业的供应链金融领域和针对个人的消费金融领域，场景化的作用都有很好的体现。

供应链金融，是以核心企业为中心，将金融产品服务嵌入交易场景的模式，纵向拓展到供应链上下游各环节企业，横向拓展至各种金融服务。传统的企业融资要求有足够的资产作为抵押品，而大量的中小企业抵押品无法满足要求，难以获得优质贷款，阻碍企业发展。供应链金融则要求银行与供应链中的核心企业进行合作，并在核心企业的信息资源下开展供应链上的中小企业的金融服务业务。以兴业银行为例，多年来一直致力于开发嵌入贸易场景的供应链金融平台。银行通过与核心企业及其供应链生态上的合作伙伴共享信息，分享其用户资源、交易数据以及流程算法等其他业务功能，进而触达各类终端用户，将银行的服务植入合作伙伴的系统，从而嵌入客户的生活场景中。使得交易场景变得无处不在，金融行为变得无时不需，进而将服务的每个环节、每个业务，客户的每个需求都通过系统建设联系在一起。2006年兴业银行开发的“金芝麻”为中小企业在经营、购销阶段设计了18款产品，在2008年加入环球金融银行电讯协会（SWIFT）所研发的“贸易服务设施系统”，并在2010年开始自行建设贸易融资中心，努力将金融产品嵌入供应链的每个交易环节。

消费金融将金融产品、服务嵌入消费场景中，以个体客户为中心定向挖掘需求。在当前严重的经济下行背景下，消费金融产品的推广和创新对于拉动内需、提振经济具有重大意义。各地政府部门也纷纷出台扶持政策，以期使得个人信贷业务能够惠及更多居民群体。以阿里为首的各大电商巨头都依赖自身的消费场景，利用自身平台优势从事消费金融服务。个人信贷业务原本就是商业银行的薄弱环节，因此将产品服务嵌入消费场景的创新模式具有差异化优势。一方面，商业银行可以同现有资源寻求合作，加入微信小程序、聚合支付等平台顺应个人客户群体已有的消费习惯；另一方面，还要注重自有平台的建设，整合银行现有内部资源，开发相应的 App 等产品，嵌入客户的日常消费场景。

**3. 对客户进行更加细分定位，定向提供金融服务**

商业银行在数字化转型的背景下，借助金融科技手段，能够打破技术壁垒，实现精细化的客户管理，进而开发出针对客户需求的差异化产品，扩大银行获利空间。

以往传统商业银行的获客主要依靠线下物理网点渠道，客户关系也是由客户经理同个人客户或企业客户核心人员的私人关系维系。在互联网技术的支持下，银行则可以完成线上的客户信息采集和资信调查，同时还能通过与互联网企业的合作获得大量的多样化客户信息，以形成更加精细的客户画像。

精细化客户管理要求在信息采集细化、多样化的前提下，做到客户信息管理的精细化，这样才能做到精准的客户定位和营销。首先要根据多维度的指标对客户进行多层次划分，如通过客户的性质、规模、贡献度，以及客户所处的行业、客户重要性等级等划分单一客户。还可根据业务群、供应链或上下游企业生态系统对具有一定相似性或互联性的客户进行集群管理、集群授信、集群营销等。此外，商业银行还要用先进的技术手段建立更精密的、动态化的“客户关系管理系统”。以往要求组织专门的人员对客户信息进行持续的收集和统计，在数字化转型背景下，可以依靠大数据达到更细化、更高频、更准确的客户信息跟踪，从而完成更全面和有效的生命周期管理，防止客户资源的流失。

通过对客户进行细分定位，能够更加精准服务长尾人群。资产雄厚的“大客户”因其抵押品充足、业务稳定、信贷评估成本低、资金规模大等优势始终是传统商业银行争抢的客户对象，并且拓展大客户业务有利于银行的规模扩张。然而，那些资产实力不足的小微企业、收入较低的自然人群体（尤其是农村客户群）以及中小金融机构，就成为不被传统商业银行重视的长尾客户。依靠金融科技赋能，商业银行能够增强客户触达能力，聚焦基数庞大的长尾客户，既有助于打破自身规模发展的瓶颈，也有利于普惠金融的发展。

网商银行作为头部的互联网银行，主要服务目标就定位在小微消费者、农村客户和中小金融机构。面对小微客户，网商银行借助云计算、人工智能等技术发放短期小额的纯信用贷款，为电商平台交易商推出“淘宝贷款”“天猫贷款”“阿里贷款”等产品，解决其短期融资需求。面对农村市场，网商银行结合阿里巴巴集团的“千县万村”计划，针对农业物资采购、农产品销售等场景给三农用户提供信贷服务，并尝试在农业金融领域形成完整的业务链条，贯穿农业合作社、家庭农场、农户、食品加工厂、农业批发零售企业等。面对中小金融机构，网商银行逐步由“自主经营”向“任务+平台中介”转变，为不同的中小金融机构的风险管理和客户资源管理等提供技术支持，提高中小金融机构的服务质量。

### （三）通过技术升级不断提升客户体验

自从1995年美国诞生了世界上的第一家网上银行，银行数字化转型在全球范围内拉开序幕。同时，随着网上银行的发展，另一股新兴力量——手机银行发展迅猛。银行的服务模式从网上银行逐渐向手机银行迁移的过程中，看似只是用户设备从PC端到移动端的变化，然而，与网上银行相比，手机银行最大的不同在于引入了移动支付。根据首付款双方实际的地理位置，移动支付可分为远程支付和近距离支付。远程支付与网上银行的支付服务相似，近距离支付用于实体店埋单、乘车等情况，是网上银行无法实现的。

从手机银行和网上银行发展趋势不难看出，个人网上银行和企业网上银行发展相对平缓，近10年一直保持稳步上升趋势（见图6－1）。此外，企

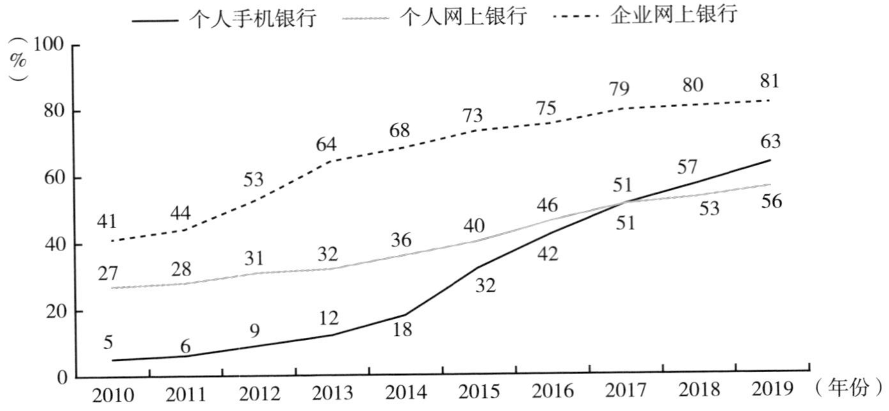


**图 6－1　2010～2019 年银行数字化趋势**

资料来源：2009 年《中国网上银行调查报告》，2012～2019 年《中国电子银行调查报告》。

业网上银行用户比例近年来一直处于高位，2019 年达到了 81%，但增速放缓；而个人网上银行用户比例增速稳定，2019 年依然较上一年提高了 3 个百分点。相较而言，虽然手机银行起步较晚，且前期发展较为缓慢。但从 2014 年开始，随着移动设备的普及，手机银行迎来了增长的爆发期，并在 2017 年用户比例首次超过了网上银行。在增速方面，近两年来，手机银行用户比例依然保持每年 6 个百分点的增长率。

**1. 技术升级助力银行提供更加便捷的金融服务**

随着技术的升级，银行业也在逐步进行转型。最初传统银行主要依赖线下网点与人工，受益于近年的技术发展，银行更多地开始在线上开展业务，实现了渠道升级，降低了运营成本，提升了客户服务的便捷性。

从银行发展历史的角度来看，银行数字化转型经历了手工化升级期、信息化替代期、数字化萌芽期和数字化爆发期。[①] 银行转型在四个时期的主要特征分别为：会计电算化，跨行联网清算的全面推广，银行

① 黄小军、范书宁、杨晓、苏梅兰、高明：《浅析商业银行数字化转型》，《国际金融》2019 年第 12 期，第 26～31 页。

服务向移动金融迁移，以金融科技为基础的战略、运营和营销模式的革命。

从银行转型的原因来看，促进银行创新的一个重要原因是大数据时代的到来。在拥有数据基础的前提下，商业银行数字化转型的重要一环在于技术储备，其中包括服务方式、运营模式的革新：服务方式创新主要体现在网上银行、自助银行、手机账户等；运营模式的创新主要体现在客户细分、销售机会挖掘、CRM 等策略。①

从银行经营的角度来看，随着数字金融科技的成熟和普及，商业银行积极利用数字金融科技推进转型发展。② 这主要表现在两个方面：一是 App 平台的普及，二是金融科技的融入，包括客户端的 NFC、二维码、生物特征识别技术以及后台使用的大数据、云计算、人工智能等技术。

**2. 信息技术让银行网点更加智能**

从底层技术上来看，银行的智能化本质是新兴的信息技术与传统金融业务融合的产物，客户对智能化服务的需求是加快银行的数字化转型的动力。

通过技术的应用，银行网点正面临着深刻的转型。在智能化的推动下，银行服务将向着个性化、咨询类、主动式、价值型业务方向重新定位。③ 由此可见，在银行物理网点数字化转型的过程中，物理网点向智能网点的转变是其中重要一环。从技术层面看，物理网点向智能网点发展的过程，是一个多种技术相融合的过程。商业银行的智能化发展创新往往不能只依托于单一的技术手段，也不是多种信息技术简单拼凑叠加，而是金融科技与传统银行的有机结合。从行业层面看，随着银行与其他行业数字化转型逐渐深入，金融跨界发展将变得更加容易，商业银行要深度利用“智慧城市”的技术优势，以及多方深度互联的信息共享模式，为客户提供更加智能化的金融服务

---

① 韦颜秋、黄旭、张炜：《大数据时代商业银行数字化转型》，《银行家》2017 年第 2 期，第 128 ~ 131 页。

② 吴朝平：《零售银行数字化转型：现状、趋势与对策建议》，《南方金融》2019 年第 11 期，第 94 ~ 101 页。

③ 余静波：《智能化重新定义银行网点》，《中国银行业》2016 年第 8 期，第 8 ~ 11 页。

解决方案，为客户创造价值。①

当前我国智慧银行正在快速发展和建设中。2018 年 4 月，中国建设银行推出了国内首个无人智慧银行。在这家银行里，几乎全程不需要人的引导，通过机器人和各种智能化设备就可以完成业务办理。人工智能、生物识别、语音识别、数据挖掘、VR/AR、语音导航、全息投影等最新金融智能科技成果的应用，能够根据用户的需求来提供合适的产品和服务，使得银行90% 的个人业务如存取款、账户信息查询等个人业务，都可以实现机器办理。除了建设银行在智能化上的探索，我国的中国银行、农业银行、工商银行也不断加大智能化应用的投入。中国银行依托人工智能和大数据技术，推出了智能投资顾问产品——“中银慧投”，面向广大用户提供优质、专业和便捷的个性化资产配置服务。农业银行“以客为尊”“以客户为中心”建设DIY 智慧银行，通过人脸识别、AI 技术、大数据分析等重新定义新时代金融服务，让客户享受到高品质的金融服务。②

### （四）拥抱核心技术加快金融科技布局

人工智能、区块链、云计算、大数据等金融科技核心技术的日渐成熟，为银行业在底层架构、风险防控、普惠金融、智能营销等方面带来深度影响。人工智能极大提高了运营效率，在风控领域中通过风险模型分析发挥信用评级、风险预警等重要作用。区块链依托自身去中心化等特点，可在票据、供应链金融领域减少人力的介入，同时有效降低信息不对称。云计算能够提升银行 IT 灵活性，提升自身竞争力，同时还能够节约运作成本。大数据技术能够提升银行应用分析能力，在产品设计、精准营销、风险控制等方面发挥重要作用，成为银行未来发展的核心竞争要素。因此，银行业应积极拥抱，发展此类技术，加快金融科技布局，强化自身数字化能力。

---

① 谢毓祯：《商业银行网点智能化建设应融入“智慧城市”大格局》，《国际金融》2014 年第 12 期，第 30 ~ 32 页。

② 《智慧银行来了，这些智能化服务你体验了吗?》，中国智能制造网，2019 年 3 月。

**1. 大数据、人工智能助力完善银行风控体系**

大数据、人工智能等技术在银行业的应用，能够综合运用银行系统以及互联网生态中积累的多方数据，通过大数据风控模型、智能算法进行风险管理，有效、精准地提高风控能力。第一，针对贷款服务客户进行信用评估，及时发现潜在风险。通过大数据、人工智能等技术，对个人客户风险进行有效评估，通过多维度分析建立精准的客户画像，全面评估客户风险状况并及时做出预警和防范，从而提高个人征信的准确度。在企业风控领域，通过整合工商、税务、法院以及关联企业等多方数据源信息，借助大数据和知识图谱等技术，优化企业信用评估模型，及时准确地把控企业的经营状况和潜在风险。第二，实现贷款业务全流程监控。知识图谱、大数据等技术的应用，在贷前、贷中、贷后全流程业务中，更加全面评估客户风险状况；根据信用评分结果实时提供审批策略，确定贷款额度；根据内外部数据对客户经营和消费等行为进行实时或准实时分析，把控客户信用风险变化，提升应急处置效率，有效降低资金风险。

中国银行在科技引领数字化发展战略中提出了“构建智能风控体系”的战略任务，即利用实时分析、大数据及人工智能技术，结合内外部数据，通过对客户、账户和渠道的综合分析，进行客户资金流监控，优化信用风险评估体系，识别潜在违规客户，构建覆盖实时反欺诈、智能反洗钱、信用风险、市场风险和操作风险等领域的全方位、立体化智能风控体系。光大银行大数据风控应用主要在风险预警、审计、反欺诈等领域，结合复杂网络、自然语言处理等大数据分析技术，采用了更多的内外部数据，将业务实体及行为进行广泛的互联，通过更多的视角分析风险因素，进而实现风险的发现和预警（见图 6 - 2）。①

**2. 云计算技术打造银行分布式架构**

云计算具有分布式、虚拟化、高安全性和可靠性、强大的存储和计算能

① 邢桂伟：《依托大数据技术构建商业银行智能风控体系》，《中国金融电脑》2018 年第 8 期，第 19 ~ 22 页；邵理煜：《银行大数据风控能力建设与实践》，《中国金融电脑》2018 年第 8 期，第 26 ~ 29 页。

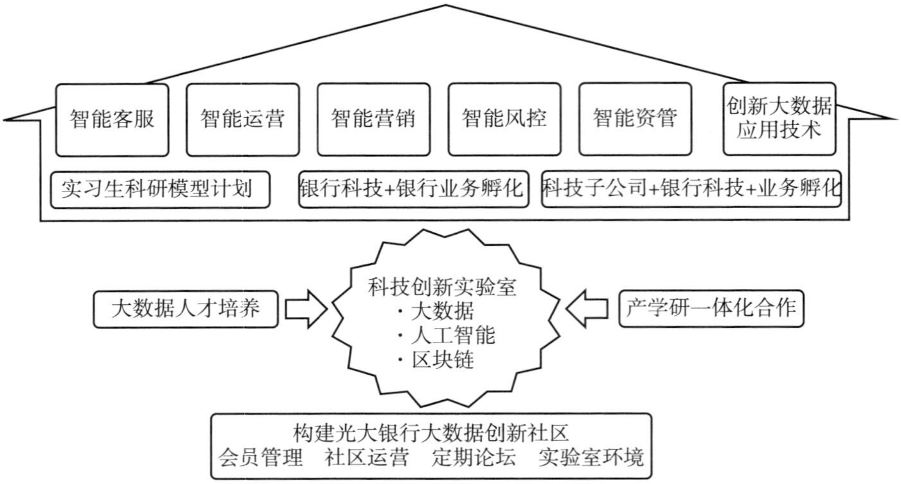


**图 6－2　光大银行大数据创新实践机制**

资料来源：邵理煜：《银行大数据风控能力建设与实践》，《中国金融电脑》2018 年第 8 期。

力等特点，在银行领域主要应用于 IT 运营管理以及开放型底层平台等方面。与集中式架构相比，基于云计算的分布式架构更加具有弹性，使得银行的运营模式、业务流程更加灵活，服务场景不断拓宽。通过构建开放云平台，一方面，集开放、测试、运行、管理等于一体，可以有效缩短银行新业务品种的开放部署周期，加速产品业务上线，降低人力成本；另一方面，与合作方通过应用程序接口（API）等方式对接，形成金融服务生态圈，使得生活缴费、网上购物等生活场景与金融服务进一步融合，改善了客户体验，提升了金融账户价值。

从 2012 年开始，中国建设银行率先进行了尝试，成为国内第一家在生产数据中心大规模应用私有云的商业银行。当年，建行成立了云平台规划组，对云计算技术进行研究。2013 年 8 月，建行私有云平台项目成功上线，有效地支持了新一代核心系统长达六年的建设和投产历程。建设银行云管理平台参考了开源项目 OpenStack 的架构设计，并根据商业银行数据中心运维的特点进行了适当的扩展，主要增加了和运维有关的日常检查、软件分发、配置管理和服务启停等功能模块。在技术架构方面，主要由用户门户、服务管理、流程引擎、消息总线和资源适配五部分组成。实践过程中，建行对大量产品进行了抽象化和标准化的工作。随着建行“金融科技”战略的推进，基于私有云的成功运行经验，对外科技输出的范围不断加大。2018 年下半年，建行开始对同业提供建行云服务，产品丰富多样，涉及计算、存储、网络、数据库等基础服务，还包括行业应用、银行业务等多种解决方案。①

**3. 区块链技术建立新的信用形成机制**

区块链的核心是点对点的分布式模式，具有不可篡改、价值唯一表示、智能合约、去中心化等特点。区块链摒弃了中心化信用机构进行信用创造的方式，通过技术背书使得信息可靠性更强，信用建立成本更低，信息更加公开透明，改变了金融业原有的信用创造机制。区块链在金融领域的作用正在逐渐显现，主要体现在智能合约、商业票据、创业融资、供应链、风险防控等几个方面。

智能合约形式实现了商业票据的可拆分。当商业票据涉及的金额较大时，由于票据本身不可拆分，不便于背书，为企业的资金周转带来不便。而利用区块链技术分布式记账的特点，通过智能合约形式，可以将一张商业票据拆分成多份，同时又公开可查询，企业之间三角债问题可以得到有效解决，提高流动性，改善企业资金周转。

区块链技术可以构建企业信息网。小微企业、创业公司在融资方面，由于缺乏有效的信用记录和足额的抵押品，很难获得银行贷款；同时，由于融资项目风险较高，投资者要求投资收益与风险相匹配，从而导致小微企业无法获得较低成本的融资。在银行主导的供应链金融领域中引入区块链技术，可以有效解决信息不对称的问题。通过构建企业信息网，可以实现对企业信用、项目质量更为准确的评估和分析。2017 年初，兴业银行与云象区块链合作，共同开发了一个基于区块链技术的通用存证和防伪平台，同时，该平

① 《云计算技术研究——中国建设银行私有云探索与实践》，全国金融标准化技术委员会。

台还提供了防伪服务的 API 接口，具有适用面广、接入简单、防伪防篡改等特点。与传统数据库相比，基于区块链技术存储的信息无法被轻易地修改、删除和覆盖，无须依赖第三方网络安全技术，从根本上解决了信息安全问题。

## （五）打造开放生态共同推进数字化转型

### 1. 开放数据和服务，推进开放银行建设

开放银行是银行业数字化转型的必经之路，对银行来说，开放银行路径的选择更多是需要提升银行的竞争力。在第三方支付兴起前，用户想要接受金融服务基本上都要依靠银行，但是以支付宝、微信为代表的第三方支付平台兴起后，支付不一定要通过银行，银行的业务份额被压缩。银行与客户之间联系不够紧密，服务的竞争力逐渐不足，银行需要通过开放的模式，主动靠近客户，保持客户黏性。

开放银行是指银行向第三方开放数据和服务的模式，是一种全新的业务形态和服务模式，拥有巨大的发展潜力。在确保安全的前提下，基于应用程序接口（API）、软件开发工具包（SDK）、HTML5 等标准化核心技术实现与外部机构对接，实现数据共享，将金融服务嵌入包括银行、第三方企业、监管方和消费者等参与者在内的各个环节，通过各方在共享信息服务资源的基础上协调合作，最终给客户带来更加高效贴合的服务体验。

2018 年 7 月，浦发银行在业内率先推出 API Bank（无界开放银行），开放的功能既涉及直销银行开户、网贷、跨境电商、缴费支付等领域，也包括合作营销、资产能力证明等场景。同时，浦发银行结合 AI、AR/VR 等技术应用，主动感知客户的场景和需求，通过小程序、合作伙伴 App 等各种渠道调用银行 API，实现即想即用的跨界服务。除了通过 B2B2C、B2B2B 的模式融入生活、生产场景，浦发银行还与 G 端合作，让政府服务变得更加高效便民。例如浦发银行作为首批与上海口岸服务办公室签署战略合作协议的银行，通过 API Bank 与上海国际贸易单一窗口进行快速对接，提供在线付汇、购汇、申报等金融功能，使外贸企业可以通过上海国际贸易单一窗口平

台在线提交付汇或购汇指令，仅需短短几分钟即可一站式完成服务，大大提高了企业开展跨境贸易的效率。①

**2. 加强渠道整合、外部合作，共同打造开放生态**

银行主体积极推进数字化转型的同时，也不断强化与金融科技公司合作，实现优势互补，共同推进数字化转型进程。金融机构与互联网公司、第三方合作伙伴等参与方，通过契约合作、股权合作、业务合作等方式，充分发挥各自在资金、技术、场景等方面的差异化优势，以开放共享的协作模式共同为消费者提供优质金融服务。

（1）商业银行与金融科技公司开展全面战略合作

商业银行在资金实力、业务模式上具有先天优势，但在数据沉淀及其价值开发、客户触达、场景拓展等方面的能力有待提升。金融科技公司拥有客户大量的行为数据，并基于此形成风控能力，通过金融科技核心技术的应用，在客户触达、场景嵌入、科技创新等方面具有差异化优势。双方紧密合作，可以从整体上提高我国金融业竞争能力、服务效率和经营效益。

早在 2017 年，工农中建四大行均与百度、阿里巴巴、腾讯、京东（BATJ）四大互联网巨头签署合作协议。2017 年 3 月 28 日，阿里巴巴集团、蚂蚁金服集团与中国建设银行签署三方战略合作协议。按照协议，蚂蚁金服将协助建设银行推进信用卡线上开卡业务，为此前无法覆盖的人群提供信用卡服务。双方还将推进线上线下渠道业务合作、电子支付业务合作，打通信用体系，共同探索商业银行与互联网金融企业合作创新模式。此前蚂蚁金服向外界传达，作为一家金融科技公司，未来将只做技术（Tech），支持金融机构做好金融（Fin）。

（2）通过直销银行、互联网银行等模式共同进行金融开放探索

直销银行是随着商业环境重大变化和新兴技术的蓬勃应用而产生的一种新型银行经营模式，也是当前我国传统商业银行推动开放金融发展的模式之一。目前，我国直销银行组织模式主要有三种：以百信银行为代表的商业银

① 中国人民大学金融科技研究所：《开放银行全球发展报告——银行 + 金融科技：让银行无处不在》，2020。

行和科技公司结合的独立法人模式，银行事业部模式以及国内大多数商业银行采取的总行部门模式。近年来，互联网银行兴起，并且发展迅速，微众银行、网商银行、新网银行、亿联银行四家银行均取得了不错的发展，客户获取量、业务增长量、净资产收益率等财务指标均有不错的表现。互联网银行与客户的交互通过全在线进行，更是对 API、SDK、HTML5 等交互方式的现实检验和对我国开放式银行发展新模式的探索。

2017 年 1 月，中信银行与百度公司合作的百信银行正式筹建。百信银行依托百度公司的技术实力、海量的用户数据和互联网运营经验，以及中信银行的产品研发及创新能力、客户经营及风险管控体系，满足客户个性化金融需求，为客户提供创新型的金融解决方案。通过“B + B2C”的模式，场景在前，金融在后，赋能场景生态，共同服务好 C 端客户。基于分布式 AI 架构及 API 开放技术，百信银行打造了开放银行平台“智融 Inside”，开放 350 + API 接口，允许已认证第三方机构在平台上发布、订阅 API 接口，提供 API 解决方案。用户能够快速完成金融能力从发布到订阅，再到测试投产以及运营的全流程线上化。从 API 接口到接口解决方案，“智融 Inside”的一站式自助接入，实现平均 6 天投产一家场景应用方、最快 2 天完成一家场景应用方从场景订阅到生产投产全流程。

（3）通过业务模式创新构建开放生态体系

近年来，有资质的互联网贷款机构、金融科技公司普遍作为客户推荐方，与商业银行开展业务合作、风控合作，通过信贷联营、数据共享等模式向实体经济提供金融服务。互联网平台和金融机构之间的优势互补、资源共享，使得金融业与场景方融合更加深入，在服务小微群体、助力普惠金融方面发挥重要作用，逐渐形成更为开放的生态体系。

互联网信贷联营能够促进优势互补、资源共享，实现双方或多方共赢。蚂蚁金服（包括网商银行）、腾讯金融（微众银行）、京东数科、唯品会、新网银行以及大量有资质头部小贷公司，均发展了信贷联营业务。一是金融科技企业技术、经验输出，提高了银行金融科技能力。依托人工智能、云计算、物联网、AR/VR 等新一代技术，利用互联网平台数据、产品方面的经验，金融科技公司通过技术、经验输出，帮助传统金融机构重塑业务流程与底层架构，让客户和银行之间的交互更加便捷高效，结合场景创新出更贴近客户需求的金融产品，加快推进传统金融机构数字化转型，全面提升银行金融科技能力以及普惠金融能力。二是有助于打破信息孤岛，实现多方开放的数据共享生态体系。目前，用户行为数据、资产负债、信用历史以及各类生活、经营场景中的数据分散在不同的数据源，通过打破信息孤岛，能够实现对个人和企业更全面、更精准的画像。

"无接触贷款"助微计划助力中小微企业应对疫情冲击。2020 年 1 月，新冠肺炎疫情在武汉暴发，对我国原本资金困难的中小微企业影响巨大。为帮助它们渡过难关，国家大力实施金融扶持政策，号召金融机构对小微经营群体精准放贷。3 月，全国工商联会同多家行业协会，与蚂蚁金服旗下的网商银行等共同发起"无接触贷款"助微计划，通过在线申请、无须人工接触的数字贷款方式为小微企业及个体经营户提供贷款，并迅速得到各大银行和企业的响应。金融科技公司拥有数亿个人用户及近亿商户的场景能力，通过将场景与用户开放给银行，超越了银行向第三方开放数据和服务的传统模式，令银行在开放的场景中精准触达并服务用户。通过双方的合作联营，实现优势互补，在服务中小微企业信贷需求上，尤其是疫情期间，潜力得到更大发挥，实现真正意义上的"普"和"惠"，发挥出金融科技在服务实体经济和金融业方面的作用。[①]

## 三　银行数字化转型未来展望

### （一）不断调整组织架构实现高效化运作

商业银行的组织架构是其运行的基础，银行经营效率的高低取决于组织

① 中国人民大学金融科技研究所：《开放银行全球发展报告——银行 + 金融科技：让银行无处不在》，2020。

架构的科学与否。银行组织体系将持续、动态地优化调整，其架构设置也会逐渐走向成熟，高效化是银行组织架构改革的最终方向。

首先，进一步压缩管理层级，实现扁平化架构。银行的组织体系为了实现最大化的运营效率，将组织架构进行删繁就简，从而实现流程的标准化、精益化和规范化。其次，战略上更加重视紧密结合金融科技。银行在战略层面将继续加大对科技创新的重视程度，专业化部门、子公司将在未来的银行组织架构中更为普遍。另外，人事架构不断优化调整，更加重视复合型人才。伴随着银行商业模式的转型，其人员构成也会进行较大调整。组织架构的不断精简、扁平化会使行政人员规模不断缩小，离柜业务的开展也终将导致银行柜面人员不断流失，金融科技创新业务会使得复合型人才不断增多。

### （二）银行更加以用户为中心提供产品服务

在银行数字化转型的趋势中，银行产品的定价、客户管理、产品内容等都将向个性化、多层次、体验式的方向发展。在未来，银行几乎所有的产品服务都将由数字技术驱动，银行通过智能终端与客户进行交互提供金融服务，全球相当一部分地区会实现基本无现金化。技术将金融服务带入一个无摩擦时代，繁杂的客户信息数据搜集和处理工作将完全转化为代码交由计算机处理，并最终精确地制定出适用于特定客户的产品服务策略。机器将代替人准确了解客户的行为、风险和需求，并据此提供相应建议。未来银行产品服务体系将以技术为先，不断创造引人入胜的嵌入式银行体验，出现在客户需要的任何地方，不断深入和广泛地融入人们的日常生活。产品的体验设计将是未来银行的一项核心能力，产品研发团队不断地优化和创新客户交互设计。与此同时，随着产品个性化的凸显，银行产品的市场也将更加细分。

### （三）技术升级打造无感知银行服务

通过信息技术的创新以及在金融领域的应用，客户体验不断提升，未来银行服务将深度嵌入客户生活场景中，变得无感知。银行不再是一个封闭的系统，银行的概念将会变得更加抽象，不再具有银行的实体，具体形式将会从人们生活中消失，却又无处不在，以无感、无界、无限的方式深度融入生活，银行服务会在客户需要的时候出现。例如，它可以被嵌入眼镜中，当客户浏览商品时，它能够根据客户现在的资产以及未来的现金流，告知客户是否可以购买当前商品，并自动办理贷款等业务。

### （四）金融科技核心技术重塑银行业底层架构

随着人工智能、区块链、云计算、大数据、5G、物联网、VR/AR 等技术在银行业的应用不断深入，各项技术所发挥的作用环环相扣，将逐渐改变银行底层架构。云计算提供计算、存储、网络等基础服务和软硬件一体化的终端定制化服务，优化 IT 资源配置方式，提高运维自动化程度；大数据可以帮助银行积累并深度挖掘数据价值，使得评估、预测更加精准，为产品和模式创新提供新手段；物联网通过连接、感知，形成新的资产管控模式，有效避免金融风险；人工智能在风控、营销、客服等方面发挥重要作用，将极大提升工作效率和用户体验；VR/AR 技术的应用，使信息、数据的处理变得可视化；区块链有效解决信息不对称问题，重塑信用创造机制，分布式机制增加数据安全性，提升交易处理效率。

### （五）打造更为广泛的开放生态体系

从最初业务开展依赖线下网点与人工、单纯注重运营效率提升的传统银行，到借助移动技术发展实现渠道升级、降低运营成本的互联网银行，再到通过共享数据服务实现开放、提升金融服务便捷性和可得性的开放银行，银行不断沿着开放和转型的道路向前发展，未来还将形成更广泛的开放生态体系，或者说是一种基于多方合作共赢的广义开放银行生态。

在开放银行生态中将会形成至少包括“账户层—中间层—生态层”等

在内的三层结构，监管层提供监管支持与政策规范，多方共同协作，实现金融产品服务消费者价值的最大化。

## 参考文献

冯一洲：《人工智能技术在商业银行的应用探讨》，《金融电子化》2019 年第 9 期。

郭志良：《互联网金融背景下传统商业银行向交易型银行转型的研究》，厦门大学硕士学位论文，2017。

胡斌：《零售银行数字化转型策略研究》，《纳税》2019 年第 36 期。

黄林、李长银：《智能化对银行业的影响及应对策略》，《经济纵横》2017 年第 10 期。

黄小军、范书宁、杨晓、苏梅兰、高明：《浅析商业银行数字化转型》，《国际金融》2019 年第 12 期。

李徽徽、李蕾：《体制与理念：银行数字化转型核心》，《当代金融家》2019 年第 10 期。

李亚平：《我国互联网银行经营模式与效率研究》，浙江大学硕士学位论文，2019。

倪以理、张海濛、钟惠馨等：《大象起舞正当时：中国银行业踏上敏捷转型之路》，麦肯锡，2018。

宋科、齐庆武、袁阳等：《开放银行全球发展报告——银行 + 金融科技：让银行无处不在》，中国人民大学金融科技研究所，2020。

宋政：《商业银行交易银行业务研究》，对外经济贸易大学硕士学位论文，2017。

王炯：《商业银行的数字化转型》，《中国金融》2018 年第 22 期。

王婷：《商业银行总行“大部制”组织架构改革探析》，《金融纵横》2015 年第 6 期。

韦颜秋、黄旭、张炜：《大数据时代商业银行数字化转型》，《银行家》2017 年第 2 期。

吴朝平：《零售银行数字化转型：现状、趋势与对策建议》，《南方金融》2019 年第 11 期。

肖成县：《研究新产品定价策略》，《低碳世界》2017 年第 22 期。

谢毓祯：《商业银行网点智能化建设应融入“智慧城市”大格局》，《国际金融》2014 年第 12 期。

姚博华：《领先银行数字化实践带来的启示》，《银行家》2019 年。

余静波：《智能化重新定义银行网点》，《中国银行业》2016 年第 8 期。

曾学文、荣九勇:《欧洲银行业数字化转型启示》,《中国金融》2020 年第 3 期。

张明裕:《区块链驱动供应链金融创新》,《新理财》2017 年第 11 期。

《〈中国银行业发展报告(2018)〉发布　商业银行零售业务持续快速发展金融科技赋能向智能化转型》,《中国银行业》2018 年第 9 期。

易观:《中国第三方支付移动支付市场季度监测报告》,2018。

Buchak, G., Matvos, G., Piskorski, T., et al., Fintech, "Regulatory Arbitrage, and the Rise of Shadow Banks", *Journal of Financial Economics*, 2017, 130 (3).

# 第七章
# 证券业的创新与发展

李润东*

摘　要：　2019 年我国证券业科技创新和应用保持稳步推进。证券业机构的科技创新趋势主要体现为：信息基础设施为业务创新提供高效、敏捷的支持；应用新技术的业务范围进一步扩大；机构在治理机制、组织架构和企业文化上进行变革以适应数字化转型的要求。本章对2019 年证券业各类机构科技创新和发展进行梳理，对证券业机构科技治理与机制转型进行介绍。本章还选取当前证券科技领域能代表未来几年发展趋势的方面进行论述，并对典型案例进行了介绍。最后，对我国证券科技面临的挑战进行分析，并建议头部证券基金经营机构应重点提升信息技术系统自主开发能力和科技创新能力，建议充分发挥数据要素的作用，以证券科技服务实体经济。

关键词：　证券　期货　基金　信息技术　数据

2019 年，中国资本市场改革加速推进，大力发展资本市场和直接融资，被赋予助推我国科技创新和经济高质量发展的战略性地位，包括设立科创板并试点注册制在内的多项重磅改革落地实施，资本市场基础性制度改革安排持续推出，新修订的《证券法》于 2019 年 12 月 28 日通过。与此同时，我

* 李润东，光大金控资产管理有限公司资产管理部副总经理、国家金融与发展实验室项目博士后、光大集团特约研究员。

国加快资本市场和金融业对外开放，外资加速流入我国资本市场，外资金融机构积极布局我国证券业。在此背景下，国内证券、期货、基金业金融机构迎来新的机遇和挑战，行业竞争加剧、集中度提升推动机构转型。根据中国证券业协会统计，截至 2019 年末，我国 133 家证券公司总资产、净资产及净资本分别为 7.26 万亿元、2.02 万亿元和 1.62 万亿元，分别较 2018 年末增长 16.10%、6.96%和 3.01%；2019 年共实现营业收入 3604.83 亿元、净利润 1230.95 亿元，同比增长 35.37%和 84.77%，扭转了此前连续 3 年下降的趋势。根据中国期货业协会统计，2019 年，我国期货市场累计成交总额为 2906085 亿元，较 2018 年上升 37.85%。根据中国证券投资基金业协会初步统计，截至 2019 年底，我国公募基金管理机构管理公募基金 6544 只，份额为 13.7 万亿份，规模约为 14.8 万亿元，同比增加 1.7 万亿元；协会自律管理的资产管理业务总规模约为 51.97 万亿元，较 2018 年底增加逾 5000 亿元。

作为推动行业转型升级和高质量发展的重要组成部分，证券业机构持续加强对科技创新的重视程度和投入，力争在数字经济时代获得竞争优势。从行业发展进程来看，我国证券业起步较晚，发展初期技术创新主要集中在交易和结算的电子化，其后随着互联网的普及，行业科技发展则聚焦于将交易、开户等业务互联网化，进而利用互联网渠道获取更多零售业务客户流量。近年来，随着各传统行业逐步开始数字化转型，以及科技企业利用自身技术优势、平台化商业模式对金融业进行变革，证券业科技创新的广度和深度开始拓展，其趋势具体表现为：①从技术体系架构上，采用云计算、分布式等技术，整合原有竖井式的系统，有效管理和利用计算资源，打通机构的数据资源，以数字化方式沉淀机构能力，为机构的业务扩展和创新提供高效、敏捷的支持。②应用新技术的业务范围不断扩大，从营销、客服等前端业务向中后台扩展，从零售业务向机构业务扩展，从标准化业务向非标准化业务扩展，从简单业务决策向复杂业务决策扩展。③机构的科技创新促使机构在治理机制、组织架构和企业文化上进行变革，以适应数字化转型的要求。

# 一　证券业各类机构创新与发展

## （一）证券公司创新与发展

2019年随着市场行情和证券公司盈利状况的好转，国内证券公司信息技术投入在2018年整体出现下降后普遍回升，在已披露相关信息的证券公司中，华泰证券和国泰君安证券2019年信息技术投入总额均超过10亿元（见表7-1）。华泰证券2019年信息技术人员占比超过10%（见表7-2）。各证券公司在信息技术应用与创新上的投入，对外以有效提升客户体验、精准满足客户多元化需求为目标，对内以提升证券经营机构的运营管理水平为支撑。过去证券公司主要通过开发移动互联网等前端应用，开拓客户渠道。当前在行业竞争加剧、金融科技应用不断深入的背景下，证券公司将科技创新的重点转向为前端应用提供高质量服务内容的业务和运营体系的数字化。这主要包括基于云技术和分布式技术的信息技术基础设施，以及平台化、自动化、智能化的运维能力，在此之上通过数据中台、技术中台、业务中台的建设，实现大数据、人工智能等专业能力及业务能力的数字化共享，支持产品及客户服务模式的创新。部分行业领先的证券公司已初步实现这一数字化体系，全面启动数字化转型。

**表7-1　部分大型证券公司2019年信息技术投入情况**

| 公司名称 | 2019年营业收入（万元） | 2019年信息技术投入总额（万元） | 2019年信息技术投入占营收比例（%） |
|---|---|---|---|
| 海通证券 | 3442864.12 | 78000.00 | 2.27 |
| 国泰君安 | 2994931.18 | 111693.00 | 3.73 |
| 华泰证券 | 2486301.20 | 142460.61 | 5.73 |
| 广发证券 | 2280988.25 | 80500.00 | 3.53 |
| 东方证券 | 1905209.73 | 58540.73 | 3.07 |
| 招商证券 | 1870836.99 | 65300.00 | 3.49 |
| 申万宏源 | 1676797.66 | 56274.63 | 3.36 |

续表

| 公司名称 | 2019 年营业收入（万元） | 2019 年信息技术投入总额（万元） | 2019 年信息技术投入占营收比例（%） |
|---|---|---|---|
| 国信证券 | 1409291. 46 | 69600. 00 | 4. 94 |
| 中信建投 | 1369318. 78 | 60555. 64 | 4. 42 |
| 光大证券 | 1005736. 24 | 25813. 18 | 2. 57 |

注：基于证券公司年报披露口径，本表中信息技术投入总额为母公司口径，营业收入为集团口径，因此信息技术投入占营收比例均有低估。

资料来源：各证券公司 2019 年年报。

**表 7－2　部分大型证券公司（集团口径）2019 年信息技术人员数量情况**

| 公司名称 | 2019 年在职员工数量（人） | 2019 年信息技术人员数量（人） | 2019 年信息技术人员占比（%） |
|---|---|---|---|
| 中信证券 | 15908 | 1049 | 6. 59 |
| 海通证券 | 10837 | 670 | 6. 18 |
| 华泰证券 | 10211 | 1073 | 10. 51 |
| 广发证券 | 11736 | 652 | 5. 56 |
| 东方证券 | 5772 | 425 | 7. 36 |
| 招商证券 | 8725 | 366 | 4. 19 |
| 银河证券 | 9821 | 487 | 4. 96 |
| 申万宏源 | 13022 | 780 | 5. 99 |
| 国信证券 | 10423 | 421 | 4. 04 |
| 中信建投 | 9409 | 509 | 5. 41 |
| 光大证券 | 9031 | 257 | 2. 85 |

资料来源：各证券公司 2019 年年报。

当前，金融科技在证券公司具体业务中的应用，包括：通过大数据获取客户画像、开展数字化精准营销；通过实时、穿透性的风险跟踪和计量，为各业务线提供一体化的风控合规能力；在交易服务方面，不少机构开发了极速交易、算法交易、高速行情、量化策略管理等技术平台，满足机构客户的个性化需求。此外，一些证券公司基于人工智能和知识图谱，推进智能投研建设；一些证券公司对投行业务流程进行数字化改造，在特定业务环节采用机器人辅助作业，大幅提升了工作效率并降低了错误风险。

与机构科技创新和数字化转型并行的，是证券公司正在面临的业务模式转型。长期以来，我国证券公司凭借牌照红利，收入依赖通道类业务。随着业务趋向同质化，以及监管去通道化要求的推出，证券公司通道类业务收入不断降低，行业高质量发展迫切要求机构从通道类中介向专业型投行转变。其中，经纪业务向财富管理转型，需要建设数字化平台，通过技术能力，多部门协作为投资顾问赋能，洞察客户需求，基于资产配置能力满足客户需求。近年来，一些证券公司结合投资顾问业务体系建设，建立了内部的一站式投资顾问工作平台。2019 年，随着基金投资顾问业务试点的开展，前期已进行人员、业务能力和系统平台积累的机构将移动应用与投资顾问平台打通，为迅速开展业务做好准备。证券公司资产管理业务的去通道化，对资管业务主动管理能力的提升提出要求，不少证券公司为此建立量化投资平台和基金产品研究平台，发展量化策略产品，开展基金中基金（FOF）、管理人中管理人（MOM）业务。

### （二）期货公司创新与发展

近年来，期货公司信息技术投入主要集中于经纪业务中交易系统的建设和研发。通过采用现场可编程门阵列（FPGA）硬件加速等技术、开放交易柜台系统接口、提供复合策略和多策略管理监控功能及实时风控功能，期货公司为进行量化交易、高频交易的专业投资者提供低延时、稳定安全的极速交易通道和市场行情服务，满足客户个性化需求。2019 年，随着交易限制的进一步放开，股指期货交易趋向正常化，沪深 300 股指期权推出，商品期货和期权新品种不断上市，期货公司相应地对交易系统进行了升级测试。

监管部门对期货行业监管的加强，也对期货公司信息系统管理提出了新的要求。证监会《关于进一步加强期货经营机构客户交易终端信息采集有关事项的公告》（证监会公告〔2018〕27 号）规定，期货公司应对客户交易行为承担管理责任，期货公司应确保客户下达的交易指令直达其信息系统；期货公司应对其交易、结算软件以及客户使用的交易终端软件进行接入认证管理，确保软件具备真实、准确、完整的采集和报送功能；期货市场监控中心负责接收客户交易终端信息，并共享给期货交易所。中国期货市场监控中心同期发布了《期货公司客户交易终端信息采集及接入认证技术规范》，规范和指导期货公司按要求采集客户交易终端信息，并要求期货公司在2019年6月14日前完成交易系统的升级改造工作。为此，各家期货公司对信息系统改造和客户交易终端认证工作进行了落实，并于2019年6月13日夜盘时起开展实行穿透式监管。2019年11月20日，国内五大期货交易所相继发布了《关于落实穿透式监管相关要求的通知》，进一步要求各期货公司严格落实证监会公告〔2018〕27号。

随着期货公司经纪业务转型，资产管理、风险管理、投资咨询等业务成为期货公司着力的重点，新技术的运用将对相应业务的发展起到重要的赋能作用，期货公司的数字化转型将成为机构未来获得竞争优势的关键。

### （三）基金公司创新与发展

在大资管行业中，公募基金具有相对较长的发展历史、较强的主动管理能力、较成熟的投研和风控体系，一直以来受到严格规范的监管。近年来，公募基金对科技创新的整体投入持续加大，部分领先机构开始进入数字化转型阶段。为了解现阶段基金业对金融科技的投入和应用，证券投资基金业协会于2019年1月对行业机构进行了问卷调查，其中共有44家公募基金管理人完成了答题。调查结果显示，共有22家基金公司金融科技年投入大于1000万元，其中涵盖大、中、小型基金公司；近半数受访基金公司金融科技年投入额占公司营业收入比例超过5%；约六成受访基金公司表示未来5年在金融科技领域投入增幅将超过5%（见表7－3）。

基金销售渠道互联网化以来，公募基金行业的数字化在用户端的营销及客户服务领域最先得到快速发展。基于大数据和人工智能的精准营销、智能客服，提升了客户转化率、客户体验和服务效率。近年来，基金公司新技术应用的业务领域逐步扩展到投研、投资等核心业务。基金公司在投研领域的科技布局，重点在于扩大投资研究所依据数据的来源，对各类数据进行清洗、处理、整合、挖掘，形成可以被研究工作使用的数据，同时利用新技术辅助投研工作流程，最终形成研究结论支持投资决策。一些基金公司开始探

表 7－3　公募基金管理人金融科技投入调查结果

| | 小于 10 万元 | 10 万至 100 万元 | 100 万至 1000 万元 | 1000 万元以上 |
|---|---|---|---|---|
| 公募基金管理人金融科技年投入额分布 | 1 | 9 | 12 | 22 |
| | ＜5% | 5% ～10% | 10% ～20% | ＞20% |
| 公募基金管理人金融科技年投入额占公司营业收入比例分布 | 24 | 17 | 2 | 1 |
| | 不增加 | ＜5% | 5% ～10% | ＞10% |
| 公募基金管理人未来 5 年预计金融科技年投入额增幅分布 | 1 | 17 | 22 | 4 |

资料来源：中国证券投资基金业协会。

索利用产业链数据和知识图谱等技术，为基本面研究赋能。此外，人工智能和大数据技术也开始在风控、合规领域得到应用，提升了业务的时效性和准确性。一些基金公司开始对信息技术系统架构进行改造，满足业务日益增长的高并发、大流量和连续性要求，同时将核心能力与资源沉淀为可复用的服务，高效支持前台业务的快速创新。

在基金行业数字化生态建设方面，基金公司与互联网平台企业、第三方服务商的合作继续深化。科技企业在为基金公司提供销售渠道的同时，也提供智能营销和运营等服务，并通过平台向基金公司开放人工智能等数字化能力。2019 年，随着基金投资顾问业务试点的推出，基金公司和互联网平台合作开展财富管理业务模式，以智能投顾方式为长尾客户提供服务，有望再次为行业带来变革。

## 二　证券业机构科技治理与机制转型

随着科技在证券业应用不断扩展和加深，信息技术从过去单纯的支撑业务，转变为机构未来获取竞争优势的核心因素。因此，越来越多的机构开始将科技创新和数字化转型置于战略性地位。为了促进科技创新，在确保合规经营与信息技术安全、有效控制风险的前提下，让金融科技赋能业务发展，甚至引领业务创新，最终实现机构的数字化转型，机构需要在治理机制、组织架构和企业文化上做出转变，从而合理制定科技创新战略，并调动和协调必要资源，有效落实，并创造有利于创新的环境。

2018 年 12 月，中国证监会发布了《证券基金经营机构信息技术管理办法》（以下简称《管理办法》），自 2019 年 6 月 1 日起正式实施。《管理办法》对证券业的信息技术治理及合规与风险管理等相关细则做出指导，同时也进一步加强了对行业信息技术管理的监管要求，促使各大经营机构从组织架构、制度等方面进行调整，以适应新时代的发展需求及监管要求。

《管理办法》由总则、信息技术治理、信息技术合规与风险管理、信息技术安全、信息技术服务机构、监督管理、附则组成（见图 7 – 1）。《管理办法》首先在总则部分明确适用主体对象包括证券基金经营机构，以及为证券基金经营机构提供信息技术服务的信息技术服务机构。在信息技术治理部分中，《管理办法》对机构的权责分配做出了指引，并规定机构应在公司管理层下设立信息技术治理委员会，或指定专门委员会负责制定信息技术战略并审议机构的相关事项。同时，明确了该委员会的成员应当是公司高级管理人员或主要部门的负责人，并可聘请外部专业人士担任委员或顾问。此外，证券基金经营机构应当设立首席信息官，由其负责信息技术管理工作。首席信息官应具备条件包括：从事信息技术相关工作 10 年以上，其中证券、基金行业信息技术相关工作年限不少于 3 年；或者在证券监管机构、证券基金业自律组织任职 8 年以上。《管理办法》还规定应当将信息技术运用情况纳入合规与风险体系，并规定应定期开展评估审计，并从信息系统安全、数据治理、应急管理方面阐述了信息技术安全的要求。《管理办法》明确了证券基金经营机构可以设立信息技术专业子公司，为母公司提供信息技术服务。信息技术专业子公司经中国证监会备案后可为其他金融机构提供信息技术服务。最后，《管理办法》明确了信息技术服务机构与证券基金经营机构各自的权责。

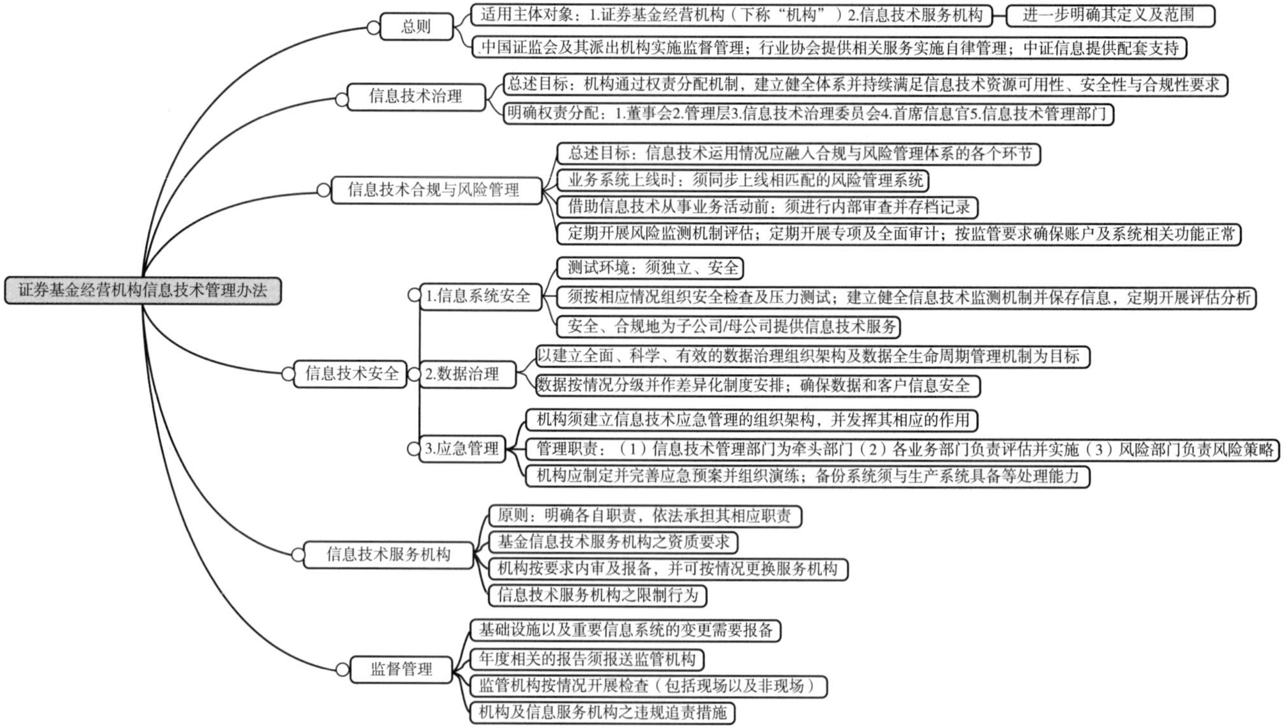


图7－1 《证券基金经营机构信息技术管理办法》要点梳理

《管理办法》公布后，各证券基金经营机构陆续开始对机构组织架构、机构制度进行调整，并相继宣布了对首席信息官的任命。部分机构的首席信息官由机构原有的首席技术官或首席风险官、副总经理兼任，但更多的机构公开或非公开进行了首席信息官招聘。机构已公布的任命资料显示，首席信息官多数为技术人员出身，大多具有信息技术等部门工作经验。

在《管理办法》公布之前，已有证券基金经营机构成立科技子公司，例如嘉实基金成立嘉实远见科技。《管理办法》公布后，山西证券于 2019 年 4 月宣布拟出资 2 亿元在深圳注册成立金融科技子公司，旨在实现公司 IT 发展的战略目标，全面提升自主开发能力和服务能力。2019 年 9 月，中金公司宣布拟与腾讯数码成立合资技术公司，注册资本 5 亿元，中金公司持股 51%，腾讯数码持股 49%。作为首家宣布成立金融科技子公司的国内证券公司，中金公司在公告中表示，该合资技术公司拟通过提供技术平台开发及对数字化运营的支持，助力中金财富管理和零售经纪等业务提供更加便利化、智能化、差异化的财富管理解决方案，提升投顾服务效率，优化精准营销，强化合规风控，以数字化和金融科技能力推动中金财富管理业务加快转型及实现规模化发展。未来在可行情况下，合资技术公司可向其他金融机构开放服务。

与银行和保险公司普遍成立科技子公司的情况相比，目前证券基金经营机构成立科技子公司尚属个别现象。证券基金经营机构通过成立科技子公司的方式发展科技，有利于以更加灵活的市场化机制，提供更具竞争力的科技产品和服务。从长远来看，机构可以通过技术输出，实现更加多元化的收入；通过综合经营，建立更加丰富的业务生态。

## 三　证券科技领域发展实践

本节选取当前证券科技领域能代表未来几年发展趋势的方面进行论述，并对典型案例进行了介绍。近年来，各家证券公司一直将经纪业务向财富管理转型作为自身的发展目标，随着基金投资顾问业务试点的推出，未来这一转型过程将会进入加速阶段，金融科技在这一过程中将起到重要作用。投资和投研的数字化转型，未来将成为决定机构核心业务竞争力的重要因素，也标志着行业的数字化转型进入深化阶段。在这一过程中，如何有效实现人机结合，成为机构需要通过实践回答的问题。

## （一）科技与财富管理转型

自从2002年证券交易佣金实行浮动制以来，行业佣金率不断下降。根据证券业协会统计，2019年证券行业平均佣金率进一步下降至万分之3.49。在机构同质化竞争下，证券公司以通道业务为主要收入来源的传统业务模式难以为继，机构纷纷谋求经纪业务向财富管理转型。基金公司开展财富管理业务，促使基金销售从卖方投顾向买方投顾模式转变，帮助客户获取长期稳健收益，有利于基金公司自身获得更为稳定的资金来源。2019年10月24日，证监会发布《关于做好公开募集证券投资基金投资顾问业务试点工作的通知》，规定“根据与客户协议约定的投资组合策略，试点机构可以代客户做出具体基金投资品种、数量和买卖时机的决策，并代客户执行基金产品申购、赎回、转换等交易申请，开展管理型基金投资顾问服务”，开启了财富管理的买方投顾业务模式，证券基金经营机构财富管理转型进入落地阶段。

2019年10月，易方达、南方、华夏、嘉实和中欧5家基金公司或旗下基金销售子公司正式获得首批基金投资顾问业务试点资格。2019年12月，腾安基金、蚂蚁基金和盈米基金3家第三方基金销售机构成为第二批取得基金投顾业务试点资格的机构。2020年3月，申万宏源、国泰君安、银河证券、华泰证券、中金公司、中信建投、国联证券7家券商，以及招商银行、平安银行两家银行获批基金投资顾问业务试点资格。

相对于数量众多的个人投资者，我国的投资顾问人数显著不足。如果按目前A股市场个人投资者数量计算，平均一名投资顾问需要同时服务3000名个人投资者。由于行业整体还处于初期阶段，具有丰富专业经验和能力的投资顾问则更为稀缺。在这样的情况下，财富管理行业需要借助科技力量，以满足投资者的需要。具体而言，一方面需要采用智能投顾方式，依靠极低的边际成本，大幅降低投资者资金门槛，服务数量众多的长尾客户；另一方面需要用数字化平台为投资顾问赋能，服务富裕阶层客户和高净值客户。

作为财富管理转型过程中的关键，数字化投资顾问平台是对机构综合能力的考验。在客户端，平台需要帮助投资顾问有效洞察客户投资需求、风险承受能力和资产的稳定性，为客户持续提供从投资建议、交易执行到账户跟踪的一体化服务，同时通过提升投资顾问与客户的沟通效率和质量，帮助投资顾问与客户建立充分了解、充分信任的可持续关系。在产品端，需要具备专业的产品研究能力、资产配置能力，并通过平台将机构的研究能力及时传导给投资顾问和客户。最后，平台需要支持跨部门运营，将各个业务环节连接起来，打通线上线下，将投顾的工作流程数字化、标准化。

### 案例1　“帮你投”——基金投顾服务上线支付宝

2019年6月，全球最大的共同基金管理公司Vanguard与蚂蚁金服合资成立先锋领航投顾（上海）投资咨询有限公司。在蚂蚁基金获得基金投顾试点资格之后，先锋领航投顾公司结合支付宝庞大的客户群体和Vanguard集团的投顾模型，在支付宝上推出了基金投顾服务“帮你投”。

用户通过支付宝进入“帮你投”后，系统首先会给用户做风险测试，判定用户风险承受能力，然后“帮你投”会在用户风险承受能力范围内生成投资策略组合，提出年化收益率目标建议，并提供1～20年的模型预测收益率参考区间。用户如果满意，转入拟投资金后就可以自动按照组合进行投资；如果不满意则可以通过“量身定制”重新进行风险测评。“帮你投”运用了Vanguard独立专利的全球资本市场模型，并针对中国股票、债券等大类资产进行模拟，以更好适应中国市场。可供配置的标的包括权益指数基金、增强与主动基金、利率债基金、信用债基金、货币基金。“帮你投”的投资门槛为800元人民币，服务费按年化总资产的0.5%收取，每季度从账户扣除，提前转出则在转出时收取，基金交易相关的费用也会按照基金产品收费规则收取。

**案例2　华泰证券投资顾问工作平台AORTA**

经过多年的建设与积累，华泰证券于2019年底推出了投顾工作云平台AORTA（又名“聊TA”），并于同期上线移动端App涨乐财富通7.0版本，实现两者的互联互通。AORTA平台通过客户拓展、投资服务、客户关系维护、服务管理几大模块为投顾赋能。AORTA首先利用模型获取客户画像，形成客户线索，并在平台的多个场景将这些线索推送给投资顾问，匹配客户与投资顾问。其后投资顾问通过AORTA平台的产品详细说明、产品服务人群以及资产配置参考等产品研究服务为客户提供财富管理方案。在客户关系维护方面，AORTA平台支持投资顾问和使用涨乐财富通的客户实时在线沟通。在对话的同时，AORTA平台可通过模块化切片串联方式将产品、资产配置报告以及各种解决方案提供给投资顾问参考使用，提升沟通效率和用户体验。AORTA平台按照人和时间两个维度，将投资顾问所有要做的事项按照重要性排列，指引投资顾问高效完成工作。同时，AORTA平台还提供了绩效查询与分析、业务流的申请与处理等辅助功能。

在华泰证券内部，AORTA平台始于2012年，2016年升级为理财服务平台，最终面向财富管理业务进行重构，成为投顾工作平台。2016年华泰证券收购了美国的全托资产管理平台（TAMP）AssetMark，借鉴其在产品研发、投资管理、运营和技术等方面的模式和理念。从服务对象上来看，AssetMark等全托资产管理平台针对独立投资顾问，而AORTA平台针对的是机构内部的投资顾问，但两者具有相近的产品逻辑。华泰证券近年来建设了一支高质量、专业化的投资顾问队伍，拥有超过2000名投资顾问，在公司从业人员中占31.40%，排名保持行业第一。目前AORTA已成为华泰证券投资顾问人员使用频率最高的应用平台。

### （二）投资与投研的数字化

投资和投研作为证券基金经营机构业务中涉及最复杂决策的环节，一直是行业科技应用的深水区，同时作为机构的核心业务，投资和投研开始成为机构科技创新关注的重点和未来发展的方向。

运用科技手段进行投资决策开始于量化投资。量化投资使用各类资产定价模型和统计学等数量方法寻找市场规律，建立数量化投资策略，运用各类金融工具进行投资，获取收益。量化投资在海外成熟市场已有数十年发展历史。近 10 年来，量化投资在我国逐渐发展，运用量化策略进行投资的机构和资金数量不断增加，策略不断进化并趋向多元化。典型的量化投资将投资策略完全数字化为程序代码，在投资决策环节通常不需要人工介入，可以视为数字化的投资。这种类型的策略通常为海外的对冲基金和国内的私募证券投资基金采用，投资操作周期较短，适用于中小规模的资金。对于大体量资金而言，由于适用的投资周期较长，如果应用传统的量化投资方法，在策略研究阶段会遇到数据样本不足、难以达到应用统计学方法条件的根本困难，同时也难以利用大数定理降低投资收益的不确定性。因此证券基金经营机构需要采取不同的途径，将数字化的重点放在投研环节和交易执行环节，采用人机结合的方式，辅助投资决策。

目前，国内的一些领先机构已经开始了将投研、投资业务数字化的实践。这些实践体现出如下特点：①数据是数字化投研和投资最重要的资源。一方面，需要在更广的范围内，将对投资有价值的数据纳入投研体系。另一方面，需要采用有效的方法对数据进行提取和归纳。在这一过程中，需要考虑数据获取和处理的成本是否能够被数据带来的收益覆盖。②对于投研、投资各个环节，采用与之相适应的技术。目前人工智能技术尚处于弱人工智能阶段，不同的方法适用于完成不同种类的任务，在应用中应当加以合理选择。③人机的有效结合需要将算法的归纳能力与人对因果性的认知以及专业知识相结合，并将投研人员的研究成果数字化。例如，利用知识图谱，可以将投研人员的研究成果、研究框架等领域知识进行固化，实现投研人员研究能力的数字化沉淀和复用。

**案例 3　嘉实基金的投研数字化转型**

嘉实基金数字化转型的第一个目标是“完成投研的工业化和数字化，

让投资从基于小样本和主观判断的个人经验主义走向数据和逻辑驱动的系统化决策”。为此嘉实基金成立了嘉实数据化研究中心（Harvest Data Lab），以数据和科技为决策者赋能，通过工业化手段提高投研效率和产能，提升信息获取和处理能力，进行标准化知识呈现与输出，最终以人机结合的决策路径实现业绩的优异性与可持续性。嘉实数据化研究中心致力于打造新一代信息处理平台，在信息搜集和处理两方面为投研业务赋能，通过工业化、智能化手段提升投研效率，提高个体产能，提升业绩的优异性与可持续性。嘉实数据化研究中心通过其在NLP、知识图谱、大数据、可视化等金融科技领域持续探索，为金融行业提供云化的研究能力。①

## 四　证券科技展望与建议

### （一）我国证券科技面临的挑战

虽然已有少数在行业科技实力上处于领先地位的证券基金经营机构开始了数字化转型，但整体来看，我国证券业机构科技发展仍不充分，面临如下挑战。

**1. 机构信息技术系统自主开发能力和技术创新能力普遍不足**

我国证券基金经营机构信息技术系统大多采购自第三方提供商，相当多机构仍然采取由第三方进行信息技术系统开发、机构信息技术部门进行项目管理的方式，导致机构信息技术部门难以快速响应客户需求和业务发展需求，对系统进行升级迭代，更难以自主进行技术创新。即使是国内在科技创新领域居于领先地位的证券基金经营机构，目前在新技术应用上也处于学习和跟随国外领先机构的阶段，较少有原创性的技术应用。

**2. 机构信息技术投入绝对数额较低，难以支撑大规模技术创新**

虽然从信息技术投入占营业收入的比例来看，证券基金经营机构的这一

① 嘉实基金官方网站。

指标并未低于银行和保险公司，但由于证券基金经营机构规模体量与银行和保险公司相差较大，其信息技术投入绝对数额远低于大型银行和保险公司。这就导致证券基金经营机构难以像大型银行和保险公司一样进行大规模技术创新，最终制约行业整体技术创新能力。

**3. 我国证券基金经营机构整体实力和科技实力与国外同类机构差距较大**

2020年4月1日，我国取消对外资进入证券、基金管理和期货服务领域的股比限制，进一步扩大金融业对外开放。我国的银行在规模和实力上，与外资银行相比具有优势，而我国证券基金经营机构规模和实力与国外大型投资银行和共同基金相比差距较大。根据2019年年报披露数据，高盛、摩根大通、摩根士丹利、瑞银等国际头部投资银行总资产规模均超过6万亿元人民币，而国内证券业龙头中信证券总资产规模还不到8000亿元人民币。与国外大型投资银行和共同基金相比，我国证券公司和基金公司科技投入比例以及信息技术人员占比较低，国内证券基金经营机构在与同类外资机构竞争时在科技实力方面处于更加明显的劣势。

### （二）证券科技展望与建议

**1. 头部证券基金经营机构应重点提升信息技术系统自主开发能力和科技创新能力**

2019年11月29日，证监会在对政协十三届全国委员会第二次会议《关于做强做优做大打造航母级头部券商，构建资本市场四梁八柱确保金融安全的提案》的答复中表示，“为推动打造航母级证券公司，将鼓励和引导证券公司充实资本、丰富服务功能、优化激励约束机制、加大技术和创新投入、完善国际化布局、加强合规风险管控，积极支持各类国有资本通过认购优先股、普通股、可转债、次级债等方式注资证券公司，推动证券行业做大做强。”其中特别提出，要“鼓励证券公司加大信息技术和科技创新投入，在确保信息系统安全可靠的基础上，加大金融科技领域研究，探索人工智能、大数据、云计算等技术应用，提高金融科技开发和应用水平”。

头部证券基金经营机构应在充实资本的基础上，加大技术创新投入，特别是应当提升信息技术系统自主开发能力和科技创新能力，并进一步提升信息技术投入比例和信息技术员工比例，加大吸引高端技术人才的力度，缩小与国外头部机构之间的差距。在具备一定科技实力的基础上，头部证券基金经营机构可通过成立信息技术子公司等方式，对其他机构进行技术输出，同时利用数字化形式，对其他机构进行业务能力的输出，充分发挥引领作用，主导建立证券业数字化生态，提升行业整体实力。

**2. 充分发挥数据要素作用，以证券科技服务实体经济**

随着各个产业数字化转型加快，数据要素对有效配置资源起到日益重要的作用。证券业运用先进科技深度开发利用实体经济数据，增强资产定价和风险定价能力，将有助于提升直接融资为社会经济配置资源的效率。未来随着物联网、5G 等技术的大规模应用，社会经济活动产生的数据量将出现爆发式增长。数据要素市场的发展成熟，将促进证券业机构获取更多数据，更有效地为实体经济，尤其是中小企业进行直接融资。未来数字经济环境下，为促进证券业利用数据范围的扩大和程度的加深，监管部门应制定法规，规范大数据、另类数据在证券业的使用。

## 参考文献


埃森哲咨询：《2022 年资本市场技术展望》，2018。

毕玉国：《金融科技助力证券业高质量发展》，《中国证券》2019 年第 10 期。

曹雷：《证券基金行业与数字化转型》，《信息通信技术与政策》2019 年第 7 期。

曹永强：《金融科技对券商运营模式影响逐渐凸显》，《证券时报》2019 年 7 月 15 日。

车宏原：《金融科技推动基金公司进入资管新阶段》，《中国证券报》2019 年第 12 期。

《当大家还在谈理念，有人已经为投顾造好了重武器》，微信公众号：营业部故事，2019 年 12 月 26 日。

郭正彪：《证券行业数据应用方向和实践》，《金融科技时代》2019 年第 12 期。

韩维蜜：《思想交锋：证券业数字化转型实践》，《金融电子化》2019 年第 2 期。

《华泰证券首批获得基金投顾业务试点资格，财富管理转型再下一城》，微信公众号：华泰证券频道，2020 年 3 月 3 日。

李显志：《寻痛点　找支点——券商金融科技之路》，《金融电子化》2019 年第 8 期。

刘铁斌：《数字时代的资本市场发展和监管变革》，《金融电子化》2019 年第 3 期。

吴哲锐：《证券公司运营平台建设探讨》，《金融电子化》2019 年第 2 期。

徐燕：《金融科技助力证券业务转型与重构》，《中国证券报》2020 年 1 月 4 日。

杨龙：《证券公司如何跨入智能化时代》，《清华金融评论》2019 年第 5 期。

赵阳、江雅文：《金融科技赋能证券经营机构财富管理转型研究》，《金融纵横》2019 年第 10 期。

阿里云研究中心：《证券行业互联网数字变革与发展白皮书》，2019 年 9 月。

《中国基金报》、易观：《中国基金业金融科技发展白皮书 2019》，2019 年 1 月。

中国金融四十人论坛课题组：《中国智能金融发展报告（2019）》，2019 年 12 月。

中国证券投资基金业协会：《资产管理行业金融科技应用现状调查分析报告》，2019 年 1 月。

# 第八章
# 保险业的创新与发展

王 和　周运涛*

摘　要： 2019 年，我国保险业扎实推进防风险治乱象和服务实体经济，大力发展对外开放，鼓励和支持科技创新，保险科技快速发展，应用不断深化，呈现一些新的趋势和特征：一是科技赋能被提升至行业发展基本方向的新高度；二是保险科技是推动普惠保险发展的重要引擎；三是保险科技成为发展绿色保险的重要驱动；四是保险科技与保险对外开放相互融合促进步伐加快，积极助推保险行业向高质量发展转型。面向未来，我国保险科技发展将承载着更多保险行业的期待，同时也面临着更为严峻的时代挑战。一是保险科技将助推保险行业基础设施持续完善；二是保险科技将驱动保险行业生态重塑；三是创新“概念化”给行业带来负面伤害；四是跨领域交叉风险应对挑战巨大。

关键词： 保险科技　科技赋能　保险行业　生态

* 王和，中国人民财产保险股份有限公司原执行副总裁，博士，高级经济师，国务院政府特殊津贴专家，原中国保监会重大决策咨询专家委员会委员，国家减灾中心特聘专家，中国保险学会副秘书长，中国精算师协会副会长。北京大学、清华大学等多所高校客座教授、研究员、博导，主持或参与多项国家级和部级研究课题。周运涛，中国人民财产保险股份有限公司高级主管，保险区块链研究项目团队核心成员，金融科技 50 人论坛青年成员，在保险科技、互联网保险、风险管理与保险等领域具有深入研究。

2019 年，是新中国 70 华诞，也标志着新中国保险业走过了 70 年。在这个过程中，我国保险行业经历了从无到有的开创、从小到大的成长、从停办到恢复的曲折、从封闭到开放的自信、从弱到强的壮大。特别是改革开放 40 年，我国保险业率先对外开放，大力发展保险科技，成为我国金融改革、创新和发展的前沿地带，实现了跨越式发展，不仅在国计民生中发挥着越来越重要的作用，更以全球第二大市场的地位，为世人瞩目。

2019 年，银保监会将防风险治乱象和服务实体经济作为年度监管的工作重点，强化保险保障功能，突出“保险姓保”，切实服务实体经济发展；将公司治理全面上升为监管核心，在明确公司治理硬性要求的同时，加强对保险机构的企业文化、经营理念、创新精神、客户服务等“软指标”的评价监管；以行为监管为抓手，加强产品监管，重塑行业形象；以更加务实的措施和更加坚定的决心，强化风险管控与乱象治理，年度累计发布约 30 张行政监管措施决定书、超过 800 张行政处罚决定书，合计罚款金额超过 1 亿元；稳步推进保险行业对外开放，放宽外资人身险公司外方股比限制，将外资人身险公司外方股比放宽至 51%；加快立法完善，加强消费者权益保护；鼓励和支持科技创新，将科技赋能作为推动行业发展的重要推动力；不断提升保险行业监管能力和监管效率，推动保险行业健康稳定发展。

## 一　保险行业整体发展情况

银保监会披露数据显示，2019 年，全国各地区原保险保费收入 42645 亿元，同比增长 12.17%（见图 8－1），财产险和人身险业务整体发展平稳。其中，人身险业务实现原保费收入 30995 亿元，同比增速为 13.76%，较 2018 年全年的负增长出现明显改观；财产险业务实现原保费收入 11649 亿元，同比增速为 8.16%。在人身险业务方面，健康险仍然是保费增长的主要动力，健康险原保费收入为 7066 亿元，同比增长 29.70%；人寿保险业务实现保费收入 22754 亿元，同比增长 9.8%；意外险实现保费收入 1175 亿元，同比增长 9.2%，较 2018 年同期下降 10 个百分点。在财产险业务方面，作为占比最大的车险实现保费收入 8188 亿元，在财产险业务中的占比为 70%，农业保险实现原保费收入 672 亿元，同比增长 17.48%。

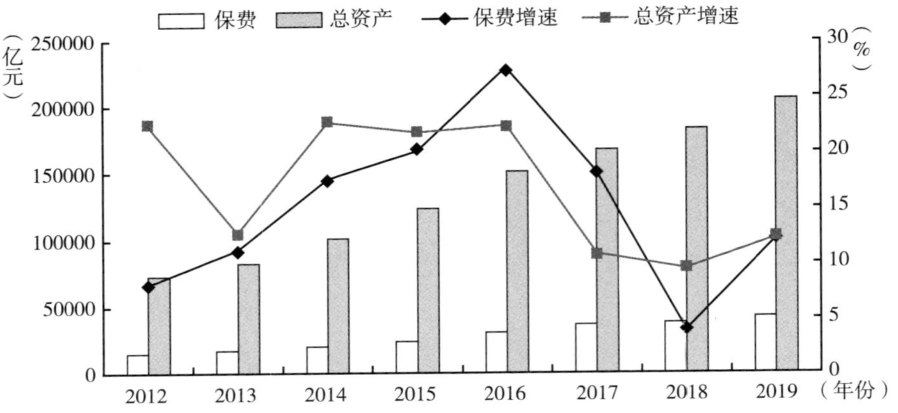


**图 8－1　2012～2019 年我国保险行业保费规模与总资产**

资料来源：中国银保监会。

保险金额方面。2019 年，保险行业保单件数高速增长，全年新增保单 495.4 亿件，同比增长 70.5%，合计提供保险保障金额 6470.04 万亿元，同比下降 6.19%。其中，农业保险为 1.78 亿户次农民提供风险保障 3.47 万亿元，大病保险覆盖 11.3 亿城乡居民，保险服务社会经济的保障作用进一步彰显。

行业资产方面。截至 2019 年底，我国保险公司总资产达到 20.6 万亿元（见图 8－1），较年初增加 2.2 万亿，增长 12.2%。其中，产险公司总资产 2.3 万亿元，较年初下降 2.3%；人身险公司总资产 17.0 万亿元，较年初增长 16.1%；再保险公司总资产 4261 亿元，较年初增长 16.8%；我国保险公司净资产 2.48 万亿元，较年初增长 23.09%，比 2018 年同期高出 16 个百分点。我国保险业资金运用余额 18.53 万亿元，较年初增长 12.91%；保险资产管理公司总资产 641 亿元，较年初增长 15.0%，保险行业抵御风险和服务经济社会的整体实力不断增强。

赔款和给付支出方面。2019 年，我国保险行业共支付赔款 12894 亿元，

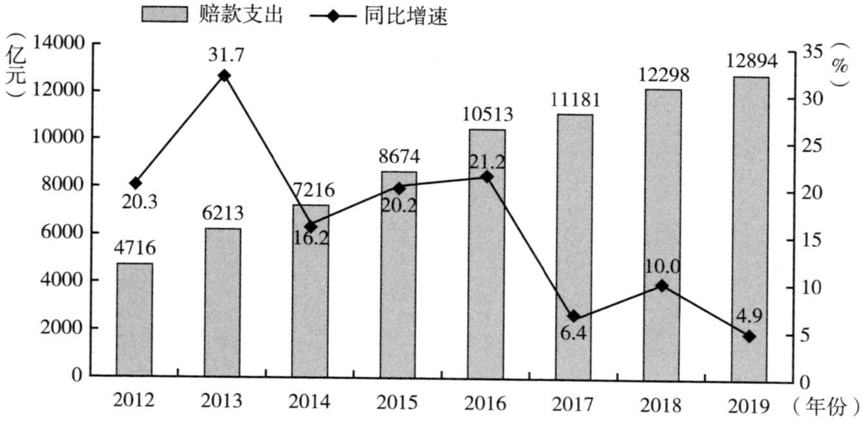


**图8－2 2012～2019年我国保险行业赔款和给付支出**

资料来源：中国银保监会。

同比增长4.85%（见图8－2）。其中，财产险业务赔付支出6502亿元，同比增长10.26%；寿险业务赔付支出3743亿元，同比下降14.72%，主要与产品结构调整后退保及满期给付的减少有关；健康险业务赔付支出2351亿元，同比增长34.81%；意外险赔付支出298亿元，同比增长11.19%。保险行业整体业务结构不断优化，行业改革成果更多让利于民，对社会经济的服务支持作用不断凸显。

在保险密度和保险深度方面。随着我国经济的持续发展以及社会民众对于保险的认知和认可程度不断加深，我国保险密度和保险深度逐年提升（见表8－1）。2019年，我国的保险深度（保费收入/GDP）为4.30%，相比2018年的4.22%，提高了0.08个百分点；2019年我国保险密度（保费收入/总人口）为3046元，相比2018年的2724元，增加300多元，同比增长11.82%，社会保险保障覆盖范围和整体保障水平不断提升。其中，2019年我国健康险的保险深度为0.71%，相比2018年的0.61%，提高了0.1个百分点；健康险的保险密度为505元，相比2018年的390元，增加100多元，同比增长29.49%，体现出我国健康险业务的良好发展势头。

**表 8－1　2009～2019 年我国保险深度与保险密度**

| 年份 | 保险深度(%) | 保险密度(元/人) |
|---|---|---|
| 2009 | 3.27 | 834 |
| 2010 | 3.14 | 968 |
| 2011 | 3.04 | 1047 |
| 2012 | 2.98 | 1131 |
| 2013 | 3.03 | 1266 |
| 2014 | 3.18 | 1518 |
| 2015 | 3.52 | 1766 |
| 2016 | 4.16 | 2239 |
| 2017 | 4.42 | 2632 |
| 2018 | 4.22 | 2724 |
| 2019 | 4.30 | 3046 |

资料来源：相关年份《中国保险年鉴》。

## 二　互联网保险发展情况

近年来，我国互联网络呈现迅猛发展态势，根据中国互联网络信息中心（CNNIC）发布的第 44 次《中国互联网络发展状况统计报告》，截至 2019 年 6 月，我国网民规模达 8.54 亿，较 2018 年底增长 2598 万，互联网普及率达 61.2%，较 2018 年底提升 1.6 个百分点；我国手机网民规模达 8.47 亿，较 2018 年底增长 2984 万，网民使用手机上网的比例达 99.1%，较 2018 年底提升 0.5 个百分点。无论是 PC 端还是移动端，网民始终呈现快速增长态势，基于互联网的网络经济实现快速增长。互联网技术的应用，有效拓宽了传统保险业的承保范围，在许多互联网场景下孕育出了增量的保险需求，互联网保险展现广阔的增长空间。

此外，当前，与互联网相伴而生的“80 后”“90 后”年青一代成为主力消费群体。调研数据显示，在互联网财产险领域，26～45 岁的保民占了近 80%，其中“80 后”“90 后”是主力人群（见图 8－3）。作为享受过保险保障和理赔的“保二代”群体，相比于上一代，往往拥有更强的风险保

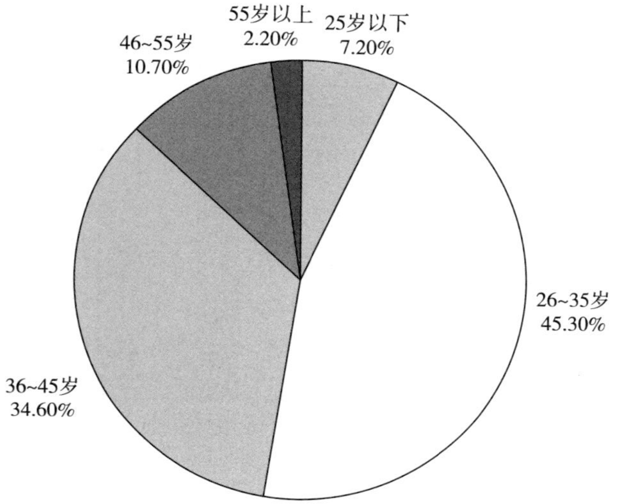


**图 8－3　我国互联网财险用户结构**

资料来源：艾瑞研究院。

障意识，用户行为发生深刻变化；同时，相对于传统保险方式，互联网更加透明化和便捷化，用户习惯于通过信息搜索和自主判断在互联网上进行消费，新生代用户对于互联网更加具有信任感，用户的保险观念加快转变，对于互联网保险消费方式认可度更高，为互联网保险发展注入了强劲动力。

网络经济的爆发式发展，为保险行业带来了巨大的增量市场。同时随着网民规模的快速增长，用户的行为习惯已发生转变，特别是保险的消费习惯发生了深刻改变，互联网已成为保险发展的新场景。从 2012 年开始，我国互联网保险经历了爆发式增长，4 年间保费收入增长 20 倍，2016 年互联网保险保费达到 2347 亿元的最高值（见图 8－4）。之后在保险行业“保险姓保”的主基调和主动优化业务结构的背景下，互联网保险保费增速出现回调，甚至在 2017 年出现负增长。2018 年在行业强调合规和稳定经营的形势下，互联网保险市场格局区域稳定，保费增速逐步恢复。在 2019 年强调科技赋能和推动行业高质量发展的行业氛围下，互联网保险重新迎来快速增长。与互联网保险的发展相对应，互联网保险的渗透率呈现类似的基本走势

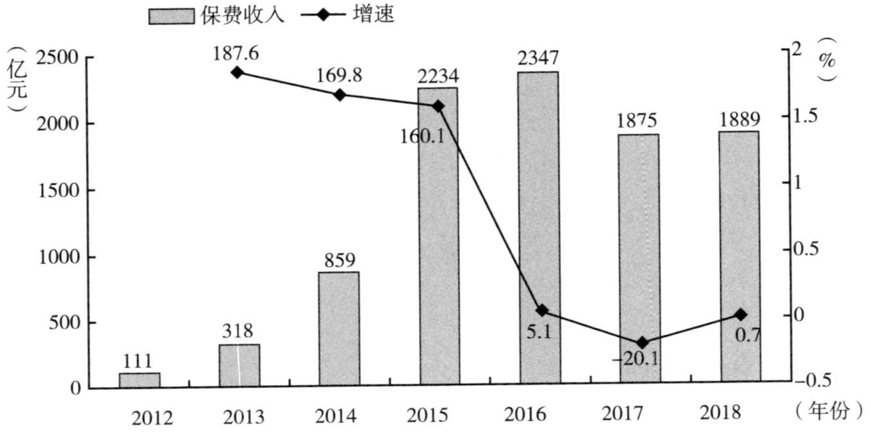


**图 8－4　2012～2018 年我国互联网保险保费收入与增速**

资料来源：根据中国保险行业协会数据整理。

（见图 8－5），2012 年之后互联网保险的渗透率快速上升，并在 2015 年达到 9.2%的最高水平，之后随着互联网保险发展进入困境期，渗透率也相应地出现下降。在经历过一段时间的调整期之后，逐渐趋于稳定。

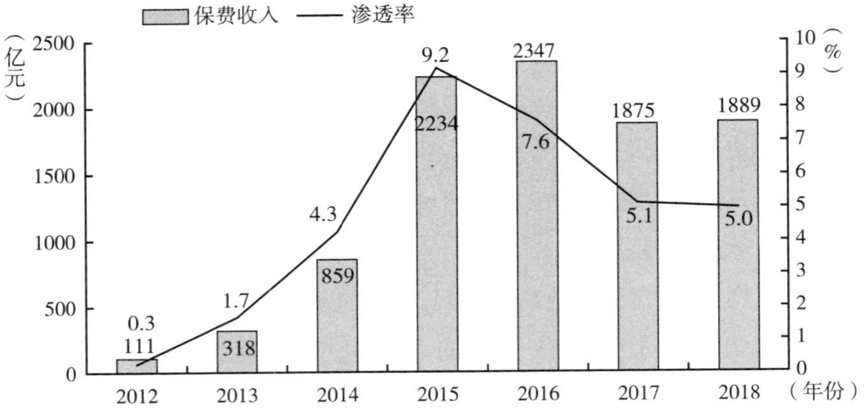


**图 8－5　2012～2018 年我国互联网保险保费收入与渗透率**

资料来源：根据中国保险行业协会数据整理。

2019 年，互联网保险发展整体呈现较为良好的发展态势。根据中国保险行业协会披露数据，2019 年上半年，共计 71 家财产保险公司开展互联网保险业务，互联网财产保险保费收入共 381.53 亿元，同比增长 16.89%，高出全渠道财产保险市场 5.57 个百分点。其中，互联网车险业务 147.66 亿元，同比负增长 18.12%，保费占比仅为 38.70%，较 2018 年底下降近 15 个百分点，业务占比长期呈现缓慢下降的趋势；互联网非车险保费收入共 233.86 亿元，占比为 61.30%，业务渗透率快速上升，业务占比高速提升，其中意外健康险保费收入共 114.40 亿元，占互联网财产保险总体业务规模的 29.98%，是体量最大的业务类别。

从专业互联网保险公司的视角看，根据各家公司披露数据，2019 年，众安在线、泰康在线、安心财险和易安保险四家专业互联网保险公司共计实现保费收入 235.56 亿元，同比增长 38.26%，实现快速发展。与此同时，除泰康在线之外，其他三家公司经营效益均出现不同程度改善。其中，易安保险扭亏为盈，众安在线在 2019 年上半年扭亏为盈，安心财险大幅减亏，业务发展质量不断提升，互联网保险业务模式不断完善，整体发展逐渐趋于稳定。

从具体业务结构方面看。在互联网人身险领域，由于发展初期险种结构过于单一，主要由理财型保险构成，因此在面对行业政策变化时更容易受到影响。在政策影响下，出现两年负增长。其中，健康险始终保持高速增长态势，即便是在互联网人身险整体负增长的 2018 年，保费收入依然大增 108%，成为互联网保险领域发展的唯一亮点。在互联网财产险领域，随着商业车险定价改革的深入，网销车险的价格优势消失殆尽。同时银保监会对第三方车险网络平台的监管逐渐加强，最终导致互联网车险发展陷入困境。而互联网财产险向更多非车险场景进行渗透以及意健险的高速增长，使得互联网非车险保持快速增长，在互联网财产险业务中的占比不断提升，大幅高于传统渠道中非车险业务占比。与此同时，非车险业务单均保费低、单量大，在整体互联网保险业务中占比不断提升，也使得互联网保险的保单数据一直维持在高位增长态势，近几年每年新增保单量均以百亿计，2019 年互联网保险新增保单数量更是超过 400 亿单，推动互联网保险覆盖率不断提升（见图 8 – 6）。

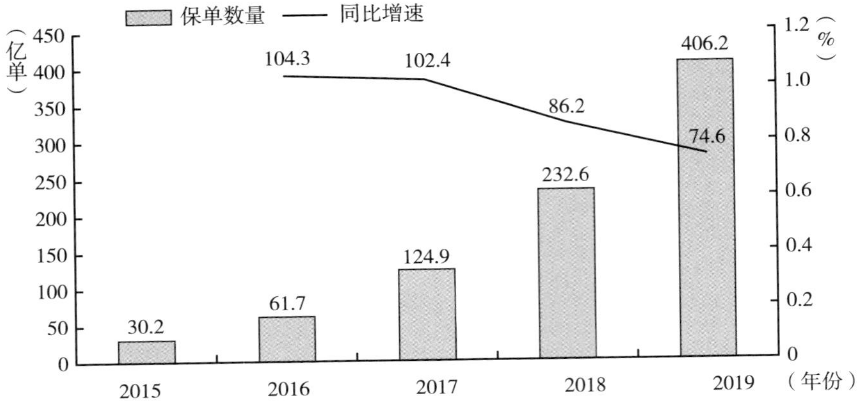


**图 8 – 6　2015 ~ 2019 年我国互联网保险新增保单数量与增速**

资料来源：中国保险行业协会、中国银保监会、艾瑞咨询研究院。

## 三　保险科技整体发展情况

从全球范围来看，得益于全球保险业的快速发展以及科技在保险领域的良好发展前景，保险科技持续受到全球资本的热捧，2019 年更是创下历史融资新高。根据韦莱韬悦统计数据，2019 年全球保险科技融资总额高达 63.48 亿美元，同比增长 52.4%，占据了迄今为止该领域全球投资总额的 33.9%，创下历史新高（见图 8 – 7）。

从具体险种来看，财产和意外险、寿险与健康险领域的全球保险科技投资都实现逐年快速增长，但是从 2016 年开始，财产和意外险领域的投资表现出更为强势的增长势头，无论是融资项目数量，还是融资金额，都全面超越寿险与健康险领域。

在具体融资业务领域方面，传统的 B2B 业务模式，在早期全球保险科技融资中占据重要地位。随着移动互联的深入发展，移动智能终端的普及率

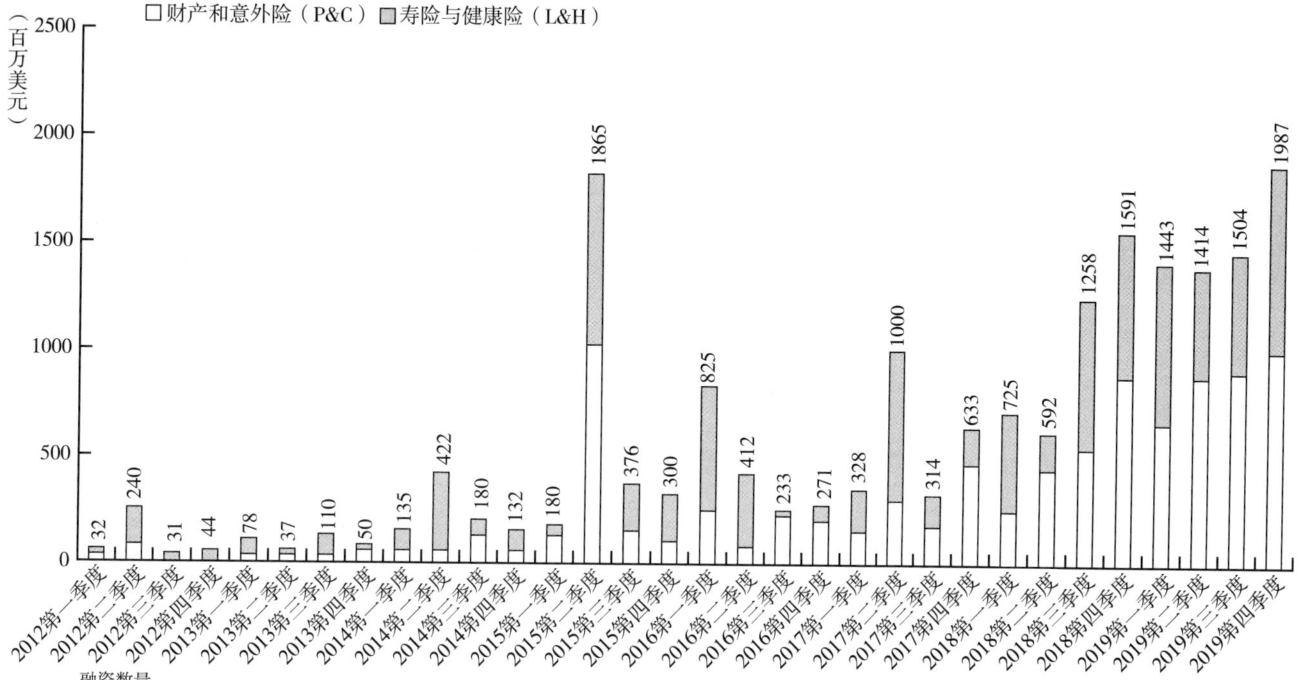


融资数量

| | | | | | | | | | | | | | | | | | | | | | | | | | | | | | | | | |
|---|---|---|---|---|---|---|---|---|---|---|---|---|---|---|---|---|---|---|---|---|---|---|---|---|---|---|---|---|---|---|---|---|
| P&C | 5 | 3 | 4 | 4 | 5 | 4 | 12 | 9 | 10 | 7 | 16 | 8 | 17 | 13 | 16 | 21 | 44 | 18 | 33 | 29 | 26 | 37 | 20 | 45 | 45 | 46 | 40 | 41 | 58 | 49 | 52 | 40 |
| L&H | 8 | 6 | 7 | 9 | 15 | 8 | 9 | 4 | 9 | 15 | 14 | 15 | 11 | 19 | 15 | 20 | 16 | 17 | 6 | 13 | 17 | 32 | 21 | 11 | 24 | 27 | 17 | 23 | 29 | 20 | 31 | 35 |

**图 8－7　2012～2019 年全球保险科技分季度融资**

资料来源：韦莱韬悦。

和使用率不断提升，直接面向用户界面的保险科技创新模式不断涌现，保险科技融资业务模式开展逐步向2C渠道转变，并超过传统的B2B模式成为主流创新模式（见图8-8）。与此同时，专业互联网保险等新型保险公司快速崛起，成为越来越重要的保险科技融资领域。在2019年全球保险科技融资中，B2B模式、新型保险公司和2C模式领域的融资额占比分别为14.29%、38.36%、47.35%，体现出新型保险公司和2C创新模式的良好发展前景。

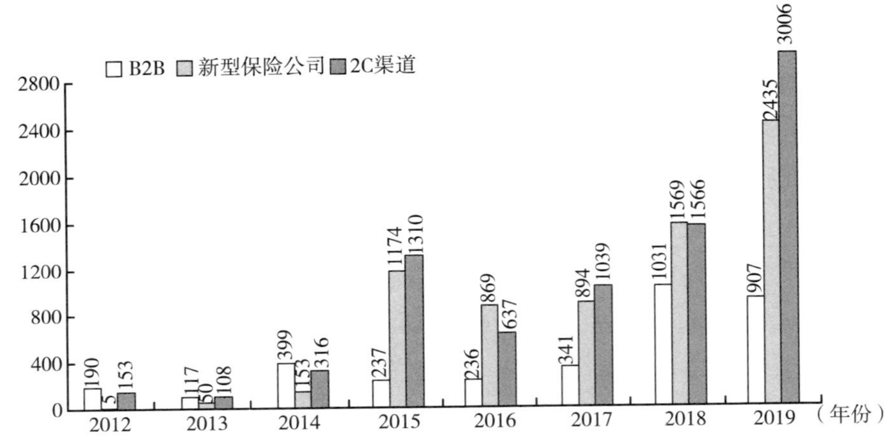


**图8-8　2012~2019年全球保险科技融资业务模式**

资料来源：韦莱韬悦。

在全球保险科技融资分布地域来看，美国以706笔融资交易数占据主导地位，而英国、中国、德国和印度分别以118笔、89笔、59笔和47笔位列其后。特别是中国和印度，得益于巨大的保险潜在市场以及快速发展的信息技术，在2018年下半年和2019年全年市场表现都非常活跃，在全球保险科技融资中成为快速崛起的新兴力量，广受全球资本关注。

从国内范围来看，近年来，保险科技行业资本热度持续高涨。从2012年的保险科技1.0开始，注重对于保险产品销售的互联网化，更多关注前端渠道和用户交互的线上化。2015年以来，我国保险科技逐步进入2.0时代，迎来新一轮融资热潮，保险科技创新主要集中于场景化保险，阿里、腾讯等互联网巨头纷纷入场，积极布局保险领域，大数据、AI、物联网等创新科技在局部环节和流程的应用不断体现，以退货运费险为代表的个性化产品创新成为重要创新方向，技术与保险创新在局部业务流程中体现出深度融合趋势，保险科技在保险运营管理中的支撑作用愈加明显。

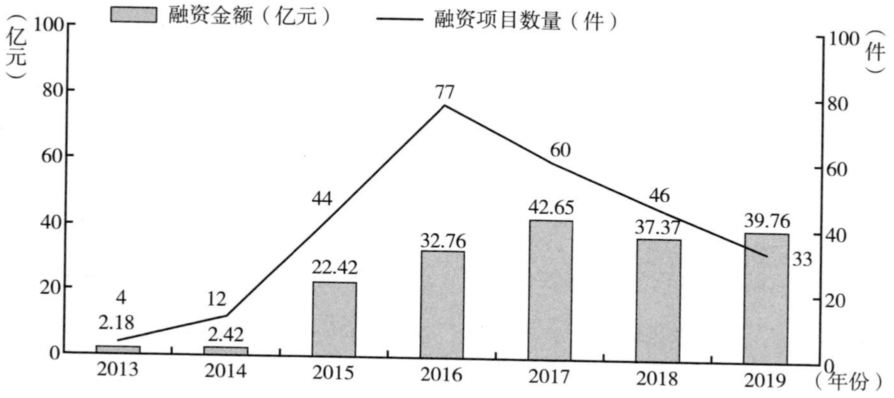


**图 8－9　2013～2019 年我国保险科技融资**

注：为真实反映融资变化趋势，2015 年剔除了众安在线 57.75 亿元的大额单笔融资。
资料来源：艾瑞研究院。

从融资数据上看，2019 年中国保险科技行业发生融资项目交易 33 件，较 2018 年同期的 46 件有较大幅度的减少，融资金额合计达到 39.76 亿元，同比增加 6.40%，单均融资交易金额大幅提升，这是由我国保险科技创业企业的发展阶段决定的。截至目前，我国的保险科技创业公司有 250～300 家，大部分获得资金的融资轮次处于 A 轮或者 B 轮，一部分起步较早、发展较好的创业公司开始进入 C 轮融资。尽管大部分创业保险科技公司还是处于早期阶段，仍处在不断探索和试错阶段，但部分较具发展前景、布局较早的保险科技创业公司在细分领域的领先优势逐渐凸显，业务模式逐渐清晰，开始进入估值较高、融资额度较高的较成熟发展阶段。

从我国保险科技融资交易的具体业务领域看，保险科技对于当前保险领域影响最深刻的集中在营销与渠道、产品设计、核保、客户服务、理赔等相关领域，特别是在销售领域，综合销售和比价平台的合计融资额度占到保险科技领域总融资额的26%，涌现出慧择、新一站等一批头部销售管理平台（见图8－10）。作为财产险领域最大的业务，围绕汽车保险开展的车联网技术和服务创新成为保险科技创业的热门领域，融资额度占比高达17%。随着移动互联的深入发展和社会保险意识的不断提升，保险跨界成为重要发展趋势，个性化、定制化产品创新成为保险行业新的潜力发展领域，针对场景定制的保险科技创业项目获得广泛关注，量子保、悟空保、保准牛等一批保险场景定制平台快速崛起。除此之外，经纪人展业工具、管理型总代理等创业项目也占据一定比例。由于技术门槛较高，理赔管理、智能投顾等潜力领域当前还处于发展初期，未来发展潜力巨大。另外，网络互助最近两年成为保险科技领域的后起之秀，除了BATJ等头部互联网公司积极布局网络互助领域，水滴互助、轻松互助等创业平台发展迅猛，网络互助会员覆盖人群超过2亿人，获得广泛社会关注，融资交易额度也实现快速提升，预计在未来保险科技融资中占据更大比重。

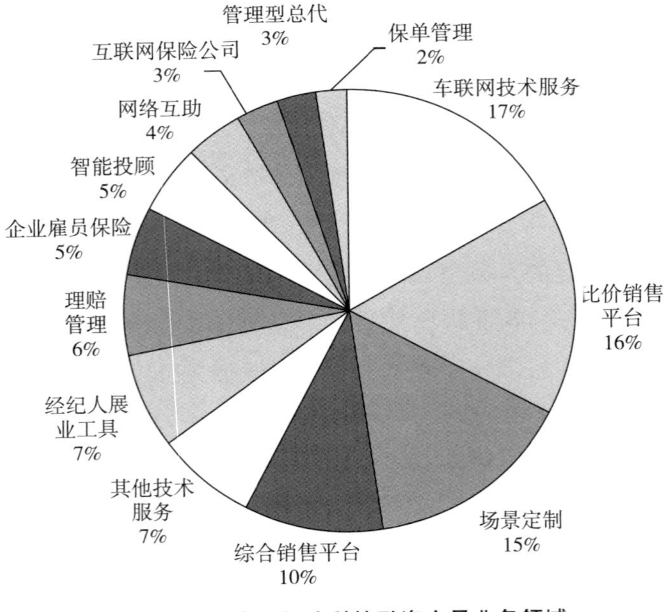


**图8－10　我国保险科技融资交易业务领域**

资料来源：复旦大学保险科技中国实验室。

整体来看，我国保险科技起步晚，发展快，依托国内庞大的保险市场和信息科技的快速应用，近年来实现快速持续发展，并且热度不减，在产品研发、展业营销、核保承保、理赔管理、客户服务、保险反欺诈等诸多保险运营流程中进行应用并取得良好成效，对于保险行业提高运营效率、降低运营成本、提升客服体验具有重要推动作用。然而，从当前的发展阶段看，我国保险科技仍处于发展的探索期，很多创新创业项目尚未形成相对成熟的业务模式，未来保险科技的应用仍有待进一步深化，深入保险行业的各个运营流程，全面助力保险全产业价值链提升。

## 四　保险科技发展新特征

随着保险科技在保险行业应用的不断深入，科技对于保险行业发展的支撑作用和助推效果不断凸显。同时，在保险科技应用落地的过程中，信息科技应用因时而变，因势而变，也展现一些新的趋势和特征。

### （一）科技赋能被提升至行业发展基本方向的新高度

近年来，人口红利的粗放式增长模式逐渐走到尽头，保险行业逐步由高速的规模增长向高质量发展转变。作为解决保险行业经营和服务痛点的重要驱动力，保险科技在保险行业受到前所未有的重视。保险监管机构强调加强保险行业基础设施建设的重要性，鼓励和支持行业积极开展科技创新，加快推进大数据、云计算、人工智能等创新技术的创新应用。保险机构积极求变，不断加大保险科技投入，纷纷布局保险科技创新与应用，加快推进数字化转型。无论从重视科技创新的理念转变上，还是在保险科技的总体投入行动上，都体现出保险行业推动转型、深化改革的坚定决心。根据艾瑞咨询的研究数据，2019 年我国保险机构的科技投入达 319 亿元，同比增长 19.1%，预计未来三年仍将维持较高增长速度，预计到 2022 年将增长到 534 亿元（见图 8－11）。保险行业在科技的投入，主要集中在大数据、云计算和人工智能等技术领域的创新应用上，尤其是人工智能领域的创新应用呈现高速增长态势，2019 年保险行业 AI 投入达到 42.9 亿元，同比增长 24%，预计未来三年平均增速将超过 30%，到 2022 年保险机构的 AI 投入将达到 94.8 亿元。

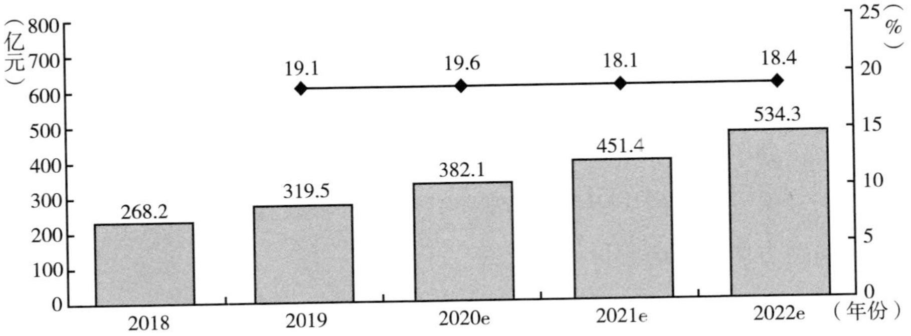


**图 8-11　2018~2022 年我国保险行业科技投入情况**

注：2020~2022 年为预测数。
资料来源：艾瑞研究院。

以中国平安、中国人保、中国人寿、中国太保为代表的大型保险机构纷纷将“保险+科技”提到公司发展战略高度，并积极出资设立保险科技子公司，抢占保险科技应用与发展先机。中国平安于 2017 年提出科技战略，强调以科技引领业务变革，明确提出“金融+科技”“生态+科技”的双轮驱动发展战略，强化人工智能、区块链、云三大核心技术领域研究与应用，将创新科技聚焦于大金融资产、大医疗健康两大产业，深度应用于传统金融与五大生态圈。中国人保于 2018 年正式发布“智·惠人保”数字化战略，有效整合集团整体资源向数字化转型。在信息科技应用、新技术布局、商业模式创新三方面持续发力，通过数字化重塑努力打造全渠道体验、智能分析、生态系统三大关键能力，不断推动“以客户为中心”的创新与变革，并于 2019 年提出构建“保险+科技+服务”新商业模式，加大科技创新和服务创新力度，以科技赋能释放价值，以服务延伸创造价值。中国人寿于 2019 年正式提出“重振国寿”战略，将科技国寿的重要性提到前所未有的战略新高度，指出要从人力驱动向人力与科技双轮驱动转型，依托科技创新助推集团数字化转型，全力打造科技驱动型企业，以科技崛起引领“重振国寿”战略。中国太保于 2017 年提出“数字太保”的战略目标，将数字化战略与“客户需求为导向”的战略相结合，积极布局数字化的五大战场，以新技术应用驱动公司商业模式转型升级，推动全方位数字化改造，并在 2018 年围绕客户足迹积极开展数字科技赋能建设，聚焦 AI 领域提升保险各流程运营和客户体验。

2019 年 12 月 30 日，银保监会印发《关于推动银行业和保险业高质量发展的指导意见》（银保监发〔2019〕52 号，以下简称《意见》），开启了保险科技发展新时代。《意见》提出五项基本原则，除了四项金融业既有的大政方针之外，新增提出了“坚持科技赋能”的基本原则，在金融行业监管部门发布的政策文件中，这是首次将科技赋能提升到指导行业发展的基本原则这一新高度，具有重要的历史意义。《意见》把科技赋能列为高质量发展的基本原则，把科技作为保险转变发展方式的驱动力，核心在于引导保险机构找到正确的创新方向，即通过科技赋能来提高运营效率、降低运营成本、改善客户体验、创造社会价值。在这一指导原则下，保险科技发展方向更加坚定，路径更加清晰，必将在推动保险行业高质量发展的过程中发挥更加重要的作用。

### （二）保险科技是推动普惠保险发展的重要引擎

随着我国经济社会的快速发展以及社会民众保险意识的不断加强，不管是在保险行业领域的体制机制建设方面，还是在社会保险的保障服务方面，都取得显著成效，保险密度和保险深度逐步提升。与此同时，我国现有保险业发展仍存在发展不平衡、不充分的问题，并且保险密度和保险深度距离全球平均水平仍存在一定差异，保险对于社会的充分保障水平不足，普惠保险发展势在必行。传统的保险经营管理和业务模式下，提升保险的普惠水平面临巨大挑战，且收效甚微。保险科技在保险行业的深入运用，为普惠保险发展提供了强劲的技术支撑。在保险科技的助推下，保险的可得性、体验性、经济性、普及性大幅提升，保险科技成为发展普惠保险的引擎，能够有效提升保险的普惠水平和服务水平，给社会民众带来更多的获得感、幸福感、安全感。

一是在可得性方面。在传统的保险运营模式下，保险依托于营业网点和保险代理人的线下模式，无论在触达范围上，还是在服务效率上，都受到一定限制。同时，传统保险普及教育方式有效性相对较差，因此，保险保障的覆盖范围和渗透率拓展受到严重影响。数据显示，2012 年，我国保险深度仅为 1.7%，远低于 3.69% 的全球平均水平；我国人均长期寿险保单持有量仅为 0.1 份，而发达国家人均寿险保单持有量超过我国 15 倍，差距明显。随着移动互联技术的快速发展，我国网民增速迅猛，截至 2019 年上半年，已超过 8.5 亿人。而保险科技深入运用，推动保险的线上化销售渠道更加多元，保险触达更加广泛，更加深入。基于远程和线上的保险供给方式，打破时间和空间限制，降低保险购买门槛，互联网保险迎来爆发式增长，互联网保单量在行业总体保单数量中占比不断提升（见图 8 - 12）。截至 2019 年占比已超过 82%，使得保险的覆盖人群迅猛增长。根据公开数据测算，截至 2019 年 11 月，我国人均寿险保单持有量约为 0.53 件，是 2012 年的 5.3 倍。在保险科技的有效助推下，我国保险的可得性快速提升，更多社会民众因为保险保障受益。另外，在线下领域，特别是支农惠农方面，由于遥感技术、无人机等创新技术在农业保险领域的深入应用，农业保险承保、理赔更加便捷、高效，基本可以实现“按图承保、按图理赔”，农业保险渗透率不断提升，农业保险制度惠及更多农户，为我国农业发展保驾护航。

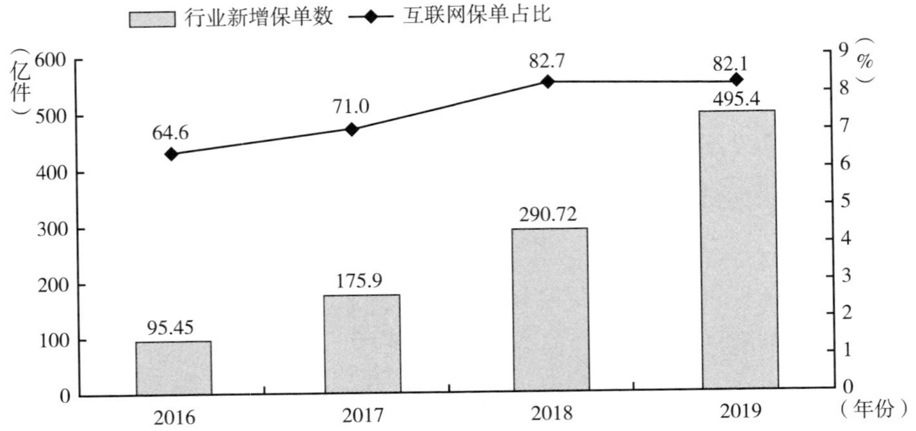


**图 8 - 12　2016 ~ 2019 年我国互联网保险新增保单数及占比**

资料来源：中国保险行业协会、中国银保监会、艾瑞咨询研究院。

二是在体验性方面。保险科技深刻改变了传统的保险精算定价模式，为保险产品和模式创新提供了有效实现路径。保险科技的深入应用，使得碎片化保险和场景化保险创新成为可能，客户的碎片化、个性化、定制化保险需求得到有效满足，填补了传统保险无法覆盖的市场空白。云计算、大数据等创新技术应用，有效保障了数字化时代下海量的保险交易需求。以“双 11”为例，单日互联网保险保单量从 2014 年的 1.5 亿单暴增至 2018 年的 11.3 亿单，平均每分钟处理保单 78 万单，平均每秒钟处理保单超过 1 万单，这在传统保险经营模式下是不可想象的，为客户带来良好的购买体验。另外，基于保险科技，保险报损理赔的流程线上化、自动化程度大幅提升，流程不断简化，航空延误险等标准化产品甚至能够实现实时赔付，赔款即时到账，给客户带来极佳的理赔体验。同时，在保险科技的有效支撑下，保险机构能够为客户提供风险管理、健康咨询、在线问诊等一系列增值服务，保险服务模式发生根本变化。

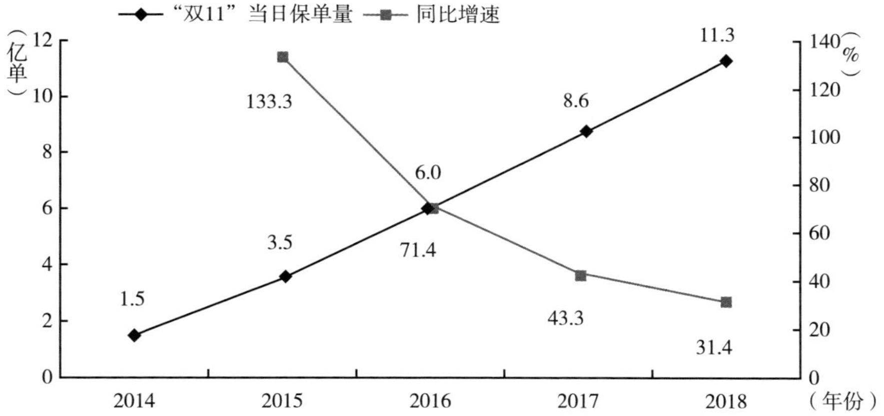


**图 8-13　2014～2018 年“双 11”当日互联网保险保单量**

资料来源：根据公开数据整理。

三是在经济性方面。保险科技在保险领域的深入应用，有效推动了保险行业整体的降本增效，进而使得保险行业将更多的降费空间让利于保险消费者。依托移动互联、云计算、人工智能等创新技术，保险能够打破对传统物理营业网点的依赖，推动营销渠道优化、流程自动化、服务线上化、定价合理化、保险反欺诈、人工替代等运营管理升级的有效实现，提升保险运营管理和服务的自动化和智能化水平，进而减少人工费用投入，有效降低保险运营管理的整体成本，提高运营管理效率，提升服务效率和服务水平，为保险用户带来更加高效、经济、便捷、贴心的保险保障和服务。根据艾瑞咨询研究数据，一家积极运用保险科技赋能的中型财产险企业可以通过降本增效给企业带来实际性收益。在不考虑市场竞争因素的情况下，保守测算能够给保险企业的综合成本率带来6.6个~8.9个百分点的优化空间。以保险反欺诈为例，中国银行保险信息技术管理有限公司前期开发了行业车险反欺诈信息系统，仅仅2018年，就为保险行业车险减损1.65亿元，同比增长41%。随着系统的不断完善和应用的不断深入，减损效果将愈加突出，进而为保险行业整体带来更大的成本空间，让利于客户，为客户带来更好的保险保障和服务。

四是在普及性方面。回顾全球保险行业发展史，经济发展程度和社会民众对于保险的认知度是推动保险实现快速发展的两大核心动力。当前，我国经济实现持续快速发展，与我国经济在全球经济中的地位和所处的发展阶段相比，我国保险行业的发展水平和发展阶段要相对落后。我国保险行业起步晚，发展节奏和水平也要相对落后于经济发展节奏和水平，因此，保险普及教育对于我国保险深度和保险密度提升至关重要。在保险科技的推动下，保险产品创新更加亲民，也提高了标准化程度，保险产品简洁明快，通俗易懂，易于传播，更容易为社会民众所接受。同时，保险科技帮助保险行业有效打破了行业边界，保险与社会民众的衣食住行、生产生活场景深入结合，场景保险占到我国互联网保险种类的比例高达75%。保险销售与保险普及教育的融合趋势愈加明显，为保险在更多领域、更大范围的传播提供了条件，社会民众的整体保险意识不断提升。

### （三）保险科技成为发展绿色保险的重要驱动

党的十八届五中全会首次确立了“创新、协调、绿色、开放、共享”五大发展理念，绿色发展成为指导中国发展的最高纲领之一。所谓绿色发展，是在既有的生态环境容量和资源承载力约束条件下，将环境资源作为内生要素，最大限度地实现经济、社会和环境的可持续发展的一种新型发展模式，其关键是要实现经济社会活动的“绿色化”。从广义上看，绿色保险属于可持续金融的范畴；从狭义上看，绿色保险本质上是一种推动环境改善，应对气候变化和资源节约，高效利用的市场化、社会化的风险治理机制。当前，比较成熟的绿色保险包括环境保险、绿色建筑保险、新能源汽车保险、气候保险等。这些领域风险具有一定的特殊性，在传统的保险运营管理模式下，精算定价、风险管控等工作面临巨大挑战，保险科技助力这些保险产品服务，为推动经济社会活动“绿色化”提供了有力支撑。

一是在环境保险方面。保险行业在为社会提供环境污染风险保障的同时，积极引入物联网、大数据、云计算等创新技术，打造环境污染责任保险综合服务管理平台，将保险保障、风险管控、防灾防损有效结合，打造出环保领域的“保险 + 科技 + 服务”创新模式。具体来看，环境污染责任保险综合服务管理平台能够将企业基本信息采集、环境风险评估、定制化现场风险查勘、风险数据分析、风险过程监测、风险管理咨询、关键隐患排查、风险整改建议等相关功能实现有效整合，为企业提供一站式的环境风险管理综合解决方案，逐步建立起“人防 + 技防”“线上 + 线下”的环境风险管理新模式，有效提升企业环境风险管理水平。例如，人保财险首创的环境污染责任保险“无锡模式”依托“保险 + 科技 + 服务”的创新服务模式，截至2018 年底，累计为无锡市 5700 多家企业提供环境风险现场勘查与评估服务，提出环境风险整改建议 58000 多条，极大提升了参保企业的污染治理和环境管理水平，有效降低环境污染发生概率，积极助力保障生态环境安全。

二是在新能源汽车保险方面。保险科技的有效运用，能够在两个方面为新能源汽车保险提供重要支持。一方面，新能源汽车与传统燃油汽车具有本质差异，两者面临的风险状况截然不同。电池是新能源汽车的核心，电池故障和衰减是新能源汽车面临的重要风险。在传统模式下，保险企业无法对电池的衰减风险做出客观评估，因此汽车厂商和车主关心的电池衰减风险无法得到保险保障。而保险科技为电池的衰减风险评估提供了实现路径，保险企业基于此能够开展精算定价，使得开发相应的保险创新产品成为可能。另一方面，保险科技，特别是物联网、云计算、人工智能等技术的运用，使得车联网和智能化成为新能源汽车的重要发展趋势，由此为基于使用的保险（UBI）和分时保险等产品创新奠定了技术基础，极大地支持了新能源汽车保险领域产品和服务创新。

三是在气候保险方面。气象条件对农林牧副渔以及光伏、风力发电等产业影响巨大。在传统保险经营模式下，由于暴风、暴雨、台风、暴雪等气象灾害的发生概率、等级及破坏程度具有很大的不确定性，相关财产保险产品的合理精确定价面临很大挑战。随着创新技术特别是气象科学、大数据、精算技术的快速发展和深入运用，气候保险迎来重大转机。气象指数保险创新产品应运而生，尤其是在充分利用气象大数据和创新保险精算模型的基础上，支持个性化、定制化气象指数保险产品创新，从而为绿色农业、光伏产业、风力发电等绿色产业提供有效风险保障。与此同时，借助气象大数据和自身独特的技术优势，保险企业能够为参保企业提供综合防灾防损服务，帮助企业做好风险管理，降低企业整体风险暴露，减少气象灾害可能给企业带来的风险损失。

### （四）保险科技与保险对外开放相互融合促进的步伐加快

保险业是我国金融业对外开放过程中开放时间最早、开放力度最大、成效最为明显的行业。最近两年来，我国保险行业对外开放步伐不断加快。自2018 年 4 月以来，陆续颁布多项实质性开放举措。比如，将外资人身险公司外方股比放宽至 51%，并于 2020 年放开比例限制，允许境外金融机构入股在华外资保险公司，允许外国保险集团公司投资设立保险类机构等。对外开放倒逼保险行业加快改革创新与转型升级，保险机构加快发展保险科技提升自身竞争力。同时，保险机构在某些保险科技创新领域实现弯道超车，积极开展技术输出，推行国际化战略，推动保险行业对外开放。保险科技与保险对外开放深度融合，“引进来”与“走出去”有效结合，两者相互促进，共同推动我国保险行业深化改革，向高质量发展转型。

保险行业对外开放给我国保险科技产业带来显著的溢出效应，对于我国保险科技快速发展的推动作用明显。外资保险公司起步早，发展较为成熟，在组织架构、经营管理、精算定价、风险管理等方面对于国内保险机构开展保险科技创新具有积极的借鉴意义。同时，美国等国家和地区在大数据、物联网、云计算、人工智能、区块链等底层技术创新方面处于领先地位，在保险行业加快对外开放的背景下，对于重要底层创新技术在国内保险领域的创新研发与应用形成有效助推，对于弥补我国保险科技发展短板意义重大。而保险业加快对外开放，更加坚定了国内保险机构开展数字化转型的决心，基于保险科技的运营管理和商业模式创新成为保险机构着眼未来的核心竞争赛道。以专业互联网保险公司众安保险为例，公司成立之初即自建了基于云的核心系统“无界山”，搭建起灵活性高、扩展性强、运营成本低的云架构，有效契合互联网保险运营特点，开创了国内保险公司轻架构的经营管理新模式。

与此同时，我国保险科技的快速发展，也有效促进了我国保险行业的对外开放和国际化。与美国在核心底层技术方面的领先研发能力不同，我国保险科技领域将更多资源投入应用层面，在保险科技应用的场景化、多元化和规模化方面处于领先地位。中国人保、平安、太平洋、众安等保险机构在区块链、云计算等技术的落地应用方面表现出强劲实力，不少国内保险机构和保险科技公司利用保险科技，创新推出手机碎屏险、退货运费险、网络账户安全险等一系列有影响力的碎片化、场景化保险产品，这种“技术研发 + 应用创新”的商业模式形成良好的示范效应，对于推动国内外保险领域交流合作具有重要作用。除此之外，平安、众安等科技创新基础相对较好的保险机构在做好保险业务拓展的同时，积极开展技术和模式输出，并在国际化战略下推向海外市场。例如，众安保险在 2018 年提出国际化战略，将多年沉淀的保险科技能力产品化，进行海外输出，与日本、马来西亚、新加坡等国家及地区的保险机构和科技平台开展深度合作，与东南亚 O2O 平台 Grab 开展合作 7 个月即出具保单 400 多万单，2020 年有望突破 1 亿单，成为我国保险科技“走出去”的典型案例。

# 五　保险科技的发展展望

银保监会《意见》的发布，吹响了保险科技产业发展再出发的号角，科技赋能成为保险机构转型升级、提升自身核心竞争力的必然选择，是我国保险行业深化改革、向高质量发展转型的有效路径。面向未来，我国保险科技发展将承载着保险行业的更多期待，同时也面临着更为严峻的时代挑战。

## （一）保险科技助推保险行业基础设施持续完善

较国际成熟的保险市场而言，我国保险行业起步晚，信息化水平相对较低，行业基础设施相对落后，这种掣肘在行业发展的初期体现还不明显。但是，随着我国逐步发展成为全球保险大国，在向保险强国迈进的过程中，保险行业创新动能不强、发展后劲不足的问题愈加突出，数字化转型成为必然选择。保险科技的快速发展，不仅推动大数据、云计算、人工智能等基础技术成为我国保险领域运营管理的重要支撑，促进保险行业的发展提质增效，更重要的是，保险科技给保险行业带来全新的经营和发展理念，体验经济和价值创造成为行业发展的关键词，推动保险行业由以产品为中心向以客户为中心转变，由拼费用的粗放式模式向重服务的精细化模式转变，保险科技成为保险行业向高质量发展的重要基础。

## （二）保险科技驱动保险行业生态重塑

从我国保险科技的发展阶段来看，可以大致分为三个阶段：第一阶段是保险机构利用信息技术手段对传统的业务系统进行升级改造，重在提高运营管理效率；第二阶段积极利用大数据、云计算、物联网等技术开展保险产品场景化创新，实现保险产品的按需定制开发创新；第三阶段是将保险科技充分融入保险经营管理，发挥保险科技的创造性，有效拓展保险经营的边界和思路，重构保险经营价值链条。当前，我国保险科技正在由第二阶段向第三阶段迈进，保险科技逐步淡化了保险的行业边界，推动行业内外跨界融合，共建保险生态，为客户创造更多价值，实现多方共赢。

### （三）创新“概念化”给行业带来负面影响

毫无疑问，保险科技的深入运用，给我国保险行业发展带来了极为深刻的变革，为行业的创新发展注入了强劲动能。然而，创新也是一把双刃剑，用不好反而会给行业带来负面影响。一方面，一些保险机构将保险科技创新“概念化”，出现了“为了创新而创新”的倾向，不做深入研究论证，一哄而上。发现竞争对手引进了新技术、开创了新模式，就加大资源投入，迎头赶上，导致公司运营资产越来越重，成本压力越来越大。况且，如果新上的项目和模式与公司现有的运营管理模式冲突或不契合的话，还可能给企业现有经营带来冲击。另一方面，一些保险科技创新平台打着人工智能、区块链等创新技术的概念和幌子，开展所谓的保险模式创新，或推出噱头保险产品，挂羊头卖狗肉，搞虚假宣传，蹭热点，赚流量，这既给保险科技在行业的深化应用带来不利影响，同时也损害到保险消费者的切身利益，影响到保险行业的口碑。

### （四）跨领域交叉风险应对挑战巨大

在当前保险科技创新的竞争赛道中涉及主体众多，包括保险公司、中介机构、非保险金融主体、互联网公司、技术创新平台、其他行业主体等。随着保险科技的深入发展，保险与其他领域的产业边界愈加模糊，跨行业、跨领域、跨地域风险传递变得愈加突出。一方面，所有技术都是处在不断发展过程中，没有一项技术是绝对完美的。保险科技应用的过程中，同样也无法避免技术本身存在的风险和问题，技术风险与商业模式创新的风险叠加，如何做好有效应对，是保险行业面临的一大挑战。另一方面，互联网平台、技术创新平台等保险行业外部主体创新研发了大量类似网络互助等形式的类金融和准金融模式，不属于金融监管范围，单纯的技术监管又无法实现有效风险监管覆盖。因此，保险行业如何守好家门，并做好规范引导，真正平衡好创新与监管的关系，对于行业发展至关重要。另外，当前我国保险行业对外开放步伐不断加快，跟随外资保险公司进来的，还有境外的经营和创新模式，以及与境外市场无法切割的关联风险，需要保险行业给予必要的重视。

面向未来，我国保险科技的创新与发展，要不忘初心，砥砺前行，以服务实体经济和保障民生为宗旨，以赋能保险行业、实现价值创造为目的，以融合、创新和发展为方向，打造我国保险科技的新时代。

## 参考文献

艾瑞研究院：《2019 年中国互联网保险行业研究报告》，2019 年 6 月。
艾瑞研究院：《2020 年中国保险科技行业研究报告》，2020 年 2 月。
王和：《保险的未来》，中信出版社，2019。
王和：《金融科技在财险行业的探索与实践》，《清华金融评论》2017 年第 12 期。
王和、周运涛：《我国保险科技发展展望》，《中国金融》2018 年第 9 期。
众安科技研究院：《保险科技新势力洞察报告》，2019 年 12 月。

# 业务篇：
# 金融科技与金融服务拓展

Business Part：FinTech and the Expansion of Financial Service

## 第九章
## 支付清算的创新与发展

赵 亮*

摘 要： 在“深化金融供给侧结构性改革”的总体要求之下，2019年，我国支付清算行业供给侧结构性改革持续深化，市场双向开放加快推进，支付产业服务实体经济及社会民生的能力不断增强。同时，在监管侧，严监管常态化工作机制基本确立，防范化解风险取得重大进展。本章对2019年以来我国支付清算行业运行总体情况、热点问题、新兴支付价值贡献等问题进行了回顾，对我国支付体系运行的总体情况及特征进行了概述；介绍了支付市场双向开放、刷脸支付、备付金集中存管、跨境支付的发展现状；以移动支付为例，分析了新

* 赵亮，中国社会科学院大学博士研究生。

兴支付业务在产业转型升级、促进普惠金融发展、提升风险防范能力等方面的价值和贡献；结合我国支付清算行业发展实际，提出了未来展望及相关政策建议，以期进一步激发市场主体创新活力，持续促进数字经济与实体产业融合发展，保持我国在全球支付产业链条中的核心竞争力。

关键词：　支付清算　数字经济　刷脸支付　跨境支付

## 一　2019年我国支付清算体系运行总体情况

### （一）全国支付体系运行平稳，支付业务量稳步增长

中国人民银行支付体系 2019 年全年数据显示，全国支付体系运行平稳，社会资金交易规模不断扩大，支付业务量保持稳步增长。其中，移动支付业务量增速相对较快。2019 年，银行共处理电子支付业务 2233.88 亿笔，金额 2607.04 万亿元。其中，网上支付业务 781.85 亿笔，金额 2134.84 万亿元，同比分别增长 37.14% 和 0.40%；移动支付业务 1014.31 亿笔，金额 347.11 万亿元，同比分别增长 67.57% 和 25.13%；电话支付业务 1.76 亿笔，金额 9.67 万亿元，同比分别增长 11.12% 和 25.94%。2019 年，非银行支付机构发生网络支付业务 7199.98 亿笔，金额 249.88 万亿元，同比分别增长 35.69% 和 20.10%。

网联清算平台运行平稳。截至 2019 年末，共有 534 家商业银行和 115 家支付机构接入网联平台。2019 年，网联清算平台处理业务 3975.42 亿笔，日均处理业务 10.89 亿笔，同比增长 209%；金额 259.84 万亿元，日均金额 7118.97 亿元，同比增长 339%。

### （二）严监管常态化工作机制基本确立，防范化解风险取得重大进展

一方面，在严监管总体态势下，产业发展环境持续净化。结合支付机构

业务模式、潜在风险和经营情况等因素，支付监管部门创新性地开展了支付机构分类评级监管模式，建立了综合评价指标体系，并针对不同的分类评级结果采取有针对性的监管措施。同时，以支付业务许可证续展工作为契机，综合评判支付机构许可存续期间的整体经营稳健性和合规性，通过创新分类评级和许可证续展相结合的非现场监管模式，有效疏通了非银行支付机构市场退出渠道，进一步推进市场清理整顿，净化行业发展环境。

此外，防范化解风险取得重大进展，疏解了多年积累的重大风险隐患。一是成功地实施了备付金全额缴存，分步骤完成了备付金全额上缴中国人民银行，掌握风险管理的主动权，提升了非银行支付行业监管和资金安全的社会公信力。二是在监管部门指导下，网联平台成功建设运营，圆满完成断直连工作。通过网联平台进行非银行支付机构集中清算，在提高清算透明度的同时，为行业降低成本，促进公平竞争。

### （三）供给侧结构改革持续深化，市场双向开放迈入新征程

一方面，支付清算领域供给侧结构性改革不断深化。在监管部门引导下，支付清算行业坚持服务实体经济发展和民生改善，发挥银行账户、支付工具、支付系统、服务经济民生的潜力，调整优化支付安排，全面助推营商环境改善，实现效率变革、质量变革和动力变革。在服务企业方面，延长大额支付系统运行时间，高效服务企业国内经营和组织发展，取消了企业银行账户行政许可，缩短了企业开户时间。支付产业主体纷纷推出小微企业卡、账户通、区县通等若干创新举措，推动企业支付服务从服务大中型企业向小微企业深入。在服务民生方面，不断提升支付效率和普惠程度。在农村支付服务最后一公里问题基本解决的情况下，指导市场主体助推乡村振兴，促进农村支付服务提质增效。同时大力推进移动支付便民工程建设，支付场景从购物、旅游、饮食，逐渐扩大到交通、医疗、公共服务等人民生活的各个方面。

另一方面，随着我国金融对外开放进程提速，支付清算市场开放取得实质性进展，为市场主体带来“双向”机遇及挑战。在“引进来”方面，银行卡市场准入工作有序推进，继“连通”之后，第二家银行卡清算机构

“万事网联”筹备申请获监管部门批准。[①] 2019 年 9 月，中国人民银行正式批准国付宝股权变更申请。国际支付巨头 PayPal 通过旗下的全资子公司美银宝信息技术（上海）有限公司收购国付宝 70% 的股权，成为国付宝的实际控制人，从而正式进入中国支付服务市场。[②] 支付清算服务市场将迎来更加开放、国际化发展阶段，为产业各方提供更加多元化的服务。在“走出去”方面，2019 年人民币跨境支付系统全面投产，实现了对全球各时区金融市场的全覆盖，业务范围延伸到 164 个国家和地区，为跨境人民币业务提供了有力的支持。[③] 2019 年 4 月，国家外汇管理局在总结支付机构跨境外汇支付业务试点的基础上，出台《支付机构外汇业务管理办法》，在《办法》框架下，获取相应资质的支付机构外汇业务将由试点“转正”。[④] 随着监管逐步走向正轨，支付机构外汇支付业务合规性要求将进一步提高，从长远来看有利于行业良性发展。

## 二　我国支付清算市场发展情况及热点分析

### （一）支付行业成为我国金融双向开放的亮点领域

2015 年 4 月，国务院发布《关于实施银行卡清算机构准入管理的决定》，标志着我国银行卡清算机构开始实施市场准入管理，同时也意味着我国银行卡清算市场对外开放进入实施阶段。中国人民银行分别于 2016 年和 2017 年发布《银行卡清算机构管理办法》和《银行卡清算机构准入服务指

① 《人民银行审查通过万事网联公司银行卡清算机构筹备申请》，中国人民银行官网，2020 年 2 月 11 日，http：//www. pbc. gov. cn/goutongjiaoliu/113456/113469/3969844/index. html。

② 《国付宝股权变更申请获批 PayPal 正式进入中国市场》，新京报网站，2019 年 9 月 30 日，http：//www. bjnews. com. cn/finance/2019/09/30/631563. html。

③ 《央行支付司温信祥：推动支付机构向跨境清算转移》，移动支付网，2019 年 12 月 2 日，http：//m. mpaypass. com. cn/news/201912/02095054. html。

④ 《国家外汇管理局关于印发〈支付机构外汇业务管理办法〉的通知》，国家外汇管理局官网，http：//m. safe. gov. cn/safe/2019/0429/13114. html。

南》，对清算机构申请条件、申请程序以及审批工作流程做出了细致性规定。在具体市场开放实践中，2018 年 11 月，由三大国际卡组织之一美国运通（American Express）在中国境内发起设立的合资公司“连通（杭州）技术服务有限公司”（以下简称“连通公司”）经监管部门审查，通过了银行卡清算机构筹备申请，成为我国第一家具有外资背景的银行卡清算组织。美国运通能通过合资公司的方式进入中国清算支付市场，是中国金融市场对外开放的重大突破。在此之后，2019 年 3 月，另一大国际卡组织万事达也与网联合资成立“万事网联信息技术（北京）有限公司”（以下简称“万事网联公司”），作为市场主体申请筹备银行卡清算机构经营牌照。2020 年 2 月，中国人民银行会同中国银保监会审查通过万事网联公司提交的银行卡清算机构筹备申请，万事网联公司成为继连通公司后，银行卡清算领域第二家获批筹建的合资公司，值得注意的是，万事网联公司股权结构中，万事达持股 51%，网联清算有限公司通过网联科技有限公司持股 49%。网联借助合资公司进入银行卡清算市场，也标志着由中国银联、网联等央行管理的支付清算公司的业务边界已经打破，清算市场的竞争化格局已然明确。在非银支付机构方面，2019 年 9 月 30 日，美国支付公司贝宝（PayPal）全资控股的美银宝信息技术（上海）有限公司收购国付宝 70% 股权的交易获得央行批准。国付宝是获得央行批准而成立的具有支付许可证的支付公司，贝宝控股国付宝后也意味着贝宝拥有国内支付牌照，也使贝宝成为首家在中国拥有在线支付牌照的海外公司。

此外，我国支付机构的海外市场拓展步伐不断加速，产业国际竞争力进一步增强。随着中国游客海外购物规模快速增长，其相应的支付习惯也在强势输出。在此过程中，部分商户及游客未遵守当地国家法规兑换当地货币，而采用国内支付账户进行交易，即买家与卖家的账户都是绑定国内的银行卡账户，而绕开了当地国的银行账户体系，影响了当地国税收及外汇管理政策的实施，存在一定的法律风险。如 2018 年 6 月，越南官方表示因发现部分中国商家，使用未经授权的 POS 机进行收款，而限制中国游客使用国内支付账户进行支付。2019 年 5 月，尼泊尔中央银行宣布禁止在尼境内使用微信支付和支付宝。[1] 12 月，缅甸央行也宣布了对微信支付和支付宝的使用禁令。事实上，我国非银支付机构在推进海外支付合规化进程中也遭遇到很多困难，如部分国家支付基础设施条件较差，支付接口技术不完善，同时，电子支付法规不健全，申请牌照运营流程烦琐，沟通与运行成本较高。因此，扩大支付服务在境外的合规化接入范围，进一步提升国人境外消费体验成为国内主流支付机构开拓海外业务的核心工作。截至 2019 年底，微信支付已在超过 60 个国家和地区合规接入，发展了近 1000 家合作机构，支持英镑、港币、美元、日元、加拿大元、澳大利亚元、欧元、新西兰元、韩元和泰铢等 16 个币种的直接交易。[2] 在中国香港、马来西亚，腾讯推出了面向当地用户的本地钱包——微信香港钱包、微信马来西亚钱包。而支付宝此前发布的数据显示，目前支付宝已在全球 54 个国家和地区为中国消费者提供境外线下支付的服务，还在 9 个国家和地区发展“本地版支付宝”，服务当地用户。[3] 与此同时，鉴于条码支付已成为主要零售支付方式，国内支付机构也不断拓展支付账户服务范围，使国外游客仅需要绑定国际银行卡就可以使用支付账户进行条码支付。2019 年 11 月，微信支付宣布与 Visa、Mastercard、American Express、Discover Global Network（含 Diners Club）、JCB 五大国际卡组织合作，支持境外开立的国际信用卡绑定微信支付。这种模式是与国际目前主流卡组织开展合作，能够覆盖绝大部分国际游客所使用的银行卡种类和形态。[4] 与此同时，支付宝和上海银行合作推出面向外国游客的“支付宝海外版”，外国游客在下载支付宝后可使用国际电话号码注册，并使用来自上海银行的预付费卡完成交易，可使用

① 《尼泊尔禁用微信支付和支付宝？两家回应：付款码不能这么用》，每经网，2019 年 5 月 22 日，http：//www. nbd. com. cn/articles/2019 –05 –22/1334456. html。

② 《微信支付境外商户常见 Q&A》，https：//kf. qq. com/faq/120911VrYVrA160426ry2y2M. html。

③ 《支付宝宣布：已覆盖全球 54 个国家和地区》，IT 之家，2019 年 2 月 15 日，https：//www. ithome. com/0/409/526. htm。

④ 《微信支付可以绑定国际信用卡了，五大卡组织都支持!》，腾讯金融科技，2019 年 11 月 6 日，https：//mp. weixin. qq. com/s/g_ OmGWwB0rldf –9nMB7LBw。

海外借记卡或信用卡给 90 天预付费卡充值。[①] 这种支付方式照顾到外国游客更加关注个人银行卡的信息保护，而倾向使用预付卡进行绑定，从而避免身份信息及交易数据的泄露。

## （二）新兴支付工具的萌芽：刷脸支付探索与应用

### 1. 人脸识别技术的发展与刷脸支付的市场化应用

刷脸支付最早起源于芬兰。2013 年 7 月，芬兰创业公司 Uniqul 推出了第一款基于脸部识别系统的支付平台，并在赫尔辛基进行了技术测试。2017 年 9 月，支付宝宣布在杭州万象城商场肯德基的 KPRO 餐厅上线刷脸支付，刷脸支付正式进入商用环节。[②] 2018 年 12 月，支付宝宣布推出一款新的刷脸支付产品“蜻蜓”，在餐饮、零售等多场景接入刷脸支付技术。[③] 2019 年 3 月，微信支付也宣布正式上线刷脸支付产品“青蛙”。8 月，微信支付工具正式加载“青蛙 Pro”，全面开放接入微信卡包、小程序，实现“刷脸即会员”，打通线上线下，连接微信生态能力。[④] 2019 年 10 月，中国银联联合工商银行、农业银行、中国银行、建设银行等 60 余家金融机构，联合发布其全新智能支付产品“刷脸付”，标志着继支付宝、微信支付之后，又一支付巨头进军“人脸支付”领域，也意味着以支付介质为基础的产业竞争已由卡基支付、码基支付进入生物识别支付。[⑤] 因此，2019 年也被称为“刷脸支付元年”，多个城市相继开展线下刷脸支付试点，人脸识别技术开始在零售支付、资产交易等各种金融场景中全面应用。随着 5G 商用的来临，人脸

---

① 《支付宝和上海银行合作推出专用小程序　外国人来中国也能用支付宝了》，TechWeb，2019 年 11 月 7 日，http：//www.techweb.com.cn/internet/2019 - 11 - 07/2762616.shtml。

② 《支付宝在 KFC 试点“靠脸吃饭”刷脸支付或成移动支付新战场》，人民网，2017 年 9 月 6 日，http：//scitech.people.com.cn/n1/2017/0906/c1007 - 29517933.html。

③ 《支付宝推出全新刷脸支付产品“蜻蜓”，今后结账连手机都不用掏了》，36kr，2018 年 12 月 13 日，https：//36kr.com/p/5167025。

④ 《腾讯发布“微信青蛙 Pro”　科技巨头支付硬件战场博弈已提速》，2019 年 8 月 27 日，http：//finance.sina.com.cn/roll/2019 - 08 - 27/doc - ihytcern3808645.shtml。

⑤ 《中国银联“刷脸付”引领安全便捷新支付》，人民网，2019 年 10 月 23 日，http：//finance.people.com.cn/n1/2019/1023/c1004 - 31415303.html。

识别、语音指令等多种应用在使用上更加无缝衔接，这让刷脸支付变得更为便捷。在此热潮下，自2018年以来包括商汤科技、旷视科技及依图科技等在内的金融科技企业分别完成22亿美元、6亿美元和3亿美元的融资。2019年8月，中国人民银行发布的金融科技发展规划中提出，将探索人脸识别线下支付安全应用，借助密码识别、隐私计算、数据标签、模式识别等技术，利用专用口令、"无感"活体检测等实现交易验证。可以预见，刷脸支付将在未来三年迎来爆发式增长。

**2. 刷脸支付的技术创新及支付风险的防范**

在整个支付流程中，存在三个关键环节，即身份验证、交易授权以及资金交割。对于线上支付而言，其业务的起点在于用户的身份认证与授权，这是一切线上账户金融活动的前置条件。人脸支付是依赖人工或生物传感器对用户的脸部生物特征进行识别，并将用户的脸部特征信息与支付或银行卡账号相匹配。这种支付方式使账户的外在载体由银行卡介质和条码介质转化为消费者自身的面部特征，结账时，只需要面对屏幕摄像头，通过系统扫描脸部并自动识别，与数据库进行比对，即可实现支付信息的身份验证环节。这就使得以前需要出示的银行卡或手机二维码被人脸所替代，也就是由刷卡、刷码发展为"刷脸"。用户无须拿出手机、银行卡等物理介质完成验证环节，方便用户在多场景的支付，有效提升客户支付体验，增强金融服务的获得感。

虽然以人脸等生物特征作为账户验证手段，可以有效提高用户身份认证与授权流程的安全性与便利性，但在实践中，相关风险的技术性和制度性防范措施尚在构建过程中。这主要表现在两个方面：一是人脸、声音等生物特征是生活中普遍显露在外的生物特征，为典型的弱隐私特征，具有较强的可复制性。一旦用户的面部生物特征被"黑产"从业者加以利用，通过"换脸"等手段侵入获取其个人隐私，则用户将难以保障个人信息和财产安全。如2019年12月，美国加州人工智能公司耐能（Kneron）对外宣称，其近期使用3D面具完成了对相关支付公司刷脸支付功能的破解测试。二是生物特征的不稳定性，如用户因过敏、受伤、整容等缘由面部特征发生变化，造成人脸识别准确率下降甚至无法识别。因此，当前刷脸支付普遍采用“人脸识别＋支付口令”的方式，即一方面需要由人脸识别环节连接被绑定账户，并输入与账户绑定的手机验证码，确认后方可完成支付。这种需要手机验证等其他交叉验证方式可以有效降低人脸识别的非授权支付风险。此外，为规范刷脸支付应用创新，防范安全风险，2020 年 1 月 20 日，中国支付清算协会发布刷脸支付首份市场公约《人脸识别线下支付行业自律公约（试行）》（以下简称《自律公约》）。《自律公约》提出“设置单笔及日累计交易限额”“建立刷脸支付突发事件应急处理机制”“建立健全风险拨备资金、保险计划、应急处置等风险补偿机制”“对不能有效证明因用户原因导致的资金损失及时先行赔付”等条款，从安全管理、终端管理、风险管理和用户权益保护等角度提出技术要求和业务规范。此次《自律公约》的发布，也将在一定程度上规范行业行为，保障账户资金安全，降低个人信息泄露风险。

**3. 刷脸支付对支付产业格局及监管政策的影响**

我国零售支付市场格局经历了从银行体系主导卡基支付到非银支付机构码基支付的崛起两个阶段。在条码支付形态下，商业银行因“条码支付合规性”等问题起步较晚，银联虽然于 2017 年 5 月推出其扫码产品“云闪付”，但由于用户支付习惯已逐渐固化，扫码支付市场格局难有大的改变。而此次刷脸支付阶段，银联及其联合的商业银行与支付宝及微信基本上算是同时“入场”，也使商业银行和支付机构进入新的产品竞争周期，零售支付产业格局将会出现何种变化值得关注。

首先，刷脸支付目前尚未实现互联互通，存在重复建设支付终端问题。刷脸支付主要有两种业务模式，一是以商业银行、支付宝和财付通为代表的封闭应用模式，二是以银联“云闪付”为代表的联网通用模式。根据中国支付清算协会《2019 年网络支付应用和移动支付工作委员会调研报告》，封闭应用模式将导致类似“一柜多机”情况再次出现。封闭应用模式下，支付宝、财付通、部分银行选择独立开发具有人脸识别功能的智能终端，无法与其他市场主体通用。预计在刷脸支付领域，还会出现支付宝、微信、银联及各商业银行各自体系开发的刷脸支付终端，而如果因支付渠道不同，同一商户就需要摆放多个支付机构的智能终端，造成一定的社会资源浪费。鉴于此，各商业银行及支付机构应实施统一行业标准的刷脸支付受理终端，支持刷脸支付业务互联互通，避免一柜多机，促进刷脸支付产业可持续发展。

其次，当前“刷脸支付”还属于商业开发的初期阶段，线下支付仅局限于少数城市试点。无论是银联，还是支付宝、微信等非银机构支付，都需要进一步提升刷脸支付的技术安全性。在技术演进方面，需要就人脸识别技术是否适用于替代与强化持卡人验证方式（CVM）、消费者终端持卡人验证方式（CDCVM）、单一支付和验证凭证、支付辅助验证方式等领域进行深入验证，综合运用可信执行环境（TEE）、安全多方计算、同态加密等技术加强人脸特征信息端的全链条安全防护；在支付流程设计上，鉴于人脸的弱生物特征，从支付安全角度出发，应避免将人脸特征作为唯一的交易验证因子，应针对不同身份验证方式进行分级管理，并根据不同风险等级设定不同的验证方式组合，避免在网络空间仅依赖单一特征进行金融交易验证；在人脸、指纹等生物特征采集方面，需要规范数据采集流程，以用户授权和必要够用为原则，关注用户的个人数据安全和隐私保护。

央行副行长范一飞在第六届世界互联网大会中提出，“要为创新产品划定刚性法规底线、设置柔性管理边界、预留充足发展空间。”刷脸支付不同于刷脸登录，涉及账户身份识别和授权支付两个环节，因此，金融科技的包容性监管是针对“技术中性”原则，但在技术风险防控和支付流程设计等环节均应审慎应对。从刷脸支付产业整体发展角度来看，应加快刷脸支付标记化以及密码识别、隐私计算、数据标签、模式识别等相关技术的研发，同时组织行业协会和技术标准专业委员会制定刷脸支付统一技术应用标准，针对“人脸识别”等支付技术特征更新修订《支付技术产品认证自律管理规则》和《支付技术产品认证目录》，同时，加强金融基础设施建设，完善以人脸特征为路由标识的转接清算模式，在支付安全的前提下进一步提升用户的支付体验。

### （三）非银支付机构备付金管理制度的实施与政策调整

自 2016 年以来，中国人民银行相继出台多项政策文件，加大对备付金问题的专项整治和整改监督力度，规范非银支付机构跨行清算行为。同时，严格支付机构市场准入和监管，对无证经营支付业务进行专项整治。截至2019年1月14日，包括支付宝、财付通（含微信支付和QQ钱包支付）、拉卡拉、平安壹钱包以及百付宝等在内的多家非银支付机构均宣布完成备付金100%集中交存、“断直连”、商业银行备付金账户销户等重要工作。“断直连”及备付金集中交存后，市场和监管两个层面都在评估该项政策的实施影响并作出相应调整。

**1. 备付金集中存管政策下非银支付机构的产业格局及转型方向**

非银支付机构的账户服务存在两种类型的支付渠道：一是通过绑定银行卡进行快捷支付，这种服务属于支付中介服务；二是通过自身支付账户进行支付，这种服务相当于储值支付工具（SVF）及非限定用途的电子货币发行服务。对于快捷支付服务，非银支付机构需要与银行进行收益和成本的分担。作为支付环节的中间流程，普通用户的支付需求为小额高频支付，对相关服务收费价格异常敏感。如微信和支付宝的信用卡还款及提现收费就引起大众用户的高度关注。因此，非银支付机构无法在快捷支付服务中获取足够的利润，对于极端小额支付以及促销活动的支付行为还在进行价格补贴。相对于快捷支付，支付机构自身的钱包支付具有备付金的沉淀资金效益，这成为非银支付机构在发展初期的主要利润来源。

备付金集中存管完成后，非银支付机构失去了通过在商业银行存入备付金来降低银行费用，以及通过备付金收益补贴其他支付业务等优势。根据对支付机构移动支付业务发展现状的问卷调查，在实施备付金集中存管政策后，支付机构向商业银行侧快捷支付接口费率平均成本比备付金集中存管前上升5%以上，并有进一步提高的趋势。与此同时，在“断直连”政策实施后，支付机构还将额外增加转接清算费支出。在备付金利息收入大幅下滑、支付通道费用支出增加的情况下，非银支付机构的业务利润空间持续压缩，整体业绩出现阶段性下降，相应支付牌照的市场价值也大幅回落。同时，我国非银支付机构呈现典型的头部市场格局。根据艾瑞咨询的数据统计，截至2019年第四季度，支付宝和财付通占据国内非银行支付机构移动支付市场份额九成以上[①]，中小支付机构传统的代扣代缴等支付业务因银行费率提高而难以长久开展，非银支付机构将面临进一步的机构洗牌与市场重组。因此，除支付宝和财付通之外的其他两家非银支付机构如何重构商业模式、转变自身发展模式成为支付产业发展的重要课题。

首先，在线上流量及备付金收益增加受限的背景下，部分非银支付机构开始回归收单业务，即下沉至支付业务体系中的基层环节，实施商户地推营销与收单服务，做好商户巡检以及向当地监管机构报送支付数据，尤其是我国国内大量三、四线城市以及跨境支付的收单细分市场仍存在大量市场需求与发展空间。因此，部分非银支付机构将业务增长方向转移至线下商户的收单流量。如作为国内首家在港股独立上市的非银支付公司，汇付天下于2019 年上半年实现支付量交易额 1. 06 万亿元，同比增长 25% ，综合商户收单交易量为 7765 亿元，同比增长 36% ，而在 2019 年成功上市 A 股的拉卡拉也开始将业务调整至收单业务。

其次，部分非银支付机构也在寻求向技术服务提供商模式转型。长期以来，支付机构的常规盈利模式是以客户规模为基础的，但是在市场格局日趋固化的趋势下，部分支付机构希望利用自身技术能力，特别是依靠大数据、云计算的 SaaS 服务，向 B 端客户提供支付系统技术支持和特定场景支付需求的解决方案，以此提高利润增长空间。如平安壹钱包在移动支付市场的份额仅在 1% 左右，但其依托场景与金融不断深化结合的趋势，向金融、电商、航旅等 B 端行业提供综合增值服务，使其成为仅次于支付宝和财付通的国内第二支付梯队。此外，部分股份制银行及城商行深化“B2B2C”和“B2B2B”等金融线上化服务，倡导以“金融服务平台”（BaaP）为主的“开放银行”理念，以应用程序接口（API）、软件开发工具（SDK）等技术手段接入第三方支付场景，也为非银支付机构与银行合作服务提供了合作空间。

---

① 《第三方移动支付 2019Q4 交易规模约 59. 8 万亿》，艾瑞网，http：//report. iresearch. cn/report_ pdf. aspx？ id =3543。

**2. 央行对备付金集中存管政策的实施与调整**

中国人民银行等相关部门在2016年发布的《非银行支付机构风险专项整治工作实施方案》提出，要建立备付金集中存管制度，同时逐步取消支付机构备付金利息收入，改变支付机构“吃息差”的盈利模式，引导支付机构回归支付中介业务方向。此后，备付金集中存管制度得到了逐步落实。2017年6月起，中国人民银行资产负债表“储备货币”中多增了一项“非金融机构存款”，这一项即非银支付机构集中存管至中国人民银行的备付金存款。中国人民银行数据显示，非金融机构上缴客户备付金从2017年的840.77亿元增加到2018年末的16299.80亿元。而自非银支付机构完成备付金全额集中存管后，2019年1月非银支付机构集中存管备付金存款1.4万亿元，此后备付金余额开始下降，至2019年5月降至最低值，即1.26万亿元（见图9－1）。存管备付金余额下降的原因在于部分支付机构被撤销支付牌照，以及支付机构将用户备付金引入货币基金、消费信贷等其他资金渠道，从而减少备付金存款规模。

根据备付金集中存管政策的实施效果，中国人民银行将非银支付机构集中存管的备付金定性为清算保证金，并改变原有的零息政策，决定自2019年8月起按0.35%年利率按季结息，并在扣减10%行业保障金后返还相应支付机构。该政策调整有助于非银支付机构的长期稳健发展，仅按2019年第四季度备付金平均余额1.47万亿元计算，中国人民银行在扣除行业保障金后，该季度向支付机构返还的备付金利息达到11.6亿元，预计非银支付机构每年将增加利息收益46亿元以上，这项稳定收益来源将保障支付机构增加资本投入境外支付产业推广、支付技术创新研发以及支付信息安全维护等本源业务，促进支付产业良性发展。至2019年12月，备付金存管规模升至1.53万亿元，为近期历史最高。该政策实施时间为2019年8月1日至2022年7月31日，后续将根据评估情况进行调整。除备付金付息政策调整外，由于商业银行对备付金账户的存管模式已不再匹配当前集中存管政策，中国人民银行还会对2013年发布的《支付机构客户备付金存管办法》中关于备付金存管机制及监管机构职责等问题进行再次修订，进一步完善备付金存管制度与监管机制。

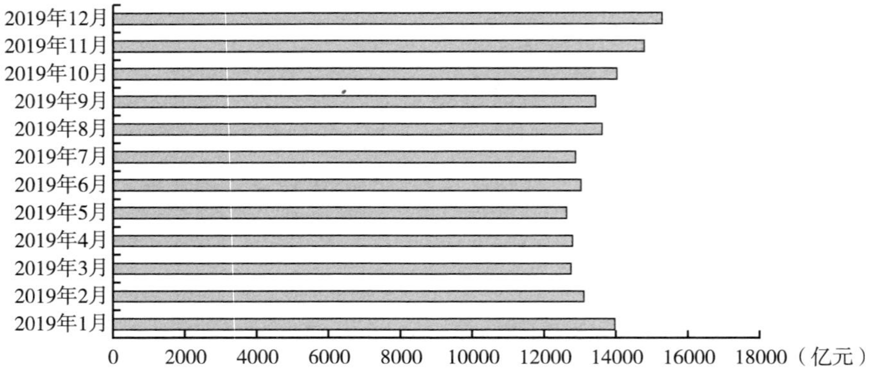


**图9-1　2019年非银支付机构备付金存款情况**

资料来源：根据中国人民银行及移动支付网数据整理。

## （四）跨境支付服务的创新与发展

### 1. 支付机构外汇业务试点转正

国家外汇管理局在2019年4月29日发布了《国家外汇管理局关于印发〈支付机构外汇业务管理办法〉的通知》（汇发〔2019〕13号，以下简称外管局13号文）。该文的发布具体地规范了支付机构在外汇领域的职能，明确了支付机构可以开展部分外汇服务。

在跨境支付场景方面，不再限于线上，线下支付也同样支持。可拓展场景包括：线下非现金支付的进出口小额一般贸易；入境游客消费结算，游客境内线下外卡收单，收结汇到境内商家账户。同时购付汇侧允许付款主体是境外主体，收结汇侧允许收款主体是境外主体。个人证件类型从身份证扩展到护照。这也表明了外汇管理局对支付机构发展海外用户的支持，使得更多用户可以在境外享受到便捷的移动支付服务。

在个人外汇业务的办理方面，支付机构的客户群体不再只是电子商务经营者，而是扩展到新的交易主体即购买商品或服务的消费者，明确表示支付机构可以为个人提供外汇业务的办理服务，进一步满足个人的外汇业务办理需求，同时使得业务办理更加便捷。如在境外进行消费支付，留学生学费缴款等外汇业务都可以通过第三方支付机构进行办理，使得相关业务办理更加便捷。

对于支付机构的职责，外管局13号文明确规定，交易主体由支付机构尽职核验，包括：交易主体身份的真实性、合法性；开展的外汇业务需在支付机构登记的业务范围内；支付机构和银行均应对业务的真实性、合规性进行审核，并依法履行反洗钱、反恐怖融资；交易主体、支付机构及银行都应遵守国家相关法律规则，不得以虚构交易、分拆交易；强调银行要审慎选择合作支付机构，未进行合理审核导致违规的，合作银行依法承担连带责任；相关交易信息应当留存5年以备查看。这些规定对支付机构对于资金流向的监管和非法金融活动的预警等做出了要求。在监管方面，明确了支付机构应由其经营所在地的监管局进行监管，这也更加符合实际的监管条件。

在备付金的存管方面，支付机构应按照外汇账户管理有关规定，在每家合作银行开立一个外汇备付金账户。支付机构应将外汇备付金账户资金与自有外汇资金严格区分，不得混用。这进一步杜绝了支付机构滥用备付金的风险，使得消费者资金安全得到保障。支付机构不得在境外开立外汇备付金账户，或将市场交易主体资金存放境外，另有规定的除外。这也加强了支付机构在反洗钱方面的作用。

**2. 支付便利化措施为澳门居民提供移动支付便利**

2019年12月19日，在澳门回归祖国20周年之际，为进一步满足澳门居民的跨境支付需求，按照民生支付先行思路，中国人民银行出台了支付便利化系列措施。①

一是推动澳门本地电子钱包在内地使用。中国人民银行支持澳门中国银行手机银行App和澳门通Mpay钱包的用户在中国银行内地商户进行线下扫码支付，便于来内地工作、旅游和生活的澳门居民享受小额便民移动支付服务。

---

① 《人民银行推动民生支付互联互通为澳门居民提供移动支付便利》，中国人民银行网站，2019年12月19日，http：//www.pbc.gov.cn/goutongjiaoliu/113456/113469/3942943/index.html。

二是组织开展澳门代理见证开户试点。澳门居民可在澳门试点银行通过代理见证的方式便捷开立内地个人Ⅱ类、Ⅲ类银行账户，进一步方便澳门居民办理内地银行支付业务。

这一系列举措为澳门居民在内地的支付活动提供了不少便利，使得澳门居民来内地旅游、工作时不需要面临去银行换汇、购汇的复杂流程，在手机上就可以完成相应的操作，可以加大澳门与内地的交流互通。在银行服务方面，澳门居民可以享受到内地的银行业务服务，这为引入投资提供了便利。

2020 年 2 月，微信香港钱包获批开通港澳跨境支付服务，为香港用户提供在澳门的便捷支付体验，助力推动粤港澳大湾区互联互通。这也是继支持港人到内地跨境支付服务后，再次拓展跨境支付服务区域。①

粤港澳大湾区的建设离不开三地之间的互联互通，而要促进大湾区之间的交流则离不开人的流动。民生支付为澳门人员来内地的支付活动提供了很大的便利，使得两地之间的交流更加顺畅，为粤港澳大湾区的建设添砖加瓦。

## 三　支付清算创新在数字经济中的价值和作用

作为现代经济活动链条中不可或缺的一环，移动支付行业的发展，有效提高了支付结算速度，提升了实体经济资金使用效率，在促进传统产业创新升级的同时，也培育了共享经济等新的数字经济增长点，同时促进数字经济与实体产业融合发展。

### （一）提高商业效率和货币流通速度，促进消费增长和经济发展

从便利性上看，移动支付大大降低了支付的门槛，依托移动支付工具，目前在各类与居民衣食住行有关的商业场景、公共服务场景，都能很容易地

① 《微信香港钱包获批开通港澳跨境支付服务》，腾讯金融科技，2020 年 2 月 24 日，https：//mp. weixin. qq. com/s/WCjNbAxT4yzFsaSAGyRnJg。

完成支付，整个商业的运行效率因此得到很大提升。同时，与现金支付相比，移动支付还降低了消费者的支付“痛感”，在无形中促进了消费。同时，从货币流通速度的角度看，移动支付会加速现金替代，提高存款货币的流动性，进而提高货币流通速度。移动支付使得人们可以更多地使用存款货币进行支付。此外，基于移动支付的各种金融产品创新，不仅加速了 M0、M1、M2 等各层次货币之间的转化，也会导致货币流通速度的提高。

从图 9-2 中可以看出，M0 的流通速度逐年增长，且在 2013 年后增速加快，说明相较于银行卡支付，移动支付对现金支付的替代作用更加显著，非现金支付的交易速度和支付成本明显优于现金交易，移动支付促进了我国消费市场的增长和经济发展。

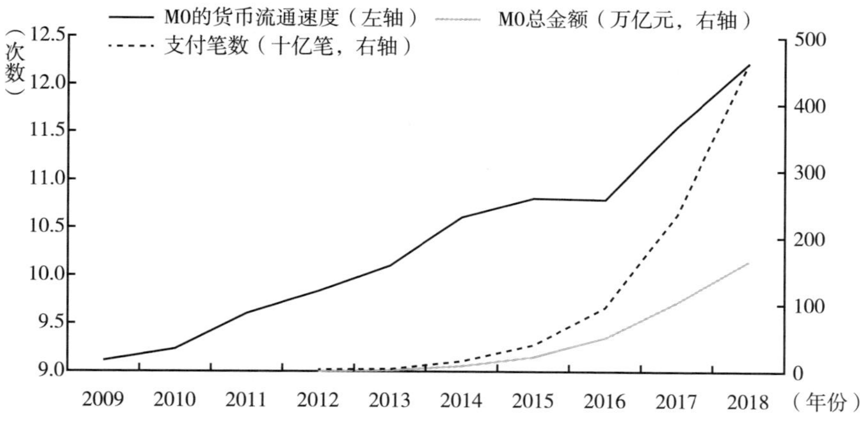


**图 9-2　2009～2018 年 M0 流通速度与移动支付规模对照**

此外，M0 通常表示银行体系之外的现金通货，M0 增速在我国 GDP 近年来增速逐渐下降的背景下，依然呈现单边上扬的态势，说明移动支付促进了 M0 的下降。数据分析显示，假定在 M0 的货币流通速度不变的条件下，按照 2018 年经济体量估算，需要 M0 约为 7.75 万亿元，因为移动支付促使 M0 的货币流通速度上升，大约 4285 亿元的 M0 转化为 M1 或 M2。由此可见，移动支付使居民家庭现金更多地转移到银行存款，增加了银行可贷资本，提升了货币供给效率，进而提高了投资效率，加快了消费节奏，最终促进了经济增长，间接增强了银行业乃至整个金融体系对经济总量增长和经济结构优化的贡献能力。

### （二）促进了相关产业的转型升级和高质量发展，加快了我国数字经济发展的步伐

随着互联网和移动通信基础设施的不断完善，移动支付已成为创新最为活跃、产品最为丰富的零售支付方式，越来越多的新技术、新应用结合移动支付“落地开花”。移动支付带来了支付成本的下降和便利程度的上升，促进了电子商业产业的跨越式发展。2018 年中国在世界电子商务销售总额中排名第 1，是第 2 名的近 3 倍。2019 年上半年我国实物商品网上零售额占社会消费品零售总额的比重为 19.6%，远超世界其他国家。

移动支付机构通过与不同行业主体深化合作，增加服务功能、优化业务流程、改善用户体验、提高企业效率等措施，与衣食住行、生活缴费、投资理财、医疗健康、教育培训等各行业深度融合，搭建起广泛的移动支付服务生态圈。在对传统商业模式进行改造的同时，也催生出新的经济增长点。在垂直金融行业，便捷、经济的移动支付方式催生了线上小额保险、公益筹款等模式萌芽发展。在横向业态中，移动支付也是网上教育、远程医疗、知识付费、直播等一系列新经济形态得以实现的前提条件。另外，数字经济形态从 O2O 向 OMO 过渡，移动支付也是这种转变的重要连接点。移动支付不仅在电子商务等线上领域，而且也给线下生活带来了翻天覆地的变化。在生活的数字化程度方面，我们繁荣的外卖、共享出行、电子票务、乘车码等都离不开移动支付的身影。疫情期间移动支付“无接触式服务”更体现出了巨大优势，有效支持了各类到家电商的服务。

在“智能+”的时代背景下，移动支付日益发展成为一种底层技术和连接器，支付从渠道蜕变为促进实体经济转型升级的重要动力。例如，移动支付使得针对个人消费习惯的营销策略更加精准，大大提升了零售业精细化发展水平。相关数据反馈到生产端，能够让实体产业更及时准确地感知到用

户的需求变化，从而调整产品和服务，在满足消费者需求的基础上进一步创造新的消费需求，为消费升级带来更多可能性。

线下企业通过移动支付可以将客流量转化为有效数据，以此推动“支付+营销”“支付+金融”等模式发展，不断挖掘支付场景的潜能，使之更好地服务实体和个人的各种金融服务需求，也能极大地促进普惠金融发展，在一定程度上消除了使用成本、文化程度、地域限制造成的鸿沟，带动消费金融等金融服务的普及，进而挖掘城乡的消费潜力，拉动消费增长和升级。

### （三）提高支付及金融服务普惠水平，满足实体经济长尾需求

《二十国集团数字普惠金融高级原则》提出，数字金融服务与有效监管（可通过数字化实现）对缩小普惠金融差距至关重要。利用数字技术降低成本，扩大金融服务的覆盖面，提高金融服务的渗透率，减少信息不对称，降低金融服务成本，是促进普惠金融的关键。随着大数据、云计算、人工智能、区块链等技术的兴起，以金融科技为依托的数字普惠金融成为普惠金融发展的重要推动力。数字化手段是扩大金融服务范围和提升金融服务效率的破局之道，而支付创新带来的账户体系在促进普惠金融水平提升方面发挥了积极作用。益普索数据显示，2019 年第三季度，我国移动支付用户在网民中的渗透率为96.9%，数量达到了 10.5 亿人。根据 CPMI 和世界银行 2016 年的研究，在适度监管的条件下，移动支付账户和工具的普及，为借贷、保险、理财等其他金融服务提供了入口渠道，这一点在中国移动支付市场上得到了充分印证。一方面，支付创新改变了金融服务获取方式，依托互联网、移动互联网，实现了非现金支付、账户等基础金融服务全方位、多层次覆盖，降低农村及偏远地区个人用户、小微企业及个体商户等群体接入金融服务体系的门槛，共享数字经济发展红利。另一方面，支付产业主体持续挖掘金融应用场景，以账户为入口不断拓展多样化金融服务，服务体系延伸至支付、理财、信贷、征信、保险等细分领域。

### （四）支付创新带来的前沿技术革新，进一步提升了风险的技防能力

当前，中国经济正在转向高质量发展阶段，前沿科学技术在移动支付领域深度应用，为支付清算及金融领域的风险防控提供了更加扎实的前沿技术支撑。近年来，人工智能、云计算、大数据等新兴技术与金融服务的融合持续深化，给金融行业带来深远影响。新兴技术的发展和应用，进一步提升了支付清算风控能力和水平，前沿技术与移动支付业务产生的海量交易数据的结合，可以更好感知风险态势，更准甄别风险隐患，更快采取风控措施，建立与支付创新相匹配的高效风控机制，有助于增强对洗钱、欺诈、黄赌毒等违法犯罪活动的打击能力，助推监管科技水平不断升级，筑牢金融安全防护网。以腾讯财付通为例，在中国人民银行的指导下，通过“案例特征化、特征指标化、指标模型化”的方式，对可疑案例进行专家分析，并采取大数据“文本挖掘”“机器学习”“团伙挖掘”等技术方案进行自主建模，建立起“立体监控+生态联防”的智能风险防控体系。目前，辨识违法交易日均超过100万笔，每日报送可疑交易百余件。仅2019年上半年，就协助各地公安机关破获大量电信网络诈骗类案件，涉案金额近4亿元，有效保护了人民群众的财产安全。

## 四　前景展望与政策建议

展望未来，手机未必是人类经济和社会演进过程中的终极载体，同样，移动支付工具也未必是支付体系发展的最终形态。随着5G技术、物联网、人工智能、区块链等前沿技术的完善成熟，未来可能会出现形态截然不同的支付方式。从中国移动支付发展的历程来看，我们认为应吸取的经验是，充分发挥包括支付机构在内的各类市场主体的积极性和创新意愿，鼓励并引导产业主体在支付创新技术研发和应用方面的探索和实践，才能持续为未来的支付方式变革储备相关技术和人才资源，从而保持我国在全球支付产业链条中的核心竞争力。对此，提出以下政策建议。

### （一）兼顾防风险与促发展的双重政策目标，建立激励相容的金融约束机制

建议在我国支付行业的顶层设计和规划中，统筹防风险、促发展的双重政策目标。在防控风险的前提下，应继续鼓励行业创新，建立激励相容的金融约束机制，引领我国支付行业走在世界前列。如在规范政策出台后，可以给予市场一定的消化期，尽量避免采用“一刀切”的管理手段，进一步体现差异化监管、奖惩有别的理念，强化对行业的正向激励和引导，调动合规企业发展的积极性。

### （二）进一步规范市场竞争秩序，理顺产业链主体之间的竞争关系

在打破支付机构与银行直连模式，让“支付回归支付本源”的同时，推动“清算回归清算本质”。当前，零售支付领域清算通道方式相对有限，需要研究支付机构的风险集中度预防问题，而清算机构自身也应该集中精力提升业务处理能力。因此，建议监管机构鼓励清算机构在清算领域夯实基础、深耕细作，同时在政策制定上注重理顺产业链条中各类主体之间的竞争关系，特别是“两联”之间、“两联”与支付机构之间、商业银行与支付机构之间的业务边界问题，实现清算机构与支付机构的分工合作、有序竞争，各自发挥优势保持存量市场稳定，努力开拓增量市场发展。

### （三）对跨境业务给予更多政策支持，提升标准层面竞争力

当前，我国以移动支付为代表的金融科技应用处于世界领先水平，可以在“一带一路”国家及全球市场有所作为，进一步服务跨境普惠金融和人民币国际化。对此，一方面，建议持续支持国内市场主体的跨境支付业务，鼓励国内市场主体“走出去”，并给予“出海”的中国企业更多政策扶持，如允许支付企业在境外设立的支付公司在境内为其境外的用户提供服务，扩大外国非居民在境内使用移动支付工具试点，通过移动支付产品的使用带动人民币国际化的进程。另一方面，建议监管机构引导行业性组织带领金融科

技核心企业积极参与国际金融科技标准的制定和推广，为我国金融科技市场主体在国际拓展和布局中赢得更高维度的优势。

## 参考文献

《2019 年移动支付用户问卷调查报告》，中国支付清算协会网站，2020 年 1 月 4 日，https：//mp. weixin. qq. com/s/M9i7F0Kifr97uLAwU－okBg。

《2019 年支付体系运行总体情况》，中国人民银行网站，2020 年 3 月 17 日，http：//www. pbc. gov. cn/zhifujiesuansi/128525/128545/128643/3990497/index. html。

《第六届世界互联网大会“金融科技——深度融合·多向赋能”分论坛在浙江乌镇成功召开》，中国人民银行网站，2019 年 10 月 21 日，http：//www. pbc. gov. cn/goutongjiaoliu/113456/113469/3905935/index. html。

《范一飞副行长出席第 8 届中国支付清算论坛并讲话》，中国人民银行网站，2019 年 11 月 28 日，http：//www. pbc. gov. cn/goutongjiaoliu/113456/113469/3929862/index. html。

《金融科技（FinTech）发展规划（2019～2021 年）》，中国人民银行网站，2019 年 8 月 22 日，http：//www. pbc. gov. cn/goutongjiaoliu/113456/113469/3878634/index. html。

林海峰：《移动支付促进数字经济与实体产业融合发展》，《清华金融评论》2019 年 12 月 1 日。

《人脸识别线下支付行业自律公约（试行）》，中国支付清算协会网站，2020 年 1 月 22 日，http：//www. pcac. org. cn/eportal/ui？pageId = 598041&articleKey = 609432&columnId = 595027。

益索普：《2019 第三季度第三方移动支付用户研究报告》，2019 年 11 月。

中国支付清算协会：《中国支付产业年报 2019》，中国金融出版社，2019。

CPMI，“World Bank Group：Payment Aspects of Financial Inclusion”，Apr. 2016，https：//www. bis. org/cpmi/publ/d144. pdf.

# 第十章
# 数字货币的创新与发展

周莉萍　于品显*

摘　要：　2019年，全球数字货币快速发展，多国央行加快对央行数字货币的研究。功能的相似性使数字货币给中央银行带来多重挑战，包括基础货币发行的垄断权、支付清算体系运行、货币政策的实施、金融稳定等。本报告主要梳理全球数字货币2019年发展概况、深入研究央行数字货币的属性和类型、发展动力及对商业银行和金融稳定的潜在影响、可能的发行流通模式和技术选择，并分析了我国发行央行数字货币面临的法律挑战。

关键词：　中央银行　数字货币　分布式记账技术

## 一　2019年全球数字货币发展概况

数字货币（Digital Currency），也称加密货币（Cyptocurrency）。2019年，全球数字货币发展迅速。主要数字货币价格波动剧烈，总体呈现上涨趋势，比特币更是在2019年6月达到历史峰值。同时，全球知名社交网站Facebook推出数字货币项目天成币（Libra），“鲇鱼效应”使多国央行加快

* 周莉萍，中国社会科学院金融研究所支付清算研究中心副主任兼秘书长，副研究员，经济学博士。于品显，武汉大学中国边界与海洋研究院博士研究生。

研发央行数字货币，由政府支持发行的数字货币未来可期。与此同时，国际货币基金组织、国际清算银行等主要国际金融机构开始高度关注央行数字货币并进行深入研究。

## （一）全球数字货币发展概况

截至2019年12月31日，全球共有数字货币4993种。CoinMarketCap交易数据显示，全球数字货币总市值为1927.69亿美元，比2019年初的1257.08亿美元上涨了670.1亿美元，环比上涨34.8%。根据交易市值、交易价格、当前存量数量等指标，目前排名靠前的主要数字货币为比特币（Bitcoin）、以太坊（Ethereum）、瑞波币（XRP）、稳定币（Tether）、比特币现金（Bitcoin Cash）等。主要数字货币在2019年均呈上涨趋势。其中，比特币全年涨幅约为90%。年初交易均价为3819美元，年底交易均价为7239美元。交易价格峰值出现在2019年6月，为13796.49美元，逼近14000美元。以太坊年交易价格值为361.4美元，比特币现金的年交易价格峰值为522.09美元。

2019年，Facebook的瑞士子公司LibraNetwork正式发布Libra白皮书和Libra区块链测试网。随即，全球多个国家对Libra项目表现出程度不一的监管态势。美国监管部门对Libra保持高度谨慎态度，美联储、美国国会多次召集Libra相关负责人进行相关听证。澳大利亚表示将拒绝在澳推行该项目，俄罗斯明确提出要监管所有的数字货币，德国、法国均持反对态度，日本持谨慎态度。

G7旋即成立稳定币工作组，具体召集机构是国际清算银行市场支付与市场基础设施委员会，全球金融稳定委员会也成立了稳定币工作组，以引导全球对稳定币的监管政策。G7稳定币工作组在2019年10月推出关于稳定币的研究报告*Investing the Impact of Globalstablecoins*，试图客观评估Libra对全球法定货币体系和金融体系的影响。其核心结论包括：稳定币具有数字货币的相关特征，但亦有不同，试图通过与一组资产相关联而稳定币值。由此，稳定币可能会成为新的价值储藏和支付工具，从而可能推动全球支付体系的低成本、高效率发展。但不可忽视稳定币对现有金融体系产生的潜在风险，包括法律风险、监管风险、监测风险、数据风险、投资者保护风险，并对货币政策、金融稳定、货币体系运行等产生冲击。

### （二）主要国家和地区对数字货币的监管进展

美国。自 2014 年起，美国国税局（Internal Revenue Service，IRS）就已经开始对虚拟货币税收规则进行修订。其《税收规则（2014～21）》文件规定，虚拟货币属于适用于联邦纳税要求的财产。2019 年 10 月 9 日，IRS 更新发布了《税收规则（2019～24）》，这是关于数字货币税收的全面新指南，包括更明确的硬分叉、成本计算、转账、礼物和捐赠，以逐步获取数字货币应税和免税的交易信息及持有人信息。

欧央行。欧央行一直高度关注电子货币、数字货币发展，对数字货币等金融科技采取沙盒监管模式，相对宽松。但 2019 年 6 月 Libra 项目诞生以来，欧央行自身加强了对央行数字货币的研究，并向 G7 提交了关于 Libra 的研究报告，旨在逐步引导市场在数字货币技术和金融监管之间的辩论，着力厘清对货币和货币主权的定义，以及 Libra 等数字货币对反洗钱、数据保护和隐私的影响。法国金融市场监管机构于 2019 年 12 月 20 日发布了针对数字资产服务提供商（DASP）的新规则。该规则提出任何机构和个人在法国提供数字资产托管和/或买卖数字资产以进行法定招标的服务，则必须在法国金融市场监管机构进行注册，注册人必须在法国成立公司，且应符合法国的反洗钱和打击恐怖主义等相关规定。

日本。从全球来看，日本对数字货币的监管相当宽松，目前有近 20 家数字货币交易所，且有更多的交易所有意进入日本。2019 年 3 月，日本众议院通过了一项全新的数字货币法案，并被参议院接受，该法案要求政府将数字货币纳入现有法律框架。该法案主要修订了日本现有的《基金结算法》和《金融工具和交易法》，附有 15 项具体要求，包括：对数字货币的基本定性（加密资产）等基础性问题进行了规定，要求日本政府明确数字货币监管的基本目标，对数字货币交易的税收办法，等等。

英国。一直以来，英国对数字货币行业持相对宽容态度，英格兰银行曾表示数字货币行业并没有威胁到国内金融稳定。2019 年以来，英国对数字货币的监管开始规范化。2019 年 1 月，英国金融行为监管局（FCA）发布《数字货币资产指引》的咨询文件，拟定了针对数字货币市场的监管框架，并将结合社会反馈及意见制定最终版文件。在这项指引中。英国金融行为监管局将数字货币分为三类，包括交易型代币（如比特币、莱特币等）、证券型代币（股权、债券等）和应用型代币，分别给予不同程度的监管。加密资产将被视为国家受监管活动订单（RAO）下的“特定投资”，或金融工具市场法令Ⅱ中所规定的“金融工具”，这些资产将受电子货币条例或支付服务条例约束。

总体而言，2019 年以来，主要国家和地区加强了对数字货币的监管。多国开始对数字货币的性质进行初步界定和分类，为后续纳入本国现有的法律框架提供基本依据，并为将来制定明确的数字货币税收政策打下基础。

### （三）央行数字货币近年研究进展

中央银行数字货币尚无统一的定义，文献中也有使用其他术语，比如数字基础货币（Digital Base Money）、官方数字货币（Official Digital Currencies）、数字法定货币（Digital Fiat Currency）、央行加密货币（Central Bank Cyptocurrencies）等。国内有学者使用“法定数字货币”这一表述，但问题在于，目前还没有数字货币方面的立法。因此，本文选择使用“中央银行数字货币”（CBDC）这一文献中普遍采用的术语。

早在 2016 年，多国央行已经开始研发本国央行数字货币，包括中国人民银行在 2016 年推出的 DCEP 项目、新加坡金融管理局在 2016 年推出的 Ubin 项目、瑞典央行在 2017 年推出的 e – Krona 项目等。

2019 年以来，各国央行普遍加强了对法定数字货币的研究，部分国家开始探索法定数字货币发行、流通等技术研发和制度安排，政府支持的专有数字货币未来可期。欧央行在 2019 年研发 EUROChain 项目。俄罗斯央行在 2019 年底表示，已开始在其监管沙盒中测试稳定币。韩国央行表示，将继续研究基于分布式账本技术、加密资产和 CBDC 等方面的创新。日本央行就央行数字货币尤其是相关法律问题进行了深入研究，并发布相关研究成果。中国人民银行在 2019 年表示，数字货币是未来最重要的金融基础设施之一，目前已基本完成顶层设计，坚持双层投放、M0 替代、可控匿名原则。

国际金融机构和部分央行对 CBDC 进行了探讨。BIS（2018）对 CBDC 进行了较为综合和深入的研究，具有重要的参考价值。其将 CBDC 分为批发型和通用型两种，批发型 CBDC 将限制访问预定义的用户组，而通用型 CBDC 的用户则可以广泛访问预定义的用户组。其中，批发型 CBDC 结合使用了分布式账户技术，这一技术可以提高涉及证券和衍生品交易的结算效率。BIS 乐观地认为，央行引入 CBDC 将不会改变货币政策的实施，而且会丰富货币政策工具箱。但 BIS 也意识到 CBDC 潜在的风险，提出引入 CBDC 的中央银行必须确保其满足反洗钱和反恐融资（AML/CFT）的要求，并满足其他监管和税收制度的政策要求。日本央行的学者 Yanagawa 和 Yamaoka（2019）就 CBDC 对支付效率、银行的资金融通、流动性危机以及货币政策的传导机制可能产生的影响进行了综合研究。国际货币基金组织（IMF）前总裁拉加德指出，发行 CBDC 可能带来的好处之一是促进普惠金融的发展，从某种意义上说，CBDC 将为更多人提供使用无风险支付工具的机会（Lagarde，2018）。欧央行学者 Bindseil（2020）认为中央银行可以开放式地充分讨论 CBDC 可能产生的风险和影响，他着重研究了双层架构的 CBDC 对金融体系的影响，认为 CBDC 可能会因为金融危机周期性地从商业银行体系脱媒，即使央行完全控制了 CBDC 的数量，也并不必然能控制其对金融体系产生的影响；CBDC 可能会成为商业银行资产负债表缩水的媒介，可能会惠及一批非银行金融机构。

国内关于 CBDC 的讨论起步较早，讨论的范畴也比较广泛，多是从金融学角度和法学视角深入，后者相关研究相对较少。总体而言，中国人民银行比较肯定 CBDC 对支付清算、货币政策、反洗钱等领域的正面影响。在此背景下，近年来，诸多学者讨论了 CBDC 具体落实的思路。范一飞（2016）讨论了法定数字货币的形态和运行框架，指出我国在运行框架方面倾向于选择“中央银行－商业银行”二元模式。姚前、汤莹玮（2017）从理论、技术和实践三个层面提出了我国发行法定数字货币的若干思考。姚前（2018a）从法定数字货币发行设计的角度研究了法定数字货币对现行货币体制的优化。姚前（2018b）还描述了中央银行发行法定数字货币的模式和体系，包括关键要素、运行机制、原型系统总体架构、系统架构和技术架构等内容。李文红和蒋则沈（2018）研究了分布式账户、区块链和数字货币的发展与监管问题。邹传伟（2019）重点介绍了金融基础设施的账户模式和Token模式，并分析了Libra项目的潜在风险与监管应对。但是，目前国内关于CBDC法律问题的研究相对较少。刘向民（2016）从发行依据、法偿性、反洗钱、所有权转移、个人隐私保护等几方面介绍了央行发行数字货币面临的法律问题，但缺乏深入论述。刘少军（2018）在分析法定数字货币的法律性质和流通性质的基础上，研究了中央银行、商业银行和社会公众的货币权力（利）义务合理分配问题，但没有触及CBDC面临的核心法律问题。

鉴此，本报告主要选择与CBDC相关的几个争议较大的问题进行研究。一是中央银行为什么要发行CBDC以及其发行对货币政策所产生的影响。二是在技术路径上，CBDC发行是否使用以及如何使用分布式账本技术。三是在法律法规上，CBDC发行面临发行依据、转移的最终性、如何适用反洗钱规则、如何保护个人数据等问题。

## 二　央行数字货币的属性和类型

目前，对CBDC这一概念的基本构成要素缺乏普遍共识，从不同视角进行的界定和分析可能得出不同的结论。

### （一）中央银行数字货币的属性

尽管不同类型的CBDC存在较大差异，但也有以下四个方面的共同特征，使之既区别于中央银行发行的其他形式的货币，又与比特币、以太币等数字加密货币和商业银行活期存款不同。

第一，与现金一样，CBDC 由中央银行发行，对中央银行资产负债表有求偿权，这与数字货币缺乏基础资产支持不同。第二，与数字货币和银行存款相同，CBDC 具有无形性，它只以数字形式存在，没有物理形式，这与现金以纸币和硬币等物理形式存在不同。也就是说，CBDC 既具有现金所具有的中央银行发行、中央银行的负债两个主要特征，又具有数字货币以电子的形式存在的特征。第三，与数字货币相同，CBDC 具有交易媒介和价值贮藏功能，但不具有记账单位功能，它通常不是作为一种新的记账单位出现的（He et al.，2017）。而现金具有交易媒介、价值贮藏和记账单位三个基本的货币功能。第四，与数字货币相同，CBDC 能够进行电子结算，包括电子商务领域的结算；而现金则无法进行电子结算。因此，CBDC 是以代表具体金额的加密数字串为表现形式，具有发行责任主体和国家主权背书的法定货币（Fiat Money）。从以上分析可以看出，CBDC 融合了现金、电子支付系统和央行信用三种功能，体现了数字货币“去虚拟”的特点。与数字货币相比，CBDC 的主要优势是：它代表了对特定发行者的求偿权，弥补了数字货币缺乏价值支撑这一根本缺陷；同时，其供给数量也不是固定的，解决了数字货币价值波动大的问题，有助于满足经济发展的需要。

需要说明的是，数字货币本身算不上革命性的技术创新。实际上，现代经济中货币的很大一部分都不是以物理形式存在的：商业银行在中央银行的存款准备金以及客户在商业银行的存款占据了“货币基础”的 90%，它们只能以电子的形式存在，分别是中央银行负债、商业银行资产负债表上的负债（McLeay et al.，2014）。因此，从一定程度上说，中央银行已经发行了数字货币，尽管只是狭义上的数字货币，仅由商业银行在中央银行的存款准备金构成。但是，CBDC 至少有两方面的创新，并将带来重大影响。其一，发行 CBDC 意味着现代货币发行范式的重大转变，与活期存款、借记卡、贷记卡或者电子货币等“私人部门的数字货币”不同①，CBDC 是公共部门发

① 有学者认为“私人数字货币”是指以比特币、莱特币等为代表的基于区块链技术、分散“发行”的加密数字货币，本文认为活期存款、借记卡、贷记卡或者电子货币也属于广义上的“私人数字货币”，因为这些也是私人部门的负债。

行的货币。它为公众提供了新的、无违约（Default Free）风险的资产选择，对货币供应量 M0、M1、M2 和货币政策传导渠道均会产生影响。资金存放形式从银行存款转变为数字货币，也会影响商业银行体系的存款创造和贷款发放功能，进而影响金融稳定。尽管与电子货币或者商业银行存款相比，CBDC 无违约风险，但其并不是无风险（Risk Free）的，它同样不能避免贬值的风险以及计算机系统安全风险。其二，如果 CBDC 发行和持有使用分布式账本技术（Distributed Ledger Technology，DLT），其交易验证是通过去中心化、分布式账本实现的，意味着传统货币发行实践将发生重大转变（李文红和蒋则沈，2018）。但如下文所述，CBDC 是否使用以及如何使用分布式账本技术，国际上尚无定论。

### （二）CBDC 的基本类型

CBDC 的类型划分具有学术讨论价值和重要的实践价值，它涉及 CBDC 将以什么样的方式被持有，以及什么样的自然人或法人有资格持有、匿名程度、监管方式等法律问题。按不同的标准，CBDC 可以划分成不同的类型。① 欧洲央行把 CBDC 分为以账户为基础的（Account Based）和以价值为基础的（Value Based）两类，得到了广泛的认同（Mersch，2017），本文从之。比较而言，以账户为基础的 CBDC 更接近借记卡，以价值为基础的 CBDC 更接近现金。

以账户为基础的 CBDC，原理和目前商业银行账户一样，中央银行为每一个非银行经济主体开立账户，资产和其他数据存储在中央账户的数据库中，并且转账过程是通过简单地加减账户余额来实现的，即 CBDC 付款的最终性是以中心化方式实现的，中央银行将承担支付的责任。当然，CBDC 账户开户需要验证客户的身份。然而，开户之后，支付交易可以迅速安全地进

① 根据设计特征、流通方式和交易验证的技术方式对不同类型的 CBDC 进行区分。例如，可以根据以下四种属性对 CBDC 进行分类：发行者（中央银行或者其他机构）、形式（电子或者实体）、可获取性（普遍获取还是限制获取）、转移机制（中心化的还是去中心化的）。

行，中央银行将能够监控任何异常活动并在必要时实施额外的反欺诈保障措施。该类 CBDC 与商业银行账户有类似之处，但是，一个重要和根本的区别在于，CBDC 付款在付款人和收款人之间立即和直接结算，支付是立即完成的和低成本的，因为他们在中央银行都有账户，类似于同一银行客户之间的支付。

以价值为基础的 CBDC，非银行经济主体需要具备类似电子钱包的工具，以存放数字货币和自己的私钥。该类 CBDC 在设计上类似于现金，将由中央银行发行 CBDC Token①，将在公众之间以电子方式流通，只有在极少数情况下才重新存回中央银行。该类 CBDC 的转让以“点对点”、去中心化的方式实现，不需要中央银行参与，付款者用私钥对需要支出的数字货币进行签名并指定收款者即可，在一定条件下可以实现对中央银行的匿名。与比特币和其他虚拟货币相比，中央银行将决定 CBDC Token 的供应，这将固定其名义价值并作为法偿货币使用。与现金一样，以价值为基础的 CBDC，付款是立即结算的，并且可以匿名进行。

区分以上两种不同的 CBDC 的意义在于：一是不同类型的 CBDC 相对于现金和其他交易媒介所具有的优势和劣势各不相同；二是 CBDC 可能采用但不是必须采用分布式记账技术，无论是 CBDC 的持有方式还是交易验证方式都取决于其类型，以及使用 CBDC 交易在法律上的最终性的方式（中心化的或者去中心化的）；三是 CBDC 类型不同，CBDC 合格持有者（Eligible）的范围和 CBDC 向市场供应的模式也不同；四是不同类型的 CBDC，其实质特征和监管方式也不同，包括匿名程度、法律或者监管待遇都不同。例如，只有以账户为基础的 CBDC 才能支付利息，中央银行发行附有利息型 CBDC 需要考虑细节的设计，避免把商业银行置于不利竞争地位。

① Token 在不同语境下有多种中文翻译，比如数字货币、加密资产、代币和通证等，为避免混淆或歧义，本文主要用 Token 而非其中文翻译。

# 三 央行发行数字货币的内在动力及影响

## （一）中央银行发行 CBDC 的动力

中央银行考虑发行 CBDC，主要基于三方面的原因：一是由于数字货币兴起对中央银行货币发行垄断权造成了挑战；二是 CBDC 的发行能够帮助中央银行改进货币政策执行机制；三是 CBDC 的发行可以促进金融稳定，将给整个金融行业带来正面影响。

首先，数字货币的出现给中央银行带来了明显的监管挑战，促使其考虑发行 CBDC。一是如果数字货币被广泛地应用于支付系统，实质性减少对现金甚至银行账户存款的需求，因此将对中央银行的铸币税收入以及支付系统的安全与效率、金融体系的稳定造成重大影响（Fung and Halaburda, 2016）。二是如果数字货币交易结算量不断增多，公众的接受和认可程度增加，越来越多的机构和个人把它当作结算和兑换的媒介，直至形成数字货币与法定货币竞争的局面，那么就会对中央银行货币政策执行、维护价格稳定和金融稳定的权力形成实质性挑战。退一步说，即便目前数字货币尚不能对中央银行货币发行垄断权造成挑战，数字货币的出现依然引起了中央银行的警惕，因为保护公众对货币体系稳定的信心，接受公众的监督，才能确保数字货币不至于颠覆支付体系的正常运转或者损害中央银行履行职责和实现货币政策目标的能力。

其次，建立在分布式账本技术基础之上的 CBDC，理论上相对于传统法定货币具有一定优势，这也是中央银行发行 CBDC 的主要原因。一是如果 CBDC 只是减少实物现金的需求，可能会令小额支付系统更高效；如果它完全取代实物现金，将会造成实质上的负利率（本・布劳德本特，2016）。而负利率货币政策的执行，可以提高货币政策的有效性，特别是在发行 CBDC 的同时废除现金，可以较所谓的量化宽松措施更有效地刺激经济。二是借助分布式账本技术，中央银行不仅可以进行更广泛的信息收集，获取实时、完整的交易数据，更精准地进行数据评估，而且可以杜绝交易各方信息不对称问题，实现货币供应总量的精准调控（杨东，2018）。三是公众将在日常交易中使用无违约风险和数字化支付工具，从而提高支付的效率和安全性，降低经济交易的总成本。

最后，CBDC 的发行可以促进金融稳定，将给整个金融行业带来正面影响。一是它将向公众提供持有真正无违约风险资产的机会，作为银行存款的流动性替代品，CBDC 将减少对存款保险的需求，减轻银行体系不稳定的风险，根除银行挤兑现象（Dyson and Hodgson，2016），在银行存款的很大一部分转换成 CBDC、归属 CBDC 的发行者中央银行直接托管的情况下更是如此。二是 CBDC 的发行能够促进普惠金融发展，特别是在发行以账户为基础的 CBDC 的情况下，公众能够在中央银行开立账户，直接与中央银行建立法律联系。三是由于 CBDC 携带全息的货币信息，资金流信息可观察可追踪，从而提高货币流动的透明度以及预防犯罪和反洗钱能力。

与此同时，任何事物都具有两面性，CBDC 的发行同样会带来一系列负面影响，即便其发行不能完全替代现有的数字账户和现金的流通。

### （二）CBDC 对经济金融体系的影响

央行发行 CBDC 可能影响金融稳定和资源配置效率，从国际清算银行到欧央行，基本都认可这一点（BIS，2018）。以账户为基础的 CBDC 不可避免地对商业银行资产负债表产生影响，缩减其业务领域，甚至会对经济产生重大影响。具体来说，由于 CBDC 的信用等级高于商业银行存款，如果商业银行无法为客户补偿商业银行货币固有的违约风险，人们没有理由持有商业银行存款。如果存款从商业银行转移到中央银行，会导致整个银行体系变窄，甚至成为“狭义银行”。存款流失对商业银行的冲击不容忽视，存款即便只是部分转移，也将对商业银行可以贷出的资金产生重要影响，可能损坏商业银行的资产负债表，进一步削弱其初始授信能力。

发行 CBDC 对商业银行的具体影响体现在两个方面。一方面，CBDC 发行后，商业银行将不得不削减业务规模或者以更高的成本从利率较高的资金批发市场吸引资金，以维持能够产生利润的贷款业务活动，这不但会削弱商业银行的盈利能力，而且会加剧银行业的期限错配和流动性问题（Raskin and Yermack，2016）。另一方面，中央银行提供的零售银行服务项目将大为增加，挤出本应由商业银行提供的资产和负债管理，造成银行业的不稳定。特别是在危机时期，人们对银行体系不信任时，银行存款更容易转变成央行数字货币，加剧银行挤兑。考虑到商业银行具有的金融中介角色，以及其在金融体系中的关键地位，如果出现上述现象，这是否背离了央行发行 CBDC 的初衷？整个经济是否能够迅速调整并适应这一局面？

CBDC 的发行还将影响整个社会的运行。一是以账户为基础的 CBDC，其发行者能够获得关于支付和交易的各种信息、数据，授予了发行者中央银行几乎无所不在的权力，对货币的控制力将空前提高。从积极的一面看，如上所述，可以大幅减轻甚至消灭货币被非法使用的风险（除非账户是匿名使用的），使之能够监督所有客户的交易。从消极的一面看，它也增加了支付信息和数据被滥用的可能，也提出了隐私保护问题。二是以价值为基础的 CBDC 的不可能完全替代纸币，至少对于那些不能娴熟使用移动技术或者网络连接受限的人是如此；相应地，用 CBDC 取代纸币就不会获得普遍支持，尽管其在波动性和可接受程度上远胜于数字货币。三是以价值为基础的 CBDC 所提出的另一个挑战是，其与现有的反洗钱、反恐怖融资规则的兼容问题，关于这一点，下文还将具体论述。

以上分析表明，中央银行发行 CBDC 追求的目标包括创造一种真正的、电子化的现金替代物，以弥补法定货币的不足，提升支付和支付系统的效率，引入一种较私人发行的数字货币更为优越的替代物（体现在波动性、可接受性和网络效应等方面），从而挤出数字货币这种支付工具，恢复中央银行对货币供给的控制能力，以及实现其他政策目标。在决定是否需要发行 CBDC 的问题上，需要平衡多种目标，仔细衡量发行的收益与成本。首先，需要对商业银行存款转移到中央银行做成本与收益分析：尽管 CBDC 发行后，存款变得更加安全了，但也可能损害商业银行提供贷款的能力，会对经济造成意想不到的影响；其次，如果银行融资的很大一部分要依赖批发市场，意味着提高利率会对商业银行贷款产生挤出效应；最后，将破坏商业贷款的稳定性，特别是在金融危机期间，会激励更多的贷款流向更加安全的领域。所以，决策者不仅要考虑 CBDC 发行带来的益处，还要评估是否能够抵消其负面影响。

## 四　CBDC 的发行流通模式和技术选择

### （一）CBDC 的发行流通模式

决策者需要思考的一个核心问题是 CBDC 应当采用什么样的发行流通模式。一是中央银行单层投放模式，即中央银行不通过商业银行，直接面向公众发行数字货币，以替代现金和商业银行存款。中央银行直接面向公众发行 CBDC 的后果是，公众直接在 CBDC 的发行者中央银行开立账户，突破了商业银行才能够在中央银行开户的现状，而账户是商业银行服务的根基，中央银行因此需要承担与发行相关的其他服务，包括支付和账户维护服务。这样，中央银行将直接与非常多的零售客户发生联系，不管 CBDC 是否具有法偿货币地位，都将深刻影响中央银行的运行模式。二是中央银行 - 商业银行双层投放模式，即沿用现行纸币流通模式，即中央银行向商业银行发行 CBDC，商业银行受央行委托向公众提供法定数字货币存取等服务，并与中央银行一起维护法定数字货币发行、流通体系的正常运行（范一飞，2016）。这种模式一方面更容易在现有货币运行框架下让法定数字货币逐步取代纸币，而不颠覆现有货币发行流通体系；另一方面可以调动商业银行积极性，共同参与法定数字货币发行流通，适当分散风险，加快服务创新。此外，考虑到我国地域辽阔、人口众多、货币流通条件复杂、社会支付需求多样化等现实问题，我国比较倾向于采用“中央银行 - 商业银行”双层投放模式。

上述两种模式至少有四点根本区别：一是在单层模式下，只有非银行持有者能向中央银行主张债权，条件是向中央银行交出现金和银行存款；二是在单层投放模式下，商业银行存款的很大一部分有可能转移至中央银行，这无论是对商业银行的贷款能力还是整个社会经济都将产生重大影响；三是在双层投放模式下，商业银行违约风险不可避免地会继续存在，这就需要商业银行把相应的CBDC存入中央银行，作为存款准备金；四是双层投放模式将对商业银行的资产负债表和资金结构产生重大影响，商业银行的客户有可能把商业银行存款转换成CBDC。

## （二）CBDC：分布式账本技术的使用

如上所述，中央银行发行数字化负债很难称得上是创新之举。CBDC与传统的法定货币之间的重要区别是其发行、流通和转让可能要使用分布式账本技术。那么，央行发行CBDC为什么不考虑使用建立在传统技术基础上的、中心化的系统，而要使用现代化的数字技术，特别是分布式账本技术？本部分主要研究两个相关的问题：一是央行为什么会考虑在CBDC中使用分布式账本技术，而不是封闭和中心化的交易账本；二是与数字货币或其他的加密资产相比，应当使用什么样的分布式账本来满足CBDC的特定需求。

**1. CBDC发行及交易处理中使用分布式账本技术的原因**

有学者认为，中央银行可以通过允许公众开立数字存款账户的方式提供数字现金（Digital Cash），这只需要使用中央银行所拥有和运营的中心化的账本，而无须像比特币那样采用分布式账本。但是，为了满足发行CBDC的运营需要，央行有必要探索分布式账本技术的使用。

其一，利用分布式账本技术处理CBDC交易不仅能够极大地提升支付效率，而且能够不断增加交易处理量，甚至有可能超过现有的实时结算系统处理的交易量。从政策角度看，中央银行不大可能取代商业银行，直接为CBDC的持有者提供支付服务；同时，也存在第三方利用分布式账本技术提供去中心化的支付服务的可能。此外，作为CBDC的发行者，中央银行在一定程度上需要保留现金的许多特征，包括直接性、匿名性和隐私保护、去中心化的交易过程和验证等，这与比特币网络中的参与节点具有的特征类似（即使不具备后者使用的工作量证明验证技术），因此要比使用传统的账本技术、中心化的交易验证更加适宜。

其二，分布式账本技术不仅能够加速 CBDC 交易的进程，还能够促进货币政策的执行。为了增加货币供应，中央银行可以实时把 CBDC 从其账户转移至金融机构的账户；为了减少货币供应，中央银行可以增加准备金要求，金融机构需要把 CBDC 转移至中央银行的账户。银行的准备金账户余额通过分布式账本维护，还能提供额外的及时到账和免费资金转移服务。还有研究认为，CBDC 的可追踪性和可编程性使之具有了新的功能，前者让中央银行可以追踪和监控数字货币投放后的流转信息，获取货币全息信息，后者则可通过“前瞻条件触发”（Forward Contingent）设计，很好地解决传导机制不畅、逆周期调控困难、货币脱实向虚、政策沟通不足等传统货币政策困境（姚前，2018a）。

其三，中央银行使用分布式账本技术来处理涉及 CBDC 的交易，还有其他两方面的技术考量。一是分布式账本技术能够提供较高的操作弹性。分布式账本技术交易处理平台的应用可以扭转如果“单一节点失败”会造成整个系统瘫痪的情形，同时可以确保 CBDC 大规模使用所必要的系统稳定性。但是，如下文所述，使用分布式账本技术明显的负面后果是需要让多方参与者获取交易数据，不可避免地会引起隐私保护和数据保护的问题。二是在网络安全方面，分布式账本技术具有优越性。它可以确保即便任何交易验证节点出现问题，整个系统仍然能够继续运行，避免系统参与者受欺诈交易的干扰；但分布式账本技术由于容易发生网络安全风险，特别是涉及多方参与者，多个进入点都有可能把风险带入系统，因此，存在较高的网络攻击和篡改交易数据的风险。

**2. 应采用什么类型的分布式账本**

分布式账本并不意味着完全的去中心化。相反，人们可以采用许可型账本也可以采用非许可型账本。对于前者，参与的基础是遵循预先设定的标准，参与者参与记账活动受到限制，比如账本更新、发行新的资产、监管规定的执行、合约或者其他规则要受到账本运营的限制。例如，Libra 就是使用许可型账本。根据 Libra 白皮书，Libra 刚起步的时候会采用许可型账本，预计到未来 Libra 正式上线时，Libra 协会将有 100 家会员，每家会员是一个验证节点，因而初始的 Libra 账本将由 100 个验证节点构成。对于后者，任何具有技术能力的人都可以成为验证节点。比特币采用的是非许可型账本，一台能“挖矿”的设备加一根联网的网线就可以成为比特币网络中的一个验证节点。

不同程度的去中心化水平，各有一定的优势和缺点。例如，完全的去中心化、不受限制的账本可以实现较高程度的弹性和确保网络安全，但是效率较低，因为参与者之间的共同计算需要协同，增加了总的运营成本并且需要提升数据贮存的能力。相反，较为中心化的记账模式成本较低，能够较好地实现法律和监管合规和数据保密，但是这种模式不可能像前者那样能够具有同样的系统弹性和安全保证。目前，比特币区块链大概每秒处理 7 笔交易，一笔交易须经过 10 分钟才能得到确认；在由 100 个节点构成的测试系统中，Libra 区块链每秒可以处理 1000 笔交易，一笔交易经过 10 秒即可得到确认。

CBDC 的交易环境明显不同于现有的数字货币形式，在设计特征上，支持数字货币运行的交易网络，要么是不必要的，要么是不适合的。对于 CBDC 来说，比特币的非许可架构以及建立在区块链基础上的工作量证明共识机制，在中央银行存在，也就是说有中心化的机构存在的情况下，其没有必要存在。至少对于初始的 CBDC 发行过程来说，不需要避免双重花费的机制，即便发行者中央银行把发行和验证 CBDC 支付的任务交给去中心化的授权网络节点（商业银行或者其他第三方）亦如是。因此，如果分布式账本技术被用来发行 CBDC，本章认为应采用许可型账本，并应满足下列标准：①CBDC 的发行应当在中央银行的主导下进行；②第三方验证者应当是已知的并且是得到授权的；③只能采用相对简单的共识机制。也就是说，分布式账本技术和分布式账本应当作为促进 CBDC 接入和分发的手段，而不是作为 CBDC 交易验证过程的组织基础。

从上面的讨论可以看出，尽管许可型分布式账本在理论上可以用来支持 CBDC 的发行，CBDC 对分布式账本技术的借鉴，应根据实际业务需求在改造的基础上灵活运用。例如，Libra 在技术方面采取了相对灵活的态度。正如 Libra 白皮书所述，“为了确保 Libra 真正开放，始终以符合用户最佳利益的方式运作，我们的目标是让 Libra 成为非许可型网络”。但是，在找到能够提供支持数十亿人和交易所所需的规模、稳定性和安全性的非许可网络之前，Libra 将采取许可型区块链技术。这一点同样值得我国借鉴。

## 五　结论及展望

在货币领域，历史证明了两个基本事实。一是货币是一种公共物品，自国家产生之后，货币和国家主权紧密相连。所以，哈耶克提出的货币的非国家化概念在人类社会中缺乏坚实的基础。二是货币只有获得独立但负责任的公共机构（它本身就能获得公众信任）的支持，它才能激发社会信任并履行关键的社会经济职能。信心优于货币的流通，只有公众对货币的稳定性和可接受性产生信任的时候，货币才能真正为社会所接受。历史上，在各种货币形式中，那些最能实现其目标并被证明最可靠的货币形式无不得益于强大的机构支持。这种支持保证其可靠性、价值稳定性并且被广泛接受。只有拥有强大授权的独立中央银行才能提供必要的机构支持，以发行可靠的货币，并严格维护公众的信任。就此来看，无论是以比特币为代表的数字货币，还是以 Libra 为代表的可信任机构货币，都无望取代法定货币，CBDC 的发行或成为央行在特定历史阶段的选择。

但是，CBDC 的发行面临对金融体系的影响权衡以及技术选择等挑战，应该进行深度讨论。我们认为，CBDC 的发行固然在理论上有利于负利率货币政策工具的运用，提高货币政策有效性，降低现金管理成本，但有可能对金融稳定、资源配置效率产生重大影响，中央银行需要充分平衡 CBDC 发行的社会收益和社会成本。在技术选择方面，需重点考虑分布式账本技术。由于 CBDC 转移的最终性和问责的需要，CBDC 的发行宜使用许可型分布式账本技术，至少在初期要如此。同时，系统建设者不宜拘泥于任何技术，要有长期演进的技术理念，除了分布式账本技术外，还需要关注其他正在发展中的安全技术、可信技术，比如可信可控云计算，特别是芯片技术。

除了前述问题，CBDC 还面临法律挑战。例如，中央银行发行数字货币，首先需要获得法律的相应授权，明确规定中央银行有发行数字货币的权力。但即便如此，也并不意味着中央银行发行的 CBDC 具有法偿货币地位，因为授予一种货币以法偿货币地位涉及货币主权问题，需要在法律上明确 CBDC 的法偿货币地位。因此，如果要赋予 CBDC 法偿货币地位，需要修改法律，明确 CBDC 的法偿货币地位以及与其他货币形式之间的关系。在未来，仍需要探讨的重要问题包括 CBDC 发行的法律依据、法偿货币地位、所有权转移的最终性、反洗钱、数据保护和网络安全等。

## 参考文献


本·布劳德本特：《中央银行与数字货币》，《中国金融》2016 年第 8 期。

范一飞：《中国法定数字货币的理论依据和架构选择》，《中国金融》2016 年第 17 期。

李文红、蒋则沈：《分布式账户、区块链和数字货币的发展与监管研究》，《金融监管研究》2018 年第 6 期。

刘少军：《法定数字货币的法理与权义分配研究》，《中国政法大学学报》2018 年第 3 期。

刘向民：《央行发行数字货币的法律问题》，《中国金融》2016 年第 17 期。

徐忠、邹传伟：《区块链能做什么、不能做什么？》，《金融研究》2018 年第 11 期。

杨东：《监管科技：金融科技的监管挑战与维度建构》，《中国社会科学》2018 年第 5 期。

姚前：《法定数字货币对现行货币体制的优化及其发行设计》，《国际金融研究》2018a 年第 4 期。

姚前：《中央银行数字货币原型系统实验研究》，《软件学报》2018b 年第 9 期。

姚前、汤莹玮：《关于央行法定数字货币的若干思考》，《金融研究》2017 年第 7 期。

邹传伟：《区块链与金融基础设施——兼论 Libra 项目的风险与监管》，《金融监管研究》2019 年第 7 期。

Barrdear, J. and Kumhof, M., "The Macroeconomics of Central Bank Issued Digital Currencies, Bank of England", Staff Working Paper, No. 605, 2016.

Bindseil, U., "Tiered CBDC and the Financial System", ECB Working Paper, No. 2351,

2020.

BIS, "Central Bank Digital Currency, Committee on Payments and Market Infrastructures", 2018.

Bordo, M. , Levin, A. , " Central Bank Digital Currency and the Future of Monetary Policy", NBER Working Paper, No. 23711, 2017.

Dyson, B. , Hodgson, G. , " Digital Cash: Why Central Banks Should Start Issuing Electronic Money", *Positive Money*, 2016 (4) .

FSB, "Financial Stability Implication from FinTech – Supervisory and Regulatory Issues that Merit Authorities", Attention, 2017.

Fung, B. , Halaburda, H. , "Central Bank Digital Currencies: A Framework for Assessing Why and How", Bank of Canada Staff Discussion Paper, Nov. 2016.

G7, IMF and BIS, "Investing the Impact of Global Stablecoin, G7 Working Group on Stablecoins", 2019.

He, D. , Leckow, R. , Haksar, V. , Mancini – Griffoli, T. , Jenkinson, N. , Kashima, M. , Khiaonarong, T. , Rochon, C. and Tourpe, H. , "Fintech and Financial Services: Initial Considerations", IMF Staff Discussion Note 17/05, International Monetary Fund, Washington, D. C. , 2017.

Koning, J. , " Evolution in Cash and Payments: Comparing Old and New Ways of Designing Central Bank Payments Systems, Cross-Border Payments Networks and Remittances", R3 Reports, 2017.

Kumhof, M. , Noone, C. , " Central Bank Digital Currencies – Design Principles and Balance Sheet Implications", Bank of England Staff Working Paper , No. 725, 2018.

Lagarde, C. , "Winds of Change: The Case for New Digital Currency", IMF, 2018.

McLeay, A. , Thomas, R. , "Money Creation in the Modern Economy", Bank of England Quarterly Bulletin, Q1, 2014.

Mersch, Y. , "Digital Base Money: An Assessment from the ECB's Perspective", Speech at the Farewell Ceremony for Pentti Hakkarainen, 2017.

Raskin, M. , Yermack, D. , "Digital Currencies, Decentralized Ledgers and the Future of Central Banking", NBER Working Paper, No. 22238, 2016.

Sams, R. , "Bitcoin Blockchain for Distributed Clearing: A Critical Assessment", *Journal of Financial Transformation*, 2015, 42.

# 第十一章
# 存贷款与资本筹集的创新与发展

赵大伟　杜 谦*

摘　要：P2P 网络借贷领域，在“三降”要求和持续严整治的双重压力下，P2P 网络借贷行业规模持续被压缩，平台数、交易量继续呈现“双降”特征。随着各省市不断取缔不合规 P2P 网络借贷平台以及符合条件平台陆续完成转型，预计现有的 P2P 网络借贷平台将有绝大部分在 2020 年完成“清退或转型”的选择。根据《关于做好网贷机构分类处置和风险防范工作的意见》相关要求，转型整改难度大、风险隐患较为突出的 P2P 网络借贷平台将在制订良性退出方案后逐步退出网络借贷行业；符合相关条件的 P2P 网络借贷平台将向网络小贷公司、助贷机构或持牌资产管理机构等金融主体转型。互联网消费金融领域，随着投资和出口对经济拉动作用的减弱，消费已然成为经济新常态下我国经济增长的主动力。党的十九大提出要以技术创新的方式，促进实体经济发展，满足人民对美好生活的需求，缓解不平衡、不充分发展的矛盾。因此，数字技术驱动的消费者信贷会是一种重要的力量。在此背景下，以持牌消费金融公司、电商系、消费分期平台等为主的互联网消费金融行业凭借其纵深的消费场景、强大的渗

---

* 赵大伟，副研究员，经济学博士，现供职于中国人民银行金融研究所，研究方向为金融科技、监管科技、互联网金融。杜谦，经济学硕士，现供职于中国人民银行金融研究所，研究方向为金融科技。

透能力以及深度的金融科技应用等优势快速发展，逐步解决传统消费金融客户覆盖率不足、信贷期限以中长期为主等结构性失衡问题。

关键词：P2P 网络借贷　网络小贷公司　助贷机构　消费金融　金融科技

## 一　我国 P2P 网络借贷行业的发展现状、未来趋势与监管

### （一）我国 P2P 网络借贷行业发展现状

**1. 新增平台数和正常运营平台数呈现“双降”特征**

2017～2019 年，P2P 网络借贷新增平台数和正常运营平台数呈现“双降”特征。2018 年新增平台数量为 69 家，较 2017 年的 411 家，减少了约 83.2%，2018 年 8 月后无新增平台。2019 年，随着监管部门多次发声，P2P 网络借贷平台大量被清退或转型。截至 2019 年末，P2P 网络借贷平台中，正常运作的仅有 343 家，相比 2018 年末的 1075 家，减少了 732 家（见图 11－1）。

**2. P2P 网络借贷成交量明显下降，资金持续流出**

图 11－2 显示的是 2014～2019 年 P2P 网络借贷平台的成交量情况。相比前几年较高增长的态势，2017 年 P2P 网络借贷平台成交量趋于平稳，2018 年起成交量则持续下降。2016 年末，P2P 网络借贷平台的成交量达到了 2443 亿元，较 2015 年末的 1337 亿元同比增长 83%；2017 年末 P2P 网络借贷平台的成交量为 2248 亿元，较 2016 年末有所减少；2018 年末成交量回落至 1060 亿元，较 2017 年 7 月的峰值下降了近 60%；截至 2019 年 12 月，成交量已降至 429 亿元，约为 2015 年初水平。

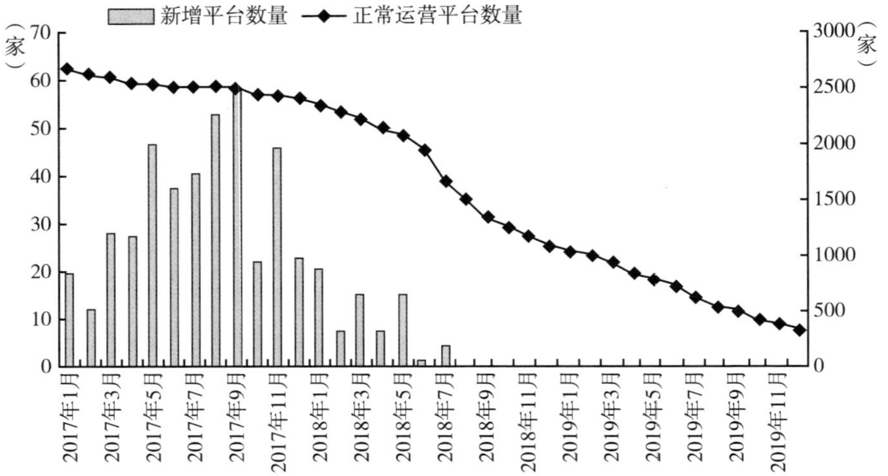


**图 11－1　2017～2019 年我国 P2P 网络借贷平台数量概况**

资料来源：网贷之家。

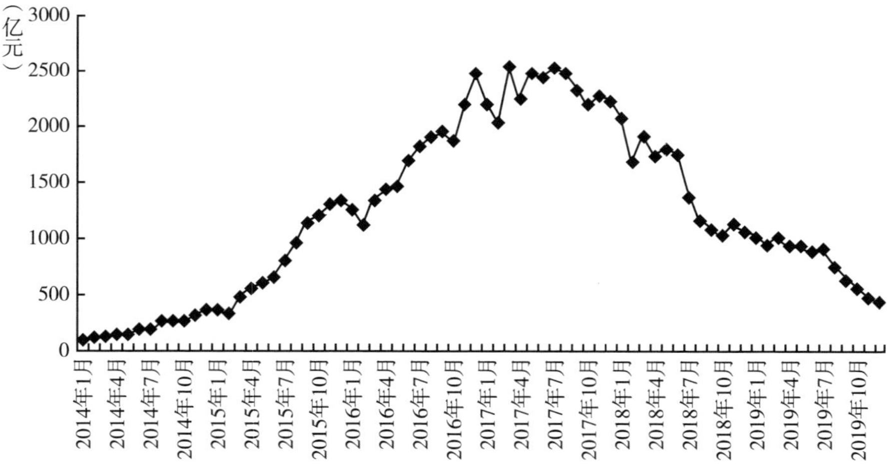


**图 11－2　2014～2019 年 P2P 网络借贷平台成交量情况**

资料来源：网贷之家。

成交量的明显下降也导致了资金净流入量的由正转负。图 11-3 显示的是 P2P 网络借贷平台的资金净流入量情况。2017 年 10 月以前，资金净流入量较多，并在 2016 年末达到 577 亿元的峰值。自 2017 年 11 月开始，资金净流入量逐渐下降并于 2018 年 6 月转为负值。2019 年月均资金净流出量约为 200 亿元，到 2019 年 12 月资金净流出量已增长至 490 亿元左右。2019 年全年，资金净流出量达 2974 亿元。

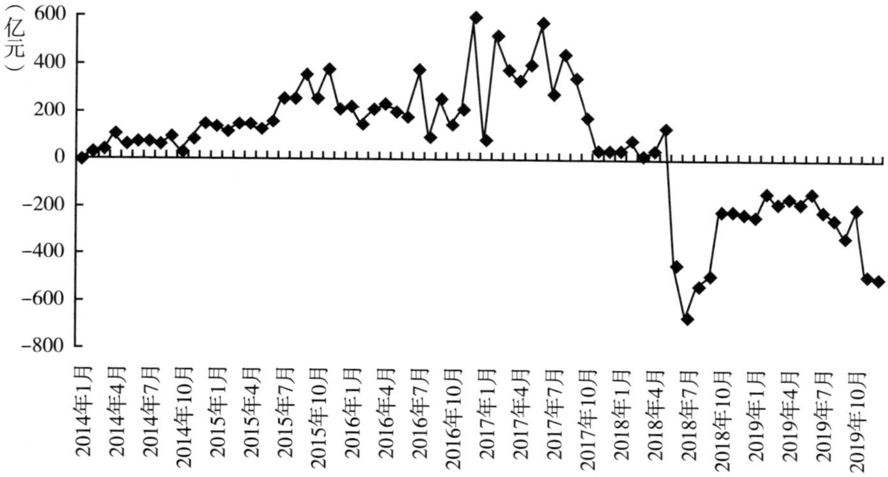


**图 11-3　2014～2019 年 P2P 网络借贷平台资金净流入量情况**

资料来源：网贷之家。

### 3. 综合参考收益率平稳，平均借贷期限延长

2016 年之前，综合参考收益率快速下降，2016 年末降至 9.76%；2017 年到 2019 年 12 月末，综合参考收益率持续稳定在 10% 左右（见图 11-4）。从平均借贷期限来看，其由 2014 年初起持续增长，2019 年 P2P 网络借贷平台平均借款期限为 15.42 个月，较 2018 年的 12.65 个月增加了约 3 个月（见图 11-5）。这主要是因为在行业清退过程中，大体量平台集中度升高，而这些平台倾向于发布长期项目标的，从而带动行业平均借款期限延长。

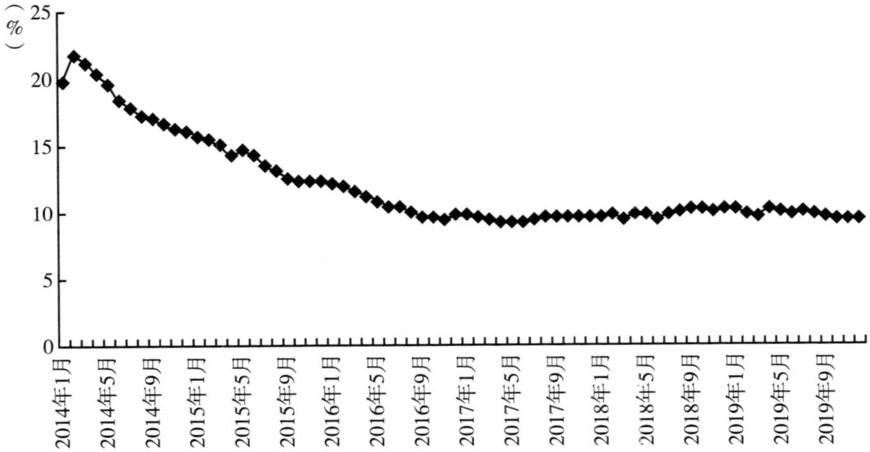


**图 11－4　2014～2019 年 P2P 网络借贷平台综合参考收益率情况**

资料来源：网贷之家。

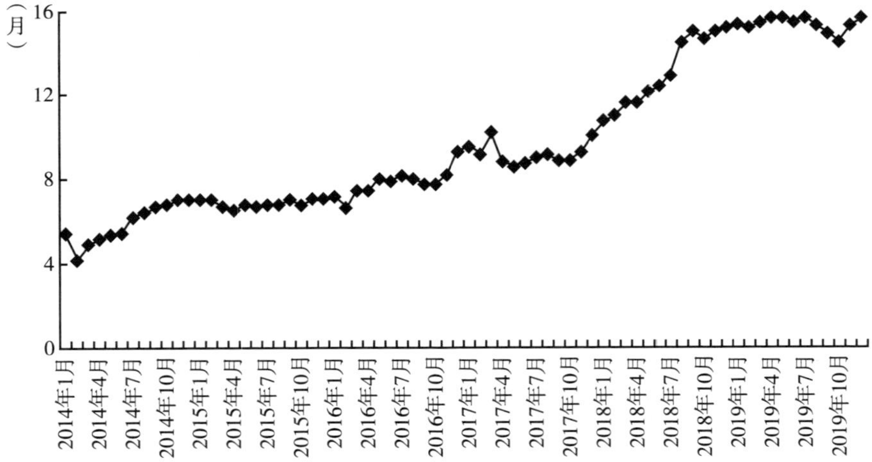


**图 11－5　2014～2019 年 P2P 网络借贷平台平均借款期限**

资料来源：网贷之家。

## （二）我国 P2P 网络借贷行业未来发展趋势

**1. P2P 网络借贷行业整顿进入尾声，平台面临“清退或转型”抉择**

在“三降”（压降存量业务规模、出借人数量、借款人数量）要求和持续严整治的双重压力下，网络借贷行业规模将继续被压缩，平台数和交易量将继续呈现“双降”特征。2019 年 10 月 15 日，央行表示“将按照三年防范化解重大金融风险攻坚战的统一安排，继续配合银保监会深入推进网络借贷领域专项整治，将稳妥有序推进合规网贷机构纳入监管的工作，力争在 2020 年上半年基本完成网贷领域存量风险化解”。随着各省市不断取缔不合规 P2P 网络借贷平台以及符合条件平台陆续完成转型，预计现有的 343 家 P2P 网络借贷平台将有绝大部分在 2020 年完成“清退或转型”的选择。其中，转型整改难度大、内控不严格、风控简单化等风险隐患较为突出的 P2P 网络借贷平台将在制订良性退出方案（合理保护出借人、利益相关方的权益）后逐步退出网络借贷行业；符合相关条件的 P2P 网络借贷平台将向网络小贷公司、助贷机构或持牌资产管理机构等金融主体转型。

**2. 网络借贷需求仍然存在，新的金融供给主体将填补 P2P 网络借贷平台的“空白”**

虽然 P2P 网络借贷平台风险案件频发，但也应清晰地看到网络借贷是一种有益的金融模式创新，在提升金融服务可获得性、填补传统金融机构的“服务空白”、打通金融“最后一公里”等方面发挥着不可忽视的作用。不可否认的是，随着专项整治工作的推进，P2P 网络借贷平台即将成为历史，但网络借贷需求仍将长期存在，且将由网络小贷公司、消费金融公司等新的金融主体继续提供网络借贷产品和服务。

**3. 持续规范平台和借款人行为，营造稳定和谐的行业环境**

一方面，随着网络借贷行业整治工作的深入推进，部分借款人借 P2P 网络借贷平台“清退或转型”之机恶意逃废债，使网络借贷行业整体环境进一步恶化，不利于保障出借人和平台利益相关方的权益，造成了较为恶劣的社会影响；另一方面，部分 P2P 网络借贷平台为了加快“清退或转型”，依然存在暴力催收、诱导借款人“借新还旧”、滥用（买卖、恶意泄露）客户信息等违规经营行为，导致网络借贷行业乱象频发，增加专项整治工作难度。鉴于此，在P2P网络借贷平台“清退或转型”的过程中，不仅要稳妥推动市场出清，努力实现良性退出，也要坚决打击恶意逃废债行为，梳理失信借款人信息，提升数据精准度并及时上报，按既定程序纳入征信系统，从而净化整个网络借贷行业，为新的金融供给主体开展网络借贷经营活动营造一个稳定和谐的行业环境。

### （三）2019年我国P2P网络借贷行业政策概览

**1.《关于做好网贷机构分类处置和风险防范工作的意见》落地，奠定P2P网络借贷行业清退、转型主基调**

（1）《关于做好网贷机构分类处置和风险防范工作的意见》出台的背景分析

从2007年第一家P2P网络借贷平台“拍拍贷”问世到2015年末，由于准入门槛低、相关监管制度尚未完善，我国P2P网络借贷行业经历了爆发式增长阶段。与此同时，各类违法违规问题也不断涌现。一方面，部分借款人恶意逃废债，拒绝履行还款义务；另一方面，部分平台通过打“擦边球”，从事归集资金池、自融、自担保等违规业务。2016年初，国务院发布《互联网金融风险专项整治工作实施方案》，明确重点整治P2P网络平台。随后，《网络借贷信息中介机构业务活动管理暂行办法》落地，意味着我国P2P网络借贷行业正式告别“野蛮生长”状态，进入依法合规发展阶段。

2018年中，P2P“爆雷潮”出现，行业监管愈加严格，进入深化整治阶段。2018年8月，P2P网络借贷风险专项整治工作领导小组办公室发布《关于开展P2P网络借贷机构合规检查工作的通知》，对各地网贷风险专项整治名单上的机构开展统一检查。与此同时，各地互联网金融协会密集出台网络借贷信息中介机构业务退出指引，但各具特色，尚未形成统一标准。在此背景下，互联网金融风险专项整治工作领导小组办公室、P2P网络借贷风险专项整治工作领导小组办公室联合发布《关于做好网贷机构分类处置和风险防范工作的意见》（以下简称“175号文”），明确了全国范围内统一的网贷机构分类办法和分类处置指引，并奠定了行业清退、转型的主基调。

（2）《关于做好网贷机构分类处置和风险防范工作的意见》的主要内容

“175号文”主要包含三方面内容：一是对总体工作的要求；二是明确了依据前期合规检查结果对网络借贷平台进行风险分类；三是对不同风险类别的平台给出了相应的分类处置指引，精准施策，确保行业风险出清的有序可控。

“175号文”在总体工作要求中明确指出“除部分严格合规的在营机构外，其余机构能退尽退，应关尽关”，表明了此次处置工作的重点是“清退”。此外，全文多次强调“有序处置风险”，表明监管层严防、严控、化解行业风险的决心。

截至2018年底，在营P2P网络借贷平台尚有1021家，运营情况错综复杂。根据前期开展的合规检查，监管层已掌握了在营平台的总体风险情况。因此，“175号文”依据风险暴露情况和处置情况对P2P网络借贷平台给出了如下分类方法（见表11－1）。

**表11－1　“175号文”关于P2P网络借贷平台的分类**

<table>
<tr><th>第一层分类</th><th colspan="2">第二、三层分类</th></tr>
<tr><td rowspan="3">已出险机构：出现出借人资金无法正常兑付或其他重大风险隐患，风险已暴露，无法正常运转</td><td colspan="2">已立案机构：包括公安部门经审查予以立案的机构；也包括公民报案或犯罪嫌疑人自动投案，公安部门已接受的涉事机构</td></tr>
<tr><td rowspan="2">未立案机构</td><td>恶意退出类机构：实际控制人、高管跑路，或不配合当地政府进行风险处置</td></tr>
<tr><td>主动清退类机构：已对外发布退出公告，且在当地政府监督下有序开展风险处置</td></tr>
<tr><td rowspan="4">未出险机构：按存量业务规模进行分类</td><td colspan="2">僵尸类机构：实质性被认定为非正常运营的机构</td></tr>
<tr><td colspan="2">规模较小机构</td></tr>
<tr><td rowspan="2">规模较大机构</td><td>高风险机构：符合以下特征之一。存在自融、假标或资金流向不明的问题；逾期金额占比超过10%；负面舆情或信访较多；拒绝、怠于配合整治要求；合规检查发现存在“一票否决”事项</td></tr>
<tr><td>正常机构</td></tr>
</table>

事实上，除未出险的正常运营机构外，其余机构的处置指引均是关于如何平稳有序化解潜在风险、引导推动良性退出。其中，针对在营高风险机构，除要求严格管控存量规模和投资人数、执行“双降”要求外，管控指引还明确指出要执行“四不准”要求，即金融机构不准通过网贷机构融资、不准为网贷机构提供担保增信、不准接受网贷机构投资、不准销售网贷机构产品，切断风险传染、蔓延的路径。针对僵尸类机构和规模较小机构也明确给出了尽快引导良性退出的处置指引，仅有严格合规的头部平台可在此次清退大潮中留存。

针对正常运营机构，工作指引则指出积极引导部分机构转型为网络小贷公司、助贷机构或为持牌资产管理机构导流等。即具有资金实力的平台可转型为网络小贷公司，由“信息中介”转为“信用中介”；具备技术实力或在获客能力方面具备优势的平台可转型为助贷机构或为持牌资产管理机构导流。

2. P2P 网络借贷领域主要政策

2019 年，P2P 网络借贷领域相关政策主要针对行业清退转型、打击恶意逃废债等方面，延续了“175 号文”有序处置行业风险的核心精神，如表 11 –2 所示。

**表 11 –2　2019 年 P2P 网络借贷行业全国性主要政策**

| 时间 | 规范名称 | 发布机构 | 主要内容 |
|---|---|---|---|
| 2019 年 12 月 | 《中国人民银行关于规范代收业务的通知（征求意见稿）》 | 中国人民银行 | 代收机构应当采取有效措施控制代收业务适用场景，不得通过代收业务为各类投融资交易、外汇交易、股权众筹、P2P 网络借贷，以及各类交易场所（平台）和电子商务平台等办理支付业务 |
| 2019 年 11 月 | 《关于网络借贷信息中介机构转型为小额贷款公司试点的指导意见》 | 互联网金融风险专项整治工作领导小组办公室、P2P 网贷风险专项整治工作领导小组办公室 | 引导部分符合条件的网贷机构转型为小贷公司，主动处置和化解网贷机构存量业务风险。转型期限原则上不超过 1 年；存量业务规模在 50 亿元以上且借款期限大部分在 1 年以上的网贷机构，转型原则上不超过 2 年 |

续表

| 时间 | 规范名称 | 发布机构 | 主要内容 |
| --- | --- | --- | --- |
| 2019 年 10 月 | 《关于办理非法放贷刑事案件若干问题的意见》 | 最高人民法院、最高人民检察院、公安部、司法部 | 明确“非法放贷”认定标准：违反国家规定，未经监管部门批准，或者超越经营范围，以营利为目的，经常性地向社会不特定对象发放贷款，扰乱金融市场秩序，情节严重的，将以非法经营罪定罪处罚 |
| 2018 年 8 月 | 《关于报送 P2P 平台借款人逃废债信息的通知》 | 互联网金融风险专项整治工作领导小组办公室 | 支持在营 P2P 网贷机构接入金融信用信息基础数据库运行机构、百行征信等征信机构；持续开展对已退出经营的 P2P 网贷机构相关恶意逃废债行为的打击，加大对网贷领域失信人的惩戒力度等 |

资料来源：根据公开资料整理。

此外，2019 年已有湖南、云南、深圳、上海等 20 个省市的监管部门或地方互联网金融协会对外公布了清退机构名单。其中，湖南、山东、重庆、河南、四川等十省市发布公告称，辖区内没有一家 P2P 网贷平台完全合规并通过验收，宣布取缔辖区内所有网络借贷平台。

## （四）我国 P2P 网络借贷行业转型发展研究

“175 号文”明确指出“积极引导部分机构转型为网络小贷公司、助贷机构或为持牌资产管理机构导流等”。2019 年 7 月，网络借贷风险专项整治工作座谈会指出，对于少数在资本金和专业管理能力方面具备条件的机构，允许并鼓励其申请改制为网络小额贷款公司、消费金融公司等。鉴于此，本文拟结合最新转型案例对 P2P 网络借贷平台转型小贷公司、助贷机构和消费金融公司的可行性和难点进行分析和探讨。

**1. P2P 网络借贷平台转型小贷公司相关问题研究**

2019 年 11 月，互联网金融风险专项整治工作领导小组办公室和 P2P 网络借贷风险专项整治工作领导小组办公室联合下发《关于网络借贷信息中介机构转型为小额贷款公司试点的指导意见》（以下简称“83号文”），为网络借贷机构转型小贷公司给出了具体方案。

（1）P2P网络借贷平台转型小贷公司的可行性分析

根据“83号文”总体要求，拟转型小贷公司的P2P网络借贷机构需满足以下基本要求。第一，合规性要求。即存量业务和财务管理规范，近一年保持存量业务银行存管上线状态；网贷机构及其实际控制人、主要高级管理人员无严重违规处罚和违法犯罪记录等。文件明确指出已退出的网贷机构不得申请转型小贷公司。第二，拟转型平台需提出具备可行性、已获得多数出借人和股东知情同意的转型方案。第三，转型小贷公司有两个方向，拟转型机构可选择转型为区域性线上、线下运营的小贷公司（下文简称“区域性小贷公司”），或转型为全国性线上运营的小额贷款公司（下文简称“全国性网络小贷公司”）。

就其细则来看，文件在资金处置和筹集方面为P2P网贷机构转型小贷公司提供了前瞻性指引，使转型更具可行性。

一是明确可协商出借人债权转让。即在出借人、借款人和拟转型机构自愿情况下，小贷公司支付相应对价后出借人可将其债权转让给小贷公司。该方案不仅可以提升出借人债权出清速度，也在一定程度上降低了部分借款人借转型之机恶意逃废债的风险。

二是放宽小贷公司融资杠杆限制。此前，各地关于小贷公司表内融资杠杆并未形成统一规定，但基本要求为净资本的1.5～2倍，最高为湖南省的3倍，最低为广西的0.5倍。“83号文”则明确了通过银行借款、股东借款等非标准化融资形式可获取的融资杠杆为1倍；通过发行债券、资产证券化产品等标准化融资工具可获取的融资杠杆为4倍，总杠杆可达5倍，不仅放松了对小贷公司的融资杠杆限制，也是对小贷公司采用债权、ABS等多样化融资手段募集资金的鼓励。

相关研究机构数据显示，“83号文”出台前，全国已有16家正常运营的P2P网贷平台通过直接申请、直接或间接控股网络小贷公司的方式布局网络小贷牌照。2019年12月20日，杭州金投行金融资产服务有限公司发布提前集中兑付公告，拟用自有资金收购出借人持有的全部债权，提前集中兑付出借人全额本息，并提供了明确的债权收购方案。2020 年 1 月 8 日，正式更名为杭州金投行网络小额贷款有限公司，成为“83 号文”出台后，全国首家也是唯一一家 P2P 网贷平台成功转型网络小贷公司的案例。

（2）P2P 网络借贷平台转型小贷公司的挑战与难点

一是全国性网络小贷公司准入门槛高。根据“83 号文”细则，拟转型为全国性网络小贷公司的 P2P 网贷机构需同时在资金、股东和技术三方面具备较强实力基础。资金实力方面，文件要求网络小贷公司最低注册资本金不得低于 10 亿元，首期实缴资本不得低于 5 亿元且不低于网贷机构借贷余额的 10%。股东实力方面，文件提出拟转型网贷机构需有较强的股东实力，原股东不具备消化存量业务能力的需引进新的有经济实力的股东，原股东仅包括自然人股东的需引进有实力的法人企业作为控股股东。技术实力方面，文件指出拟转型为网络小贷公司的机构需具有较好的网络技术资源基础，且能与监管系统对接，满足非现场监管要求。就此三项要求来看，除少数优质头部平台外，多数的中小型平台难以满足。

二是区域性小贷公司牌照价值面临缩水风险。不同于 P2P 网络借贷平台，小额贷款公司需要持牌经营。目前，我国小额贷款公司牌照由地方金融监管部门负责发放，且尚未形成统一标准。2017 年 11 月，监管部门已下发暂停批设网络小额贷款公司的通知，尽管“83 号文”指出拟转型机构可申请临时牌照，但市场预测网络小贷公司牌照有望实现全国、省、市分级管理，区域性网络小贷公司由于业务经营范围受限，牌照价值或将重估并面临缩水风险，不利于已上市或拟上市的头部平台。

三是存量业务化解困难。“83 号文”要求，网贷机构存量业务按照到期即还的原则，原则上在 1 年内清退完毕；存量业务规模在 50 亿元以上且借款期限大部分在 1 年以上的原则上应在 2 年内清退完毕，且不得新增网贷业务。为保证存量业务有序化解，文件还要求小贷公司前 3 年利润，股东不得分红，用于弥补机构以前的业务亏损。从本质上看，也是要求拟转型平台具备较强的资金和股东实力。

（3）P2P 网络借贷平台转型小贷公司的案例分析

网贷之家披露的数据显示，“83 号文”出台前，全国已有 16 家正常运营的 P2P 网贷平台通过直接申请、直接或间接控股网络小贷公司的方式布局网络小贷牌照。“83 号文”出台后，成功转型小贷公司的仅金投行一家。

**案例 1　杭州金投行转型**

2019 年 12 月 20 日，杭州金投行金融资产服务有限公司（简称“金投行”）发布提前集中兑付公告，拟用自有资金收购出借人持有的全部债权，提前集中兑付出借人全额本息，并提供了明确的债权收购方案。2020 年 1 月 8 日，正式更名为杭州金投行网络小额贷款有限公司，成为“83 号文”出台后，全国首家也是唯一一家 P2P 网贷平台成功转型网络小贷公司的案例。

根据网络公开信息，其注册资本为 10 亿元，股权穿透后显示其为 100% 国资持股，截至 2019 年 11 月底，累计借贷余额为 2.96 亿元，余额笔数为 23787 笔，待收利息 0.18 亿元，无逾期金额，基本符合“83 号文”要求。

此外，据不完全统计，“83 号文”发布后还有微贷网、金筑财富、信通袋、粤财汇四家平台先后发布声明称已申请转型小贷公司（见表 11－3）。其中，除微贷网为上市公司且此前已持有小贷公司牌照外，对比分析其余三家平台的股东背景、注册资本和拟转型类别后可知，股东背景是影响转型方案的重要因素。股东实力最强的粤财汇已申请转型为全国性网络小贷公司，尽管其注册资本尚未满足“83 号文”要求，但国资及上市公司持股背景使其未来增资更具保障性。股东实力较差的信通袋则申请转型为省级小贷公司，并已在公告中声明将积极推进引进资方工作。国资参股的金筑财富则称其已申请互联网小贷业务，但尚未明确其业务范围。

表 11-3　拟转型小贷平台情况

| 平台 | 申请转型类别 | 注册资本 | 股东背景 | 借贷余额 |
|---|---|---|---|---|
| 信通袋 | 省级小贷公司 | 0.15 亿元 | 自然人股东（42.09%）、A 股上市公司（20.46%） | 0.37 亿元 |
| 金筑财富 | 互联网小贷公司 | 0.50 亿元 | 非上市公司控股（58%）、国资参股（40%） | 1.89 亿元 |
| 粤财汇 | 全国性网络小贷公司 | 0.50 亿元 | 国资（40%）、A 股上市金融科技公司（20%） | 1.25 亿元 |

资料来源：根据公开资料整理。

2. P2P 网络借贷平台转型助贷机构相关问题研究

（1）P2P 网络借贷平台转型助贷机构的可行性分析

助贷业务是互联网金融公司和传统金融机构在技术与资金、流量与牌照等能力不匹配的情况下诞生的合作业务模式。广义的助贷业务指由银行、信托等持牌传统金融机构作为资金方，具有信贷资产的助贷机构在获客、风控、追偿等贷前、贷中、贷后环节提供流量和技术支持，为资金方推介信贷资产并共同提供信贷服务的业务模式。狭义的助贷业务则指助贷机构仅提供获客导流、初筛等必要的贷前服务，由资金方完成授信审查、风险控制等核心业务后百分之百发放资金，从而使借贷客户获得贷款。

在狭义助贷模式下，P2P 网络借贷平台可发挥其在客户流量上的优势，并利用大数据、人工智能等技术手段将借贷客户资质与资金方要求进行匹配，筛选形成目标客户群。在广义助贷模式下，P2P 网络借贷平台还需提供担保增信、风控、催收等贷中、贷后服务，同资金方一起完成联合贷款。无论就狭义模式还是广义模式来看，转型助贷业务都有利于 P2P 网络借贷平台发挥其在资产端和技术上的优势，与资金方形成优势互补，扩大银行等传统金融机构的授信服务范围，促进普惠金融的发展。

（2）P2P 网络借贷平台转型助贷机构的挑战与难点

一是中小型平台流量质量与风控技术难以满足资金方要求。相较于传统金融机构，助贷机构的核心优势体现在获客和风控技术两个层面。然而除少数头部平台拥有优质客户流量、具备“议价能力”外，多数中小型 P2P 网贷平台的客户流量以“底层用户”为主，实际借贷利率在 36% 左右，资产质量难以满足资金方要求，且其风险控制主要依赖第三方爬虫数据和技术手段，缺乏自主风控能力，不满足合规性要求。

二是助贷机构异化为实质上的风险承担方，需提供担保增信服务。本质上来说，监管层认可的助贷模式是指狭义概念上作为信息中介提供资产推介服务的合作模式。在这个概念下，助贷机构仅赚取客户导流的服务费用。然而在实践中，由于资金方占据优势地位，助贷机构还需引入融资担保或保险公司提供增信，变相兜底，形成了银行持有债权而助贷机构承担信用风险的错配局面。2019 年 10 月，监管层印发《融资担保公司监督管理补充规定》，明确融资担保业务机构将严格实行牌照管理。此规定出台后，持有融资担保牌照成为网贷平台转型助贷业务的潜在约束条件，目前参与助贷业务的 P2P 网贷平台多已通过关联公司布局融资担保牌照。

三是助贷行业监管趋严。为促进助贷业务回归本源，各地监管层不断释放从严监管信号，严防严控行业风险。第一，严格落实自主风控原则。中国银保监会浙江监管局发布《关于加强互联网助贷和联合贷款风险防控监管提示的函》，明确提出不得将授信审查、风险控制等核心环节外包。2019 年 10 月，中国银保监会北京监管局也发布《关于规范银行与金融科技公司合作类业务及互联网保险业务的通知》，要求规范开展线上贷款业务，严格落实自主风控原则。第二，严格打击“套路贷”。11 月，中国人民银行上海分行发布《关于做好配合打击惩治“套路贷”加大消费金融业务创新的通知》，提出要严防信贷资金流向助贷平台。

（3）P2P 网络借贷平台转型助贷机构的案例分析

**案例 2　拍拍贷（信也科技）转型**

成立于 2007 年的拍拍贷是国内最早的 P2P 网络借贷平台，并于 2017 年成功在纽约证券交易所上市，2019 年 11 月宣布改名为信也科技，定位金融科技开放平台，引入机构资金发展助贷业务。就获客实力、资金实力和科技实力来看，拍拍贷均符合转型要求。

第一，获客实力。首先，客群数量大，分布范围广，具备一定还款能力。根据其官网最新数据，截至2020年2月初，平台累计注册用户数达1.07亿人，累计放款金额达1784亿元，用户可覆盖中国97%的城市，20岁到40岁的借款人占比超过85%。其次，平均贷款复借率达77%，流量有一定黏性。最后，获客范围和渠道不断扩张。已上线场景消费业务，布局消费金融领域，累计成交额已近5亿元；借贷范围也由个人端拓展至企业端，商户贷业务覆盖小微企业4万余家，累计成交额近8亿元；同时布局国际业务，印度尼西亚业务累计注册用户破百万，累计成交额近4亿元。

第二，资金实力。目前已有至少25家机构接入拍拍贷并放款，其通过机构资金的撮合金额从2019年第二季度的97亿元增长至第三季度的185亿元，占总撮合金额的比例从44.8%增长到了约75.1%，2019年10月的撮合金额则全部来自机构。

第三，科技实力。首先，大数据和人工智能技术覆盖全业务流程。贷前环节有精准获客、智能撮合系统以及基于知识图谱开发的明镜反欺诈系统；贷中环节，基于大数据的“魔镜智能风控系统”可从上千个维度对借款人进行风险评估；贷后环节有智能催收以及智能客服。其次，研发费用不断增长。2019年第三季度研发费用为1.08亿元，较上年同期增长了37.1%。最后，布局科技输出。拍拍贷已与20余家机构建立合作，输出包括风险评级模型、BI数据报表解决方案、明镜反欺诈平台等技术，助力传统金融机构互联网化、数字化发展。

除拍拍贷外，还有乐信、360金融、小赢科技等综合性互联网金融平台逐步引入机构资金，退出P2P网贷业务，转型助贷业务（见表11－4）。而这类综合性互金平台的共同特征包括均为上市公司、拥有自主风控技术、已通过关联企业获取融资担保牌照等。

**表 11-4　拟转型助贷平台情况**

| 机构 | 上市情况 | 机构资金 | 风控技术 | 融资担保牌照 |
|---|---|---|---|---|
| 拍拍贷（信也科技） | 美股上市 | 75.1% | 拥有自主风控技术；布局科技输出 | 中亿盛融资担保有限公司 |
| 乐信 | 美股上市 | 93.5% | 拥有自主风控技术 | 深圳市乐信融资担保有限公司 |
| 360 金融 | 美股上市 | 93.0% | 拥有自主风控技术；布局科技输出 | 上海三六零融资担保有限公司 |
| 小赢科技 | 美股上市 | 35.7% | 拥有自主风控技术 | 深圳市唐人融资担保有限公司 |

资料来源：根据公开资料整理。

**3. P2P 网络借贷平台转型消费金融公司相关问题研究**

（1）P2P 网络借贷平台转型消费金融公司的可行性分析

相较于转型网络小贷和助贷机构，P2P 网贷平台转型消费金融公司具有以下优势。

一是资金来源丰富，融资杠杆高。根据《消费金融公司试点管理办法》，消费金融公司的融资渠道包括向境内金融机构借款、发行金融债权、境内同业拆借等。且其杠杆率可达约 10 倍，远高于小贷公司 5 倍的杠杆率要求。

二是业务范围广泛。全国性网络小贷公司有线上经营限制，区域性小贷公司不允许跨区域经营，消费金融公司则可在全国范围内开展线上线下业务。且除提供个人消费贷款外，还可代理销售与消费贷款相关的保险产品。

目前，国内几家 P2P 网络借贷头部平台已完成转型工作。2019 年 11 月，平安消费金融公司获准筹建，陆金服法人及总经理为筹备组核心成员。未来，平安消费金融公司将配合平安产险承接陆金所网贷业务。2019 年 9 月，玖富数科发布公告称其旗下全资子公司新疆特易数科信息技术有限公司战略投资湖北省消费金融股份有限公司，已获得银保监会湖北监管局批准，交易完成后将成为湖北省消费金融股份有限公司的第二大股东。

（2）P2P 网络借贷平台转型消费金融公司的挑战与难点

一是资质门槛高。根据《消费金融公司试点管理办法》要求，非金融企业作为消费金融公司主要出资人，最近一年营业收入不低于 300 亿元；作为一般出资人也需满足最近一年年末净资产不低于资产总额的 30% 的要求，多数平台无法满足。

二是短期内无法获取牌照。消费金融公司的设立需经银保监会、地方政府和银保监局审批同意，批设流程较长。且现在全国仅有 24 家消费金融公司，通过股权收购入股消费金融公司也较为困难。

三是风控及监管要求高。不同于 P2P 网络贷款平台，消费金融公司的贷款额度更小，资金更加分散，对风控技术要求更高。此外，消费金融公司的监管机构是银保监局，监管环境较为严苛。

（3）P2P 网络借贷平台转型消费金融公司的案例分析

**案例 3　陆金服与玖富数科转型**

陆金所成立于 2011 年，隶属于平安集团，而“大陆金所体系”则主要包含“三所一惠”，即陆金所、重金所、前交所、平安普惠。作为平安陆金所旗下的 P2P 网贷平台，陆金服一直是行业内的龙头，借贷余额高居榜首。2019 年 7 月，媒体消息称陆金服已准备退出 P2P 业务，申请消费金融牌照，存量网贷业务移交平安产险。10 月，中国平安在财报中称拟合资设立全国性科技型消费金融公司。11 月，平安消费金融公司获准筹建，陆金服法人及总经理为筹备组核心成员。未来，平安消费金融公司将配合平安产险承接陆金所网贷业务。

2019 年 9 月，玖富数科发布公告称其旗下全资子公司新疆特易数科信息技术有限公司战略投资湖北省消费金融股份有限公司，已获得银保监会湖北监管局批准，交易完成后将成为湖北消金的第二大股东。根据公开资料，湖北省消费金融股份有限公司成立于 2015 年，2016 年轮增资扩股，注册资本 5 亿元，前两大股东为湖北银行股份有限公司（50%）、TCL 集团股份有限公司（20%）。

# 二　我国互联网消费金融发展现状、未来趋势和监管

## （一）我国互联网消费金融行业发展背景与现状

随着投资和出口对经济拉动作用的放缓，消费已然成为经济新常态下我国经济增长的主动力。2015～2019年，最终消费支出对GDP增长贡献率的平均值为63.56%。党的十九大提出要以技术创新的方式，促进实体经济发展，支持人民对美好生活的需求，缓解不平衡、不充分发展的矛盾。对此，数字技术驱动的消费者信贷会是一种重要的力量。在此背景下，以持牌消费金融公司、电商系、消费分期平台等为主的互联网消费金融行业凭借其纵深的消费场景、强大的渗透能力以及深度的金融科技应用等优势快速发展，解决传统消费金融客户覆盖率不足、信贷期限以中长期为主等结构性失衡问题。

**1. 我国互联网消费金融行业发展背景**

（1）消费成为经济增长主要拉动力，居民消费需求持续增长

2015年以来，我国GDP保持快速增长趋势，2019年GDP同比增长仍旧处于6.1%的水平（见表11－5）。GDP的快速增长反映了我国经济发展的良好现状和前景，为消费需求的增长提供了巨大空间。

**表11－5　2015～2019年我国GDP及增长率**

单位：亿元，%

| 年份 | GDP | | 第一产业 | | 第二产业 | | 第三产业 | |
|---|---|---|---|---|---|---|---|---|
| | 绝对值 | 同比增长 | 绝对值 | 同比增长 | 绝对值 | 同比增长 | 绝对值 | 同比增长 |
| 2015 | 688858.20 | 7.00 | 57774.60 | 3.90 | 281338.90 | 5.90 | 349744.70 | 8.80 |
| 2016 | 746395.10 | 6.80 | 60139.20 | 3.30 | 295427.80 | 6.00 | 390828.10 | 8.10 |
| 2017 | 832035.90 | 6.90 | 62099.50 | 4.00 | 331580.50 | 5.90 | 438355.90 | 8.30 |
| 2018 | 919281.10 | 6.70 | 64745.20 | 3.50 | 364835.20 | 5.80 | 489700.80 | 8.00 |
| 2019 | 990865.00 | 6.10 | 70467.00 | 3.10 | 386165.00 | 5.70 | 534233.00 | 6.90 |

资料来源：国家统计局。

自2000年开始，我国社会消费品零售总额一直处于高位增长的水平，当月同比增长保持在10%以上，2008年当月增长率达到顶点，随后开始逐年恢复到10%左右的水平。当总额较低时，保持增长相对容易，而当2017年末我国社会消费品零售总额当月值达到34734亿元后，还能继续保持两位数左右的增长，体现了我国社会消费空间的巨大潜力。2018年以来，社会消费品零售总额增速有所放缓，2019年12月，社会消费品零售总额当月值达到38776亿元，月均同比增速为8.05%（见图11－6）。

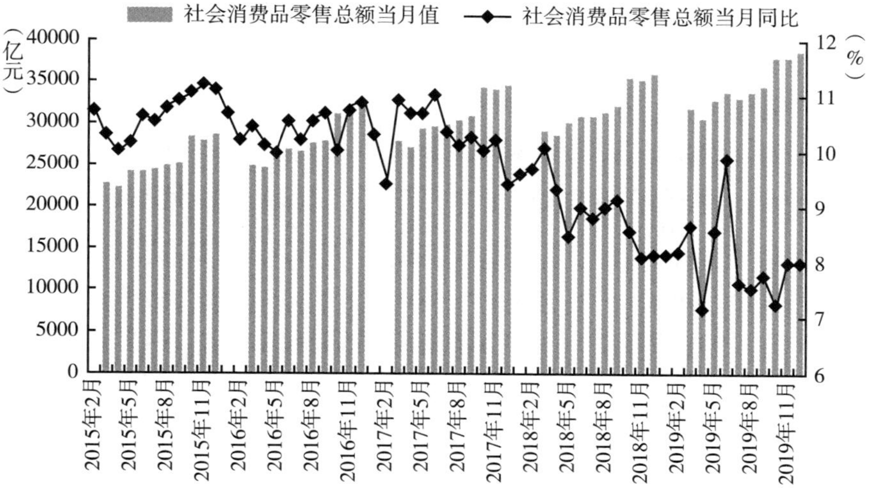


**图11－6　2015～2019年我国社会消费品零售总额当月值和当月同比**

资料来源：国家统计局。

（2）互联网消费规模持续扩张

2019年，全国社会消费品零售总额达41.16万亿元，同比增长8.0%。其中实物商品网上零售额保持两位数增长趋势，截至2019年底实物商品网上零售额总额达到8.5万亿元，累计同比增长19.5%，超过全社会消费品零售总额增长水平。网上商品和服务零售额自2015年至2018年一直保持着30%左右的增长率，是社会消费品零售总额增长率的3倍。截至2019年12月，网上商品和服务零售额总额达到10.63万亿元，累计增长16.5%（见

表11－6）。鉴于此，我国互联网消费市场仍有巨大的增长空间和潜力，互联网消费规模将持续升级，将在经济发展中发挥越来越重要的作用。

**表11－6　2015～2019年我国社会消费品零售总额、实物商品网上零售及网上商品和服务零售额及累计同比值**

单位：亿元，%

| 日期 | 社会消费品零售总额 | | 实物商品网上零售额 | | 网上商品和服务零售额 | |
|---|---|---|---|---|---|---|
| | 绝对值 | 累计同比 | 绝对值 | 累计同比 | 绝对值 | 累计同比 |
| 2015年3月 | 70715.3 | 10.6 | 6310 | 41.0 | 7607 | 41.3 |
| 2015年6月 | 141577.1 | 10.4 | 13759 | 38.6 | 16459 | 39.1 |
| 2015年9月 | 216079.9 | 10.5 | 21510 | 34.7 | 25914 | 36.2 |
| 2015年12月 | 300930.8 | 10.7 | 32424 | 31.6 | 38773 | 33.3 |
| 2016年3月 | 78024.4 | 10.3 | 8241 | 25.9 | 10251 | 27.8 |
| 2016年6月 | 156138.3 | 10.3 | 18143 | 26.6 | 22367 | 28.2 |
| 2016年9月 | 238481.8 | 10.4 | 27950 | 25.1 | 34651 | 26.1 |
| 2016年12月 | 332316.3 | 10.4 | 41944 | 25.6 | 51556 | 26.2 |
| 2017年3月 | 85823.4 | 10.0 | 10674 | 25.8 | 14045 | 32.1 |
| 2017年6月 | 172368.7 | 10.4 | 23747 | 28.6 | 31073 | 33.4 |
| 2017年9月 | 263178.4 | 10.4 | 36826 | 29.1 | 48787 | 34.2 |
| 2017年12月 | 366261.6 | 10.2 | 54806 | 28.0 | 71751 | 32.2 |
| 2018年3月 | 90275.4 | 9.8 | 14567 | 34.4 | 19318 | 35.4 |
| 2018年6月 | 180017.9 | 9.4 | 31277 | 29.8 | 40810 | 30.1 |
| 2018年9月 | 274299.3 | 9.3 | 47938 | 27.7 | 62785 | 27.0 |
| 2018年12月 | 380986.9 | 9.0 | 70198 | 25.4 | 90065 | 23.9 |
| 2019年3月 | 97789.7 | 8.3 | 17772 | 21.0 | 22379 | 15.3 |
| 2019年6月 | 195209.7 | 8.4 | 38165 | 21.6 | 48161 | 17.8 |
| 2019年9月 | 296674.2 | 8.2 | 57777 | 20.5 | 73237 | 16.8 |
| 2019年12月 | 411649.0 | 8.0 | 85240 | 19.5 | 106324 | 16.5 |

资料来源：国家统计局。

（3）传统金融机构消费贷款不断增长，但以中长期为主，无法覆盖长尾客户

作为信贷的组成部分，消费信贷在信贷领域占据了一定比例，并且随着信贷余额的增加而增加。2010～2019年，我国住户消费贷款总额由7.51万

亿元增长至43.98万亿元，占住户贷款总额的比重由2010年的66.7%左右上升至2019年末的79.5%（见图11－7）。其中，短期消费贷款由0.96万亿元增长至9.93万亿元，中长期消费贷款由6.55万亿元增长至34.05万亿元。短期消费贷款金额虽不断上升，但在传统金融机构消费贷款中占比仍较低（见图11－8）。

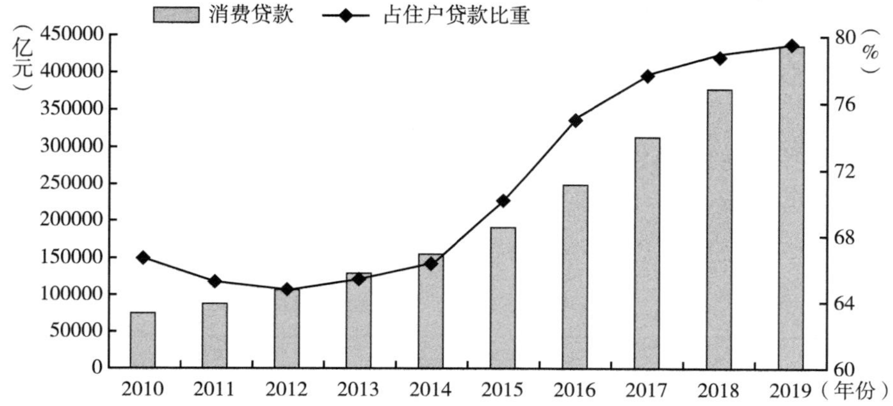


**图11－7　2010～2019年消费贷款总额、占住户贷款总额比重**

资料来源：中国人民银行。

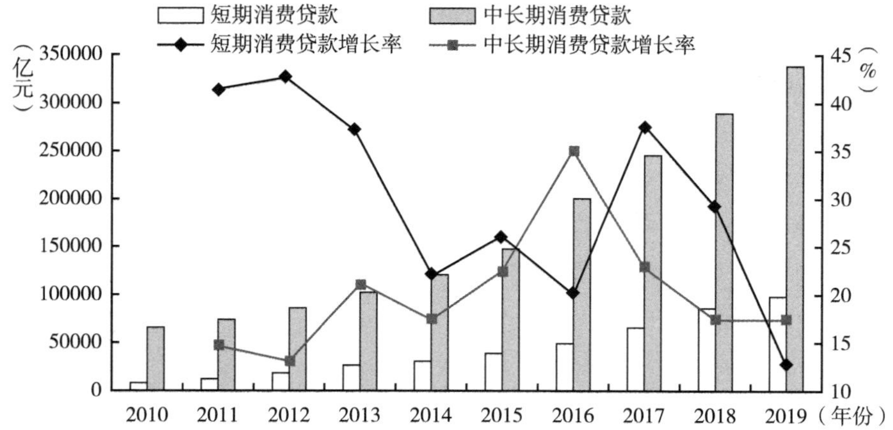


**图11－8　2010～2019年各期限消费贷款总额、增长率**

资料来源：中国人民银行。

国家金融与发展实验室披露的数据显示，截至2017年，我国银行消费贷款覆盖率约为39.8%，非银行金融机构消费金融覆盖率约为22.7%，消费金融总体覆盖率达62.5%（见图11－9），低于发达国家80%的消费金融覆盖率。

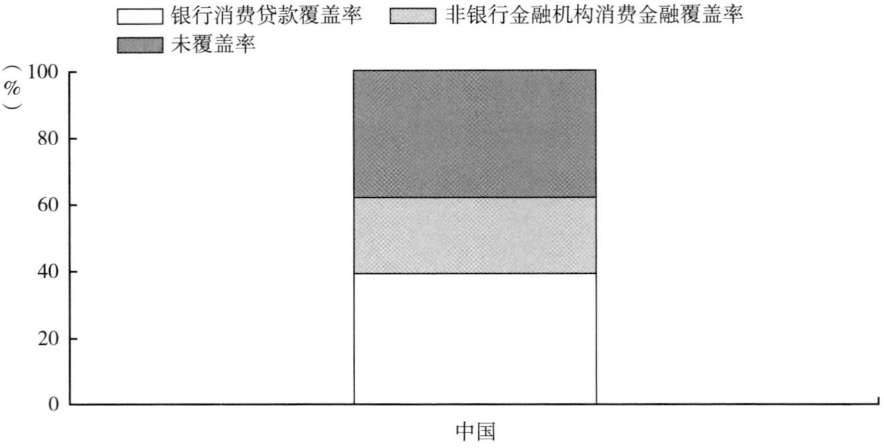


**图11－9　我国消费金融覆盖率**

资料来源：国家金融与发展实验室。

**2. 我国互联网消费金融行业发展现状**

互联网消费金融业务可利用线上消费场景优势，提高客户触及率、增强客户黏性，覆盖长尾客户群体。金融科技的应用使其在信贷审批效率、运营成本，信贷风控能力等方面较传统金融机构具备优势。艾瑞咨询统计数据显示，我国互联网消费金融放贷规模持续扩张，已由2014年的0.02万亿元增长至2018年的7.85万亿元，预计2021年将增长至19万亿元（见图11－10）。我国互联网消费金融的服务主体和服务模式也趋于多样化，目前主要包含以下业务模式，即传统商业银行消费金融产品的互联网化、消费金融公司提供的互联网消费金融产品、电商平台提供的消费金融产品、分期购物平台以及垂直细分平台提供的消费金融产品。

（1）传统商业银行在互联网消费金融领域的发展概况

同其他消费金融服务主体相比，传统商业银行具有资金成本低、资金流

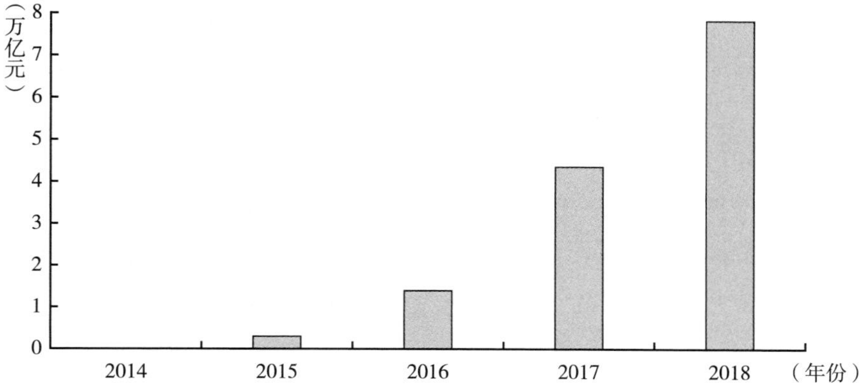


**图 11－10　2014～2018 年我国互联网消费金融放贷规模**

资料来源：艾瑞咨询。

稳定等优势。随着互联网技术的发展和线上消费的兴起，传统商业银行也开始通过持股或参股消费金融公司、同电商平台合作、自主研发创新性消费金融产品等方式参与线上消费金融业务。如中国工商银行等推出的线上消费贷款，无须质押担保且可全流程线上申请，用于家装、购车、教育、医疗等合法个人消费支出（见表 11－7）。此类消费信贷属于类信用卡产品，无须真实消费场景依托，可在额度内循环使用，具有额度小、期限短、利率低的特点，适用于征信记录良好的个人消费者。

**表 11－7　传统商业银行互联网消费金融产品**

| 商业银行 | 产品 | 申请条件 | 申请方式 | 期限 | 最高额度 | 年化利率 |
|---|---|---|---|---|---|---|
| 中国工商银行 | 逸贷 | 信用记录良好的个人客户 | 线上申请 | 3 年 | 20 万元 | 4.5%～7.5% |
| 中国建设银行 | 快 e 贷 | | 线上申请 | 1 年 | 30 万元 | |
| 中国银行 | 中银 E 贷 | | 线上申请 | 1 年 | 30 万元 | |

资料来源：根据公开资料整理。

（2）消费金融公司发展概况

2013 年 11 月，中国银监会发布《消费金融公司试点管理办法》，明确消费金融公司是不吸收公众存款，以小额、分散为原则，为中国境内居民个人提供以消费为目的的贷款的非银行金融机构。截至 2019 年 9 月，全国已有 24 家消费金融公司获批成立，其余 3 家尚在筹建。其中，根据股东出资比例可分为银行主导（21 家）、非银行金融机构主导（3 家）、产业主导（3 家）三类。同传统商业银行资金来源以存款为主不同，消费金融公司的资金来源包含股东注资、同业拆借、发行债权、发行 ABS 等，资金成本相对较高。同样地，其提供的互联网消费金融产品年化利率也较高，且审核方式更多依赖大数据、人工智能等互联网技术，可以更好地覆盖长尾客户群体（见表 11－8）。

**表 11－8　消费金融公司互联网消费金融产品**

| 消费金融公司 | 第一大股东 | 注册资本 | 产品 | 年化利率 | 申请条件 |
|---|---|---|---|---|---|
| 招联消费金融 | 招商永隆银行 | 38.69 亿元 | 好期贷 | 17% 左右 | 以芝麻分为条件或系统自动审核与人工审核结合 |
| 马上消费金融 | 重庆百货 | 40.00 亿元 | 安逸花 | | |
| 兴业消费金融 | 兴业银行 | 19.00 亿元 | 空手到 | | |

资料来源：根据公开资料整理。

（3）电商平台在互联网消费金融领域的发展概况

相较于传统商业银行和消费金融公司，电商平台发展消费金融业务在获客、场景、科技等多方面更具比较优势（见表 11－9）。获客方面，电商平台自身积累的巨大客户流量可以低成本地转化为消费金融借款人；场景方面，其可利用已有的网络购物平台提供相应的消费金融业务；技术方面，网购群体消费、浏览、地址等数据可用于用户画像，进而实现大数据精准营销以及智能风控系统的建设。

**表 11－9　电商平台互联网消费金融产品**

| 电商平台 | 消费金融产品 | 简介 |
|---|---|---|
| 阿里 | 花呗 | 使用范围除阿里电商平台外，还覆盖一号店、国美在线等合作平台，美团等生活服务平台以及线下签约的超市、便利店 |
| 京东 | 京东白条 | 已将业务范围拓展至京东平台之外的租房、旅游、家装等生活消费借款领域 |
| 小米 | 小米分期 | 支持符合分期条件的用户在小米网分期购买商品 |

续表

| 电商平台 | 消费金融产品 | 简介 |
| --- | --- | --- |
| 苏宁 | 任性付 | 可在苏宁易购线上及线下进行任性付消费，最高额度20万元，最多可分24期 |
| 唯品会 | 唯品花 | “先消费、后还款”支付方式，在唯品会使用唯品花购物付款，可享3、6、12、24期分期 |

资料来源：根据公开资料整理。

（4）分期购物及垂直细分平台在互联网消费金融领域的发展概况

分期购物及垂直细分平台深耕细分消费领域，面向对固定领域有刚性消费需求的特定消费群体，如资金相对不充裕的高校学生，对家装、旅游有消费需求的青年消费群体等。但其资金来源不稳定，资金成本较高，同时面向的群体具有较高的违约风险（见表11－10）。

**表11－10　分期购物及垂直细分平台互联网消费金融产品**

| 类别 | 分期购物及垂直细分平台 |
| --- | --- |
| 旅游 | 途牛“首付出发”、携程“拿去花”等 |
| 3C | 分期乐、桔子分期、小牛分期等 |
| 教育 | 蜡笔分期（玖富旗下）、松鼠宝、笨鸟分期等 |
| 家装 | 土巴兔、燕子安家等 |

资料来源：根据公开资料整理。

未来，消费群体结构对消费金融的接受度、居民整体的杠杆率水平、消费信贷在信贷中的占比以及消费金融显著的互联网化趋势，都为互联网消费金融长远发展创造了绝佳的条件，互联网消费金融整体还尚处于快速发展阶段，具备极强的发展潜力。

## （二）我国互联网消费金融行业存在的主要问题及政策概览

### 1. 我国互联网消费金融行业存在的主要问题

一是过度授信风险。由于互联网消费金融市场的信息不对称，互联网消费金融机构在控制金融风险方面能力不足。目前，互联网消费金融机构多使用自己开发的信用数据库或与第三方征信平台进行合作以获取消费者的信用信息，这些信用数据虽然采用了金融科技中的大数据技术，但是在获取数据源方面还存在一些不足，使得互联网消费金融机构对客户的授信仍存在一些短板。而且，由于各机构间尚没有建立统一的数据共享机制，形成了“信息孤岛”。因此，多头借贷、信用违约的现象时有发生。此外，由于可授信客户是稀缺资源，互联网消费金融机构出于竞争压力，也会为了维护客户资源而进行过度授信。

二是个人信息泄露风险。随着大数据技术应用于征信领域，互联网消费金融机构也获得了大量有关消费者信用的信息。这些信息的来源颇为广泛，涉及居民生活的方方面面，既包括线下的交易信息以及公共记录信息，也包括线上的有关消费、旅游、阅读、娱乐等方面的信息，一些甚至涉及个人生活中的敏感资料。这些资料的存储、使用等都需要统一进行规范。目前，有关个人隐私信息泄露的现象时有发生，电话诈骗、电话广告、网络犯罪等均给社会带来了不良影响。由此，个人信息泄露风险需引起监管部门的足够重视。

三是资金流向其他领域风险。我们日常探讨的消费贷是指除住房贷款和汽车贷款以外的场景消费行为，包括教育、医疗、旅游等。但是，在互联网消费金融发展的过程中，仍会不时出现短贷长用的行为，即部分互联网消费贷款的资金流向股市和楼市等其他领域，存在较大金融风险。首先，互联网消费贷的产品均有具体的应用场景，其产品设计在定价和风险控制上与其他领域的贷款用途有所不同，将互联网消费贷资金用于其他领域属于违规挪用资金。其次，互联网消费贷款需要短期内偿还，一旦流向楼市和股市等需要长期资金的领域，短期偿还的压力容易造成资金链断裂，引起宏观层面的金融风险。最后，资金流向其他领域会反过来挤占互联网消费贷的原有资金，提高了真正需要消费贷款的群体的资金成本，与普惠金融的理念相违背。因此，相关部门对于互联网消费贷款的用途需要持续监测，加强监管。

四是客户群体风险偏高。由于互联网消费金融平台提供的贷款不需要抵押和担保，故平台目标客户多集中于中小企业、蓝领阶层以及学生等中低收入群体。由于这部分群体普遍存在收入不稳定性较大、持续还款能力较弱，征信记录不完善（甚至没有征信信息）、缺乏抵押和担保等问题，发生违约行为的概率较高，对互联网消费金融平台风控水平提出了较大挑战。此外，这部分客户违约成本偏低，违约、恶意欺诈比例较高。一方面，由于我国尚未建立广泛适用的个人征信评分体系，且在征信数据尚未互联互通的情况下，缺乏对客户违约行为的惩罚机制，客户违约成本较低。另一方面，在互联网带来便捷、高效、低成本金融服务的同时，虚假信息注册、身份信息冒用、盗号、恶意骗贷、套现洗钱等恶意欺诈行为比例较高。

五是行业多主体竞争，监管尚不完善。目前，我国互联网消费金融的行业主体包含了传统商业银行、消费金融公司、电商平台以及分期平台等垂直细分平台，形成了多主体竞争的局面。一方面存在产品同质化严重，有可能诱导消费者进行过度消费、透支消费的恶劣现象；另一方面，不同行业主体的监管主体不一致，缺乏统一监管标准，可能存在监管套利情况，行业自律体制机制也尚待健全。

**2. 2019年我国消费金融行业政策概述**

首先，鼓励创新消费信贷产品和业务模式。2019 年 8 月，国务院办公厅发布《国务院办公厅关于加快发展流通促进商业消费的意见》，提出以下意见。一是顺应商业变革和消费升级趋势，鼓励运用大数据、云计算、移动互联网等现代信息技术，促进商旅文体等跨界融合，形成更多流通新平台、新业态、新模式。引导电商平台以数据赋能生产企业，促进个性化设计和柔性化生产，培育定制消费、智能消费、信息消费、时尚消费等商业新模式。二是加大金融支持力度。鼓励金融机构创新消费信贷产品和服务，推动专业化消费金融组织发展。鼓励金融机构对居民购买新能源汽车、绿色智能家电、智能家居、节水器具等绿色智能产品提供信贷支持，加大对新消费领域金融支持力度。

其次，加强个人信息保护。2019 年 9 月以来，已有多家大数据公司、互联网金融公司因非法窃取和贩卖个人信息被监管部门查处。2019 年 10 月，中国人民银行印发了《个人金融信息（数据）保护试行方法（初稿）》

征求意见。相关条款明确要求“（金融机构）不得从非法从事个人征信业务活动的第三方获取个人金融信息”以及“金融机构不得以‘概括授权’的方式取得信息主体对收集、处理、使用和对外提供其个人金融信息的同意”。

最后，规范综合借贷利率。2019 年 10 月，最高人民法院、最高人民检察院、公安部、司法部联合印发《关于办理非法放贷刑事案件若干问题的意见》，对“非法放贷”行为的认定以及定罪处罚依据给出了明确意见。其中，明确指出以超过 36% 的实际年利率实施非法放贷且具备以下情况之一的属于《刑法》第二百二十五条规定的“情节严重”，情况包括：个人非法放贷数额累计在 200 万元以上的，单位非法放贷数额累计在 1000 万元以上的；个人违法所得数额累计在 80 万元以上的，单位违法所得数额累计在 400 万元以上的；个人非法放贷对象累计在 50 人以上的，单位非法放贷对象累计在 150 人以上的；造成借款人或者其近亲属自杀、死亡或者精神失常等严重后果的。

### （三）金融科技在互联网消费金融行业的应用

金融科技市场指数级增长，生物特征识别、大数据、人工智能、区块链和物联网等核心技术正推动消费金融产业链和价值链的迭代升级。艾瑞咨询数据显示，2019 年消费金融业务技术资金投入预计达 206. 30 亿元（见图 11 - 11），其中前沿科技投入达 137. 6 亿元（见图 11 - 12）。在前沿科技的各项技术中，云计算与大数据投入目前占比最高，人工智能投入在快速提升。

以大数据、云计算、人工智能为代表的互联网技术对互联网消费金融行业产生着深远的影响，不仅使客户能够快捷、低成本地获得消费信贷支持，也重塑了整个互联网消费金融行业的风险管理系统和营销体系，打造了全新的互联网消费金融生态环境，成为推动互联网消费金融服务创新的重要驱动力。

**1. 金融科技推动风险管理创新——互联网消费金融行业发展的“安全门”**

互联网消费金融的快速发展带来了激烈的行业竞争，唯有能够有效管控

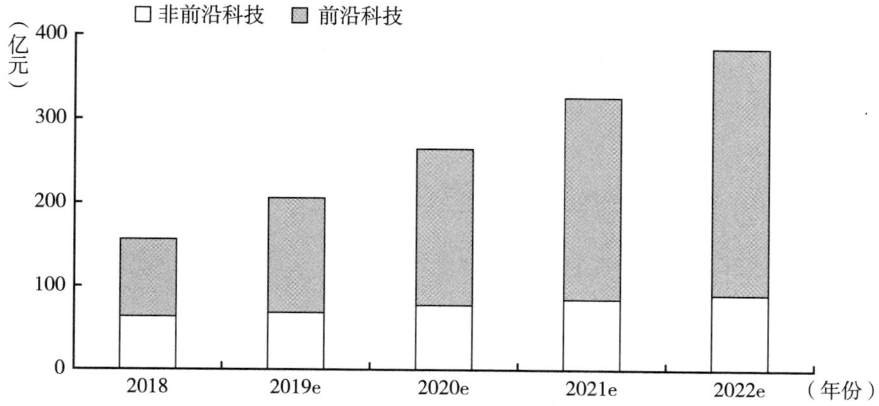


**图 11－11　2018～2022 年我国消费金融业务技术资金投入**

资料来源：艾瑞咨询。

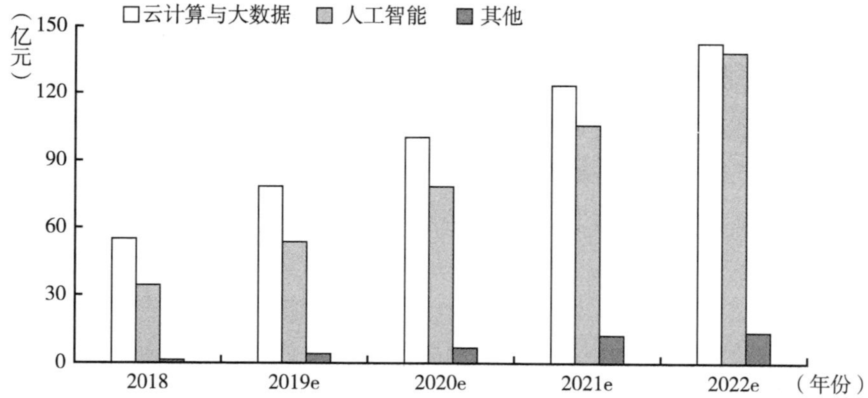


**图 11－12　2018～2022 年我国消费金融业务前沿科技资金投入**

资料来源：艾瑞咨询。

消费信贷风险的平台才能在竞争中胜出，这对平台风控水平提出了较高要求，仅局限于定性分析的传统风控手段已经越来越难以满足互联网时代消费金融发展的新要求。随着大数据、人工智能等互联网新兴技术的发展，基于海量数据、构建机器学习模型实现定量分析的智能风控技术应运而生，已逐渐成为管控互联网消费金融平台风险的“安全门”。

鉴于风控技术对互联网消费金融行业的重要作用，目前，互联网企业、征信公司、专业风控平台、互联网金融平台纷纷试水智能风控领域，着手建立智能风控体系，以期实现对客户从贷前、贷中、贷后进行全流程、多维度的风险评估。

（1）通过多渠道、多维度获取客户数据——保证数据的全面性

智能风控体系的基础是数据，没有海量数据支撑，智能风控就是纸上谈兵，只有通过多渠道、多维度收集客户信息，帮助互联网消费金融平台获取全面、精确、实时的多样化客户数据，才能全面精准地衡量客户信用和风险状况。特别是在互联网时代，客户信息量庞大且非结构化对平台获取数据的能力提出了挑战，由于平台用户注册都在互联网上完成，对注册信息的审核成本较大，且审核后数据的真实性仍然难以保证。

互联网消费金融平台运用大数据技术全面、准确地对客户进行“画像”，帮助互联网消费金融平台从多个渠道准确收集客户多维度的信息，包括客户年龄、职业、存款、资产、住房、婚姻状况、受教育程度、职位、职称等身份信息，也包括浏览记录、消费记录、支付记录、人际关系等行为数据。此外，互联网消费金融平台亦可以与法院系统关联建立信息查询渠道，核实客户是否有违法犯罪记录、不诚信记录等信息，最大限度地确保客户信息的全面性。

（2）通过多种方式核实客户信息——增强数据的可靠性

如前所述，由于缺乏面对面的沟通和评估，虚假信息注册、身份信息冒用、盗号、恶意骗贷、套现洗钱等恶意欺诈行为在互联网消费金融平台上是难以避免的，已经成为平台信用损失的重要组成部分，甚至对整个互联网金融行业的健康发展造成了不可估计的负面影响。因此，在获取客户全面信息和数据的基础上，进一步确保信息和数据的真实性就显得尤为重要。

首先，互联网消费金融平台可以通过人脸识别、地址信息合验、单位验证等对客户身份信息、行为数据进行相互验证，以合理性为标准对数据信息去伪存真；其次，人工智能技术可针对客户数据信息，自动提取相关联问题供客户作答，并通过评分模型对客户答案进行数据清洗、整理、分析、判

断，进一步甄别客户数据真伪。在保证客户数据信息真实可靠的基础上，自动识别虚假交易、恶意欺诈等行为，降低互联网消费金融平台可能面临的信用损失。

（3）建立信用评分系统——有效利用数据信息

大数据、人工智能能够帮助互联网消费金融平台开发出一套定量评估客户信用状况的信用评分系统，实现对客户数据信息的有效利用。一方面，从我国信用评级体系发展来看，信用评级范围还局限在与传统商业银行发生过借贷关系的客户，而三、四线城市以及农村庞大的潜在客户群体的信用状况无法得到有效评估。另一方面，传统的风控手段仅仅依靠人工逻辑性分析判断，也难以满足互联网海量数据的冲击，无法准确衡量客户的信用状况。

基于大数据、人工智能技术的信用评分系统建立在全面、真实的客户数据信息基础上，通过数据挖掘和统计分析方法，分析判定客户的信用行为特征和风险特征，对其还款意愿和还款能力进行评估计算得到信用评价分。在贷前阶段，信用评价分可以作为互联网消费金融平台贷款决策（是否核准贷款、信用额度）的重要参考依据；在贷中阶段，当客户工作、婚姻等情况发生改变，进而导致还款能力改变、还款意愿动摇时，互联网消费金融平台可以利用人工智能技术根据客户数据信息的变化实时对其信用评价分进行调整，为平台信贷管理提供全新的工具和手段，发挥风险监测和风险提示作用；在贷后阶段，根据客户履约情况对客户信用评价分进行调整，按期还款的按规则上调信用评价分，违约、涉嫌恶意欺诈的按规则下调信用评价分。

**2. 金融科技助力互联网消费金融平台实现精准营销**

以海量数据为基础，人工智能技术以定量分析取代传统的定性分析，使互联网消费金融平台能够在精准定位客户群体的基础上，满足客户多样化的消费需求。首先，随着互联网消费的普及，通过机器学习模型深度挖掘客户的偏好，向客户推送符合其需要或者可能感兴趣的商品；其次，为客户提供符合其偏好的支付途径；最后，将客户注册时提供的收入、资产信息与拟购买商品的价格进行比较，提供分期付款、消费信贷产品，为客户提供更为定制化、精准化的购买体验。

（1）准确分析客户行为特征，直击客户“痛点”。通过机器学习模型分析客户身份信息和行为数据，深入验证客户购买习惯和支付偏好，全面了解客户购买意愿和行为，判断客户在未来会产生什么样的需要，进行有针对性的推广营销，用最直接的方式满足目标客户的潜在需求。

（2）营销效果评估。人工智能技术能持续跟踪营销效果，监测不同渠道、不同形式的营销方案带来的客户流量和购买转化率，能够及时评估营销方案效果并进行动态调整，设计最优营销方案，最大限度提升客户体验。

（3）关键客户关系维护。如何定位关键客户、做好关键客户关系维护是很多互联网消费金融平台关注的重要议题。人工智能技术能够帮助平台定位消费意愿最强、信用状况最好的客户，亦可以用来协调平台与客户在销售、营销和服务上的交互，从而提升其客户管理水平，向客户提供创新式、个性化的服务。

（4）市场预测与决策分析。基于机器学习模型的分析与预测，可以使平台更准确地把握市场动态和客户需求变化，能够根据市场预期、客户需求更精准地定位目标客户，推出更富有针对性的消费金融产品和服务，从而进一步降低平台营销成本、提升平台营销体系整体效率。

**3. 金融科技能够帮助互联网消费金融平台加快场景化建设**

在实现精准营销的基础上，大数据与人工智能技术可以用于互联网消费金融平台场景化建设领域，创造更多符合客户偏好、激发客户需求的消费场景，进一步刺激消费，为消费金融行业发展奠定坚实的基础。

场景化已经成为互联网消费金融平台突破行业同质化竞争、抢占市场份额的主流发展方向。由大数据与人工智能技术支撑的场景化就是要围绕客户的数据信息来设计消费场景，通过掌握客户、商品的数据信息，在最合适的地方、时间向其提供最合适的产品和服务。

（1）金融科技支撑的场景化能进一步细分客户群体

大数据与人工智能技术能够帮助互联网消费金融平台加深对客户、产品的了解，在多渠道、多维度收集数据信息的基础上，根据客户的个人身份信息、消费层次、人际关系、购买习惯等数据实现精准“画像”，并根据客户

“画像”对客户群体进行分类，然后针对不同的客户群体设计最能刺激并满足其消费需求的场景。

（2）金融科技支撑的场景化能够让互联网消费金融平台更加准确定位需求

由大数据与人工智能技术支撑的场景化是大数据营销的升级，旨在通过设计消费场景触发客户需求，而不再局限向合适的客户推荐合适的商品。人工智能技术在多渠道、多维度数据收集的基础上，使不同来源的数据之间相互验证，经过数据处理、数据分析，帮助互联网消费金融平台准确定位客户需求。

由大数据与人工智能技术支撑的场景化包括以下内容：首先，收集客户数据信息并分类，在客户与商品之间进行匹配，定位适当的客户群体；其次，明确场景化方向，根据客户与商品的匹配情况，确定合适的时间、合适的环境；再次，根据客户的购买偏好和支付习惯等数据信息，确定消费需求触发点；最后，在触发客户需求后提供符合其偏好的消费金融产品。

（3）金融科技支撑的场景化能够增强客户黏性

由大数据与人工智能技术支撑的场景化是围绕客户的数据信息展开的，客户是整个场景化建设工作的核心。在互联网消费金融行业，平台不仅仅关注客户数量，更关注客户对什么样的产品感兴趣。借助大数据、人工智能技术支撑的场景化，平台对于新进入客户，根据其数据信息，快速实现分类并触发消费需求；对于平台老客户，围绕着其以往的消费记录进一步升级消费场景，在满足其原有需求的基础上触发新的消费需求，从而进一步增强客户黏性。

### （四）我国互联网消费金融未来展望

**1. 消费升级助推互联网消费金融用户年轻化、普惠化**

随着我国居民可支配收入的持续增长，居民消费需求不断提升，体现在以下方面。

一是消费结构升级。罗兰贝格统计数据显示，21 世纪初生活必需品占居民消费支出的比例高达 43%，而非必需品占比仅为 24%；2010 年生活必需品占比下降至28%，非必需品占消费支出比例上升至34%；预计2020年非必需品支出比例将上升至43%。尼尔森研究数据也指出，年轻人的消费信贷资金主要使用在生活休闲领域，其中61%的年轻人选择互联网分期消费的主要原因是提升生活品质，55%的年轻人选择互联网分期消费的主要原因是休闲娱乐。

二是年轻人是互联网信用消费主体。根据尼尔森研究披露的数据，“90后”“00后”占我国总人口比重已达到23%，是主导未来消费格局的核心主体。且年青一代伴随互联网的发展而成长，网络消费已成为当下年轻人的主要消费方式，也易于接受信用消费的消费理念。其调研数据显示，已工作的“90后”实质负债人群占比高达57%；年轻人平均债务收入比为41.75%，其中16.9%的债务收入贡献自互联网分期消费（见图11－13）；43.4%的年轻人认为使用信用消费产品是更精明的消费方式；10%的年轻人会同时使用两个及以上网贷产品，且互联网分期产品在年轻人中的喜爱度和渗透度都高于信用卡。

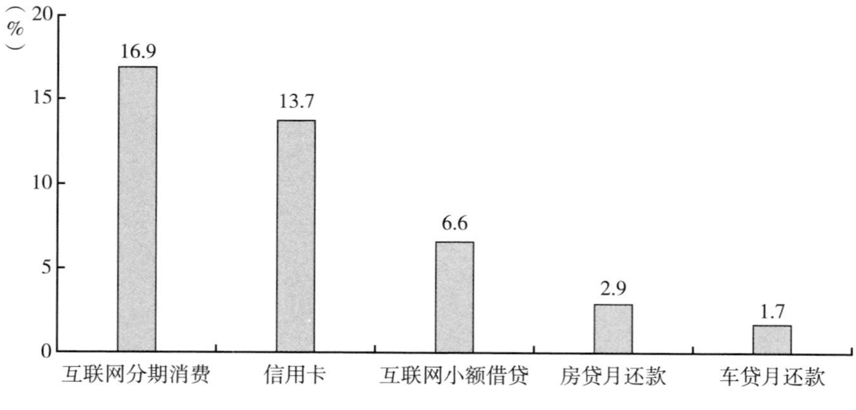


**图11－13 年轻人债务收入比构成**

资料来源：尼尔森研究。

三是互联网信用消费市场向三、四线城市下沉。三、四线城市人口数量占我国人口总量的七成，随着互联网移动支付在三、四线城市的普及，中低收入人群逐渐崛起为互联网消费金融的中坚力量。

**2. 线上、线下融合模式推进消费用途的场景化**

消费场景化即消费主体在借款时均对应了具体的生活应用场景。互联网消费金融的场景化来源于用户需求的差异化。每个消费者在使用互联网消费金融服务时，均有其自身的需求，互联网消费金融机构根据用户的性别、年龄等特征，可以判断用户可能存在的消费需求，并进行精准营销，可以更好地提升用户的消费体验，并降低营销成本，提高运营效率。

线上渠道具备自动化、低运营成本、强科技实力等优势，但缺乏足够的场景渗透，而线下渠道根植于消费场景，线上线下双线融合，各自发挥专业化优势，推进消费用途的场景化，是互联网消费金融行业未来的发展方向。此外，需求的场景化也会使互联网消费金融机构提升其风险控制能力。互联网消费金融机构可以根据不同的场景制定不同利率和风险的金融产品，有效监控资金流向，并根据具体的消费场景不断调整其风控数据，从而实现收益与风险的平衡。

以国美金融为例。其以用户家庭为单位提供金融服务，形成以消费金融场景化特点、融合线上与线下场景资源、反哺零售业务的模式，提供在线商城分期、门店购物分期、信用卡还款等多样化的产品服务。除了零售业务的天然用户获客优势，国美金融还利用人脸识别、虹膜技术等科技手段有效地解决身份认证问题，结合线上下场景与技术优势提高风控效率。

**3. 互联网消费金融的科技化**

金融科技的发展对消费金融的助力作用集中体现在两个方面：一是扩大消费金融的覆盖面，打破地区和收入阶层的限制，使服务下沉至三、四线城市和中低收入群体；二是改善消费金融的风险控制，大数据、云计算、人工智能等金融科技手段的使用使得征信数据更加丰富，审批流程更加便捷，风险控制流程也将更加有效。同时，也需防范金融科技滥用风险，避免因过分追求客户服务体验而简化交易流程和风险管控，避免在未经严密测试和评估的情况下盲目追求颠覆式技术，避免恶意网络攻击造成的客户信息泄露等问题，消费金融服务主体应加强对各类技术风险的预研、预判、预警。

### 4. 互联网消费金融监管能力的提升

具体表现为监管技术的优化、监管方式的创新以及监管制度的完善。

一是监管技术的优化。具体表现为监管部门利用金融科技来化解金融风险，即以大数据为核心，以人工智能、云计算、区块链等技术为依托，对互联网消费金融进行实时监测，提早发现违规行为以及潜在的风险点，提高监管效率及精准度，为互联网消费金融创新保驾护航。

二是监管方式的创新。体现在未来监管部门将会探索监管沙盒、创新加速器以及窗口指导等监管方式，并逐步进行试点。运用信息公开、产品公示、共同监督等柔性管理方式，引导互联网消费金融服务主体在依法合规、保护消费者权益的前提下，推动消费金融行业守正创新，赋能金融服务提质增效，营造安全、普惠、开放的发展环境。

三是监管制度的完善。目前，我国互联网消费金融领域服务主体存在“多头竞争”的现象，且监管主体与监管制度尚未统一。未来监管部门将对互联网消费金融领域实施穿透式监管，进一步在审慎监管、功能监管以及行为监管方面加强协作，消除监管真空，避免监管套利，在制度层面提升监管效率和监管力度。

## 参考文献

程雪军：《互联网消费金融：科技应用、问题与监管对策》，《当代经济管理》2020年第2期。

程雪军、尹振涛：《互联网消费金融创新发展与监管探析》，《财会月刊》2020年第2期。

互联网金融风险专项整治工作领导小组办公室、P2P网络借贷风险专项整治工作领导小组办公室：《关于网络借贷信息中介机构转型为小额贷款公司试点的指导意见》（整治办函〔2019〕83号），2019年11月27日。

互联网金融风险专项整治工作领导小组办公室、P2P网络借贷风险专项整治工作领导小组办公室：《关于做好网贷机构分类处置和风险防范工作的意见》（整治办函〔2018〕175号），2018年12月19日。

黄余送:《我国网络借贷行业深度转型发展的若干思考》,《当代金融研究》2019 年第 2 期。

李思:《网贷业整治将迎“大结局”》,《上海金融报》2019 年 12 月 3 日。

徐忠、孙国峰、姚前:《金融科技:发展趋势与监管》,中国金融出版社,2017。

张荣:《我国互联网消费金融发展困境与路径探寻》,《技术经济与管理研究》2017 年第 1 期。

赵大伟:《大数据驱动下的互联网消费金融研究》,《金融与经济》2017 年第 1 期。

# 第十二章
# 投资管理的创新与发展

胡安子　王 平　王 凯　李 根*

摘　要：近年来，投资管理领域的金融科技创新逐渐由表入里、由浅入深，从最初的渠道互联网化，到投资方式的智能化，再发展到现在的业务经营数字化，已经基本进入金融数字化的状态。2020 年对于投资管理行业而言，是数字化转型的关键期，也是借助数字化转型推进金融科技在全业务领域应用的重要时点。在国内外政策上，无论是智能投顾还是数字化财富管理，都相对得到支持。在供需方面，市场需求面临较大的转变，这一转变要求投资管理机构更加充分地利用新兴数字技术，推动业务的增长。在理论方面，智能投顾的投资方法也愈加受到投资者和投资管理机构的青睐。未来，中国的投资管理机构将在获客、KYC、交易决策、投资者教育和保护等业务环节全面推进数字化转型，迎合市场的新需求，推动金融科技快速发展。

关键词：金融科技　投资管理　数字化　智能化

* 胡安子，宜信研究院负责人。王平，宜信研究院研究员。王凯，光大集团战略规划部副研究员。李根，中国社会科学院投融资研究中心研究员。

# 一 引言

近年来，投资管理的创新发展越来越倚重人工智能、大数据等新兴数字技术，不仅在营销服务等业务前端应用金融科技，更在业务的中后端推进数字化转型进程。在过去两年，我们研究了以智能投顾、智能投研、社交投资等投资管理业务模式的数字化创新，关注点在于新业务模式的颠覆式创新。随着金融科技的深入发展，投资管理创新逐渐进入传统业务数字化改造的深水区，创新的尺度变小，但是创新的速度与力度仍在不断提升。2020 年我们做出了不同以往的改变，关注点落在了投资管理业务的数字化转型方面，从投资管理的业务环节入手，关注数字技术给不同业务环节带来的创新与变化，使研究更加深入和具体。

下文安排了四部分内容，其中前三部分从环境分析、理论分析和实践分析三个方面展开，力图刻画投资管理创新与发展的立体图景。最后一部分在总结前文的基础上，基于我们的从业经验和研究认识，尝试预测创新发展的可能趋势。

# 二 投资管理创新环境分析

## （一）政策环境分析

2019 年是金融科技监管的关键时点，金融监管部门为金融科技的创新与发展构建了较为系统的顶层设计。中国人民银行在 2019 年 9 月发布了《金融科技（FinTech）发展规划（2019 ~ 2021 年）》（以下简称《FinTech 发展规划》），确定了金融科技监管在强化部署、合理应用、赋能金融、风险防控、审慎监管与基础支撑方面的重要任务，也在政策支持、配套服务、国际交流等方面进一步强调了支持金融科技创新与发展的保障措施。这不仅是金融科技监管的里程碑，也是加快、加深我国金融科技在金融领域合规应用的重要指示。在《FinTech 发展规划》指导思想的指引下，大数据、云计算、人工智能、区块链等相对成熟的数字技术将被更广泛地应用于金融科技创新业务以及传统金融业务创新之中。

鉴于互联网金融及金融科技创新业务中的风险问题，当前以及今后一段时间，金融监管对于金融创新必然以防控风险为发展基础、以技术赋能金融为发展方向。2019 年 12 月，中国人民银行副行长潘功胜在第三届中国互联网金融论坛上指出，互联网金融专项整治已取得实质性成效，同时也强调，“前事不忘，后事之师”，要坚持防范金融风险的基本底线，发展技术赋能的金融服务，助力金融业提质增效。在《FinTech 发展规划》中，中国人民银行提出科学规划运用大数据、合理布局云计算、稳步应用人工智能、加强分布式数据库研发应用等思想，为技术赋能金融奠定了基础与方向。

近年来，在投资管理领域，金融监管部门一方面重视“破刚兑”“去通道”“控非标”“降杠杆”等发展目标，另一方面在强化合规要求的基础上不断放开技术应用、投资顾问等方面的限制。2018 年的《关于规范金融机构资产管理业务的指导意见》（以下简称《资管新规》）正式开启了我国的大资管时代，将资管行业纳入统一监管体系中。到 2019 年，《资管新规》下的各项政策逐步落实，资管业务也开始在防风险与稳增长的基础上有序转型。在《资管新规》的推动下，我国资管市场发生了由供给端到需求端的重大变化，无论是资产配置理念，还是财富管理需求都在逐步发生改变。对于智能投顾的监管，无论是《资管新规》，还是《FinTech 发展规划》，都已经有了明确的监管态度和监管思路。在 2019 年的《FinTech 发展规划》中，中国人民银行还强调，要推出智能核心资产，稳妥推动人工智能技术与金融业务深度融合，根据不同场景的业务特征创新智能金融产品与服务，探索相对成熟的人工智能技术在资产管理、授信融资、客户服务、精准营销、身份识别、风险防控等领域的应用路径和方法。

在当前时期，金融监管部门进一步放开了投资基金投资顾问业务的限制。2019 年 10 月，中国证券监督管理委员会下发了《关于做好公开募集证券投资基金投资顾问业务试点工作的通知》（以下简称《投顾试点通知》），明确表示试点机构可以代客户做出具体投资决策，包括具体基金投资品种、数量和买卖时机的决策及代客户执行基金产品申购、赎回、转换等交易申请。《投顾试点通知》强调了“全权委托”的代客财富管理，开启了我国买方投顾时代。在这一政策的推动下，投资顾问将真正地站在客户的角度维护客户利益，而非简单地销售理财产品，这不仅将有利于推动投资顾问业务的发展，而且将有利于投资者资产配置理念的培养。表 12 - 1 梳理了 2018 ~ 2019 年投资管理领域主要监管政策。

**表 12 - 1　2018 ~ 2019 年投资管理领域主要监管政策梳理**

| 时间 | 部门 | 政策名称 | 主要内容 |
|---|---|---|---|
| 2018 年 4 月 | 互联网金融风险专项整治工作领导小组办公室 | 《关于加大通过互联网开展资产管理业务整治力度及开展验收工作的通知》(整治办函〔2018〕29 号) | 明确指出互联网资管业务属于特许经营业务,未取得金融牌照不得从事互联网资管业务 |
| 2018 年 4 月 | 中国人民银行、中国银行保险监督管理委员会、中国证券监督管理委员会、国家外汇管理局 | 《关于规范金融机构资产管理业务的指导意见》(银发〔2018〕106 号) | 按照产品类型统一监管标准,加强投资者适当性管理,打破刚性兑付,禁止资金池,分类统一负债和分级杠杆要求,强化宏观审慎管理和功能监管,等等 |
| 2018 年 5 月 | 中国证券监督管理委员会、中国人民银行 | 《关于进一步规范货币市场基金互联网销售、赎回相关服务的指导意见》(证监会公告〔2018〕10 号) | 提出“三强化、六严禁”原则要求,对“T+0 赎回提现”实施限额管理,规范“T+0 赎回提现”垫支,等等 |
| 2018 年 7 月 | 中国人民银行办公厅 | 《关于进一步明确规范金融机构资产管理业务指导意见有关事项的通知》 | 进一步明确公募资产管理产品的投资范围,进一步明晰过渡期内相关产品的估值方法,进一步明确过渡期的宏观审慎政策安排,等等 |
| 2018 年 8 月 | 中国银行保险监督管理委员会信托监督管理部 | 《信托部关于加强规范资产管理业务过渡期内信托监管工作的通知》(信托函〔2018〕37 号) | 强调“实质重于形式”的原则,细化过渡期监管安排,排查存量信托产品,监督整改计划落实,等等 |

续表

| 时间 | 部门 | 政策名称 | 主要内容 |
| --- | --- | --- | --- |
| 2018 年 9 月 | 中国银行保险监督管理委员会 | 《商业银行理财业务监督管理办法》（中国银行保险监督管理委员会令〔2018〕6 号） | 加强投资者适当性管理，规范产品运作，规范资金池运作，强化穿透管理，控制集中度风险，加强流动性风险管控，加强理财投资合作机构管理，强化信息披露，实行产品集中登记，加强理财产品合规性管理，等等 |
| 2018 年 10 月 | 中国证券监督管理委员会 | 《证券期货经营机构私募资产管理业务管理办法》（证监会令〔2018〕151 号）、《证券期货经营机构私募资产管理计划运作管理规定》（证监会公告〔2018〕31 号） | 明确各类私募资管产品均依据信托法律关系设立，统一现有规则“术语体系”，系统界定业务形式、产品类型等，基本统一监管标准，健全投资运作制度体系，系统规定证券期货经营机构开展私募资管业务的风险管理与内部控制机制要求，重点加强流动性风险防控，加强派出机构一线监管，等等 |
| 2018 年 11 月 | 中国证券监督管理委员会 | 《证券公司大集合资产管理业务适用〈关于规范金融机构资产管理业务的指导意见〉操作指引》（证监会公告〔2018〕39 号） | 对大集合产品进一步对标公募基金，对规范发展的标准与程序进行细化明确，并且给予了合理的规范过渡期，在规范进度上不设统一要求，等等 |
| 2018 年 12 月 | 中国银行保险监督管理委员会 | 《商业银行理财子公司管理办法》（中国银行保险监督管理委员会令〔2018〕7 号） | 对理财子公司的准入条件、业务规则、风险管理等做出具体规定，进一步允许理财子公司发行的公募理财产品直接投资股票，要求非标债权类资产投资余额不得超过理财产品净资产的 35%，要求理财子公司计提风险准备金，遵守净资本、流动性管理等相关要求，等等 |
| 2019 年 6 月 | 中国银行保险监督管理委员会 | 《关于资产支持计划注册有关事项的通知》（银保监办发〔2019〕143 号） | 对初次申报支持计划的保险资产管理机构进行受托人资格审核，对申报的支持计划实施合规性、程序性审核；对于交易结构复杂的支持计划，银保监会将建立外部专家评估机制，并采取适当方式向投资者提示投资风险 |

续表

| 时间 | 部门 | 政策名称 | 主要内容 |
| --- | --- | --- | --- |
| 2019年7月 | 中国证券监督管理委员会 | 《公开募集证券投资基金信息披露管理办法》（证监会令〔2019〕158号） | 优化指定信息披露媒体制度，简化报刊披露内容；强调简明性与易得性，突出有效信息的披露和提高投资者服务水平；加强基金风险揭示及重要信息的披露，更好地保护基金份额持有人利益；加强信息披露的事中事后监管，加大违规问责力度，促进行业高质量发展；适应《基金法》做出调整 |
| 2019年9月 | 中国人民银行 | 《金融科技（FinTech）发展规划（2019～2021年）》（银发〔2019〕209号） | 确定了六方面重点任务，包括加强金融科技战略部署、强化金融科技合理应用、赋能金融服务提质增效、增强金融风险技防能力、加大金融审慎监管力度、夯实金融科技基础支撑 |
| 2019年10月 | 中国证券监督管理委员会 | 《关于做好公开募集证券投资基金投资顾问业务试点工作的通知》 | 试点机构可以代客户做出具体投资决策，公募基金投资顾问业务试点正式开闸 |
| 2019年10月 | 中国银行保险监督管理委员会 | 《关于进一步规范商业银行结构性存款业务的通知》（银保监办发〔2019〕204号） | 严格区分结构性存款与一般性存款；要求银行制定实施相应的风险管理政策和程序；规定银行发行结构性存款应具备普通类衍生产品交易业务资格，执行衍生产品交易相关监管规定；加强结构性存款合规销售；强化信息披露；加强非现场监管和现场检查 |
| 2019年11月 | 中国银行保险监督管理委员会 | 《商业银行理财子公司净资本管理办法（试行）》（银保监会令〔2019〕5号） | 理财子公司净资本管理应当符合两方面标准：一是净资本不得低于5亿元，且不得低于净资产的40%；二是净资本不得低于风险资本，确保理财子公司保持足够的净资本水平 |
| 2019年12月 | 中国人民银行等四部委 | 《关于进一步规范金融营销宣传行为的通知》（银发〔2019〕316号） | 明确金融营销宣传资质要求；明确监管部门职责；明确金融营销宣传行为规范；明确对违法违规金融营销宣传活动将采取相应监管措施 |

续表

| 时间 | 部门 | 政策名称 | 主要内容 |
| --- | --- | --- | --- |
| 2019 年 12 月 | 中国人民银行、中国银行保险监督管理委员会 | 《关于规范现金管理类理财产品管理有关事项的通知（征求意见稿）》 | 现金管理类产品是指仅投资于货币市场工具，每个交易日可办理产品份额认购、赎回的商业银行或银行理财子公司理财产品 |
| 2019 年 12 月 | 中国人民银行 | 《中国人民银行金融消费者权益保护实施办法（征求意见稿）》 | 金融机构收集、使用消费者金融信息，应当遵循合法、正当、必要原则，经金融消费者明示同意。金融机构不得收集与业务无关的消费者金融信息，不得采取不正当方式收集信息，不得变相强制收集消费者金融信息 |

资料来源：宜信研究院整理。

## （二）市场供需分析

2019 年，我们分析了《资管新规》下资产管理行业居民投资管理需求与投资管理机构资产配置供给的变化，并强调了金融科技在解决投资者风险适配方面所起到的重要作用。近两年，在资管新规的推动下，“破刚兑”已经成为必然趋势，投资者的风险偏好也逐渐从无风险转向有风险，投资者的资产管理需求也正在从以收益为导向转向以风险适配为核心。在此环境下，投资管理机构积极应用人工智能、大数据等数字技术，通过智能投顾等创新服务模式为投资者提供风险评估与适配服务，通过智能投研、智能风控、智能运营等创新业务手段提升投资管理能力。

在供需特征转变的同时，我国资产管理行业的服务方式也逐渐从线下产品销售转向线上财富管理。一直以来，在我国资产管理行业市场中，以银行、基金公司、第三方财富管理机构为代表的从业机构主要依靠线下渠道为投资者提供理财产品销售服务，缺乏成熟、专业的资产配置能力和人工投顾服务体系。不仅线下服务面临较高的成本压力，而且也存在较大的服务效率瓶颈，难以在市场需求的快速变化中满足投资者在资产配置方面的需求。因此，在面临市场环境的转变时，从业机构不仅需要转变服务方式，形成以资产配置为核心能力的经营方式，还需要进一步转换获客与服务渠道，从而提高经营效率。通过服务线上化的转变，从业机构可以有效利用人工智能、大数据等技术为投资者提供智能投顾等在线资产配置服务，满足投资者的财富管理需求。

资产管理市场的线上化发展既为数字化投资管理奠定了基础，也为从业机构获取增量市场提供了重要渠道，其重点在于对大众富裕客群的转化与挖掘。随着全球金融业数字化浪潮的快速兴起，以及新兴数字技术的快速发展，投资管理数字化转型也正在成为行业发展的重要方向，这不仅是投资管理渠道线上化的必然结果，也是市场需求对从业机构的客观要求。据波士顿咨询测算，2018 年中国个人可投资金融资产的规模总量为 147 万亿元，财富管理体量已经位居全球第二，然而 2018 年全年中国个人可投资金融资产增速仅为 8%，较过去 5 年显著放缓。2018 年全球财富市场总额突破 205 万亿美元，但整体增速放缓，预计未来 5 年将以年均 5.7% 的速度增长。[①] 在《资管新规》造就的大资管时代背景下，大众富裕群体的可投资资产正在从无风险的银行储蓄向有风险的金融资产转化，这部分资产将是未来数年我国资产管理市场中的重要增量。据宜信财富统计，中国个人财富市场将会达到 200 万亿元的规模，这来自两个主要群体，其中 100 万亿元市场主要由可投资产 1000 万元以上的高净值人群构成，另外 100 万亿元市场由可投资产在 100 万 ~1000 万元的大众富裕群体构成。在此市场发展环境下，从业机构应积极应用金融科技手段，通过智能化、个性化、精细化的投资顾问服务，借助互联网、移动互联网渠道下沉目标客群，挖掘大众富裕群体中的潜在客户，从而抓住数字时代的市场增量。

当前我国大众富裕群体的投资理念正在经历着快速的转变，这一过程不仅需要政策推动与市场驱动，更需要及时、充分、准确且智慧的投资者教育。在过去几十年的长期刚兑市场环境中，我国投资者已经形成了较为根深

① 波士顿咨询：《全球数字财富管理报告：智启财富新未来》。

蒂固的刚兑理念，难以在短时间内接受“破刚兑”的市场转变。这就对《资管新规》下积极转型的从业机构提出了挑战，即如何让投资者接受与风险收益相匹配的投资理念，独立承受投资所带来的损失。许多从业机构在为客户提供投资管理服务的同时，也在积极地为投资者提供投资教育。由于投资理财相关知识具有专业性并且有一定的枯燥程度，投资者往往难以在固定的时间里系统地学习，或者难以真正理解与风险收益相关的专业知识。善于创新的线上化财富管理机构通过在线社区、网络短视频等方式为投资者提供碎片化的投资者教育，提升教育的趣味性；通过人工智能为客户推荐个性化的教育内容，提供实时的投资疑惑解答，提升教育的质量，从而有效地解决了当下投资者教育所面临的难题。

大众富裕群体的理财需求的落脚点不仅在于风险与收益的匹配，更加关注长期目标的实现。长期以来，我国大众投资者的储蓄率远高于美、英等发达国家，其主要原因在于我国大众对未来目标实现的焦虑，这些目标包括住房购买、子女教育、养老支出、大病医疗等。尽管大众投资者的可投资资产正在从银行存款向有风险金融资产转化，但其储蓄目的并未发生较大改变，其储蓄下来的资产需要在目标驱动下实现保值、增值。近年来，随着投资者投资与储蓄目标的逐渐重合，从业机构也认识到了这一问题，通过推出目标式理财规划、目标日期基金等方式为投资者提供财务规划服务。不过在此过程中，由于我国投资者缺乏长期投资经验与耐心，传统的理财产品尽管有着目标导向理念，却难以获得投资者青睐。新兴数字技术所驱动的智能投顾等在线投资管理服务，则能够有效解决这一问题，在帮助投资者做好长期目标投资规划的同时，为投资者挑选合适的理财产品。

## 三　相关理论创新与发展

智能投顾在全球的应用变得越来越普及，考察其理论基础、探讨其理论进展以及发展方向就显得越发重要。当前，资产管理业的趋势是从主动投资转向被动投资。行业竞争的焦点一度集中于采取各种低成本策略。传统的资产管理公司也开始为客户提供更多的电子化服务。智能投顾的出现降低了客户的使用门槛并证明了它是削减成本的有力工具，通过使用 ETF 等被动配置工具，资产管理服务可以直达客户需求。虽然，成本领先策略扩大了智能投顾的客户覆盖面，但是其真正的潜力不仅如此，还有很多方面值得挖掘。其中，对智能投顾理论进行优化、扩展与应用可能是未来智能投顾发展的重要方向。

### （一）当前智能投顾普遍采用的理论基础

智能投顾所采用的理论模型，决定了技术的复杂性和对数据的利用程度。最近的一项研究表明，现代投资组合理论（MPT）仍是当前智能投顾所采取的主流模型。BLW（Beketov，Lehmann，& Wittke，2018）分析了全球范围内 219 家智能投顾的核心组合最优化和资产配置方法之后发现：当前的趋势是改善和增强 MPT 框架的能力和实用性，而不是重新去寻找或者发明一种新的资产配置方法。

早期的资产管理电子化、网络化是通过在线做一些问卷和调查，让理财经理更好地理解客户的需求，进而提供适当的服务。当前的智能投顾均使用一些量化的方法去构造、再平衡资产组合，以达到自动化资产管理的目的。一个典型的资产配置过程包括 5 个主要的步骤：①大类资产的选择；②客户偏好识别；③资产配置或者组合最优化；④监控和再平衡；⑤运行跟踪和报告系统。

第 1 步的主要目标是建立投资工具集合，尽可能覆盖多种类型的资产，找到低成本、低风险的投资工具。第 2 步是使用多种方式，识别客户的经济条件、投资目标年龄以及其他信息，进而评估一个客户的偏好。第 3 步则是资产配置方法的关键应用领域。第 4 步是上一步的定期评估。第 5 步需要为客户提供方便可得的定期报告、账户信息以及对未来盈利和风险的预测。从这些步骤中可以看到资产配置方法是智能投顾的核心。

BLW 对全球 219 家智能投顾使用的方法进行了深入分析，最终识别了 73 家明确声明配置方法的投顾系统。将这些系统做统计分析之后发现：采用

MPT 方法的占比接近 40%，采用经验比例（Sample Portfolios）和固定比例（Constant Portfolio Weights）的占比略高于 40%（这两种方法某种意义上不是通常理解的量化方法）。其余的 20% 方法主要是因子模型（Factor Investing）、负债驱动模型（Liability – driven Investing）、风险平价模型（Risk Parity）、全域最优化模型（Full – scale Optimization）、恒定比例投资组合保险（Constant Proportion Portfolio Insurance）、均值回归（Mean Reversion Trading）等，虽然小众方法很多，但是它们的应用却很分散，单个占比一般不超过 3%。

除了从数量上统计资产组合方法之外，BLW 也从该方法所管理的资产量（AuM）上进行了统计分析。与数量统计一样，MPT 方法覆盖了近 50% 的资产管理规模。方法的使用数量与管理资产量的差异主要体现在一些相对复杂的资产配置方法上，例如 Black – Litterman 模型、Full – scale Optimization 等方法虽然数量应用占比较少，但所管理的资产总量相对更大。

BLW 的研究证明了智能投顾模型使用的两大趋势。一是当前大部分的智能投顾还是倾向于使用现代投资组合理论（MPT），而且大部分系统都对该模型进行了优化和扩展。二是使用相对复杂的模型虽然不是普遍做法，但是可以吸引更多的资产。总体上看，当前大部分智能投顾所使用的模型方法与学术研究前沿之间还存在较大的差别。

### （二）现代投资组合理论（MPT）的一些局限

自从马克威茨在 1952 年初创投资组合分析框架以来，MPT 模型经历了近 70 年的应用与实践。这一模型框架为资产组合管理提供了标准化的工具，为智能投顾的被动投资提供了解决方案。但是，越来越多的学术研究表明这一模型存在一些局限性。

首先，输入参数估计困难。MPT 并没有对模型中输入参数的估计提出任何指引，但模型本身对参数高度敏感。如何估计模型的输入参数尤为关键，现实中直接应用历史数据作为输入参数的可行性并不大，因为历史数据的微小变化就会带来配置比例的大幅改变。Black – Litterman 模型在输入参数（特别是未来收益率）中加入了分析师的预估与平滑因素，才使得这一模型的实践能力得到大幅提升。

其次，资产相关性的假设与非平稳性。MPT 假设资产之间相关性越小，越能分散风险。然而，现实的情况是资产的相关性正在逐渐增强。众多资产走向趋于一致，大部分表现为系统性风险，自身特殊风险不足，风险分散效应下降。资产相关系数异常不稳定，特别是在金融危机期间，股债汇商等资产的正常相关性被打破，资产表现为同涨同跌。识别时变的相关系数变得异常困难，如果不考虑这些变化可能遭受损失，过度识别变化又可能导致 MPT 模型下的资产配置需要大幅调整，以至于配置计划难以执行。

再次，资产非正态分布与尖峰肥尾特性。MPT 的正态性假定忽略了极端事件风险，因此使用二阶距刻画风险存在很大的局限性。智能投顾以此为基础建立组合，会让投资者承担额外的极端事件风险。

最后，完全被动地使用 MPT，盈利能力可能并不高。MPT 仅仅是无数的量化方法中的一种，它强调的是选择相关性不强的资产，分散风险。这种平均的思想决定了仅仅能获得平均的市场收益。一些量化方法已经被证明可以获得超额市场收益，因此固守 MPT 可能会失去获取超额收益的机会。

### （三）对 MPT 的多维度改进

随着时间的推移，学术界以及业界不断地创新各种方法，增强 MPT 的应用性。投资组合优化的发展方向为：（1）更贴近实际的模型分析，放松假设条件更贴近实际市场情况；（2）拓宽投资组合研究范围，将新的产品纳入组合中。相关修改及进展见图 12－1。

从智能投顾看，MPT 理论存在几个有用的改进维度（见图 12－2）。为了克服历史数据的高度变异性以及数据依赖性，Black－Litterman 模型、Gordon Growth 模型以及资本资产定价模型（CAPM）被业界广泛采用。对于风险的衡量，将原始的方差改进为在险价值（VaR）或条件在险价值（CVaR）。对权重的约束、模拟以及不同的方差测量方法都在应用中出现。虽然方法众多，但是并不存在一个统一的综合方法涵盖所有的改进。实践中，Wealthfront 提供了许多方法供投资者选择，或许这才是模型运用的最佳业界实践。

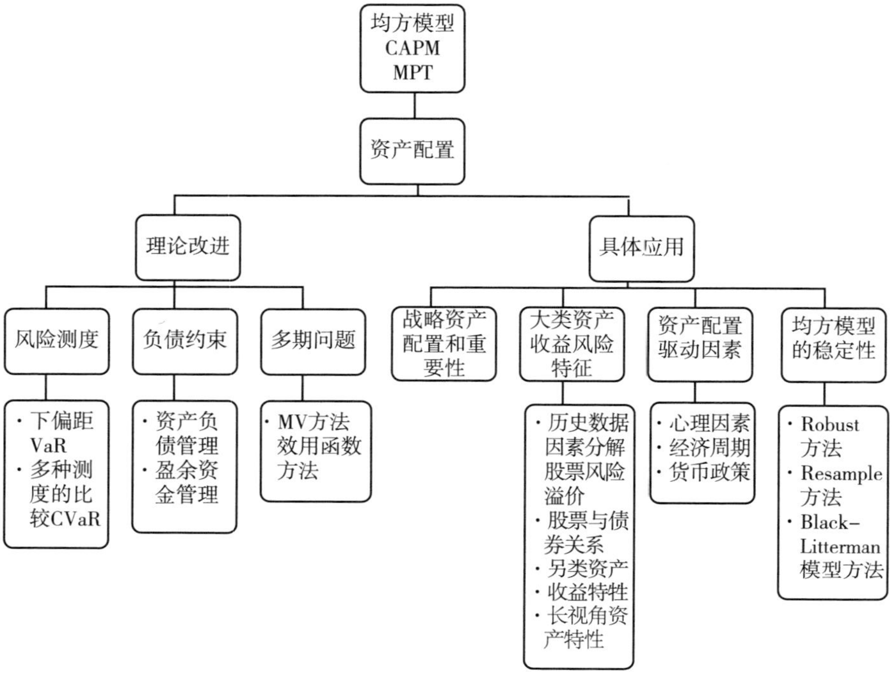


**图 12－1　MPT 的多维度改进**

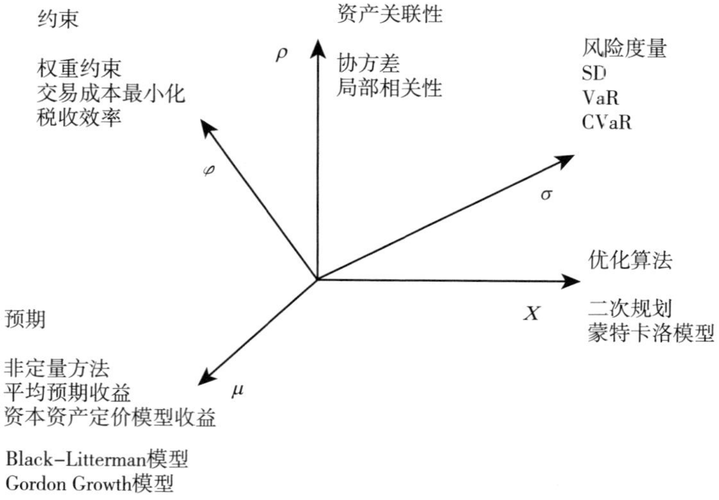


**图 12－2　MPT 多维度改进后**

当然，经历了这些改进之后，新模型是否还可以归为 MPT 就不一定了，比如很多人认为用 VaR、CVaR 构造的组合是新的框架，而不是对原来的 MPT 的改进。无论如何，正是受到 MPT 的启发，才有了后来丰富多彩的资产管理模型与实践。

## （四）未来的发展方向

已有研究表明，使用更复杂方法的公司吸引了更大的总体资产管理规模。这也意味着，方法论的竞争优势正在逐步建立。当然，这并不一定表明技术上有多么的先进，只能说模型越来越细化，可以为客户提供越来越个性化、差异化的产品。分析固定比例投资组合与其他 MPT 模型之间的差异，就能理解这种细化同样是巨大的进步。

智能投顾的目标客户群体，即投资于 RAs 的客户通常会接受技术进步并要求复杂和个性化的数字服务和方法。他们希望通过先进、科学、公正、现代化和实施良好的方法与技术进行资产管理。一些成功的 RAs 发布了详细的白皮书，描述甚至科学地证明了他们方法的有用性（Wealthfront，2017；Scalable Capital，2016；Schwab，2017）。

此外，接近 70 岁的现代投资组合理论对新一代投资者来说并不是一个非常令人信服的方法。可喜的是一些新的方法正在逐渐被开发出来，它们的应用也日益广泛。一些适合 RAs 的方法既具有良好的性能，又具有一定的市场吸引力。这些方法包括以下几种。风险平价法：提供独特的风险分散方式，所有资产组合的组成部分的风险贡献都被考虑进优化过程；全域优化法（Cremers et al.，2005；Adler and Kritzman，2007）：提供一个定制化、个性化的客户效用函数，并且可以包含巨大损失风险；情景优化（Adler and Kritzman，2007；Calafiore，2013）：可以有效应对危机时期的冲击；带有偏态风险的风险平价（Bruder et al.，2016）：在风险平价方法的基础上加入了巨大损失风险。

未来，随着模型的改进，智能投顾将日新月异，更复杂、更个性化的模型将会被不断引入。方法论之间的竞争将随着行业的成熟，变得越来越激烈。虽然智能投顾的发展由许多因素决定，其中富有的个人是否接受 RA 将是行业发展的关键之一。现有研究表明这类人对智能投顾持有开放态度，他们更倾向于使用混合机器与人工的方法进行投资。这种方法也被认为是 RA 的下一阶段发展趋势。人工可以帮助度过不寻常的危机时期，对于机器方法来说保持核心算法的自主性、自动性至关重要。与人类社会一样，算法的不断进化才是时代进步的主旋律。

## 四　投资管理的数字化转型

### （一）数字化营销获客

随着互联网金融的快速发展，投资者对线上投资的接受程度越来越高，带动了投资管理机构营销的线上化发展。近年来，随着互联网金融的快速发展，投资管理市场的客群不断下沉，从业机构借助互联网与移动互联网能够有效触达长尾客户。在此环境下，传统的线下营销渠道难以适应当前投资者多样化、个性化的需求，依托于大数据、云计算、人工智能等新兴数字技术的数字化营销获客方式逐渐获得投资者的青睐。从业机构应用数字技术开展数字化营销获客，不仅能够整合服务资源、提升服务效率，还能够降低获客成本、突破服务瓶颈，更迅速、更灵活地响应投资者需求。

投资管理机构的数字化营销获客有赖于数据分析，从而实现对客户的精准化、智能化营销服务。投资管理机构通过各种方式采集客户授权数据，包括第三方网络平台导入、线下自然录入、网络平台抓取等方式。在采集数据的基础上，从业机构通过数据关联分析构建客户画像，从而决定应该在什么时候、什么渠道、什么激励方式下为不同客户提供什么理财产品或服务，并预测所能达到的营销效果。

数字化营销获客主要依赖线上渠道触达客户，以人工智能等技术降低获客成本、突破服务瓶颈，以人工加人工智能的方式为客户提供有温度的投资管理服务。当前投资管理机构大多借助自由移动应用 App 触达客户，也有部分机构使用微信公众平台、网络社交平台、网络活动场景等方式触达客户，为客户推送数字化广告及营销激励措施等内容。在获得客户反馈与客户进行沟通时，传统的人工客服不但成本较高，而且很难及时有效地对大量客户做出响应，这时人工智能客服则能够快速有效地回应客户的咨询。由于当前人工智能技术仍处于初级智能状态，无法完美应对用户的所有咨询，因此将人工客服与人工智能客户结合起来，由人工智能解决通用型问题，人工客服解决重要、疑难问题，则可以实现人工客服与人工智能客服之间的平衡，提升数字化客户服务的客户满意度。

**案例1　宜人财富财富管家人机交互**

宜人财富是中国金融科技第一股宜人金科旗下在线财富规划和财富管理咨询平台，为大众富裕人群提供投资管理服务。宜人财富通过理财管家版Yiri“宜睿”提供了多层次的深入人机交互方式，为宜人财富客户提供更多的财富投资知识和建议。目前“宜睿”可以通过分析用户的可投资产、风险承受能力、流动性需求、风险偏好、生命周期等多元维度，为用户推荐资产配置方案。“宜睿”不仅能够帮助客户实现财富增值，还可以通过深入的人机交互，帮助客户培养和提升财商。用户可以向“宜睿”发出提问，包括“我有100万怎么投”“学点理财知识”“优化我的配置”“理财日报阅读”等问题。“宜睿”会根据问题为用户定制全场收益最高的产品、讲解财经热词、分析用户财商指数并推荐最合理的优化策略、阅读当天的理财热点新闻等。

### （二）数字化KYC

了解你的客户，即KYC（Know Your Customer），其主要目的在于获取客户的个人身份相关信息，在金融监管中的主要目的是预防反洗钱、身份盗窃、金融诈骗等犯罪行为，而在投资管理机构的日常业务开展中，主要过程是对客户的身份特征、资产状况、风险偏好等因素进行综合评估以形成完善的客户画像，主要目的是客群挖掘、精准营销、个性化服务等。

投资管理机构借助数字技术可以实现低成本、高效率的数字化 KYC，从而满足监管合规与业务拓展等目标。随着分布式账本即区块链技术的迅速普及，金融机构可以利用区块链技术搭建行业可共享的客户身份信息系统，从而避免不同机构对相同客户的重复 KYC 工作，提高身份信息系统的普遍可访问性并降低客户获取成本。据高盛测算，借助区块链技术开展身份管理，可以每年为金融行业节省 30 亿 ~ 50 亿美元。一个有效的区块链客户身份系统，既可以让银行彼此之间以透明和安全的方式共享 KYC 信息，也可以减少客户登记时间、提高客户体验，还可以凭借区块链的共识与不可篡改机制避免金融欺诈。在区块链之外，人工智能、大数据技术也能够为投资管理机构 KYC 提供便利。部分投资管理机构通过大数据分析描绘出不同客户的风险偏好、营销激励偏好、投资交易偏好等特征，对客户进行全方位画像，借助人工智能深度挖掘客户的个性化需求，为客户提供更加深入、更加有针对性的投资管理产品与服务。

### 案例 2　宜人财富智能服务营销系统

作为宜人贷旗下在线财富规划和财富管理咨询平台，宜人财富高度重视“知识库”的建设，通过搭建智能知识库系统，为多媒体客服、智能语音导航提供智能帮助，从而全面、快速、精准地答复客户，提升客户体验。所谓的智能服务营销，并不是传统意义上的“客服机器人”，而是用人工智能技术和大数据积累，给人工客服提供智能 KYC 的方式来洞察客户。

相较于传统 KYC 模式，智能 KYC 具有以下特点：①更智能化，通过大数据的方式洞察用户的钱包深度、风险承受能力、风险偏好、流动性需求、财富管理诉求，进行更准确和更智能化的适当性管理；②服务覆盖人群更为广泛，运用不同的数据源，进行数据挖掘和机器学习，建立差异化的标签体系，进行“拉新、促活、留存、转化”不同阶段的用户运营服务，提高服务效率和服务人群数量；③渠道投放更精准，通过用户洞察识别目标渠道和人群，产品推荐更精准，为不同的客户群体量身定制差异化的产品策略，帮助合适的用户选到适合的产品；④更深入，从需求和目的出发，深度洞察用户的具体财富管理需求，比如细分客户的子女教育、养老规划、财富传承等在财富方面的诉求。

### （三）数字化交易决策

对于大众投资者而言，依赖投资者独立操作的主动交易决策往往会受到认知缺陷、情绪波动等负面因素的影响，难以实现阿尔法（α）收益。相对而言，依赖数据进行的智能决策以及基于股指变化的被动型投资则更可能优于主动交易决策。从国内资产管理市场来看，大众投资者依赖个人独立判断能力进行的主动交易决策很难实现阿尔法收益，大多成为机构投资者收割的对象。尽管我国投资者对于被动型投资产品的兴趣较高，但国内资产管理市场中的交易型开放式指数基金（ETF）等被动型产品较少，难以满足投资者资产配置的需求。在智能投顾快速兴起的大背景下，越来越多的投资者开始接受由人工智能技术支持的数字化决策方式，尝试以数字化决策代替个人主动决策以优化个人的投资组合，并获取高于主动投资的收益。

许多投资管理公司运用人工智能技术为投资者提供数字化的交易决策服务。数字化决策方式对数据有着较高的依赖性，需要通过人工智能技术分析与挖掘数据中的信息，为交易决策提供依据。部分投资管理机构还借助另类数据集展开尽职调查，这是同时运用了大数据与云计算技术来实现另类大数据的存储与计算，以此帮助投资者获取阿尔法收益。

### （四）数字化投资者教育与保护

中国人民银行发布的《2019 年消费者金融素养调查简要报告》指出，认为金融教育非常重要与比较重要的消费者占比达到了 88.27%，且消费者在投资方面的知识水平有待提高。投资者教育是规避金融创新风险的重中之重，如果金融消费者充分了解投资方面的知识，就可以避免陷入不合理的投资风险与投资诈骗之中。

投资管理领域的投资者教育还包括许多内容，不仅包括传统金融领域的股票投资、基金购买、银行理财等，还包括互联网金融中的网络借贷、众筹融资，以及金融科技中的智能投顾、保险科技等。

目前，传统的投资者教育还停留在播放公益宣传片、陈列易拉宝、线下发放小册子等层面。在互联网全面渗透的今天，这些传统的教育方式已有些过时，因其不仅在形式上千篇一律，而且其内容也晦涩难懂，不能在社交媒体上引起广泛关注与传播，更无法达到理想的教育效果。在数字化时代，从业机构需要借助数字技术做好投资者教育，实现从业机构和投资者之间的互动，使投资者教育变得更加专业、易懂且有趣。

基于数字化形式的创新模式，可让投资者教育由过去被动式地灌输知识，变成用户的主动搜索、主动传播，体现了用科技手段为投资者服务的理念。向非专业个人理财者阐明复杂的金融投资逻辑体现了高水平的投资者教育能力、财富管理机构的投资能力及社会责任感。例如，宜信财富在 2017 年推出的《爱乐之城》《全球房地产母基金》《宜信财富家族信托》等系列动画短片，寓教于乐，时长 3～5 分钟，非常契合当前市场消费快餐文化的特点，可以通过微信、微博等移动互联网渠道进行快速传播。

## （五）养老金融投资管理

随着我国人口老龄化发展速度的加快，社会对养老金融的需求也迅速提升。根据《中国养老金融发展报告（2016）》对养老金融的定义，养老金融（aging finance）是一个概念体系，主要包括养老金金融、养老服务金融与养老产业金融。本章所研究的养老金融主要关注养老金金融中的储蓄投资，重点是利用长期基金组合投资方式让财富稳定增值，实现养老投资目标。

目前市场上满足低年龄层大众养老投资者的产品之一，还是长期的开放式基金产品，即目标日期基金（Target－date Fund）。从投资期限上看，开放式基金产品可以长期持有；从投资标的上看，养老基金可以投资股票、债券等多类资产；从投资策略上看，养老基金可以根据对风险收益要求的不同调节不同类型资产的比例。所以当面对低年龄层高风险高收益、可长期持有的需求时，养老基金无疑是一个非常合适的选择。

面对不断增长的多年龄层群体的养老投资理财需求，以养老基金为代表的、基于风险收益可调控投资策略的长期限养老投资理财产品将会迎来新的增长空间。随着金融启蒙覆盖面的扩张，越来越多的低年龄层群体意识到养老投资的重要性，其投资需求也将迅速释放出来。这部分需求的增长，将会使市场上诸如养老基金之类的理财产品受到个人投资者青睐。

随着互联网金融的发展，各类理财机构群涌而出，个人投资者也将能够更便捷地接触到各类不同的理财产品，个人的养老投资将不再局限于理财产品本身，而是选择不同的投资策略以实现养老理财的目标。不同年龄段追求不同投资收益的投资者，将不再受限于同质化、低回报的养老保险产品，也不再受制于信息闭塞与渠道不足导致的可投资产品过少的问题，将能够根据自己设定的养老目标，自由地选择不同的投资策略，便捷地购买到各类理财产品。

### 案例 3 美国数字化养老金另类投资平台 Rocket Dollar

Rocket Dollar 于 2018 年成立于美国得克萨斯州奥斯汀市，是一家以另类投资为主提供养老金投资服务的数字投资平台。Rocket Dollar 通过自主投资账户（Self－Directed Retirement Accounts）让个人投资者自行掌控退休账户资金，可选择的资产类别有房地产、贵金属、私募股权、数字货币等。该模式帮助个人投资者寻求比传统投资更好的投资业绩，通过多元化来限制风险，同时以数字化的方式提升服务效率、降低成本，为数以万计的美国工人提供个人养老金解决方案。

美国的养老金体系有三个板块：一是联邦政府强制的社会养老保险计划（OASDI）；二是雇主养老金计划［主要由 401（k）私人企业计划、403（b）非营利性组织计划、457 政府计划等组成］；三是个人退休账户（IRAs 账户）。这三个板块有效支撑起美国的养老金体系，其中以个人退休账户 IRAs 账户和 401（k）私人企业计划最为知名，IRAs 账户与 401（k）计划投资于美国的资本市场，得益于美国资本市场投资工具丰富、法律法规体系和监管体系健全，IRAs 账户和 401（k）计划已成为提供美国居民退休收入保障的最重要工具。

但传统的 IRAs 账户和 401（k）计划只能投资于普通证券，如股票、债券和 ETF 基金等，随着美国资本市场的不断发展，客户对资金的成长性和收益提出了更高的需求。而 Rocket Dollar 作为一家创新的数字化投资平台，通过金融创新的方式，创建自主 IRAs 账户和自主 401（k）计划，使合格投资者可以将养老金投资于另类投资，丰富其资产配置方式，使其在承受更高风险的同时获得更好的回报。

Rocket Dollar 更适用于那些具有一定投资专业性、资金实力较强且风险承受能力较高的投资者，尤其是对于已经拥有大量的股票、债券和基金等传统退休计划的投资者来说，或者在房地产、艺术品投资领域非常有见解的人来说，Rocket Dollar 的投资方式是一个很好的选择。

## 五　总结与展望

从 2019 年的行业发展来看，投资管理机构的全面数字化转型已经成为必然趋势，从业机构将更加积极地运用人工智能、大数据、云计算、区块链等新兴技术发展金融科技，以更好地适应市场环境的变化，满足投资者在数字时代的新需求。监管部门对此抱有支持态度，但同时也十分重视从业机构的合规与金融科技创新的风险问题。在金融科技创新与数字化转型的过程中，投资管理机构仍需重视合规发展，做好消费者保护、信息安全防护等工作，才能在未来的发展道路上行稳致远。

在 2020 年新冠肺炎疫情防控期间，数字化投资管理服务发挥了重要作用，在线下网点停止运营时，为客户提供了非接触的投资管理服务。未来一段时间内，投资管理机构将逐步实现数字化转型，为投资者在线提供丰富的数字化投资管理产品与服务。作为我国资产管理市场的重要客群，越来越多的大众富裕群众，将实现“破刚兑”理念的转变，在市场上找到符合自己资产配置需求的数字化产品与服务，从而实现自己的投资目标。

## 参考文献

中国人民银行：《2019 年消费者金融素养调查简要报告》，2019。

德勤：《2020 年投资管理行业展望：跨越传统界限，实现利润增长》，2020。

巴曙松、杨倞：《中国资产管理行业发展报告（2019）》，中国经济出版社，2019。

《财富管理发展的制胜之道——2019 全球财富管理研究报告》，亿欧网，2019。

董克用、姚余栋、孙博：《中国养老金融发展报告（2019）》，社会科学文献出版社，2019。

葛平：《我国智能投顾发展中的法律问题与监管应对》，华东政法大学硕士学位论文，2018。

《区块链中的 KYC（了解你的用户）》，币乎网，2018 年 11 月 7 日，https://bihu.com/article/1792298。

波士顿咨询、陆金所：《全球数字财富管理报告 2019～2020：智启财富新未来》，2020。

王婧涵：《基于资产配置视角的智能投顾分析——以“中银慧投”为例》，《经济论坛》2018 年第 8 期。

谢平、邹传伟、刘海二：《互联网金融模式研究》，《新金融评论》2012 年第 1 期。

宜信研究院：《中国新锐中产人群投资规划研究报告》，2018。

Adler, T., Kritzman, M., "Mean-variance Versus Full-scale Optimization: In and out of Sample", *Journal of Asset Management*, 2007, 7 (5).

Adler, T., Kritzman, M., "Mean-variance versus Full-scale Optimization: In and out of Sample", *Journal of Asset Management*, 2007, 7 (5).

Beketov, M., Lehmann, K., Wittke, M., "Robo Advisors: Quantitative Methods Inside the Robots", *Journal of Asset Management*, 2018, 19 (6).

Bruder, B., Kostyuchyk, N., Roncalli, T., "Risk Parity Portfolios with Skewness Risk: An Application to Factor Investing and Alternative Risk Premia", Available at SSRN 2813384, 2016.

Calafiore, G. C., "Direct Data-driven Portfolio Optimization with Guaranteed Shortfall Probability", *Automatica*, 2013, 49 (2).

Cremers, J. H., Kritzman, M., Page, S., "Optimal Hedge Fund Allocations", *The*

*Journal of Portfolio Management*, 2005, 31 (3).

Griveau - Billion , T. , Richard, J. C. , Roncalli, T. , "A Fast Algorithm for Computing High - dimensional Risk Parity Portfolios", Available at SSRN 2325255, 2013.

Scalable Capital, "The Scalable Capital Investment Process", München: Scalable Capital, 2016.

Schwab, "Intelligent Portfolios Asset Allocation White Paper", San Francisco: Schwab Wealth Investment, 2017.

Wealthfront, "Investment Methodology White Paper", Palo Alto: Wealthfront, 2017.

# 风险篇：
# 金融科技与风险识别及监管

Risk Part：FinTech and the Identification and Supervision of Risk

## 第十三章
## 金融科技发展中的风险分析

林　楠*

摘　要：金融科技的本质是金融，其风险具有内生性。金融科技能否有效回避流动性错配问题值得深思。一方面，金融科技的低利润率会提升流动性与收益性相互平衡的难度。另一方面，从流动性风险的根源来看，资产和负债的期限错配，是所有金融机构的经营特征，金融科技企业也不例外。从金融科技风险产生的外部性看，“杠杆性”、“顺周期性”与“传染性”等重要特性不容忽视。金融科技在提升系统效率的同时，也会带来风险。除了其涉及的市场主体、产品和工具、期限等，如何在技术和监管层面防范金融科技复杂性风险任重而道远。

* 林楠，副研究员，中国社会科学院金融研究所国际金融与国际经济研究室副主任。

如何消除监管套利，并充分利用互联网、大数据、云计算、人工智能等技术，强化金融业信息技术服务实体经济的应用能力，是金融科技风险防范能力提升的关键。

关键词：金融科技风险　流动性错配　期限错配　技术风险　监管套利

当前世界处于百年未有之大变局中，中国处于近代以来最好的发展时期，两者同步交织、相互激荡。伴随金融供给侧结构性改革的稳步推进，重要领域和关键环节取得突破性进展，金融科技稳步发展。新时代，金融高质量发展步入了决胜时期，在百年未有之大变局和金融供给侧结构性改革背景下，进一步推动金融科技高质量发展，形成以信息化技术为重要时代特征的新金融创新体系，切实提高金融服务的信息化程度和技术水平，充分利用好互联网、大数据、云计算、人工智能等技术，不断强化我国金融业信息技术服务实体经济的应用能力，也是金融科技风险防范能力提升的关键。

## 一　风险的内生性：基于“流动性错配”与“期限错配”的再分析

金融科技的本质是金融，其风险具有内生性。流动性对于金融的重要性不言而喻，特别是在市场处于某种极端情况，或因进行某种特殊交易想处理合约但不能如愿以偿时，便会产生流动性风险。例如，市场交易不活跃，无法及时平仓。此外，当投资者的资金无法满足要求时，也会面临强制平仓的风险。例如，市场操纵和“逼仓”行为等就是这种风险的具体体现。

### （一）流动性错配问题

从定义来看，对于流动性，学界尚未达成广泛认同。一般认为，是金融资产迅速转化为现金而不遭受损失的能力。衡量金融资产流动性的一个较好指标是在金融市场上购买这项资产并立即出售兑现时所产生的成本。因此，流动性与金融市场的“薄厚”（市场交易量规模、产品种类）密切相关。即使流动性稍差的金融资产，厚市场会降低其交易成本；而即使流动性较好的金融资产，薄市场也会增加其交易成本。此外，流动性好的市场应是连续市场，即任何数量的交易都能成交，且小额交易成交价格与市价相同，大额交易如果拉长交易时间则平均价格也与市价相近。

从实践来看，对于金融机构，由于流动资金支付数额或时间的不确定，金融机构须准备足够的流动资金来满足支付需求。如果金融机构无法获取足够的流动资金来偿还到期债务，就可能面临流动性风险。实际上，可能存在“流动性问题”的金融交易和市场领域很普遍，而“流动性危机”也往往是瞬间爆发且鲜有征兆。一方面，可能由于有关流动性的信息并不太稳定且不够透明；另一方面，基于“正常市场”的金融风险分析实际上反而会“鼓励”市场形成表面上风险较低，而在面临系统性压力时便暴露出潜在尾部风险的金融结构。

从流动性的来源看，主要是：出售流动性资产或自有或借入资金。对此，面对流动性与收益性之间的矛盾，金融机构必须权衡选择。对于金融科技，其低利润率可能会提升流动性与收益性相互平衡的难度，即传统按照大数定律管控流动性风险的方法可能将不再适用于“长尾分布”状态下的流动性管理。

从资产负债表来看，流动性风险来自资产端和负债端两个方面。在负债端，流动性风险源自金融机构负债的持有者要求兑现其金融债权时，金融机构是否有足够现金流来偿还其债务；在资产端，即金融机构能否通过调整其资产结构而获得资金从而及时履约。特别是如果金融机构在其资产端所投资的资产具有较低的流动性，而在负债端的融资来源期限较短流动性较高时，就会形成两者之间的流动性错配。

对于金融科技，其不仅在本质上没有改变各类风险的承担主体，反而可能使市场对于风险承担主体的识别更加困难。目前，从事金融科技业务的机构通常不持有客户的资金，如果款项持有者将其投资于如银行存款或国债类的流动资产，将意味着借贷平台不承担流动性转换职能。因此，金融科技是否可以有效回避流动性错配问题值得深思。

## （二）期限错配问题

从定义看，期限是到期期限的简称，即金融产品按合约从开始到债权人（合约持有者）要求清偿偿付之前的时间间隔。值得注意的是，即使明确了到期期限的金融资产也可能在其所标明期限未到期时提前终结。导致这种情况发生的原因很多（例如破产），对于金融科技也不是不可能。一些金融科技企业并不是真正用高科技盈利，而仍然依靠高期限错配，以及高杠杆，甚至关联交易，最终会面临“十个瓶子九个盖”的游戏玩不下去的尴尬。例如，P2P 投资项目期限错配就很普遍。一类是，将短期投资投入长期借款项目之中，用后面的投资者的钱归还已到期的投资者的本金和利息；另一类是，现在募集未来几个月要用的钱。一些跑路平台或出现提现问题的平台在项目发行初期就有期限错配的嫌疑，随着投资规模的增加，期限错配迟早会引发流动性风险，直至转变成“庞氏骗局”。

所谓期限错配，简单地说就是“短钱长用”，用短期资金去投资长期资产。值得注意的是，金融机构资产和负债的期限转换天然地与流动性风险相伴而行。从流动性风险的根源来看，资产和负债的期限错配，是所有金融机构（金融科技企业也不例外）的经营特征。造成这种错配的原因不外乎这几点：一是某些资产或负债的期限本身就不确定，从而难以与相对应的负债或资产期限直接匹配；二是资产和负债的期限分布本身不同，这是由实体经济的真实需求决定的；三是资产和负债的期限错配是金融机构的重要盈利方式之一。此外，由于某些类别资产和负债价格都是随行就市，即使某一资产和负债的期限是完全匹配的，也可能无法保证在到期日时，其在数量上能够完全匹配。

在传统金融场景下，银行、信托等金融机构根据投资额的赎回期限来匹配资金，对外投放的周期可能会出现期限错配。金融科技贷款是金融科技的一项主要业务，期限错配问题也极易产生。在金融科技支持下，金融愈发“线上化”，以大量的互联网平台为例，其从事信贷投放和资产管理，很多平台将短期保本资金转入进行中长期的投资（即“短债长投”），期限错配导致兑付危机上升。此外，以互联网货币基金为例，其大部分资金配置于协议存款，而部分银行又将协议存款资金用于风险性更高的信托收益买入反售，而信托项目可能将资金配置于地方融资平台或房地产部门，其中一个环节出问题，都会引发系统性金融风险。

## 二　风险的外部性：基于“杠杆性”、“顺周期性”与“传染性”的再考量

如前所述，无论在任何时候，流动性风险都是金融机构所必须重视的重要风险之一。伴随着金融市场环境的变化，如果金融机构每天都面临笔数更多、金额更巨大的负债到期，其流动性风险无疑是呈上升态势的。对于金融科技，作为科技驱动下的金融创新，金融科技既没有改变金融的本质，也没有改变金融的风险属性。传统金融业态所有的金融风险实际上在金融科技中仍然存在。从金融科技风险产生的外部性看，以下几方面特性不容忽视。

### （一）杠杆性

类似于存款的金融合约会有流动性风险，若更多交易无须此类合约即可完成清算，将会促进宏观金融稳定。但问题是很难区分作为金融特质的“好”杠杆和作为漏洞的“坏”杠杆：金融业的特性在于其对高杠杆的依赖，当需要杠杆来提供激励时，杠杆就是金融特质。

值得注意的是，杠杆本是“中性”概念。如上所述，其中既有作为金融特质的“好”杠杆，也有作为漏洞的“坏”杠杆。在明确“好”杠杆和“坏”杠杆之别的基础上，金融科技能否降低由高杠杆所带来的金融风险，以及是否会成为“坏”杠杆是值得深入探讨的重要问题。对于金融科技的杠杆风险，显然需要探讨的是后者。例如，同业竞争加剧，更加积极主动的管理，带来了更频繁的资金调动，也带来了程度更深、更多的期限错配和更高的杠杆。此外，大量众筹平台和线上消费金融平台使企业和居民的杠杆率

不断攀升，一方面，有的用自有资金为客户贷款提供杠杆融资；另一方面，线上基金平台往往设计了复杂的交易结构，可能会规避监管机构的配资杠杆要求。如果监管者希望金融科技能降低由高杠杆所带来的金融风险，则需要相应调整金融监管框架，在保持前瞻性以应对金融科技挑战的同时，明确“好”杠杆和“坏”杠杆之别，并在当下做好风险指引和金融监管，以切实维护来之不易的金融稳定。

从金融科技与传统金融合作产生的风险看，若银行对期限较短的主动负债的依赖上升，金融科技企业作为非银行金融机构对从银行融入短期资金的需求也会上升，但这些对接的仍是较长期限的资产；更深程度的期限错配在收益上的吸引力，又进一步导致了更多的期限错配，也推高了市场整体的杠杆水平。从金融科技与非传统金融合作产生的风险看，由于客户资金第三方存管制度的缺失，出借人资金大量涌入平台账户产生沉淀，形成“资金池”。在资金池运作模式下，如前所述，可以用滚动发行的低成本短期资金匹配高收益的长期资产，加剧了资产负债的期限错配程度，放大了流动性风险，一旦投资项目失败，则会造成风险事件。

### （二）顺周期性

从定义来看，金融体系的脆弱性主要源于过度负债，而过度负债引发的是债务清偿问题。值得注意的是，金融体系的顺周期性使金融系统具备某种潜在的倾向，导致金融的过度繁荣或萧条，进而形成持续、显著的金融失衡，最将会以金融动荡的方式来释放，从而进一步加大了金融周期的波动。从实践来看，不仅信贷和资产价格（特别是房地产价格）具有顺周期性，诸如银行储备、信用评级、债券利差等金融指标也有明显的顺周期特性。此外，相关经验分析表明，在金融危机期间，一些国家的评级不断下降，甚至超过其经济基本面所反映的实际情况，导致这些国家的公司面临严重的信贷收缩，极大地阻碍了经济复苏。

从发展模式看，国内金融科技实际上可类似比作“价值投资”，而国外模式可类似比作“风险投资”。从技术创新看，“风险投资”比“价值投资”更有利于技术革新和创新驱动。从风险累积与释放看，“风险投资”是顺着价值链和针对风险进行投资，更有利于风险把控；而“价值投资”更多的是利用成熟技术进行市场拓展，在获得发展红利的同时可能会累积风险，即不仅具有风险内生性，而且具有顺周期性。

从当前实践来看，金融科技活动很容易出现顺周期状态。例如，互联网金融平台“点对点”信贷服务往往因突发事件导致信用危机而出现挤兑。此外，人们对市场上主流的大数据风控模型的依赖，会导致资产价格波动幅度加大。再如，智能投顾就比传统的投资组合配置具有更大的“羊群效应”。此外，当前国内金融体系仍以间接融资为主体，大量金融科技企业以“类银行”的方式面向公众设计投资理财产品，极容易导致群体性事件。

流动性风险管理是金融机构风险管理体系中极为关键的一部分，对任何金融机构，如金融科技企业也不例外。如前所述，流动性风险广泛存在于金融机构的日常经营之中，并且传导迅速、波及范围广泛。例如，在 2008 年金融危机期间，因资产价格下跌，一些主要金融机构无法为其期限较长且缺乏流动性的资产继续融资，所以不得不出售资产；但资产出售导致了资产抛售进一步又压低了资产价格，从而在市场上融资变得更加困难，资产和负债端交互传导，最终演化成了系统流动性危机。

### （三）传染性

金融科技并没有改变金融的本质，特别是金融科技的跨界性、技术性、联动性，一方面，可能会导致资金链断裂，如前所述，造成流动性风险。另一方面，小而分散的投资会使投资者缺乏监督风险的动力，从而庞大的长尾群体难以进行有效的风险缓冲，一旦风险爆发，风险承担能力最弱的参与者将承受最大的风险冲击，即呈现厚尾特征，使个体发生风险的概率大于传统金融体系。金融科技不仅可能增加金融体系的复杂性，还可能强化市场共振，增强风险波动和顺周期性，在提升金融服务效率的同时，风险传导速度可能会更快，金融市场参与者的行为可能会更加趋同，进而放大金融市场波动。

与其他风险不同，流动性风险特性使其具有不确定性强、冲击破坏力大的特点。对于金融科技而言，积极方面也可能会降低流动性风险，但消极方面是由于金融科技增强了金融体系的第三方依赖，因此一旦出现运营问题，产生流动性错配问题，从而爆发可能对整个金融体系都产生重大冲击的流动性风险，其来源就不一定只源于传统意义上的系统重要性金融机构，也可能是一些大型的金融科技企业（例如，云计算技术和第三方支付随着市场竞争逐渐呈现寡头垄断格局）。此外，在流动性错配和期限错配下，流动性风险与其他风险密切相关，金融顺周期性、传染性的“正反馈”甚至会诱发系统性金融风险也同样不容忽视。总之，从风险特性来看，在流动性错配和期限错配下金融科技可能带来的风险传染不容忽视。

随着“影子银行”及理财业务规模的不断扩大，那种“剪不断，理还乱”的混乱关系，将使不同金融产品通过资金池这种机制先不断集中，而后将个体分散的金融风险集中为能够相互传染的系统性金融风险并不断放大。一方面，金融科技风险的涉众性可能因接受服务的多维长尾客户风险识别能力不高、损失承受能力有限，因此而潜在的社会危害更大。另一方面，金融科技风险的传染性存在跨界和跨区域交叉，因此风险扩散速度更快，溢出效应更强。

## 三　风险的复杂性：基于“技术风险”与“监管套利”的再思考

金融科技在对传统金融体系进行“改造”与“升级”的同时，也放大了金融体系的系统风险。金融科技在提升系统效率的同时，也会带来风险，除了从其涉及的市场主体、产品和工具、期限等不同层面来看，如何在技术和监管层面防范金融科技复杂性风险任重而道远。

### （一）技术风险

目前，所谓的金融科技，通常是指大数据、云计算、人工智能、互联技术等一系列技术，已经全面应用于传统金融领域。金融科技在改变传统金融的同时也带来金融与技术的双重风险。

**1. 大数据技术相关风险**

金融业是典型的信息密集型行业，现代金融体系的运行，时时刻刻都在产生大量的微观金融数据，现代金融始终走在“大数据”浪潮的前沿。如何借助大数据新技术实现对海量的微观金融数据的收集与整合，进而为宏观审慎监管提供数据支持，已成为各货币金融机构的当务之急。大数据技术，在金融领域，特别是客户管理、信用与风险管理、证券投资、保险定价、资管理财、另类数据管理等方面有广阔的应用前景。如果做一个比喻，“大数据”好像是人体的“脏器”体系。如何利用大数据基础技术，打通金融业数据融合应用通道，破除不同金融业态的数据壁垒，化解“信息孤岛”，制定数据融合应用标准规范，是进一步发挥金融大数据的集聚和增值作用的关键。

我国当前大数据技术与金融业务的融合尚处于起步阶段。一方面，由于实际应用中还可能存在一定的误判率，特别是在机器判断后还需要进行人工审核，导致其在用户体验和使用效率方面还有待进一步优化。另一方面，由于需要大量研发和投入，一定程度上对不同类型的金融机构的技术应用积极性产生了不同的影响。受限于管理水平，一些机构的数据存在数据质量不高、数据获取方式单一、数据系统分散等问题。其中，数据标准的不一致问题，是制约大数据技术应用于金融领域的首要问题。

**2. 云计算技术相关风险**

云计算技术，在金融领域，特别是加快产品和服务创新，提升超大规模的分布式存储能力、计算资源的管理效率和能效管理水平等方面有广阔的应用前景。如果做一个比喻，“云计算”好像是人体的“骨架”体系。如何进一步完善由数据中心基础设施、物理资源和虚拟资源组成的云计算基础设施，是不断提升金融科技服务的通信能力、计算能力和数据存储能力的关键。

金融科技发展反映了现代金融体系的数字化进程。一方面，通过网络效应、规模经济，辅以大数据技术可降低信息不对称，不断提高金融基础设施的服务效率；另一方面，云计算和大数据等核心技术在金融市场基础的应用也存在一定的风险，这同样不容忽视。金融云服务标准是保证云计算技术在金融领域应用、实现业务连续性和可靠性的重要基础，是标准体系的重要内容。其中，云安全作为单列的技术标准要求，是金融业云计算应用的重中之重。值得注意的是，尽管云计算可以为存储数据提供无限空间，为处理数据提供无限计算能力，但云上的托管加密数据能否确保数据安全仍存在不确定性。除了黑客攻击，数据监听等信息安全问题同样不容忽视。

**3. 人工智能技术相关风险**

人工智能技术，在身份识别与反欺诈、量化交易、投资顾问、客户服务、风险管理、辅助监管等金融领域有广阔的应用前景。如果做一个比喻，"人工智能"好像是人体的"大脑"中枢。如何利用人工智能技术推动影响金融科技功能应用的底层技术发展，包括人工智能、大数据、互联技术（移动互联、物联网）、分布式技术（云计算、区块链）、安全技术（量子计算、生物识别、加密技术）等，也是不断完善各类技术市场设施的关键。

目前，一方面，传统金融机构需要借助人工智能等现代科技降低运营成本，提高业务效率。另一方面，人工智能技术的发展不仅会因促进"金融脱媒"进程加速，给传统金融带来挑战，而且高度依赖计算机系统，导致操作存在一定风险问题，如系统升级过程中可能会出现故障，若处理不好也会造成损失。此外，金融科技，特别是人工智能的技术应用，可以在很大程度上缓解金融存在的信息不对称问题。但值得注意的是，金融科技广泛运用大数据本身也可能仍存在跨期的信息不对称问题。与此同时，伴随云计算、区块链和人工智能等技术在金融科技中的广泛运用，金融交易信息透明度尽管有所提升，但仍然无法回避基础算法存在"黑箱"操作的问题。

**4. 互联技术相关风险**

互联技术（特别是以移动互联、物联网为代表的互联技术创新），在金融领域可以根据不同场景业务特征创新智能金融产品服务，构建全流程的智能金融服务模式，因此具有广阔的应用前景。如何大力推动移动互联技术发展，促进移动互联网与金融功能的全面融合，更好地应用于公共服务领域，是进一步推动金融服务走向主动化、个性化、智慧化的重要抓手。如果做一个比喻，“互联技术”好像是人体的“神经”系统。由于互联技术应用的普及性，在技术快速迭代更新的大背景下，金融科技将促进金融市场的全面开放，由此可能会带来业务风险、技术风险、网络风险的叠加效应，使得金融风险传染性更快，波及面更广。

### （二）监管套利

对于新兴的金融科技，其监管环境相对宽松，部分企业打着“金融科技”的旗号从事业务，游离于金融监管之外或利用现有金融监管的空白进行“监管套利”。真、假技术“鱼龙混杂”，一些市场主体缺乏足够的识别能力，针对金融科技与传统和非传统金融的合作所产生的风险，特别是部分券商自管和信托资管沦为银行和保险资管的通道，造成业务“假同业”、资产“假出表”等监管套利风险，要加大监管力度，防止以“技术”为外衣，助长“金融空转”等问题的发生。

此外，由于各国的监管机构对于金融科技的监管措施并不统一，因此还存在跨境监管套利的问题。如何进行金融科技监管的国际协调，避免监管缺位，也是亟待解决的重要问题。对此，应积极支持金融机构研究制定金融科技中国标准，争取金融科技领域全球话语权。积极对外输出我国金融科技发展催生的技术、标准、产品和服务等，探索双边、多边的示范性合作项目。积极推进金融科技标准研究，在依法合规前提下，加快推进金融技术的应用创新，并进一步完善金融科技的全球治理，推动建立有利于金融科技发展的国际新规则，以实现金融科技监管国际协调的互惠共赢、共同发展。

### （三）对策建议

新时代，应加强监管科技在风险防范和处置方面的应用与落地。支持金融科技企业运用自身技术优势，加强与监管部门和金融机构的合作，共同建设监管科技的创新与实验机制。推动监管科技的体系化、机制化、应用化发展，全面服务于监管部门、市场主体、终端用户的多重需求。加快建立基于大数据技术的穿透式监管和智能监管方法，建立风险测试区。以构建金融科技高地为契机，运用数字化监管协议、智能风控平台等监管科技手段，推动金融监管模式由事后监管向事前、事中监管转变，有效解决信息不对称问题，消除信息壁垒，缓解监管时滞，提升金融监管效率。此外，从金融服务实体经济角度看，相关建议如下。

**1. 推进云计算、大数据和人工智能等关键技术“扎实落地”**

鼓励金融机构利用云计算等技术手段加快产品和服务创新，持续提升超大规模的分布式存储能力、计算资源的管理效率和能效管理水平。进一步推动构建由数据中心基础设施、物理资源和虚拟资源组成的云计算基础设施，不断提升金融科技服务的通信能力、计算能力和数据存储能力。重点支持大数据基础技术发展，打通金融业数据融合应用通道，破除不同金融业态的数据壁垒，化解“信息孤岛”，制定数据融合应用标准规范，进一步发挥金融大数据的集聚和增值作用，支持大数据技术在客户关系管理、信用与风险管理、证券投资、保险定价、资管理财、另类数据管理等金融领域的应用。鼓励人工智能关键技术研发及应用。支持人工智能技术在身份识别与反欺诈、量化交易、投资顾问、客户服务、风险管理、辅助监管等金融领域的应用。支持计算机视觉、机器学习、自然语言处理等关键技术研发及人脑模拟、脑机融合等前沿领域的探索。建设技术社区、开源产业、生态系统，更好地承载人工智能创新。

**2. 打造“金融科技”新金融增长极，推动互联技术创新“实际应用”**

不断强化金融业信息技术应用能力。坚持以制度建设为基础、以机构集聚为核心、以产业培育为主线、以鼓励创新为动力，以完善生态为保障的金融科技服务体系。支持各类信息技术公司、互联网企业与银行、保险、证券等机构的交互与融合。形成以信息化技术为重要特征的新金融创新体系，切实提高金融服务信息化程度和技术水平，进一步充分利用互联网、大数据、云计算等技术，加快建设金融科技服务中心和金融信息中心。推动以移动互联、物联网为代表的互联技术创新。根据不同场景业务特征创新智能金融产品服务，构建全流程的智能金融服务模式，大力推动移动互联技术发展，促进移动互联网与金融功能的全面融合，更好地应用于公共服务领域，进一步推动金融服务走向主动化、个性化、智慧化。

**3. 进一步强化金融科技产业链，大力发展数字普惠金融**

进一步推动金融机构大力发展金融科技，构建金融科技产业链。进一步助推金融服务运用人工智能、区块链、云计算等科技手段，以提升金融服务实体经济、服务投资者和管理风险的能力。大力发展数字普惠金融，实现金融业同其他领域的数据共享和大数据应用模式。进一步推动金融机构发展业务系统、技术测试、信息安全等服务，探索金融业同其他领域的数据共享和大数据应用模式。大力支持科技银行、科技投资银行、银行全资股权投资企业、区域性小微证券公司等新型科技金融机构发展。围绕科技型中小微企业，应用大数据、区块链等新技术，建立具有中国特色的大数据信息共享与信用评价体系。

**4. 加快金融科技信息腹地建设，逐步对外输出金融科技技术标准**

加快推动金融科技研究领先发展，突出金融科技的要素市场化，深化金融科技技术创新与应用，全面提高金融机构治理效率和水平。加快金融信息腹地建设，以此带动产业链延展，进而实现金融科技高地及其平台布局优化。积极支持金融机构研究制定金融科技中国标准，争取金融科技领域全球话语权。积极推进金融科技标准研究，在依法合规前提下，加快推进金融技术的应用创新。进一步完善金融科技的全球治理，推动建立有利于金融科技发展的国际新规则，以实现互惠共赢、共同发展。积极对外输出我国金融科技发展催生的技术、标准、产品和服务等，探索双边、多边的示范性合作项目。

## 参考文献

李伟主编《中国金融科技发展报告（2019）》，社会科学文献出版社，2019。

李扬、孙国峰主编《中国金融科技发展报告（2018）》，社会科学文献出版社，2018。

孙国峰：《金钉子：中国金融科技变革新坐标》，中信出版社，2019。

孙国峰：《金融科技时代的地方金融监管》，中国金融出版社，2019。

杨涛、贲圣林主编《中国金融科技运行报告（2018）》，社会科学文献出版社，2018。

杨涛、贲圣林主编《中国金融科技运行报告（2019）》，社会科学文献出版社，2019。

# 第十四章
# 信用科技的创新与发展

闫文涛*

摘　要：近年来，虽然政策支持力度越来越大，但是小微企业融资难问题依旧没有得到根本性解决。特别是经济发展进入新常态以来，在金融供给侧结构性改革的要求下，金融服务供给与小微企业融资需求之间仍然存在差距和不匹配的情况，其贷款比重和市场经济主体地位极不匹配。“发展普惠金融”依然是我国的共识。此外，随着改革和转型向纵深推进，金融服务供给不充分的问题日益凸显。越来越多的专家认为，当前中国金融服务体系提升普惠度的一个关键环节在于信用。信用是金融的根基，是普及普惠金融的前提。目前，各相关部门围绕小微企业、“三农”、扶贫等普惠金融服务重点，通过政策引导、监管引领、指标考核、督导检查等多种方式，综合运用货币信贷、差异化监管和财税政策，引导金融机构提升服务质效。值得关注的是，随着大数据、人工智能等金融科技手段的高速发展，新一代信息技术给传统金融与金融科技的融合创新发展带来了机会。信用科技将有助于降低交易成本，提高金融服务的覆盖率、可得性和满意度，进而满足社会各阶层日益增长的金融服务需求。如何利用这些技术

* 闫文涛，中诚信征信有限公司总裁，中国人民大学国际货币研究所研究员，CFT50 学术成员。中国人民大学经济学学士、硕士、博士。曾任中诚信国际信用评级有限责任公司董事总经理、金融业务部总经理、创新业务部总经理等职。

驱动手段深度挖掘信息的潜在价值，并将多元化信用体系作为数字普惠金融基础从而助力普惠金融发展，将成为整个社会面临的一个重大课题。

关键词：　普惠金融　信息不对称　企业征信　信用融资　小微企业

## 一　引言

当前，我国经济增长速度逐步放缓，经济下行压力持续加大，企业生存和发展备受挑战。尤其是小微企业在融资渠道、融资成本以及信贷支持等方面，都存在劣势，其发展过程中的“融资难、融资慢、融资贵”问题逐渐凸显。尽管相关部门已经出台一系列政策，但小微企业在获得发展所需资金上很难与其在国民经济中所处的重要地位相匹配，融资难正成为制约小微企业发展的瓶颈，因此积极探讨解决小微企业融资难问题成为我国当前经济发展中必不可少的一环。

近年来，中央将发展普惠金融作为服务实体经济、推进供给侧结构性改革、落实新发展理念的重要途径，全力做好普惠金融发展顶层设计，建立推进普惠金融发展工作协调机制，协同各部门、各地出台了一系列行之有效的措施。小微企业作为普惠金融战略的一个重点服务对象，其融资问题不能不得到重视。从各项数据来看，在党中央、国务院的坚强领导下，各部门、地方政府、市场机构和广大人民群众同心协力、砥砺前行，我国普惠金融取得了阶段性进展。

目前，我国普惠金融的重点服务对象为传统金融所排斥的小微企业、农民、城镇低收入人群、个体工商户、下岗职工、贫困人群和残疾人、老年人等弱势群体，这些对象具有明显的信用信息缺乏、资产实力不足、风险隐患高、开发成本高等特点。传统金融机构在线下围绕借款主体的品性、资产、资本、担保物等收集财务信息，进行信用等级评估，并根据相应评估结果进行授信。其获取的客户信息很有限，难以支撑金融机构降低服务门槛，推进普惠金融，反而很容易将前述真正需要普惠金融的群体排斥在外。

在此背景下，独立的第三方信用科技服务机构，凭借其在大数据、人工智能以及信用风险管理领域多年的实践经验发挥了举足轻重的作用。在此，我们所探讨的信用科技 Creditech（Credit + Technology），即信用与科技相结合的创新应用，主要是通过大数据、人工智能、区块链等技术运用，推动信用评估的智能化和信用价值扩大化。

信用科技聚焦信用价值的挖掘与应用，对信用管理的意义在于可以通过大数据、人工智能、区块链等技术，实现对风险的管理。信用与科技的创新应用，让信用评估拥有特殊属性，让人与人之间、企业与企业之间和商品交易之间所形成的信用关系更加稳固。

## 二　信用科技与企业征信创新发展

### （一）企业征信的作用

通过企业征信，可以帮助金融机构及其他有需要的群体防范信用风险、服务其他授信市场、加强金融监管和宏观调控、服务其他政府部门、有效揭示风险、提高社会信用意识，具体作用见表 14－1。

**表 14－1　企业征信六大作用**

| 类型 | 企业征信的作用 |
| --- | --- |
| 防范信用风险 | 通过查阅被征信人历史记录，商业银行能够清楚地了解企业的信用状况，制定相对灵活的信贷政策，扩大信贷范围，特别是了解规模较小的中小企业的信用状况 |
| 服务其他授信市场 | 授信市场范围非常广，除银行外，还包括企业和企业之间、企业和个人之间、个人和个人之间，以及其他从事授信中介活动的机构如担保公司、租赁公司、保险公司、电信公司等。企业征信系统通过信息共享、风险评估等手段将受信方的信息全面、准确、及时地传递给授信方，有效揭示受信方的信用状况，采用的手段有信用报告、信用评分、资信评级等 |

续表

| 类型 | 企业征信的作用 |
|---|---|
| 加强金融监管和宏观调控 | 通过强大的数据库，收录工商登记、信贷记录、纳税记录、合同履约、民事司法判决、产品质量、身份证明等多方面的信息，以加强金融监管反映企业或个人的信用状况，可以按照不同的监管和调控需要，对信贷市场、宏观经济的运行状况进行全面、深入的统计和分析，统计出不同地区、不同机构、不同行业和各类人群的负债坏账水平等 |
| 服务其他政府部门 | 在信息采集中除了采集银行信贷信息外，还依据法规、政府部门公开的信息采集大量的非银行信息，帮助授信机构进行风险防范 |
| 有效揭示风险 | 提供决策依据：征信机构不仅通过信用报告实现信息共享，而且在这些客观数据的基础上通过加工对企业和个人进行综合评价，如利用信用有效揭示风险评分等。通过这些评价，可以有效反映企业和个人的实际风险水平，有效减少授信市场参与各方的信息不对称，从而使其做出更好的决策 |
| 提高社会信用意识 | 在现代市场经济中，培养企业和个人良好的社会信用意识，有利于提升宏观经济运行效率，但良好的社会信用意识并不是仅仅依靠加强社会信用教育和道德约束就能够培养起来的，还必须在制度建设上有完备的信用意识约束机制 |

## （二）企业征信在普惠金融发展中的应用

### 1. 信用报告

信用报告是企业征信系统提供对外服务的主要征信产品之一，它向查询者提供企业全面、准确的综合信用信息，为各类信用交易提供重要的决策参考，减少不必要的信用风险和损失。①

目前，市场上的常见报告有简要信用报告、标准信用报告、项目报告、合规报告、实地信用报告、定制化报告。其中定制化报告是根据客户的具体需求制作的各种调查报告，涉及行业风险分析、尽职调查、招投标征信等。

一站式互联网大数据征信平台，基于多渠道数据获取与处理能力，根据业务场景和具体需求形成多元化的企业资信报告，既减少了金融机构信息采

① “企业信用报告”，百度百科，https：//baike. baidu. com/item/%E4%BC%81%E4%B8%9A%E4%BF%A1%E7%94%A8%E6%8A%A5%E5%91%8A/4222434？fr = aladdin。

集、调查、验证等人工操作，又保证了信息的真实性、有效性。依托政务信息（税务、工商、海关、司法等）、支付结算、投融资、风险等数据，通过大数据、云计算等技术整合分析、交叉验证各项数据，信用报告更具可靠性，可有效减少信息不对称，助力普惠金融发展。

## 案例1　信用报告助力普惠金融发展案例

1. 案例背景

互联网小贷公司 A 主营业务为小额贷款业务，客户群主要为小微企业和“三农”。除了自有资金外，公司还希望从外部资金方 B 获取放贷资金。资金方 B 在对该网贷公司业务情况缺乏了解的背景下，出于资金安全性的考虑，要求其对所需资金购买履约保证险。保险公司 C 基于业务审慎性的需求，委托征信公司 Z 对公司 A 进行调研，并出具互联网金融企业尽调评估报告，助其了解公司 A 具体情况并决定是否承接该项业务。在该案例中，客户需求结构可用图 14 –1 表示。

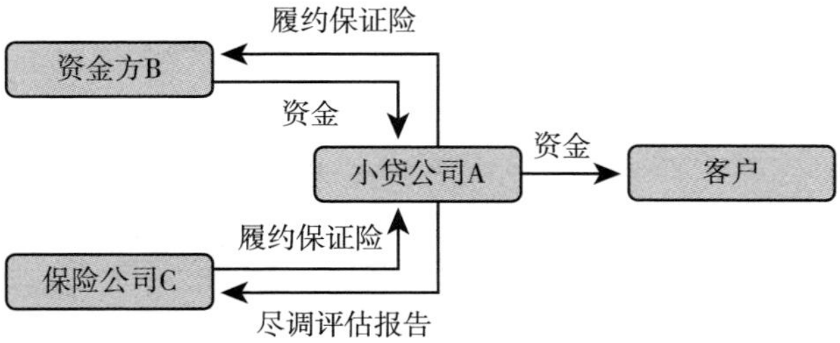


**图 14 –1　客户需求结构**

资料来源：征信公司 Z。

2. 项目实施

征信公司 Z 全面考虑小贷公司 A 现存的和潜在的可能影响信用情况的指标后，设计了如图 14 –2 所示的报告框架，以该框架为基础，对小贷公司 A 进行了现场调研（尤其是底层资产质量调研）和收资，通过信用科技手段对部分资料进行进一步确认，并由专业的分析师进行资料分析，最终形成公司 A 的尽调评估报告。

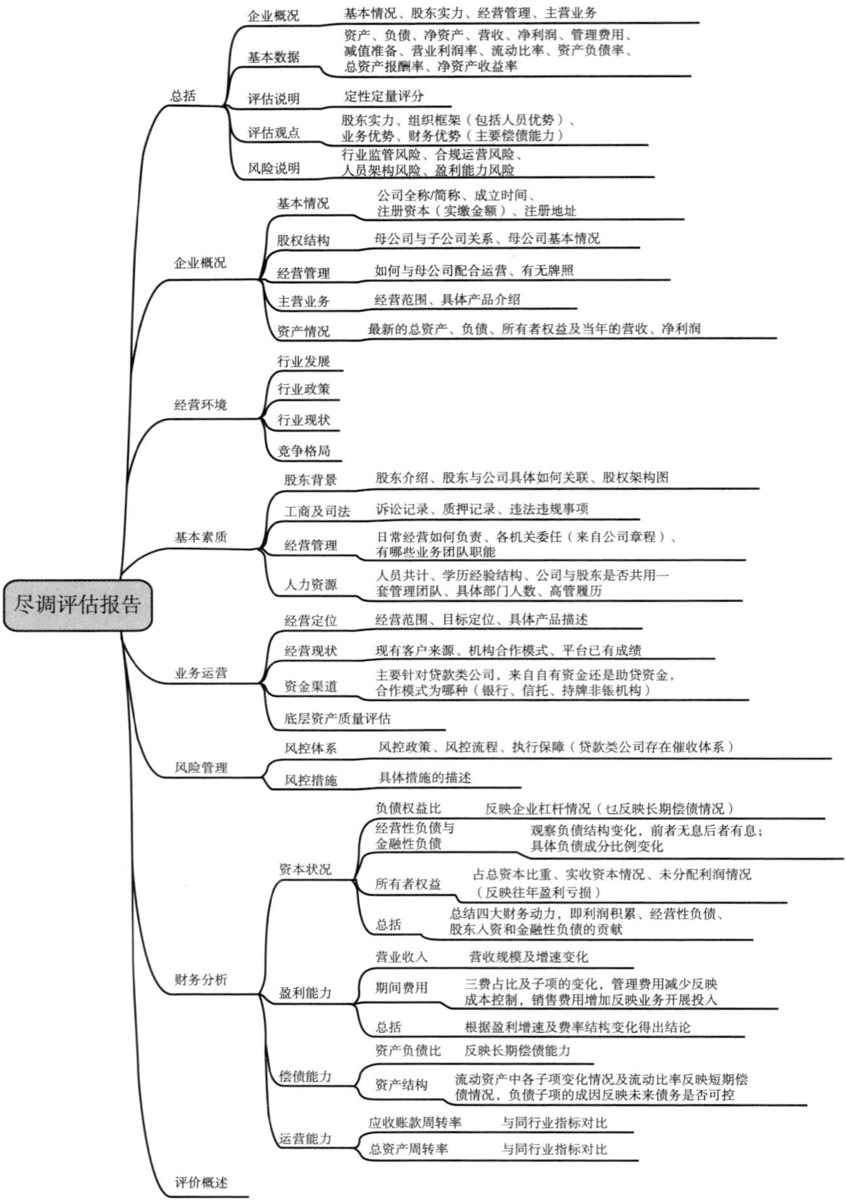


**图 14－2　针对小贷公司 A 的分析框架**

资料来源：征信公司 Z。

3. 项目成效

通过本次评级，征信公司 Z 结合数据和相关资料揭示了公司 A 面临的行业监管风险、合规风险、独立性风险、资金渠道风险和财务稳定性风险，同时展示了其强大的股东实力、合理的组织架构和人员配置、稳定的业务情况、较好的盈利能力及优质的底层资产等情况。最终，公司 A 成功购置保险公司 C 的履约保证险，并得到资金方 B 的资金投资，保障了其贷款业务的良好运转，惠及下游小微企业及“三农”等客户。

**2. 信用管理咨询服务**

信用管理咨询服务，即针对不同业务场景，为客户提供信用风险诊断、信用风险评估、信用管理流程设计、风控体系建设等全面、有效的信用管理解决方案。在具体实施方法上，其可涉及调研访谈、数据收集、数据分析、模型构建及系统搭建中的部分或全部操作。

信用管理咨询的意义在于：在公司的成长过程中，业务成长和风险管理水平提高是企业发展的主要支柱，业务成长对风险管理水平提高形成牵引，而风险管理水平提高又通过支持公司核心竞争力的形成推动业务成长。如果风险管理水平提高的速度跟不上业务成长的速度，就会造成公司发展大厦倾斜，甚至发生倒塌，如图 14－3 所示。

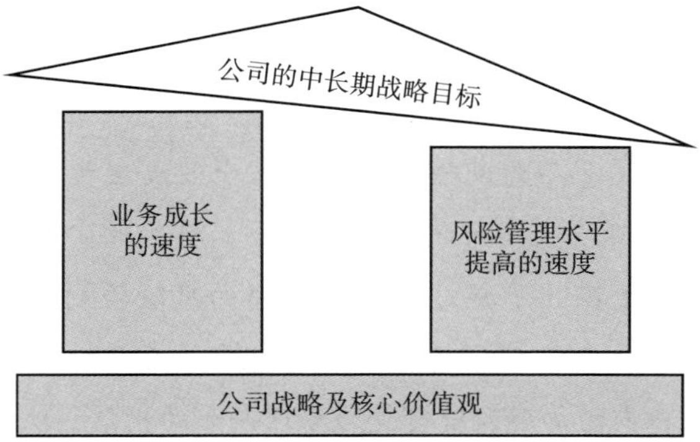


**图 14－3　企业成长期发展大厦**

资料来源：征信公司 Z。

## 案例2　信用管理咨询服务助力普惠金融发展案例

1. 案例背景

珠宝公司Y系珠宝行业品牌企业之一，其核心业务体系为加盟商业务体系。其与下游加盟商之间的一种重要交易形式是先货后款，因此会存在一定的风险敞口。判断加盟商的信用状态是公司Y业务风险管控的重要一环。公司Y与征信公司Z建立了为期一年的试点合作，其间征信公司Z提供信用报告等标准化产品，帮助公司Y掌握加盟商的基础信用信息并对其信用决策提供参考性意见。但鉴于公司Y所在行业及业务模式的特殊性，通用性质的标准化产品提供的建议信用额度等参考信息并不能完全满足其与加盟商合作的实际需求，对加盟商的风险控制水平及经营效率的评估不尽如人意。基于以上情况，公司Y委托征信公司Z重建更符合其行业特征和满足其实际需求的加盟商评估工具，同时将基础数据、风控规则、信控审批流程等功能集成到自动化系统内，助其提升业务效率。

2. 项目实施

征信公司Z利用自身在信用管理领域的专业能力、丰富经验及先进的大数据风控技术，通过“调研—分析—建模—测试及规则确认—开发”五个阶段的工作（见图14－4），为公司Y提供了包括风控制度、数据接口、评估模型、审批系统、预警监控等在内的综合解决方案。

3. 项目成效

征信公司Z利用多年的风险管理经验与专业大数据风控技术，结合公司Y的风险管理实际情况，为之提供了符合其特征的定制化风险管理解决方案，在很大程度上提升了公司Y对加盟商的风险控制水平，提高了经营效率，从风险控制角度维护了其产业链的可持续发展。项目有助于公司Y对包含小微企业在内的加盟商进行更为合理高效的授信，从而间接助力普惠金融发展。

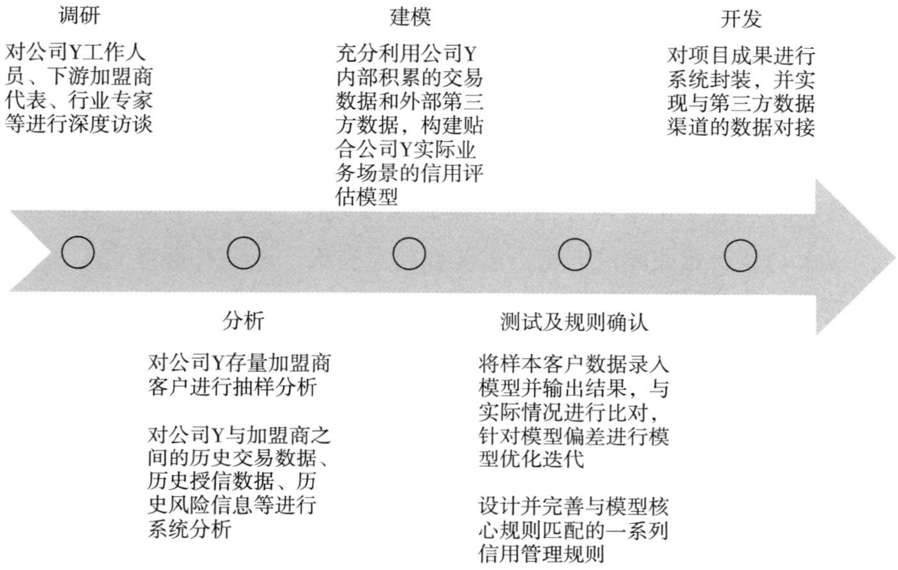


**图 14-4　公司 Y 信用风险管理体系及系统搭建项目**

资料来源：征信公司 Z。

上文以信用报告和信用管理咨询服务为切入点，揭示了企业征信对普惠金融发展的助推作用。其中，无论是信用报告通过全方位分析揭示企业风险方式助力普惠金融发展，还是信用管理咨询服务通过为企业、金融机构提供风险管理、信息互通方案间接或直接助力普惠金融发展，从本质上看，都是通过信用信息补充的方式助力普惠金融发展。普惠金融的宗旨在于降低金融服务门槛，让更多人受益。企业征信通过多维度的信用信息补充，有效缓解了银企间的信息不对称，减少了金融机构对资本、担保物不足的普惠金融重点帮扶对象（小微企业、“三农”等）的顾虑甚至金融排斥，让其能够自发、更放心地为普惠金融对象提供金融服务，这正契合了普惠金融的宗旨。

### （三）信用科技赋能小微风控全生命周期

从现状来看，中小微企业风控这一难点具体分为两个问题：一是提高风控效果的难题，二是风控的成本与效果难两全的难题。一方面，要很好地评估小微企业的信用水平，这需要融资方在获取信息、授信算法等方面的能力有所提升，在过去依靠纯人工进行信息收集、风险分析的方式下，要提升这些方面的能力需要投入较多的人力和资金，将使风控成本上升，因此，风控的效果与耗费的成本是“跷跷板”的关系，风控的成本与效果难兼顾（纯人工的信用评估模式没有规模效应）。另一方面，要解决风控的成本与效果难兼顾的问题，需要在信息获取、业务开展模式上向自动化转变。在此背景下，基于多元化数据的大数据风控无疑成为解决上述两大问题的一大利器。

毫无疑问，大数据风控的普及与发展，从一定程度上来说，确实降低了金融机构的违约率与不良率。不过，值得注意的是，近两年大数据的探索应用大多为强化大数据在风控中的应用，而评估企业风险的财务报表，却在大数据的快速发展中被忽略、弱化。

众所周知，大数据风控最直观的体现便是风控模型，即一种数字化的直接表述。但是，风控建模只进行量化分析，是一种较好的工具，可以提升风控效率，却难以做定性分析，更无法体现财务报表的价值。对于风险相对高的小微企业来说，这种纯数字化模型并不能很好地显示其风险情况，相对误差较大。如果能够把财务报表中的多维度数据，比如净利润、营收、关联企业的发展情况等，很好地利用起来，则将有助于更好地把控成本与效果。要知道，财务报表中的数据所体现的并不是单个数字那么简单，其背后所涉及的是更为多元化的信息，能更好、更精准地展现小微企业的经营状况。

**1. 贷前管理**

（1）信息核验（反欺诈）

信息核验是对申请贷款的企业及企业主信息的真实性以及风险信息的核验，作为小微信贷业务的第一道风控，信息核验以较低的风控成本将风险较高的客户排除在外，从而有效均衡金融机构的风控效果及风控成本。

· 企业信息核验

· 企业主信息核验

· 交易信息核验（应收账款融资类业务）

（2）准入判断

贷前准入规则是通过对市场风险、行业风险、客户风险等进行分析制定的，是一种宏观层面的风险控制手段。作为小微信贷业务的第二道风控，准入规则能够有效地将白名单筛选出来的大部分高风险客户排除在外，从而降低机构的信贷风险。

在小微企业信贷业务中，建议基于企业基本属性、企业经营情况和企业信用情况等来确定客户准入规则。

· 企业基本属性

企业基本属性主要针对企业所在行业进行分析，行业现状、市场供需情况和行业发展趋势等都会对企业的发展造成影响。

· 企业经营情况

企业经营情况能够直接反映企业的发展潜力，因此可针对企业的资产、利润和营收等经营指标设立准入门槛，从而降低风险。

· 企业信用情况

企业信用情况是通过企业或企业主的历史信用记录、涉诉信息、工商处罚等数据来判断企业的履约风险。

**2. 贷中审批**

对于符合准入规则的进件客户，还须对其经营能力、财务状况、信用状况等进行进一步分析，作为授信审批的客观依据。征信公司 Z 收集、整合、分析企业工商数据、财务报表数据、发票数据、司法数据、海关数据等，提供企业全息画像，全面客观反映企业的经营、信用状况，为金融机构的信用评估提供客观依据。

其中，企业发票数据和财务报表数据字段丰富，对于风险评估的信息价值较大。但是，因为其专业性和复杂性，需要专业人员耗费大量时间分析数据、提炼有效信息，之后才可用于审批决策，这无疑提高了审批成本，拖慢了审批速度，难以满足小微企业的融资需求。

征信公司 Z 为帮助金融机构提高企业发票数据和财务报表数据的使用效率，打造了包括提高数据解读和数据建模效率的产品及服务，通过自动化、智能化工具帮助金融机构在企业信贷风险评估工作中降本增效。

（1）数据解读

为帮助金融机构提高企业发票数据的使用效率，降低对风控人员关于税务知识的专业性要求，同时减少发票数据分析的工作量，征信公司 Z 研发了可智能处理、分析和解读发票数据，并生成发票数据分析报告的辅助工具“票务通”。企业发票数据报告以数据可视化的方式呈现企业的整体进销规模及趋势、上游供应商及下游客户情况、原材料及服务的采购情况、主营商品及服务的销售情况、关联交易情况等企业交易方面的信息，为金融机构风控人员提供简单易懂、可直接用于审批决策的参考材料。

企业财务报表数据包含资产负债表、利润表及现金流量表，共计数百个原始报表科目。征信公司 Z 研发的“财务通”智能财务分析工具，可自动处理财务报表数据、校验报表科目的钩稽关系、计算财务指标、生成财务分析报告。财务分析过程包括纵向分析企业经营趋势、横向比对行业或对标公司指标，从而形成关于企业资本结构、盈利能力、偿债能力和潜在财务风险的分析报告。

· 资本结构

根据企业的资产规模、资产结构、负债规模、负债结构、所有者权益以及各科目的变化趋势，综合分析企业资本结构现状，提示重要指标变化及潜在问题。

· 盈利能力

根据企业的营业收入规模、收入趋势、毛利率水平、期间费用控制等，评价企业的盈利能力现状及趋势，提示重要指标变化及潜在问题。

· 偿债能力

根据企业的债务规模、资产流动性、获现能力等，对企业短期和长期偿债能力分别做出评估。

· 财务风险

综合分析企业在资本结构、盈利能力、偿债能力等方面的指标变化及趋势，提示会对企业造成较大负面影响的潜在风险，帮助用户重点关注、提前防范。

另外，发票数据与财务报表数据作为从两个角度反映企业经营情况的数据，可以进行交叉验证、结合分析，有助于更全面地理解企业经营过程以及存在的风险。在交叉验证方面，我们可以比对企业同一年内销项发票金额的总和与利润表中营业总收入金额、进项发票金额的总和与企业主营业务成本以及存货变化的对应关系等。同时，结合利润表数据和发票数据，可以更深入地分析营业收入、营业成本的收支构成，为企业未来短期经营预测提供更充分的数据支撑。

（2）数据建模

为进一步提高信贷审批流程的智能化水平，加快审批速度，同时保证风险评估结果高度准确，许多金融机构已经将机器学习算法和模型作为主力决策机制。基于企业发票数据和财务报表数据计算所得的指标变量与企业违约风险相关性强，是非常好的建模变量。但是机器学习模型的研发和使用需要专业建模团队，大部分中小型金融机构缺乏此类建模能力，甚至完全没有数据建模团队。征信公司 Z 的专业建模团队拥有丰富的 B 端风险建模经验，同时在财务指标和财务分析方面的知识储备充足，可为欠缺建模能力的金融机构提供完善的建模咨询服务。

**3. 贷后管理**

信贷贷后风险监控预警机制是信贷风险管理过程中的一项重要措施，尤其是对于小微企业这类抗风险能力弱的群体，在贷后进行风险监控预警有助于及时了解贷款安全性，减少损失。

征信公司 Z 利用自身数据及风控经验优势，对企业经营稳定性、企业及企业主相关风险信息、企业其他潜在风险等多维度进行监控预警。在传统监控模式下，发现企业或企业主涉及严重的司法问题等负面信息，往往意味着该企业已面临较高的违约风险，金融机构已错过了最佳的风险管理时机。另外，贷后管理策略利用发票数据增加了对企业经营恶化风险、多头借贷风险的监控预警，金融机构可在客户经营状况发生恶化、风险发生之前得到预警，提前做出相应的管理决策，加强和提高贷后风险管理的效果及效率，减少风险带来的损失。

（1）经营恶化监控

· 经营规模变动

· 经营稳定性变动

· 上游稳定性

· 下游稳定性

· 关联交易金额

· 关联交易频次

· 开票行为

· 其他定制化规则

（2）风险信息监控

· 工商信息变更

· 司法诉讼

· 行政违规

· 税务违规

· 多重申请

· 其他定制化规则

（3）其他潜在风险

· 资金用途监督

· 贷款资金回流监督

· 虚构交易核验

## 三　信用科技的应用实践：某小微企业税贷融资模式

### （一）信用科技为经济高质量发展注入新动能

金融科技的高速发展加快了金融创新步伐，有助于探索信用科技和普惠金融的融合发展，推动中国信用体系和金融生态建设。国家监管部门陆续出台多项促进人工智能发展的政策以及“银税互动”政策以推动小微企业、民营企业发展，并要求银行业金融机构严控金融风险。我国金融机构都在积极探索业务合作模式创新、智能业务风险管控的新路径，以期为小微企业提供高质量的金融服务，解决小微企业融资难问题。

积极改善小微企业金融服务环境，创新小微企业融资模式，引导金融机构增加小微信贷投放，推动降低小微企业融资成本。2015 年，国家税务总局和中国银监会联合出台的“银税互动”支持政策便是改善小微企业金融服务的重要举措，其要求税务部门与金融机构联合搭建小微企业金融服务平台，推出专门的纳税信用贷款产品，实现线上便捷金融服务。

“银税互动”的有力支撑是大数据技术。在大数据背景下，小微企业“沉睡”在税务部门的涉税数据先转化成信用数据，进而转化成小微企业纳税信用价值。在此背景下，征信公司 Z 与某省城商行联盟深度合作，为其提供了一整套 AutoML（自动机器学习）小微企业云税贷解决方案，通过以税务数据为基础的“N 维多源风控数据 +1 个 AutoML 建模平台 +N 层税贷风控模型”的“N+1+N”模式，为成员行的云税贷产品提供风控护航，实现将小微企业的纳税信用转化为信贷信用，实现以税定贷、以税管贷、以贷促税、税贷促信的良性循环，有效发挥了数据价值，解决了小微企业融资难问题。

### （二）创新应用分析

**1. 小微企业税贷融资新模式**

通过将税务数据、多维征信数据与机器学习平台、技术结合，构建多层级云税贷模型，有效落实“银税互动”政策。

**2. 多源异构数据汇聚、关联技术**

多源征信数据抽取、转换和加载，建立数据处理规则和元数据管理规则，实现多源数据汇聚的一体化配置。对多源数据建立粒矩阵，基于粒矩阵的逻辑简约运算获得动态征信大数据的简约属性集，从而实现数据的多维关联分析。

以小微企业税务数据为核心，引入与金融强相关的联盟成员行数据，央行、税务等政府部门数据，第三方征信公司的企业和个人数据等共 50 余个数据字段。既拓展数据维度，又紧密结合申请人的企业运营情况，充分挖掘并解读数据价值，在企业主、企业、行业间建立关联，通过区分存量客户和新申请客户，更加全面、精准地量化风险。N 维风控数据接入与处理如表 14 –2 所示。

**表 14 –2　N 维风控数据接入与处理**

| 子评分模型 | 模型构建方法 | 指标维度 | 指标名称 | 应用客群 |
|---|---|---|---|---|
| 行内数据评分模型 | 机器学习模型 | 基础信息 | 学历、年龄、性别等 | 存量客户 |
| | | 账户行为 | 贷记卡、借记卡使用情况等 | |
| | | 金融资产 | 存款、理财等资产状况 | |
| 外部数据评分模型 | 机器学习模型 | 人行征信 | 逾期、额度等信息 | 新客户、存量客户 |
| | | 多重查询 | 查询历史信息 | |
| | | 消费指数 | 消费能力等信息 | |
| | | 履约能力 | 个人履约能力评分、经济能力等 | |
| | | 信用历史 | 综合信用评分 | |
| 税务数据评分模型 | 机器学习模型 | 盈利能力 | 企业纳税金额等 | 新客户、存量客户 |
| | | 经营能力 | 企业纳税稳定性等 | |
| | | 成长能力 | 企业纳税的增长率等 | |
| | | 信用历史 | 纳税信用等级等 | |

资料来源：征信公司 Z。

### 3. AutoML 智能建模

基于“数据元变量提取→特征工程→选择算法组合→调整参数拟合模型→模型检验和迭代优化→模型部署”的工作流程，形成建模流程的闭环自动迭代，解决复杂关系数据建模分析难的问题，通过专利算法 PU_learning 提升了最终对于正样本的搜索正确率，改进了内部阈值及基分类器，并按照符合业务实际的策略进行模型融合与风险校准，实现更准确的风险评估。

针对不同客群采用 AutoML 建模平台构建多层级模型，AutoML 建模平台功能如图 14 –5 所示，N 层税贷风控模型及流程如图 14 –6 所示。模型分为若干个层级且彼此关联，并按照符合业务实际的策略进行模型融合与风险校准，最终输出申请人信用综合评分，作为授信额度测算的依据。这可大幅提升其税贷产品的数据处理及数据分析能力，更加精准地评估风险。

**图 14－5　万象智慧 AutoML 建模平台功能**

资料来源：征信公司 Z。

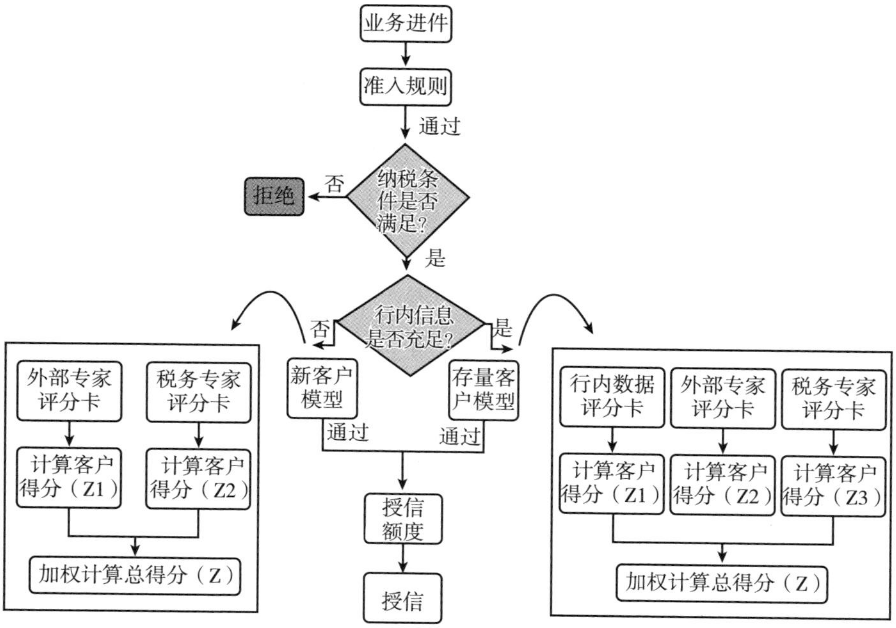


**图 14－6　N 层税贷风控模型及流程**

资料来源：征信公司 Z。

### （三）解决行业痛点

一是积累了41家成员行、政府部门（如税务局）及第三方的数据，迫切需要将数据加以有效利用，发挥数据价值。

二是亟须在做好小微信贷风控的前提下，更好地利用多维数据、专家经验、先进技术来实现小微信贷业务的线上化、自动化和智能化，创新产品形态，切实解决小微企业融资难问题。

三是亟须与外部公司合作，发挥各自优势，实现降本增效。

### （四）应用效果与价值

AutoML小微企业云税贷解决方案结合某省城商行联盟的运营现状，响应联盟面向所有成员打造“网络互通、信息共享、安全稳定、便捷高效”的税贷系统的号召，充分利用多维度数据对小微金融网贷业务实现精准风险识别及贷前风险控制，达到了很好的应用效果。

一是通过万象智慧AutoML建模平台服务近万人，有效地提高了建模的准确率和效率，相比传统人工建模周期缩短一半以上，极大地节省了人力成本。

二是应用机器学习风控模型的云税贷产品上线后，服务41家成员行，覆盖山东、陕西、浙江、江苏、山西、河北、河南、天津八个省份的近万家小微企业，发放贷款金额超过1亿元，且违约率不超过2%，小微金融风控能力得到显著提高。

三是利用机器学习技术盘活价值，实现新旧动能转换，通过金融科技赋能城商行智能风控，案例的“N+1+N”模式可在全国130多家城商行推广。

## 四　结语

风险，是金融行业无法回避的问题，金融行业诞生之初就存在。解决信用问题，便能大幅度降低风险发生率。随着大数据、人工智能、区块链等高科技手段的快速发展，信用与科技开始完美融合，有助于提升信用评估的智能化水平、实现信用价值的扩大化以及创新金融服务模式。

从金融服务的角度来看，在政策推动下，银行业提高“两增两控”要求，进一步提升小微企业金融服务质效，普惠金融业务取得长足发展。但是，从银行取得的普惠金融成效来看，银行的普惠金融业务持续发展依旧需要摆脱依赖人力的传统模式，还要能够有效识别客户风险，改变传统的运营模式，使数字化成为未来普惠金融持续深入发展的重要手段。这不仅可以使银行提升客户服务体验，还能大大优化成本结构，实现中小企业普惠信贷的线上化。

以信用科技为基础开展企业征信业务，积极实施国家普惠金融战略。信用科技以大数据为主，使用智能工具，包括知识图谱、机器学习、人工智能、区块链等技术，极大解决了金融交易的信息不对称问题，基于大数据的信用评估方式，可以很好地解决信用缺失问题。一方面，帮助提高金融机构信息收集的能力及信息的丰富度；另一方面，有助于金融机构实现信息获取、风险分析及业务决策的自动化，全面提升金融机构在获客及风控方面的能力。

从金融风控的角度来看，信用科技的发展将提高金融运行效率，为中小企业融资、金融风险防控带来全新改变。与传统金融机构相比，信用科技助力小微金融业务须立足于将自身大数据积累与核心技术能力积累赋能至小微金融业务。针对小微企业主客群进行风控，需充分考虑 C 端和 B 端双重属性，充分发挥 C 端风控能力，对数据进行风控建模，前期在 B 端数据较少的情况下，更多依赖 C 端风控。B 端属性评估需要机构尽可能多地获得企业财务报表、发票、税务等多维度数据，切入业务场景，基于多元化数据精准展现小微企业的经营状况。

信用科技不可以改变风险，但可以量化风险，即通过对数据的认知分析、研究规整、特征提取，从而更深层次地挖掘数据的特征价值，提升数据的风险预测能力，解决信息不对称问题，赋能企业征信，精准普及普惠金融服务，在助力产业经济转型发展中贡献更多力量。

## 参考文献

《AutoML 小微企业云税贷解决方案》，中诚信征信有限公司内部资料。

前瞻产业研究院：《2020～2025 年中国互联网金融行业市场前瞻与投资战略规划分析报告》，2019。

前瞻产业研究院：《2020～2025 年中国商业银行信贷风险管理与行业授信策略分析报告》，2019。

# 第十五章
# 监管科技与合规科技的发展

万轩宁　陶 峰　蒋则沈*

摘　要：近年来，为提高监管效率、降低合规成本，监管科技和合规科技快速发展，其中既有提升风险防控能力的内生驱动因素，也有技术进步、政策支持、行业趋势等支撑因素。监管科技与合规科技呈现数字化、智能化、标准化、系统化发展趋势，监管部门与金融机构主要在数据收集、整合与报送，风险监测、分析与报告，身份识别与管理，风险控制与管理，反洗钱等金融交易监测方面进行了广泛探索和运用。包括中国在内的各国监管机构持续探索相关技术运用和组织架构建设。目前，监管科技与合规科技的发展还面临信息技术风险、关联度过高以及监管套利问题，数据安全与消费者隐私保护问题，与第三方机构合作风险以及资源统筹与协调问题，等等。本章建议，加强数字化监管体系建设，完善制度框架，引导完善数据治理，强化个人信息保护，加强对外合作与交流，持续优化监管资源配置和能力建设。

* 万轩宁，中国社会科学院大学硕士，就职于中国银行保险监督管理委员会创新业务监管部，从事金融科技、电子银行、信用卡等领域研究。陶峰，中国人民大学经济学博士，北京大学经济学院博士后科研流动站、中国银行保险监督管理委员会博士后科研工作站博士后，研究方向为金融科技的发展及影响。蒋则沈，复旦大学学士，英国伯明翰大学硕士，中国人民大学经济学博士，就职于中国银行保险监督管理委员会，主要从事电子银行、金融科技等领域研究。本章仅代表个人观点，与所在单位无关。

关键词： 监管科技 合规科技 数据保护

## 一 背景情况

近年来，随着信息科技快速发展，金融业务呈现数字化、平台化，业务交叉不断增多，风险结构和特征日益复杂。传统金融风险防控手段和监管措施的及时性和有效性面临新的挑战。金融机构和监管部门需要从技术手段、管理模式、组织架构等维度全方位探索新方式、新模式和新途径。在此背景下，合规科技与监管科技走进视野。

2015年，英国金融行为监管局（FCA）将合规科技（RegTech）定义为“采用新技术，满足多样化的监管要求”。2016年，英国金融行为监管局将合规科技的定义进一步阐述为“金融科技的子集，即利用新技术，帮助金融机构更加有效且高效地满足监管要求”。2015年，国际金融学院（Institute of International Finance）将合规科技定义为金融机构在合规成本上升的背景下，运用技术手段实现合规的技术解决方案。巴塞尔委员会（2018）认为，合规科技主要是指金融机构为使提交的报告符合监管要求、流程所运用的各种金融科技手段。

2017年，新加坡金融管理局局长Ravi Menon在其演讲中指出，技术并不是仅能被监管对象使用，监管者也可使用新的技术提高监管和监测的有效性，并将“Supervisory”和“Technology”合成监管科技“SupTech”一词。巴塞尔委员会（2018）认为，监管科技主要是指监管主体运用技术手段驱动监管创新。国际清算银行（2018）认为，监管科技是指监管机构使用创新技术支持监管。

总的来看，合规科技与监管科技均属于金融科技范畴，均是大数据、云计算、人工智能以及机器学习等底层技术在合规和监管领域的运用发展，且在交易监测、信用风险分析等领域的运用方案存在一致性。需要注意的是，两者在运用主体和运用目的上存在差异，合规科技的资金投入目前高于监管科技。

## （一）合规科技与监管科技发展驱动因素

**1. 提升风险防控能力**

从需求端看，合规科技与监管科技的发展是提升风险防控能力、降低合规和监管成本的需要。一方面，随着金融市场不断发展及科技手段的广泛运用，金融机构既要面对信用风险、流动性风险等传统金融风险，又要应对日益复杂、不断变化的技术风险、战略风险、声誉风险等新型风险，须持续完善风控措施。从监管角度看，跨行业、跨市场的金融业务不断增加，不同业务之间相互渗透，金融服务交叉关联日益增强，风险隐蔽，监管措施需要不断升级。在此背景下，监管部门有必要加强关注，探索利用科技手段增强金融监管的实时性、准确性、有效性。另一方面，金融危机后的监管要求趋于严格，政策出台节奏不断加快，金融机构合规成本不断上升，相关资源投入也持续增加。金融机构和监管部门均希望借助数字化、自动化手段提高合规能力和监管效率。

**2. 信息技术发展**

科技是第一生产力，是驱动产业创新发展、升级转型的动力源泉。与金融科技发展动因相似，近年来以区块链、云计算等为代表的技术快速发展，运用实践不断丰富，也为合规科技和监管科技发展提供了技术支撑。在区块链技术方面，2009 年至 2019 年 8 月，全球区块链产业累计投融资金额达到 103. 69 亿美元①，区块链技术在各领域应用落地的步伐不断加快，如贸易金融、供应链、社会公共服务、司法存证、税务、物流、医疗健康、农业、能源等。在云技术方面，2018 年全球公有云市场规模为 1363 亿美元，同比增速为 23%，预计 2022 年规模将达到 2700 亿美元②。目前，云计算在企业精准营销、金融反欺诈、远程医学诊疗等领域均有较为成熟的应用。在大数据方面，预计 2020 年全球大数据市场收入将达到 560 亿美元，是 2016 年市场

---

① 中国信息通信研究院：《区块链白皮书（2019）》，2019。
② 中国信息通信研究院：《云计算发展白皮书（2019）》，2019。

规模的两倍①。目前，大数据产品在数据储存与分布式处理、数据挖掘与可视化、数据管理与流通等方面日趋成熟。此外，预计我国2025年将培育出4.3亿5G技术用户，成为全球较大规模的5G市场②。

**3. 符合金融业发展改革政策导向**

2017年7月，国务院印发的《新一代人工智能发展规划》指出，要建立金融大数据系统，提升金融多媒体数据处理与理解能力；创新智能金融产品和服务，发展金融新业态；鼓励金融行业应用智能客服、智能监控等技术和装备；建立金融风险智能预警与防控系统。2019年9月，中国人民银行印发《金融科技（FinTech）发展规划（2019～2021年）》（银发〔2019〕209号），提出要运用数字化监管协议、智能风控平台等监管科技手段，推动金融监管模式由事后监管向事前、事中监管转变，有效解决信息不对称问题，消除信息壁垒，缓解监管时滞，提升金融监管效率。此外，提出引导金融机构积极配合实施穿透式监管，通过系统接口准确上传经营数据，合理应用信息技术加强合规风险监测，提升智能化、自动化合规能力和水平，持续有效满足金融监管要求。

**4. 顺应数字化转型发展趋势**

金融风控的关键就是消除信息不对称，因此，海量数据资源和强大数据处理能力是未来金融机构竞争的重要制高点，也是监管部门需要重点发力的领域。金融机构和监管部门数字化是金融行业发展的大势所趋。一方面，基于数据驱动的风险控制开始深入客户身份识别、风险监测、交易细节等各个环节。这有助于高效处理海量数据，挖掘潜在价值和关键信息，避免合规风险，实现对每笔交易的精细化、精准化管理。另一方面，监管部门数字化转型是提升监管数字化能力的必由之路。这有助于提升数据处理能力，优化数据风控理念，运用大数据技术及时、有效地发掘隐藏在海量金融数据中的经营规律与风险变化趋势，尽早识别并处置风险。

---

① 中国信息通信研究院：《大数据白皮书（2019）》，2019。

② 连玉明主编《中国大数据发展报告（No.3）》，社会科学文献出版社，2019。

### （二）监管科技与合规科技发展趋势

一是数字化。数据驱动式风控和监管将成为新趋势。新技术的应用实现了报告数字化和合规流程自动化。大数据等技术能够快速收集、分析和处理多维海量数据，提升风险分析维度和精确度。技术运用不断升级将加速数据流通。通过实时监控各种指标数据，分析实时交易中的可疑数据，提高潜在风险识别和处置能力，及时处理风险事件，强化行为监管能力。

二是智能化。人工智能等技术的运用使合规科技和监管科技由提升效率、降低成本向风险监测处置的前瞻性和有效性转变。通过优化数据处理，强化数据挖掘，高效识别潜在风险以及挖掘数据价值。同时，人工智能技术可学习监管规则，弥补监管漏洞，使监管和风控从事后处置向事前预防、事中管控模式升级。

三是标准化。随着监管科技与合规科技的发展，信息保护相关法律法规不断完善，数据标准与行业规范将逐渐统一，数据流通趋于便利，监管效率得到提升。

四是系统性。除了优化单体机构风险防控，对于系统性风险的分析防控也是监管科技必须突破的难题。随着数据处理能力的提升，可以应用大数据技术以资金流向为线索，绘制金融体系的结构关联图，锁定薄弱机构，有效阻断风险传递。同时，可以对金融体系的结构及其变化进行更为精准的描述，这有助于量化金融体系集中度、关联度等，并将其作为监测系统性风险的前瞻性指标。

## 二　合规科技发展近况

### （一）客户身份识别

“了解你的客户”（Know Your Customer，KYC）和“客户尽职调查”（Customer Due Diligence，CDD）是金融业务的重要环节，监管部门对此也有明确的要求。然而，对于一些金融机构而言，其还面临监管不到位、客户身份和意愿鉴别能力不足、网络黑产诈骗不断等问题。同时，金融服务线上化发展趋势不可逆转，客户对金融服务便捷性和高效性提出了更高要求。在此背景下，金融机构开展以下探索。一是辅助应用生物特征识别技术。有的银行在开立账户时将人脸识别技术作为真人意愿识别的辅助手段，还有的机构在支付汇款时，将指纹识别作为支付指令，提升支付效率。二是辅助应用大数据技术。通过大数据技术，分析客户网络行为，运用多维度数据全面刻画客户风险状况，还可以进行实时监测，识别非常用地区转账、非常用设备转账等异常操作，及时拦截并联系客户，确保客户资金安全。

### （二）合规分析与报告

金融危机后，金融监管机构进一步强化监管要求，出台的监管规制数量和复杂程度不断增加和提高，对金融机构数据报送内容的要求不断提升，处罚力度不断加大。鉴于此，一些金融机构开始进行以下尝试：一是通过整合内部数据，提高数据质量，增加统计维度，实现合规数据报告快速生成，并通过应用程序接口提升报送效率和真实度，减少报送成本；二是探索运用人工智能技术，使其及时自动发现、归类并学习新发布的金融监管法律法规，发现新旧文件的异同和关系，最终生成跟踪报告，便于金融机构及时学习和掌握相关监管要求，提高合规性。

### （三）风险监测

目前，合规科技运用较多的领域是风险监测。一是基于数据的风险分析。如借助大数据技术分析结构化数据（专门分析报告或报表）和非结构化数据（新闻舆情、社交媒体数据、网页浏览数据等），全面准确判断个人和企业风险状况。同时，对比历史交易、异常交易行为、违约情况、关联方异动等，及时防范潜在风险。二是可疑交易监测。综合利用大数据和人工智能技术，通过对关联交易数据的多维度、高频率实时分析，可以有效识别关联交易、虚假交易、多账户操纵、票据虚开等违规违法行为。

### （四）运营和内控

通过机器人流程自动化（RPA）技术，企业可以提升合规流程自动化程度，减少任务的重复执行，加快合规流程，释放更多经营管理资源。又如智能合约技术在保险领域的运用，一旦满足触发条件，合同将按照规定流程自动执行，实现合规高效理赔，降低操作风险。在交易对账方面，基于区块链技术不可篡改、去信任、账本一致性、可追溯等特点，研究构建机构间安全、可信的数据通道与协同机制，实现金融机构与企业复杂账务的实时核对，还便于监管部门及时调取相关信息。

## 三　监管科技发展近况

### （一）我国监管科技发展近况

**1. 中国人民银行**

一是印发《金融科技（FinTech）发展规划（2019～2021年）》（银发〔2019〕209号）。探索运用信息公开、产品公示、社会监督等柔性管理方式，着力提升金融监管的专业性、统一性和穿透性。二是健全金融科技监管基本规则体系，着力打造包容审慎的金融科技创新监管工具。组织金融科技应用试点，引导金融机构运用科技手段赋能金融提质增效。三是出台相关规制和技术标准。如出台个人金融信息保护等金融科技系列监管规则，发挥制定标准、检测认证作用。

**2. 银保监会**

在规制建设方面，发布《中国银行保险监督管理委员会关于印发银行业金融机构数据治理指引的通知》（银保监发〔2018〕22号），进一步指导银行业金融机构加强数据治理，提高数据质量，发挥数据价值，提升经营管理能力。在系统建设方面，目前已形成非现场监管报表系统（1104）和检查分析系统（Examination & Analysis System Technology，EAST）相结合的监管方式，前者主要是在银行业金融机构定期报送数据的基础上，汇总生成相应监管报表，反映银行发展和风险状况。后者则是由现场检查人员按照现场检查目标和侧重点设计检查模型，可以直接从银行数据接口导入数据，根据模型运算结果分析得出结论，该系统以会计核算与交易数据为基础，采用可持续扩展的模块化架构。EAST 系统为现场检查提供了真实的海量交易数据，可帮助监管人员筛选出资金流向、交易明细、关联机构等线索，提升检查效率。此外，银保监会在持续完善上述系统的同时，将重点加快大数据监管平台建设，进一步提升数据处理能力。

**3. 证监会**

近年来，证监会在监管科技领域持续探索，在完成了中央监管信息平台建设，实现内部业务流程的信息化、一体化工程后，开始专注数据技术研发应用。将大数据技术与日常监管工作有机融合，以数据变化规律为主要线索，探索资本市场违法违规行为的识别方式，及时预警风险，进一步提升资本市场的风险防范能力。深入开展新技术研究，完成证监会大数据平台建设规划，并持续推进相关基础设施建设。在实践中，聚焦发行审核、上市公司监管、私募基金监管三个应用场景，融合工商、财务、舆情、行政处罚、失信、司法诉讼等多维数据，形成被监管机构的风险画像，进一步提升风险识别的有效性和准确性。

## （二）国际领域概况

**1. 英国**

英国金融行为监管局（FCA）作为长期活跃于金融科技与监管科技领域的监管机构，注重其市场前瞻性和引导性地位。近期，其在监管科技领域主要推进了以下工作。一是加强与科技企业合作。运用监管沙盒、TechSprint① 等渠道加强与业界交流与合作。2019 年 3 月，英国金融行为监管局牵头召

① TechSprint 是指 FCA 与某创新业务相关参与者短期集中开展座谈，就相关技术或业务模式进行研讨，以解决发展过程中遇到的问题，并向市场传递监管理念，https://www.fca.org.uk/firms/innovation/regtech/techsprints。

集来自16个国家的金融机构、科技企业、初创企业和学术机构近260人，进行了关于防恐怖主义融资和反洗钱解决方案的研讨。部分参与机构介绍了运用区块链技术建立客户黑名单，运用自然语言处理技术、文本分析技术监测可疑交易，运用图网分析技术直接检测关联企业之间的交易和行为等实践。同时，FCA还与科创企业共同探索“联合学习”（Federated Learning）和“复杂场景建模与模拟”（Complex Scenario Modelling and Scenario Simulation）等技术运用，有助于进一步提升对市场机构行为的预见能力和政策评估能力。二是英国金融行为监管局在综合业界意见的基础上，发布了《运用技术实现智能监管报告》（*Call for Input*：*Using Technology to Achieve Smarter Regulatory Reporting*），提出了“创建机器可理解和机器可执行的监管报送系统”的设想，使系统运用机器可读语言（Machine Readable Language）学习英国金融行为监管局和英国审慎监管局（PRA）的部分监管报告，自动从金融机构的数据库内采集数据，生成所需要的报告。三是发起成立了全球金融创新网络（Global Financial Innovation Network），旨在帮助不同国家或地区监管者深入了解科创企业、强化监管协作、推动金融创新、保护消费者权益。美国商品期货交易委员会、联邦存款保险公司、货币监理署和证监会已宣布加入全球金融创新网络。

2. 美国①

美国证监会（SEC）关注监管科技相关规则制定，重点关注其对个人投资者的影响，以及如何与交易商处置纠纷。在系统建设与运用方面，利用高级关联交易矩阵式调查系统（Advanced Relational Trading Enforcement Metric Investigation System），结合历史交易数据、客户账户数据以及其他外部数据，进行多交易者、多发行者等复杂情境分析，进一步帮助监管者进行穿透式分析，识别欺诈风险。还有正在持续完善的综合审计追踪系统（Consolidated Audit Trail），帮助监管者追踪市场上所有交易，全面获取证券交易申请、撤

① *Remarks at the* 2018 *RegTech Data Summit* – *Old Fields*, *New Corn*: *Innovation in Technology and Law*, https://www.sec.gov/news/speech/piwowar – old – fields – new – corn – innovation – technology – law.

销、更改、成交等信息。在信息披露方面，持续推广可扩展商业报告语言（eXtensible Business Reporting Language）运用，促进信息披露标准化、高效化。通过开发运用证券信息电子化披露系统（Electronic Data Gathering, Analysis and Retrieval），帮助监管机构、投资者快速便捷倒查多年前的公司披露信息。

**3. 澳大利亚①**

2019 年 9 月 11 日，澳大利亚参议院宣布成立金融科技与监管科技专责委员会（Select Committee on Financial Technology and Regulatory Technology），负责全面审核澳大利亚金融科技和监管科技发展状况，促进两者高效可持续发展。同时，澳大利亚参议院金融科技与监管科技专责委员会发布了一份关于金融科技和监管科技的报告，明确了提高澳大利亚金融科技与监管科技竞争力的 5 个发力点，即大量的资金支持、优惠的税收政策、配套的人才和技术、适应本国国情的创新文化以及与客户数据权力和反洗钱反恐怖主义融资相关的规制建设。近年来，澳大利亚证券与投资委员会（ASIC）加大监管科技投入研发力度，专注于技术运用尚未成熟的监管科技领域，测试科技手段在提高企业合规性方面的潜力。测试主要涉及金融营销、财务建议、语音识别以及技术辅助指导工具。例如，ASIC 可以运用人工智能在线扫描促销信息、广告和财务文档等，同时比对客户和销售人员之间的对话，发现金融交易过程中的不当营销行为。

**4. 墨西哥、哥伦比亚和巴西**

墨西哥银行和证券监管委员会于 2017 年开始以合规报告电子化方式推进监管框架改革，提升数据的数量和质量，协助整理历史数据，改善数据分析流程。除此之外，墨西哥在 2018 年推出了金融科技监管沙盒，允许初创企业在墨西哥中央银行、墨西哥银行和证券监管委员会等机构的监督授权之下开展创新业务测试。哥伦比亚金融监管局（SFC）于 2017 年推出了一项名为“Proyecto Regtech”的项目，其目标是与第三方合作，推动地方监管科

---

① 澳大利亚参议院发布文件，http://www.aph.gov.au/senate_ FinRegtech。

技发展，特别关注有助于监管规则信息变更宣告和说明的技术手段。巴西中央银行创建了“金融和技术创新实验室”，尝试通过监管沙盒机制，改善金融信贷体系并提高金融普惠性。

## 四　值得关注的问题

### （一）风险问题

一是技术风险。合规科技和监管科技尚处于发展阶段，有的技术运用尚不成熟有待充分观察检验，有的技术解决方案还处于论证阶段。因此，在实践中应充分关注可能出现的技术漏洞、网络攻击、操作风险等问题，设置相应防火墙措施，及时控制负面影响。二是机构关联性问题。监管科技与合规科技涉及金融机构、科技企业、市场基础设施的数据流通、技术合作等，增加了各类机构之间的关联性。自动化程度的提高会加速技术风险、数据安全风险、操作风险、声誉风险等风险的扩散。三是监管套利问题。受客观条件制约，监管机构与被监管机构在技术运用上可能存在差距，长此以往，随着金融业务批量化上线，可能导致依靠人工或简单程序的金融监管与风险更隐蔽、结构更复杂、发展更迅猛的金融业务不匹配，或出现“技术黑箱”“模型黑箱”等技术盲区，降低监管穿透性和有效性。又如，运用语言识别类技术学习理解大量监管法规，有助于金融机构厘清监管逻辑和框架，更加深入理解监管规则，设计更为合规的业务流程，但也可能被用于规避监管或进行监管套利。

### （二）数据问题

数字化是未来监管科技与合规科技发展的重要方向，数据驱动下的监管科技与合规科技发展须统筹好数据立法、监管职责、技术标准、行业监督、信息安全等各个环节，并聚焦以下几方面问题。一是数据来源问题。海量数据资源是确保大数据、人工智能等技术准确性的重要基础，但目前仍面临数据采集合法合规性风险、数据壁垒等问题，数据技术的开发使用也必然会导致数据资源的集中和垄断，进而可能威胁到市场的公平竞争和整体安全。二是数据运用和处理问题。目前，多数机构的算力可能不足以支撑海量数据处理，样本数量不足可能导致运算结果不准确。互联网数据的准确性在传播过程中容易递减，同时，互联网海量数据（如社交媒体数据、浏览搜索数据等）与各类金融业务的风险关联性有待观察论证，若以此为基础建立模型和进行风险判断，其准确性有待动态检验。三是数据标准化问题。在实践中，各金融机构和监管部门的数据收集填报在技术标准、数据维度、口径、周期和格式等方面存在差异，数据跨单位跨部门流动阻碍较大，这会制约监管科技发展。四是数据治理能力不足。其主要表现为一些金融机构数据管理组织架构不完善，数据管理流程执行不到位，难以确保真实性、准确性、连续性、完整性和及时性。

### （三）第三方机构合作外包问题

作为合规科技与监管科技发展过程中的参与主体之一，第三方机构（主要是为金融机构提供技术与合规性支持的机构）所引起的问题也值得关注。一是风险管理责任不清晰。部分金融机构在业务外包过程中，将风险防控责任一并外包给第三方机构，不承担主要风控责任。二是道德风险。如以外包或合作名义违规使用客户数据。三是部分机构风险集中度较高。调研显示，私有云技术外包在美国集中于微软、IBM，若单家巨头公司出现问题或故障，很可能影响大量金融机构。

### （四）资源配置与协调问题

监管科技与合规科技发展是整个金融行业数字化转型的关键，涉及资源统筹规划、系统更新升级、人员配置安排等方方面面，是一项系统性工程，主要面临以下问题。一是资源统筹规划问题。监管科技与合规科技涉及的各项基础设施建设耗资巨大，且非一日之功。尤其是监管科技建设还涉及工作方法审慎、系统建设难度大、财务预算约束较强、采购流程复杂等问题，需经过充分测试和系统内推广运用才能发挥作用。二是信息孤岛，效率低，成本高。监管数据或金融机构数据往往涉及数据保护和商业秘密，机构之间数据流动性很弱。金融基础设施之间、金融行业与其他行业之间的互联互通有待探索。三是监管人员结构配置有待优化。目前，我国监管部门人才知识背景以金融和法律专业为主，兼具科技背景的人才比重很低，而一些纯线上金融机构的技术人员占比已达60%以上。在当前监管科技快速发展的背景下，监管者快速更新知识结构的难度较大，充实具有计算机信息技术、统计学和金融监管等多元化知识背景的人才队伍需要前瞻性规划和长期统筹培养。

## 五　政策建议

### （一）加强数字化监管体系建设，完善制度框架

一方面，从金融监管战略全局高度谋划，结合金融科技监管顶层设计与总体规划，以提升金融监管质效、强化风险防控能力、推进监管数字化转型为目标，明确部门职责关系，提高跨部门协调能力，统筹金融基础设施建设和互联互通，合理规划发展路径，制定时间表和路线图，培育监管专业人员。另一方面，完善相关规制建设。重点完善数据安全与信息保护相关法律法规建设，对数据与信息的法律性质、数据统计与使用的权利义务等进行规范，统一相关标准建设，推动监管科技与现有金融监管法律法规的有机融合。

### （二）引导完善数据治理，强化个人信息保护

数据是金融行业数字化转型发展的核心资源。数据处置的安全性、合规性以及高效性是监管科技与合规科技发展的重要基础。建议从以下三个方面做好统筹。一是统一数据标准。通过合理的制度安排、制定技术标准规范、统筹协调不同基础设施之间的数据标准等方式，确保监管机构获取的数据信

息的一致性和可用性。二是优化数据质量。考虑到数据标准不一、类型多样，建议对数据进行分类处置，如区分为报送监管的标准化数据和源于网络行为、社交媒体、新闻舆情的非标准化数据。同时，完善数据质量流程管理制度，加强数据质量建设，形成不同业务部门之间协同配合的工作机制。三是加强数据安全管理。数据运用主要面临集中度高、违规滥用盗用等风险。因此，须从技术安全、治理架构、操作流程等方面建立全方位、多维度的防控体系。

## （三）加强对外合作与交流

一方面，与金融机构、科技企业、高校院所等保持密切沟通交流，持续跟踪新技术应用和业务模式创新，推动监管科技与合规科技前瞻性研究。在合规可控前提下，充分调动市场力量，与市场机构通力合作，共同推进监管科技与合规科技相关项目的开发、试验和落地。另一方面，进一步深化国际沟通与交流，在人才、技术、标准、项目等方面加强合作，积极参与金融科技和监管科技规则与标准制定，实现互惠共赢、共同发展。

## （四）优化监管资源配置和能力建设

一方面，支持重大应用试点示范、监管信息平台建设等。调动市场机构积极性，联合金融机构、科技企业、社会团体等，以互利共赢、合规稳健为原则，共同推进合规体系建设，为数字化监管提供支持。另一方面，围绕监管科技发展战略规划与实际需要，从专业需求、团队建设、激励保障政策等方面推进人才建设，合理提高相应专业人员占比。同时，采用多种方式，提升监管人员在大数据、人工智能、区块链等领域的专业积累，以确保不断适应新的业务系统和监管科技平台。

**参考文献**

蒋东兴、张涛：《多措并举推动监管科技建设》，《清华金融评论》2019 年第 5 期。

李根、王平：《运用监管科技（RegTech）革新金融大数据应用的监管》，新时代大数据法治峰会——大数据、新增长点、新动能、新秩序论文集，2017。

李文红、蒋则沈：《金融科技（FinTech）发展与监管：一个监管者的视角》，《金融监管研究》2017 年第 3 期。

刘春航：《大数据、监管科技与银行监管》，http：//www. cf40. org. cn/news_ detail/8704. html，2019 年 12 月。

刘瑾：《监管科技（Regtech）的应用方向及技术选择——基于英国 FCA 实践的研究》，《华北金融》2019 年第 8 期。

吕晴、金蕾：《金融监管创新技术——Suptech 的发展及各国实践》，《金融发展评论》2018 年第 12 期。

马骏、刘嘉龙、徐稼轩：《英国在监管科技领域的探索及对中国的启示》，《清华金融评论》2019 年第 5 期。

阮国恒：《金融监管与合规科技的香港实践——建立更多元化的 Regtech 生态系统》，《中国银行业》2018 年第 11 期。

陶峰、万轩宁：《监管科技与合规科技：监管效率和合规成本》，《金融监管研究》2019 年第 7 期。

杨东：《监管科技：金融科技的监管挑战与维度建构》，《中国社会科学》2018 年第 5 期。

"ASIC's Regtech Initiatives 2018 - 2019", https：//download. asic. gov. au/media/5424092/rep653 - published - 20 - december - 2019. pdf，Dec. 2019.

Dirk，B.，Jermy，P.，"Innovative Technology in Financial Supervision (Suptech) — The Experience of Early Users"，https：//www. bis. org/fsi/publ/insights9. htm，Jul. 2018.

Financial Conduct Authority，"Call for Input：Using Technology to Achieve Smarter Regulatory Reporting"，https：//www. fca. org. uk，Feb. 2018.

Financial Stability Board，"Artificial Intelligence and Machine Learning in Financial Services Market Developments and Financial Stability Implications"，https：//www. fsb. org，Nov. 2017.

Bank for International Settlements，"Implication of Fintech Developments for Banks and Bank Supervisors"，https：//www. bis. org/bcbs/publ/d415. htm，Feb. 2018.

Michael，S. P.，"Remarks at the 2018 RegTech Data Summit - Old Fields，New Corn：Innovation in Technology and Law"，https：//www. sec. gov/news/speech/piwowar - old - fields - new - corn - innovation - technology - law，Mar. 2018.

Nasdaq，"Regtech is Ready for a Breakthrough in Latin America"，https：//www. nasdaq. com/articles/regtech - is - ready - for - a - breakthrough - in - latin - america - 2020 - 01 - 14.

# 比较篇：全球视野下的金融科技理论与实践

Comparison Part: FinTech Theory and Application with a Global Perspective

# 第十六章 金融科技相关文献概览

董 昀*

摘 要： 2019年度，国内外金融科技文献数量继续呈现快速增长态势。本章以创新发展为基本视角，将金融科技视为金融企业家利用新的技术发明，进入金融市场，实现新组合，获取利润的经济过程，并对金融科技的经济学分析框架进行初步探讨。在此基础上，本章围绕中国金融科技发展、数字货币、开放银行、区块链等热点问题，对近年来相关文献进行专题回顾与梳理。总体而言，随着金融与科技融合步伐的加快，金融科技已成为国内外金融学研究的热点，相关文献对金融

* 董昀，中国社会科学院金融研究所副研究员，中国社会科学院产业金融研究基地副主任兼秘书长，研究领域为金融科技、创新与企业家精神。

科技发展的内在机理，经济效应和国别比较等问题进行了比较详尽的探讨。但如何将金融学、创新经济学、产业经济学等相关学科理论框架有效整合，使有关金融科技发展的经济学分析更加系统完备，仍是学术界面临的重大挑战。

关键词： 金融科技 创新发展 数字货币 开放银行 区块链

## 一 创新发展视角下的金融科技研究

金融科技已成为全球金融业转型发展的根本动力，与金融科技有关的学术研究空前活跃，每年新增的文献数量极多，我们每一年度的文献综述显然无法穷尽所有文献。文献综述的主要目的，一是了解金融科技学术前沿动态，二是通过对文献的评析思考金融科技研究的发展趋势和发展前景，后者更为重要。笔者曾经指出，我国经济学界金融科技研究的主要工作是追踪实践热点问题，跟踪国内外金融科技实践与政策的前沿动向，就金融科技发展中遇到的具体情况进行事实梳理、案例分析、趋势预测和政策研判。这些工作当然是必要的。然而，对金融科技的经济学分析不能止步于此。从基本理论角度看，要潜心回望全球金融科技发展史，探究金融科技的理论本质，准确把握金融科技在经济社会发展中的定位。在此基础上对金融科技热潮表象背后的基本理论问题进行“冷思考”，为分析中国金融科技问题提供适用的经济学理论框架（董昀、李鑫，2019）。

从本质上说，金融科技是具有熊彼特式创新特质的一系列金融创新；金融科技在经济系统中的应用本质上是金融企业家利用新的技术发明，进入金融市场，实现新组合，获取利润的经济过程。鉴于此，经济学界和政策制定者需要从创新发展的视角入手，动态地观察金融科技发展的历史进程，全面评估金融科技发展对经济金融体系的影响（董昀，2019）。

按照这一思路开展研究，可以形成五个主要研究方向。第一，研究金融科技发展的技术背景，把握技术演进的规律；第二，研究金融科技领域企业家创新的主要方式；第三，研究科技革命浪潮下金融业“创造性破坏”进程的主要特征；第四，研究金融科技给风险管理带来的机遇与挑战；第五，研究金融科技发展对实体经济的影响。

第一个方向主要属于技术领域，经济学家涉猎较少，但也有所关注。第二个方向属于科技界、金融界和学术界都关注的领域，因为金融科技创新是新技术在金融业的应用、商业化和扩散的经济社会过程，受到各方关注。

根据我们之前的跟踪研究（董昀、李鑫，2019），我们对第一个和第二个方向，即技术发展及其在金融领域的主要应用进行一些文献梳理。此处重点介绍三类金融科技创新的国外前沿文献。

第一类是智能投顾。智能投顾是各国金融科技实践及理论研究的前沿领域之一，各国对其理解有一定差异。在美国，智能投顾通常被解释为一种“自动投资工具”（Automated Investment Tool）（Monaco et al.，2017）；在欧洲被称为“金融咨询建议的自动化”（Automation in Financial Advice）（EBA et al.，2015）；在澳大利亚则被称为“数字化建议”（Digital Advice）（ASIC，2018）。除了定义之外，研究者把注意力放在对智能投顾的优势与不足的分析上。乐观者认为，智能投顾将信息自动化发展带入了一个全新的进程（Chiu，2016）；悲观者则认为，其难以满足信义义务要求（Huxley and Kim，2018）、无法取代人的判断（Fein，2016），而且个体可能通过对智能投顾机器人的控制来为自己谋取私利（Ji，2016）。

第二类是机器学习。它关注计算机如何模拟或实现人类学习行为，以获取新的知识和技能，重新组织已有知识结构使之不断改善自身性能的技术。根据FSB（2017）的跟踪，各界对机器学习在金融中的应用越来越关注。Umezawa和Mori（2008）用随机森林算法研究了电力市场的信贷风险；Fletcher等（2010）用机器学习模型对股价进行了预测；更多的研究者则聚焦于运用机器学习方法研究文本信息。该领域有两个主要研究方向：一是利用文本信息进行金融研究或金融应用，比如探讨文本信息对股票价格或交易量的影响（Das and Chen，2007；Buehlmaier and Zechner，2014）；二是将文本信息用于信用风险管理（Lu et al.，2013）。

第三类是大数据在监管科技中的应用。Walport（2015）首次提出，金融科技有可能被用于监管与合规，使金融监管更加透明、高效。随后，英国金融市场行为监管局（FCA）正式提出 RegTech 的概念。Arner 等（2017）的研究发现，监管科技的真正潜力在于以数据监管为核心，采取有效的数据收集、报告、管理和分析流程，从而推动监管模式由“了解客户”向“了解数据”转变。Mourmouras（2019）进一步指出，加强大数据处理、深化机器学习成为监管当局不可回避的关键任务。Broeders 和 Prenio（2018）对大数据在监管科技中的应用做了较为系统的梳理，指出大数据在监管端的运用主要体现在数据收集和数据分析两个方面。

在我们列举的金融科技五大研究方向当中，后三个方向，即金融科技的“创造性破坏”效应、对风险管理的影响以及对实体经济的影响更多地受到经济学家的关注。在本章余下部分的文献综述中，我们分四个专题，重点梳理这三个方面的文献。第二部分将着重梳理近年来研究中国金融科技问题的代表性文献，重点关注金融科技对中国经济金融体系的影响。第三、第四、第五部分分别关注 2019 年以来受到我国金融界、科技界和学术界广泛关注的三个重要现象，即数字货币、开放银行和区块链，重点关注这三个焦点领域的代表性文献，着重分析三者对经济金融体系的影响。

## 二　创新发展视角下中国金融科技发展文献综述

近年来，中国的金融科技实践走在世界前列，金融科技影响着从宏观经济运行到产业结构变迁再到企业微观经营活动等的各个层面。早年间，我国学术界对这些本土问题关注不够；近两年来，这一现象有了较大改观。

英文刊物 *China & World Economy* 2020 年第 1 期是一期专刊，主题就是“金融科技对中国宏微观经济的影响”，由六篇论文组成。这一组论文围绕金融科技对中国经济的各类冲击，进行了比较严谨的实证研究，形成了一些有价值的基本结论和政策建议。这些研究发现为我们理解新兴技术行业、传统银行和影子银行之间的相互作用提供了新的依据，并且揭示了货币政策和监管政策的有效性。金融科技发展对个体行为的影响的丰富证据得以呈现，其传导机制也得到了深入探讨。

Stephanie Chan 和 Yang Ji（2020）研究了利率自由化和金融科技发展对中国影子银行存款稳定性的影响。该文假定，影子银行存款产品比传统银行相应产品回报更高、风险更大。以此为前提，文章认为影子存款的稳定性会受到两个抵消效应的影响：一是促使投资者等待更高回报的耐心效应，二是风险较高导致投资者撤资的不确定性效应。随着利率自由化的推进，当传统银行能提供回报更高的产品时，影子存款的额外回报将受到侵蚀，耐心效应将受到抑制，但风险的留存将使不确定性效应加剧。该文的研究结果表明，利率自由化和金融科技的快速融合发展往往会恶化影子存款的稳定性，监管部门在推进利率自由化和金融科技应用的同时，可能还需要建立“影子银行防火墙”。

Jennifer 等（2020）是最早分析金融科技发展对城市化影响的研究者。他们的文章认为，一方面，金融科技的发展可以通过提高金融服务的可获得性和降低其可负担性来促进城市化；另一方面，金融科技可能通过扩大数字鸿沟而对城市化产生负面影响。利用中国农业部门向非农业部门的劳动力转移来衡量城市化程度，文章发现，金融科技的发展有助于在非农业部门创造更多的就业机会并增加收入。这意味着无论个体是否接入互联网，都可以从这一发展中受益。这表明，金融科技发展对城市化存在积极影响，并有助于减轻数字鸿沟的负面影响。

Li 和 Huang（2020）研究了货币政策和监管政策对 P2P 利率的影响。他们发现，货币政策通过影响 P2P 借贷的需求和供给来影响其利率。例如，宽松的货币政策减少了对 P2P 借贷的需求，从而降低了 P2P 利率。风险处置型监管政策减少了市场供给，导致利率小幅上升。他们还发现，这种影响是不对称的，正常运行平台的利率对政策变化的反应比高风险平台更灵敏。他们在论文中指出，货币政策和监管政策对 P2P 利率的影响范围不同，前者对利率定价相对正常的平台影响较大，后者对利率异常的平台影响更大。

基于这些研究发现，货币政策和监管政策的实践可能需要考虑金融科技相关业务活动的异质效应。

Song 和 Zhang（2020）研究了货币政策对借款人违约行为的影响。他们发现，紧缩的货币政策将导致借款人违约概率显著提高，主要包括两个传导渠道：从短期来看，货币政策的变化可以通过改变债务人的信用和资产负债表来直接影响其当前的还款行为；从长远来看，借款人的偿付行为可能根据货币政策变化对其投资、生产和盈利能力的影响而进行调整。此外，他们还发现了沿海省份借款和生产性借款的还款行为对货币政策变化更为敏感的异质效应。

Jennifer T. Lai 等（2020）利用中国家庭追踪调查（CFPS）的四组数据，研究了数字金融包容对家庭消费平滑的影响。该文聚焦于评估数字金融包容是否有助于家庭缓冲长期和短暂的收入冲击。研究发现，数字金融的包容性已经恶化了家庭应对暂时性收入冲击的保险能力，且网购导致的消费对收入的过度敏感是其部分驱动力。

Li 和 Huang（2020）研究了加密货币市场与传统金融市场之间的相互作用。他们扩展了波动性溢出效应的测度方法，并探索了加密货币和主要金融资产之间的“连通性”。他们的主要发现包括三个方面。第一，2013 ~ 2018 年，加密货币作为独立于传统资产的风险源在发挥作用。第二，加密货币和传统金融资产之间的组间波动溢出效应在规模上是相当的，但在趋势上是“互补的”。第三，加密货币市场可以显著增加当前金融市场的系统性风险。总的来说，他们认为虽然当前全球金融系统性风险处于“和平时期”，但有限的加密货币风险仍有增加系统性风险的可能性。

除了这一组英文文献之外，近年来研究中国金融科技的宏微观影响的中文文献亦不在少数。董昀、李鑫（2019）已经对此做过详细梳理。本章不再做详细介绍，仅补充 2019 年以来在重要刊物上发表的几篇最新文献。

黄益平、陶坤玉（2019）对中国数字金融产业的发展、影响和风险进行了全面的梳理与分析。首先，文章指出数字金融在中国得到快速发展的主要原因是传统金融服务的供给短缺、金融监管的相对包容以及数字技术的快速发展；其次，文章认为中国的数字金融在提高金融效率、支持创新、发展普惠金融、促进社会平等、消除贫困和缩小收入差距方面发挥着不可替代的作用；最后，文章建议通过建立数字金融行业统一的监管规则、统合监管体系、增强监管科技以及引入监管沙盒四个方面的改革实现鼓励金融创新、有效防控风险和保护消费者权益三者之间的均衡。

郭品、沈悦（2019）通过构建纳入互联网金融的银行环形城市模型，推演了“互联网金融→存款结构/付息成本→银行风险承担”的传导机制。在此基础上，以2003～2016年我国83家商业银行为样本，建立多重中介效应模型进行实证检验。研究表明，第一，互联网金融发展经由恶化存款结构和抬高付息成本两种渠道显著提高了银行风险承担水平；第二，相较于互联网渠道构筑业态，互联网支付结算、互联网资源配置和互联网财富管理业态对银行存款结构和付息成本的不利影响更为强烈；第三，相较于国有、大规模、低流动性和低资本充足率商业银行，面对互联网金融的冲击，非国有、小规模、高流动性和高资本充足率商业银行的客户存款流失更快，平均付息成本上涨更多。

孟娜娜等（2020）关注金融科技的产业化发展给商业银行和银行业竞争格局带来的影响。论文利用2011～2016年全国31个省份的经济金融面板数据，通过构建空间计量模型实证检验金融科技对地区银行业竞争的影响。研究结果显示，金融科技对地区银行业竞争的影响存在显著的空间地理效应和产业竞争效应。其中，金融科技的空间地理效应主要体现为显著的空间依赖效应，而金融科技的产业竞争效应主要来源于“市场挤出”和“技术溢出”两个作用渠道。

李春涛等（2020）关注金融科技与企业创新的关系。该文构建了地区金融科技发展水平指标，并利用2011～2016年新三板上市公司数据，考察了金融科技发展对企业创新的影响及机制。实证结果表明，金融科技发展显著促进了企业创新。就经济意义而言，城市的金融科技发展水平每提高1%，当地企业专利申请数量平均增加约0.17项。金融科技影响企业创新的主要机制：一是缓解企业的融资约束，二是加强税收返还的创新效应。

刘明康、李伟（2020）关注新一轮数字信息技术与制造技术变革出现后，新制造业的金融服务问题。强调提升金融服务新制造业水平的关键是从法制、规则、标准和机制入手，借助大数据和信息化手段，营造公平透明、开放创新、稳定可预期的市场环境。

在研究中国金融科技发展对宏微观经济的影响机制的同时，国内学术界始终密切关注西方发达经济体金融科技实践的最新动向。彭刚（2019）比较系统地描述了2008年金融危机之后，欧洲金融科技的发展变迁脉络。文章发现，欧洲金融科技虽然相较于美国起步较晚，相较于中国发展相对缓慢，但是自2017年以来加快了发展的步伐；而且，欧洲金融科技的发展给欧洲经济带来深刻的影响。第一，金融科技为欧洲小国的经济发展提供了新的机遇；第二，金融科技的发展弥补了传统金融服务的不足，提升了金融服务的效率；第三，在资本的推动下，欧洲金融科技逐步兴起，并且在各个国家产生了估值10亿美元以上的独角兽企业。

## 三　数字货币文献综述

在2019年之前，数字货币已经引起了金融监管者的关注。例如，2018年3月，国际清算银行支付和市场基础设施委员会发布了题为《中央银行数字货币》的长篇研究报告，介绍了央行数字货币的定义、分类及央行数字货币对支付、货币政策、金融中介、金融稳定和跨境交易等多个方面的影响。

2019年6月18日，社交平台Facebook上线加密数字货币项目Libra，并发布项目白皮书，引发全球关注。Libra功能定位是支付和普惠金融，致力于建立一套简单的、无国界的货币和为全球数十亿用户服务的金融基础设施。Facebook发起的Libra联盟（Libra Association）已得到27家机构的响应，其中既包括维萨（Visa）、万事达卡（MasterCard）等传统支付巨头，也包括贝宝（PayPal）、优步（Uber）、易贝（eBay）等新型科技巨型企业，广泛覆盖了投资、区块链、社交媒体、通信、电子商务、共享出行、非营利组织、音乐、旅行等多领域的“头部公司”。

由于存在诸多问题，Libra 项目能否落地存在较大不确定性。然而，这不妨碍 Libra 项目在区块链、数字货币等领域引起轰动，激发起国内外学术界对数字货币的新一轮关注。

Libra 将自己的使命描述为“建立一套简单的、无国界的货币和为数十亿人服务的金融基础设施”，李扬（2019）认为，这是理解 Libra 及其运行机制的主要入手处。Libra 的问世对中国的挑战首先体现在支付领域。这是因为，在一个可以预见的长期内，Libra 的用武之地仍将局限于支付领域。基于一篮子国际储备货币，Libra 先天就有跨境支付之便利，这对于我国的支付行业发展，尤其是境外业务拓展，是一个直接挑战。

自 2019 年下半年以来，我国学术界对数字货币及其背后的大国竞争进行了深入分析。封思贤、丁佳（2019）发现，反洗钱公告通过向非法投资者传递数字加密货币反洗钱监管加强的信号，导致非法资金大量撤出市场，数字加密货币价格显著下跌，交易量显著上涨，且这种影响会因为政策公告的类型以及公告国对数字加密货币的态度不同而有所区别。各国金融监管部门须明确数字加密货币法律属性，拓宽监管边界，创新监管技术，协同国际合作；数字加密货币交易所要严格落实一线反洗钱责任；央行应积极试点法定数字货币。

杨东（2019）认为，Libra 以其币值稳定机制相较于一些国家相对不稳定的法定货币具有一定优势，可能威胁一国金融稳定和货币主权。特别是，Libra 还对中国非银行支付产业地位造成了一定竞争性冲击。为化解数字货币型跨境支付清算工具的风险，应变革我国跨境支付及数字货币治理体系，打破管制型监管的窠臼，拓宽数字货币发展渠道，构建沙盒式监管机制，促进科技驱动型监管发展。

戚聿东、褚席（2020）认为，我国法定数字货币能够提高传统货币政策的有效性，弥补传统法定货币的支付功能缺陷，使负利率成为一种新的货币政策工具，并推动人民币国际化进程。法定数字货币将采用“中央银行—商业银行”的双层运营体系、中心化管理模式，且不预设技术路线。面对法定数字货币推广过程中可能存在的商业银行挤兑风险、技术风险和金融监管风险，我国应调控活期存款向数字货币转移的速度和规模，努力实现技术创新与技术风险的最优平衡，并完善法定数字货币相关法律法规和监管体系。

杨晓晨、张明（2019）指出，中国央行数字货币的模式与 Libra 存在本质区别，或将通过对 M0 的统一管理成为助力央行达成货币政策目标的有力手段。毋庸置疑，Libra 和中国央行数字货币无论成功与否，都将成为全球正规数字货币发展浪潮的重要推手，为我们开启一个全新时代。

冯静（2019）认为，货币演化进程包括货币本位和货币形态两个方面，其总体趋势是走向更加稳定和更加完善的货币制度。作为最新货币形态，数字货币广义上包含电子货币与虚拟货币。数字货币的发展、作用与本质等问题与货币的产生、职能和本质等老问题一样富有争议。从信用本质来看，作为社会惯例和公共产品，未来的法定数字货币应该实现“良币驱逐劣币”。

王信、骆雄武（2020）对数字时代的货币竞争态势进行了研判，认为未来国际货币的竞争仍然是主权货币的竞争，但增加了数字货币的维度。美国可能在数字稳定币、央行数字货币领域占得先机，巩固美元的国际地位。中国应当积极支持国内 BigTech 公司参与国际支付领域的竞争，审慎应对民间企业创设 Libra 类稳定币的呼声，积极稳妥推进央行数字货币研发。

国外学术界也迅速对 Libra 的问世做出了反应。Zetzsche 等（2019）认为，Libra 是第一个有潜力在全球支付系统和货币体系中得到广泛运用的私人加密货币；与之相对应，如何对它进行监管就成了一个难题。因此，Libra 的问世可能引发货币当局和监管当局的强烈反应。Taskinsoy 和 John（2019）则直接提出了一个关键性问题：Libra 最终会退出还是刺激各国央行推出自己的数字加密货币？该文章似乎并没有直接回答这个问题，而是从货币演进史中得出基本判断：数字加密货币将不可避免。Libra 看起来已经具备了替代美元的一切要素，但它只有在世界各大央行（特别是美联储和欧洲央行）以及政府的允许之下，才可能真正成为美元的可行替代品。

## 四　开放银行的理论思考与文献综述

金融科技大多是前沿性的创新科技，充满着不确定性。正因如此，金融中介机构或平台如果能将自身掌握的数据、服务、流程等各种资源开放，与其他机构或个人共享，将可能提高资源的利用效率，促使各方分工合作，发挥各自比较优势，在不同方向上共同推进技术、场景、应用、组织等各类创新，从而增加金融科技创新成功的概率。这就是金融资源开放共享的重要价值所在。在当下的金融发展进程中，数字化经营、平台化、多向开放竞争等典型特质已经充分显现，开放成为金融体系的变革方向。从这个意义上说，开放金融是金融科技创新的重要路径，值得学术界深入研究。

一些研究表明，数字化技术与银行业务和组织的融合带来效率提升和组织变革。金融科技数字化改变了商业银行的技术环境、竞争环境、客户环境等外部环境，影响了商业银行的营销能力、风险控制能力、创新能力等组织内部核心能力，进而驱动商业银行战略转型（董昀、李鑫，2019）。因此，开放银行成为开放金融当中特别引人注目的领域，被视为商业银行数字化转型的主要方向，开放银行的发展可全方位提升银行服务实体经济和消费者的能力。

开放银行目前没有一个统一、明确的概念，业界从不同的角度出发，对其有不同的归纳和理解。

从英国和欧盟的操作来看，开放银行的要义在于通过开放 API 把银行手中掌握的金融数据所有权转移到消费者手中，从而促进金融创新，使金融服务能够更好地满足消费者需求（European Banking Authority，2017）。

在维基百科中，开放银行被定义为银行使用 API，从而使第三方软件开发者得以运用银行数据进行程序开发建构，提供相关服务。这个定义与英国政府与欧盟正在做的事情比较吻合。

著名咨询公司 Gartner 对开放银行的界定更具一般性和理论色彩。他们认为，开放银行本质上是一种平台化的商业模式，具有平台经济的基本特征。具体而言，开放银行的主要运行机理是与商业生态系统共享数据、算法、交易和流程等各类信息，主要功能是为商业生态系统中的第三方开发者、客户、银行、金融科技公司等群体提供信息服务，最终目的是帮助银行建立和形成新的商业模式与核心竞争力，创造新的价值。

刘勇、李达（2019）强调开放银行对银行服务完整性的推动作用，认为这一模式使得人们通过一个应用程序就可以对自己的所有银行账户信息了如指掌。

易宪容等（2019）则认为，开放银行的实质就是实现金融数据共享，把数据作为生产要素和有价值的资产。杨东、程向文（2019）也把开放银行视为一种新型业务模式和数据共享机制，这一机制以消费者为中心，以平台维度为建构层次，以 API 技术为赋能基础。

既然开放银行战略所依靠的核心资源是金融数据，核心要义是金融数据的共享和开放，那么我们就需要从经济学理论体系中寻找分析数据的基本框架。

2019 年 10 月召开的十九届四中全会通过的《中共中央关于坚持和完善中国特色社会主义制度　推进国家治理体系和治理能力现代化若干重大问题的决定》（以下简称《决定》）对与数据相关的若干重大问题进行了战略部署：第一，在优化政府职责体系的部署中，既强调要建立健全运用互联网、大数据、人工智能等技术手段进行行政管理的制度规则，也强调要推进数字政府建设，加强数据有序共享，依法保护个人信息；第二，把优化经济治理基础数据库作为加快完善社会主义市场经济体制的重要工作；第三，把数据视为生产要素，强调要健全劳动、资本、土地、知识、技术、管理、数据等生产要素由市场评价贡献、按贡献决定报酬的机制。

刘鹤（2019）指出，《决定》强调了知识、技术、管理作为生产要素的重要作用，反映了现代经济中知识、技术、管理等要素对经济增长的贡献明显上升的趋势。特别是，《决定》首次增列了“数据”作为生产要素，反映了随着经济活动数字化转型加快，数据对提高生产效率的乘数作用凸现，成为最具时代特征新生产要素的重要变化。谢伏瞻（2020）认为，对数据要素的重视，体现了现代经济增长的新特征、新趋势，体现了收入分配制度尊重知识、尊重人才、尊重创新的导向。从政策实施角度来看，刘鹤（2019）强调，要强化以增加知识价值为导向的收入分配政策，充分尊重科研、技术、管理人才，建立健全数据权属、公开、共享、交易规则，更好实现知识、技术、管理、数据等要素的价值。

巴塞尔委员会的研究报告显示，银行向第三方开放其持有的客户许可数据已是司空见惯，但数字设备应用的增长以及数据聚合技术的迅速发展，正改变着全球零售银行的服务。银行向第三方开放的客户许可数据被用于构建应用程序，改善服务，发明更加高效、便捷的支付手段，以提高账户持有人财务透明度，提供新的、改进的帐户服务，并为营销和交叉销售提供机会（巴塞尔委员会，2019）。这表明，开放银行的确可以起到促进数据资源流动、提升数据资源配置效率的作用，从而切实改进金融服务，降低经济运行成本，推动经济增长。

## 五　区块链文献综述

2019 年，伴随着 Libra 引发的数字货币浪潮，作为数字加密货币底层技术的区块链备受关注。张亮、李楚翘（2019）对区块链经济研究相关英文文献进行了比较系统详尽的梳理，对区块链经济的内涵、原理和主要影响讨论得均比较全面。本部分主要补充 2019 年下半年以来发表的最新文献。

国际清算银行首席经济学家 Raphael 在 2019 年 9 月发布了一篇题为《嵌入式监管：如何将监管纳入区块链金融》的工作报告，在区块链技术的支撑下，首次提出“嵌入式监管”新概念。Raphael（2019）认为，嵌入式监管可以通过读取市场账本数据来自动监控代币化市场的合规性，从而减少主动收集、验证和交付数据的成本。在草拟了此类方案的设计后，论文探讨了可以使用分布式账本数据监视合规性的条件。作者建立了一个去中心化市场模型，该模型用基于以经济共识为基础的区块链的数据可信度取代了当今基于中介的合法数据验证。模型的主要结果是，假定市场经济共识强，足以保证交易在经济上最终确定，以便监管者可以信任分布式账本数据。

张礼卿、吴桐（2019）比较全面地从理论依据、现实困境与破解策略等方面讨论了区块链技术在金融中的应用问题。文章指出，区块链具有去中心化、无须事先信任、开放性和自治性等特征，这使得区块链和金融具有内在耦合性，金融成为区块链应用落地的重点领域。但由于区块链在技术成熟度、治理机制和基础设施等方面存在缺陷，理论上的优势并未在金融领域得到完全发挥，存在一定的落地困难。为推动区块链在金融领域的应用，应进一步完善区块链金融监管治理框架，逐步弥合区块链金融与现有法律政策体系的鸿沟，推出法定数字货币，在合规的基础上构建面向用户的区块链金融商用体系。

渠慎宁（2020）指出，区块链已成为全球科技竞争的新高地，其技术应用延伸至实体经济多个领域。积极推进区块链与实体经济深度融合，有助于推动我国产业升级，实现高质量发展的目标。区块链是开放式创新的新模式、协调产业融合的新载体和推动绿色发展的新路径，契合了“创新、协调、绿色、开放、共享”五大发展理念。尽管区块链实现了“革命性”的技术突破，但在实际应用中仍存在一些问题与挑战。下一步，应加强顶层设计和统筹，严格监管区块链技术的非法应用，加快区块链领域的标准体系建设，以此助推实体经济高质量发展。

石超（2020）认为，源始于比特币底层技术的区块链通过技术方式在网络空间构造出一种去中心化的信任模式，不仅为陌生者提供去中介化的信用，更具改变网络空间生产利益分配方式的效能，但囿于政治经济学分析视角的合理性追寻与技术自治逻辑的自治性挑战，传统法律治理机制既无力改变也难以为继，区块链技术信任下的法律治理模式需更新转变。同样基于区块链技术去中心化的逻辑结构与自组织的理论贡献，通过共识协议的由利益相关者“合作治理”的自律型监管既能为法律治理渗入提供路径，亦能产生内外约束力，助力区块链系统的“共建共享”秩序生成。

## 参考文献

巴塞尔委员会：《开放银行与应用程序编程接口报告》，CFT50国际小组译，2019。

董昀：《从创新发展视角理解金融科技的内涵》，《银行家》2019年第10期。

董昀、李鑫：《中国金融科技思想的发展脉络与前沿动态：文献述评》，《金融经济学研究》2019年第5期。

封思贤、丁佳：《数字加密货币交易活动中的洗钱风险：来源、证据与启示》，《国际金融研究》2019年第7期。

冯静：《货币演化中的数字货币》，《金融评论》2019年第4期。

郭品、沈悦：《互联网金融、存款竞争与银行风险承担》，《金融研究》2019年第8期。

黄益平、陶坤玉：《中国的数字金融革命：发展、影响与监管启示》，《国际经济评论》2019年第6期。

李春涛、闫续文、宋敏、杨威：《金融科技与企业创新——新三板上市公司的证据》，《中国工业经济》2020年第1期。

李扬：《必须重视Libra的挑战》，《中国外汇》2019年第15期。

刘鹤：《坚持和完善社会主义基本经济制度》，《人民日报》2019年11月22日。

刘明康、李伟：《新制造业的金融服务》，《中国金融》2020年第2期。

刘勇、李达：《开放银行：服务无界与未来银行》，中信出版社，2019。

孟娜娜、粟勤、雷海波：《金融科技如何影响银行业竞争?》，《财贸经济》2020年第3期。

彭刚：《欧洲金融科技发展及其影响评介》，《人民论坛·学术前沿》2019年第22期。

戚聿东、褚席：《数字经济视阈下法定数字货币的经济效益与风险防范》，《改革》2019年第11期。

渠慎宁：《区块链助推实体经济高质量发展：模式、载体与路径》，《改革》2020年第1期。

石超：《区块链技术的信任制造及其应用的治理逻辑》，《东方法学》2020年第1期。

王信、骆雄武：《数字时代货币竞争的研判及应对》，《国际经济评论》2020年第2期。

谢伏瞻：《基本经济制度新概括巩固了改革开放成果　向社会主义制度的成熟定型迈出坚实步伐》，《经济研究》2020年第1期。

兴业数金：《对话Gartner：如何构建第三方开放银行平台》，知乎专栏，2018年6月1日。

杨东：《Libra：数字货币型跨境支付清算模式与治理》，《东方法学》2019年第6期。

杨东、程向文：《以消费者为中心的开放银行数据共享机制研究》，《金融监管研究》2019 年第 10 期。

易宪容等：《开放银行：理论实质及其颠覆性影响》，《江海学刊》2019 年第 2 期。

张礼卿、吴桐：《区块链在金融领域的应用：理论依据、现实困境与破解策略》，《改革》2019 年第 12 期。

张亮、李楚翘：《区块链经济研究进展》，《经济学动态》2019 年第 4 期。

Arner, D. W., Nathan, B. J., Buckley, R. P., "FinTech and RegTech in a Nutshell, and the Future in a Sandbox", SSRN Working Paper, 2017.

ASIC, "Providing Digital Financial Product Advice to Retail Clients", Apr. 8, 2018.

Broeders, D., Prenio, J., "Innovative Technology in Financial Supervision (Suptech): the Experience of Early Users", FSI Insights on Policy Implementation, No. 9, 2018.

Buehlmaier, M., Zechner, J., "Slow – Moving Real Information in Merger Arbitrage", SSRN Working Paper, 2014.

Cangshu Li, "Monetary Policies Versus Regulatory Policies: Management of Peer to Peer Market Interest Rates", *China & World Economy*, 2020, 28 (1).

Chiu, I. H., "Fintech and Disruptive Business Models in Financial Products, Intermediation and Markets: Policy Implications for Financial Regulators", *Journal of Technology Law & Policy*, 2016, 21.

Das, S. R., Chen, M. Y., "Yahoo! For Amazon: Sentiment Extraction from Small Talk on the Web", *Management Science*, 2007, 53 (9).

Dirk A. Zetzsche, Ross P. Buckley, Douglas W. Arner, "Regulating LIBRA: The Transformative Potential of Facebook's Cryptocurrency and Possible Regulatory Responses", University of New South Wales Law Research Series, 2019.

EBA, EIOPA, ESMA, "Joint Committee Discussion Paper on Automation in Financial Advice", Dec. 4, 2015.

European Banking Authority, "Open Banking: Advancing Customer – Centricity Paper", 2017.

Fein, M. L., "FINRA's Report on Robo – Advisors: Fiduciary Implications", SSRN Working Paper, 2016.

Fletcher, T., Hussain, Z., Shawetaylor, J., "Multiple Kernel Learning on the Limit Order Book", Proceedings of the First Workshop on Applications of Pattern Analysis, 2010.

FSB, "Artificial Intelligence and Machine Learning in Financial Services: Market Developments and Financial Stability Implications", Nov. 1, 2017.

Huxley, S. J., Kim, J. Y., "The Short – Term Nature of Robo Portfolios", Advisor Perspectives, Sep. 12, 2018.

Jennifer, T. Lai, Isabel, K. M. Yan, Yi, X. J., Zhang, H., "Digital Financial Inclusion and Consumption Smoothing in China", *China & World Economy*, 2020, 28 (1).

Ji, M. , "Are Robots Good Fiduciaries? Regulating Robo – Advisors Under the Investment Advisers Act of 1940", *Columbia Law Review*, 2016, 117.

Li, S. Y. , Huang, Y. P. , "Do Cryptocurrencies Increase the Systemic Risk of the Global Financial Market?", *China & World Economy*, 2020, 28 (1).

Lu, Y. C. , Shen, C. H. , Wei, Y. C. , "Revisiting Early Warning Signals of Corporate Credit Default Using Linguistic Analysis", *Pacific – Basin Finance Journal*, 2013, 24 (9).

Monaco, S. M. , Pershkow, A. W. , Cruz, L. S. , "US Securities and Exchange Commission's Division of Investment Management Issues Guidance Regarding Robo – Advisers", *Journal of Investment Compliance*, 2017, 18 (3).

Mourmouras, J. I. , "Fin – RegTech: Regulatory Challenges with Emphasis on Europe", Speech at Cornell University, Feb. 28, 2019.

Raphael Auer , "Embedded Supervision: How to Build Regulation into Blockchain Finance", 2019, https: //ideas. repec. org/p/bis/biswps/811. html.

Shiyun Li, Yiping Huang, "Do Cryptocurrencies Increase the Systemic Risk of the Global Financial Market?", *China & World Economy*, 2020, 28 (1).

Song, W. D. , Zhang, H. Y. , "Monetary Policy and Borrowers' Loan Defaults: Research Based on Data from Renrendai", *China & World Economy*, 2020, 28 (1).

Stephanie Chan, Yang Ji, "Do Interest Rate Liberalization and Fintech Mix? Impact on Shadow Deposits in China", *China & World Economy*, 2020, 28 (1).

Taskinsoy, John, "Facebook's Project Libra: Will Libra Sputter Out or Spur Central Banks to Introduce Their Own Unique Cryptocurrency Projects? ", 2019, https: //ssrn. com/abstract =3423453.

Umezawa, Y. , Mori, H. , "Credit Risk Evaluation of Power Market Players with Random Forest", *Transactions on Power and Energy*, 2008, 128 (1).

Walport, M. , "FinTech Futures: The UK as a World Leader in Financial Technologies", Report of UK Government Office for Science, 2015.

Song, W. D. , Zhang, H. Y. , "Monetary Policy and Borrowers' Loan Defaults: Research Based on Data from Renrendai", *China & World Economy* , 2020, 28 (1).

Zhang, X. , Tan, Y. , Hu, Z. H. , Wang, C. , Wan, G. H. , "The Trickle – down Effect of Fintech Development: From the Perspective of Urbanization", *China & World Economy*, 2020, 28 (1).

# 第十七章
# 各国金融科技生态环境比较分析

贲圣林　罗　曼　李心约　刘家铄　邱学思*

摘　要：　本章通过对全球六大洲70余个代表性城市的金融科技产业、金融科技体验、金融科技生态发展现状的调研和多维分析，全面展现全球金融科技发展格局，并据此预判全球金融科技发展的未来之路。同时，清晰描绘中国金融科技发展现状，并结合现阶段金融科技发展实践中面临的机遇与挑战提出相关建议，为从技术、政策、监管、人才等多个维度推进金融科技行业优化升级，完善行业生态建设，实现行业创新、健康、有益、可持续发展提供有益参考。

关键词：　金融科技产业　金融科技体验　金融科技生态

金融科技的核心在于以科技赋能金融，以突破式创新重塑一个可持续的金融生态系统，而“金融科技生态”这一概念也逐渐成为各国政府、金融

---

* 贲圣林，博士，浙江大学教授、博士生导师，浙江大学国际联合商学院院长，浙江大学互联网金融研究院院长，中国人民大学国际货币研究所联席所长。罗曼，浙江大学博士研究生，浙江大学互联网金融研究院观智国际金融科技研究室负责人。李心约，浙江大学硕士研究生，浙江大学互联网金融研究院研究助理。刘家铄，浙江大学本科生，浙江大学互联网金融研究院研究助理。邱学思，澳大利亚国立大学硕士，浙江大学互联网金融研究院研究助理。此外，吕佳敏，浙江大学博士研究生，浙江大学互联网金融研究院司南研究室负责人，对本章亦有重要贡献。

机构和国内外学者的关注热点。相关研究主要聚焦于金融科技生态的参与者、核心要素、功能及属性。

就金融科技生态系统的主要参与者而言，魏珺（2017）认为金融科技生态体系由传统金融机构、金融科技公司、其他科技公司、投资公司、监管机构和孵化器六部分组成。与此相似，Lee 和 Shin（2018）将金融科技生态系统的参与者概括为金融消费者、传统金融机构、政府、科技初创公司和科技开发商五部分。Soloviev（2018）也强调了政策制定者即政府在金融科技生态中发挥的重要作用。

金融科技生态的内涵也可依其核心属性或要素得到界定。Diemers 等（2015）将金融科技生态定义为通过政府、金融机构及科技公司在科技创新方面的相互作用，实现其提高金融体系效率、提升消费者体验目标的生态系统，认为金融科技生态应包括金融专业性、政府监管及支持、商业生态环境和资金获取四个要素。龚文（2017）认为人才、资本、政策和需求是金融科技生态圈的四个核心属性，而张洋子（2019）将金融科技生态概括为在政府监管和软硬件设施的支持下，金融机构独立或与科技公司合作，将金融科技运用于生活场景，提供满足消费者需求的多边群体合作共赢机制。

综合研究者对于金融科技生态内涵的理解，金融科技生态只有在适宜的商业生态环境中构建才能健康、快速发展，即需要具备一定经济基础和产业基础条件，具有软硬件设施即数字基建的支撑，获得全面适当的政策支持和健全有序的监管保障，拥有金融科技的尖端人才即强大的科研实力，以上要素缺一不可。因此我们认为，解读和评估各国金融科技生态环境应当从三大视角和五大指标出发：三大视角来自金融科技生态环境中企业、用户和政府三大主要参与者，五大指标则来自全面考察权威研究后从中提炼的金融科技生态核心要素，包括经济基础、产业基础、数字基建、科研实力和政策监管，全面衡量所研究城市的金融科技生态发展。

基于此理论框架，浙江大学互联网金融研究院构建了全球金融科技中心指数（Global FinTech Hub Index，GFHI）①，以金融科技实力、区域影响力等为标准，遴选了北京、上海、杭州、香港、纽约、伦敦、巴黎、阿姆斯特丹、迪拜等共计 70 余座核心城市作为样本对象，进行数据采集和指数计算，最终以量化的指数形式展现各城市金融科技发展全貌。

本章将基于以上成果，梳理总结全球金融科技发展现状，深入剖析当前全球特别是中国的金融科技生态发展态势，并展望 2020 年全球金融科技生态发展动向，为促进金融科技生态改善提供可行性建议。

## 一　全球金融科技发展现状

根据 2019 年全球金融科技中心城市排名，我们将全球六大洲 70 余座城市划分为三个梯队：8 座全球金融科技中心城市、32 座区域金融科技中心城市和多座拥有巨大发展空间的潜力之城。8 座全球金融科技中心城市为北京、旧金山（硅谷）、纽约、上海、伦敦、深圳、杭州和芝加哥，其中亚洲城市占据 4 席，美洲城市占 3 席，欧洲城市仅伦敦上榜。在 32 座区域金融科技中心城市中，亚洲占 13 席，欧洲占 9 席，美洲占 7 席，大洋洲占 2 席，非洲城市首次上榜并占据 1 席。潜力之城主要分布在亚洲和欧洲。

### （一）全球金融科技格局现状梳理

**1. 金融科技发展三种主要模式比较分析**

近年来，金融科技发展迅猛，在全球范围内掀起了第四次金融浪潮。从比例来看，8 座全球金融科技中心城市以 4∶3∶1 的比例分布在中国、美国和英国，持续引领着全球金融科技的发展，形成了以市场、技术、规则为主导的三种金融科技发展模式。

---

① 该指数以《2020 全球金融科技中心城市报告》的形式由浙江大学互联网金融研究院（浙大 AIF）司南研究室、浙江大学国际联合商学院（浙大 ZIBS）、浙江省前景大数据金融风险防控研究中心（IDR）、浙江互联网金融联合会作为联合发布方，杭州摩西信息科技有限公司提供数据支持，基于全球金融科技中心指数结果，于 2019 年 12 月在杭州发布。

具体而言，全球金融科技中心城市从2018年的7个变成了2019年的8个，北京、旧金山（硅谷）、纽约、上海、伦敦、深圳、杭州仍牢牢占据前七名，上海超越伦敦位列第四，深圳、杭州并列第六，而芝加哥发展迅猛顺利晋升全球金融科技发展第一梯队，位列第八。2019年全球金融科技中心城市排名情况见表17－1。

**表17－1　2019年全球金融科技中心城市排名**

| 城市 | 所在国家 | GFHI总排名 | 较2018年排名变动 | 产业排名 | 体验排名 | 生态排名 |
|---|---|---|---|---|---|---|
| 北京 | 中国 | 1 | — | 1 | 5 | 3 |
| 旧金山（硅谷） | 美国 | 2 | — | 2 | 16 | 4 |
| 纽约 | 美国 | 3 | — | 3 | 32 | 2 |
| 上海 | 中国 | 4 | ↑1 | 4 | 4 | 7 |
| 伦敦 | 英国 | 5 | ↓1 | 5 | 18 | 1 |
| 深圳 | 中国 | 6 | ↑1 | 7 | 2 | 6 |
| 杭州 | 中国 | 6 | — | 6 | 1 | 14 |
| 芝加哥 | 美国 | 8 | — | 8 | 41 | 11 |

注：本报告中所指的“2018年排名”均为《2019全球金融科技中心城市报告》中的排名。
资料来源：浙江大学互联网金融研究院司南研究室、杭州摩西信息科技有限公司。

就金融科技发展的资源禀赋、内生动力而言，作为“总榜优等生”的各大全球金融科技中心城市之间有所异同。例如北京、纽约、伦敦、上海，均是著名的传统国际金融中心，聚集了丰富的金融要素，其发展金融科技更多是立足金融去拥抱科技，因而更趋近“金融＋科技驱动型”城市；而旧金山（硅谷）、深圳与杭州，则拥有雄厚的科技实力，尤其是信息科技产业基础，其金融科技的迅猛发展更多是立足科技赋能金融，可被归类为“科技＋金融驱动型”城市。此外，各个城市在金融科技产业、体验、生态三大细分领域的着力点也略有区别，可具体划分为不同领域的“单科尖子生”（见图17－1）。

各大中心城市具体发展轨迹的差异也引发了我们对当前金融科技全球格局形成驱动因素的思考。回顾金融稳定委员会（FSB）2017年6月发布的*Financial Stability Implications from FinTech*报告对金融科技的定义——

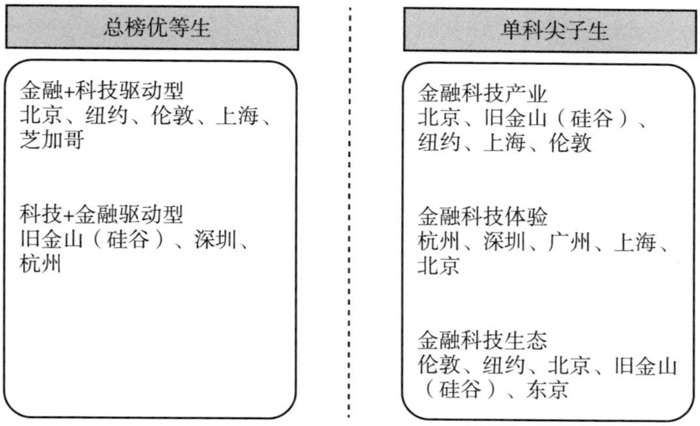


**图 17－1　2019 GFHI“总榜优等生”“单科尖子生”**

资料来源：浙江大学互联网金融研究院司南研究室、杭州摩西信息科技有限公司。

“以技术为基础的金融创新，可能导致新的商业模式、应用、流程或产品，并对金融市场和机构以及金融服务的提供产生重大影响”，既指出金融服务、产品、模式等应用层面的重大变革，也突出了技术创新的基础性支持作用。而国际清算银行（BIS）2020 年 2 月发布的 *Policy Responses to Fintech*：*A Cross－country Overview* 报告构建了“金融科技树”的概念框架，除认可金融科技行为作为树梢的实践价值以及核心技术作为树干的支撑作用外，特别强调了公共政策作为树根对金融科技树发展方向的引导作用。综合考虑全球金融科技中心城市的发展，就驱动因素而言，当前的全球金融科技发展模式大致可分为以需求拉动为代表的中国模式、以技术驱动为代表的美国模式、以制度保障为代表的英国模式这三大类别，如图 17－2 所示。

（1）以需求拉动为代表的中国模式

在金融科技这一新兴领域内，中国虽然起步较晚，但已逐渐展现后发先至的趋势，逐步实现从“中国模仿”（Copy to China）到“模仿中国”（Copy from China）的跨越式发展。中国在金融科技领域的蓬勃发展极大地受益于其背后广阔的市场和庞大的消费者需求。

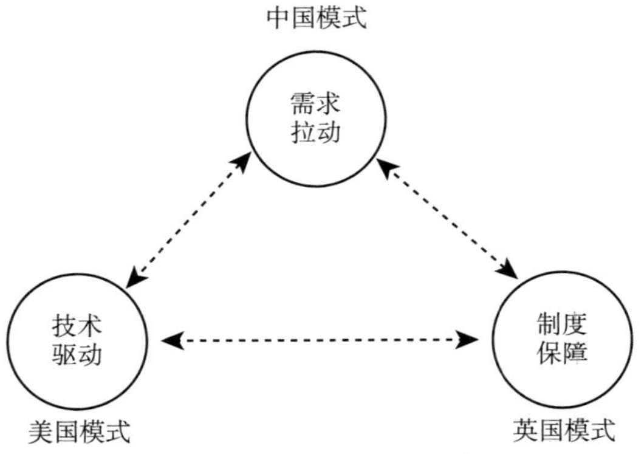


**图 17－2　金融科技发展的三驾马车、三种模式**

资料来源：贲圣林：《金融的未来——金融科技还是科技金融?》，第十二届《浙商》年会主旨演讲，2019。

· 自金融排斥中另辟蹊径、弯道超车

与发达国家相比，中国等发展中国家的传统金融业发展起步较晚，系统发展不够成熟，基础也较薄弱，导致许多群体未能享受有效金融服务。以银行卡持有量为例，据央行数据，截至 2019 年第四季度末，中国人均持有信用卡和借贷合一卡 0.53 张，尽管近年来信用卡发卡量不断增加，但与美国等发达国家相比仍相差甚远。但传统金融服务的不足恰恰为科技公司在基础金融服务供应方面的异军突起提供了契机。由于过去的金融排斥等原因，较之发达国家，中国等发展中国家的消费者对金融科技的接受程度更高。据安永发布的《2019 年全球金融科技采纳率指数》报告，中国的消费者金融科技采纳率为 87%，远高于全球平均水平 64%；中小企业金融科技采纳率为 61%，位居全球首位，足见金融科技平台与生态系统在中国的广泛应用。

· 庞大人口基数带来可观的客群需求

庞大的人口基数赋予中国金融科技消费市场发展强有力的先天竞争优势。以支付宝为例，据蚂蚁金服董事长井贤栋于 2019 年 9 月 24 日在阿里巴巴投资者大会上公布的数据，截至 2019 年 6 月，创立于 2004 年的支付宝已服务全球超过 12 亿用户，其用户总量大约是创立于 1998 年的 PayPal 的 4 倍（据 PayPal 年报，截至 2019 年末，PayPal 活跃账户为 3.05 亿）。此外，2018 年支付宝全年移动支付交易额约为 PayPal 总交易量的 25 倍。

· 平台引流极大丰富应用场景

广阔的市场创造出极为可观的客群消费需求，也不断助推普惠金融的进一步发展与消费场景的进一步丰富。同样以支付宝为例，在占据支付垂直领域领先地位的基础上，支付宝不断发展成为综合性移动平台，不仅深入政务、医疗、交通、旅游等众多便民生活场景，还不断拓展信用、理财、消费金融、互联网保险等诸多数字经济业态，满足客群多样化、定制化需求。

（2）以技术驱动为代表的美国模式

先进的技术手段有助于提高金融服务效率，降低金融服务成本，提升金融服务质量。作为传统金融强国，美国在金融科技领域的发展起步较早，高度重视金融科技研发投入，特别是传统金融业积极谋求数字化转型与创新。

· 龙头科技企业市值惊人

据普华永道发布的 2019 年全球企业市值排名，全球市值 TOP10 的公司中共有 8 家美国企业，其中绝大多数属于科技行业，包括微软、苹果、亚马逊、Alphabet、脸书，这几家美国科技龙头企业的市值总和约 4 万亿美元，占到排名前十企业市值总和的约 65%。实力雄厚的大型科技企业推动底层基础技术革新，促进了科技与金融的融合，进而推动了金融科技发展。

· 传统金融行业积极转型

为适应金融科技化的大趋势，美国发展成熟的传统金融行业也纷纷积极谋求转型，不断加大研发投入力度。以银行业为例，瑞银于 2019 年 3 月发布了一份关于美国银行业科技支出的报告，其中摩根大通以 114 亿美元的技术预算位列第一，这一数据较 2018 年增长了 5.6%，多于 2018 年总营收 10%，接近 2018 年总利润规模一半。同时，报告指出摩根大通 2018 年近一半的技术预算用于在机构内部采用“颠覆性技术”。位列第二的美国银行 IT 支出预算为 100 亿美元，其中 30% 将用于“技术创新投资支出”。

· 基础技术支撑优势明显

金融科技核心基础技术层面，美国发展起步早，积累起全球领先的竞争优势。许多技术概念的提出都起源于美国，例如，1956 年，美国计算机专家约翰 · 麦卡锡在达特茅斯会议上首次提出“人工智能”概念，被视为人工智能正式诞生的标志；2001 年，美国国家标准与技术研究院发布哈希加密算法（SHA256），这是区块链技术中的重要基础技术之一；2006 年，Google 首席执行官埃里克 · 施密特在搜索引擎大会上首次提出“云计算”的概念。金融科技业态分布层面，美国在信息服务业态、区块链/数字货币、人工智能等技术支撑型业态方面也有着较为突出的优势。

（3）以制度保障为代表的英国模式

作为老牌金融强国，英国政府一直走在金融监管创新的前沿，并着力推动金融与科技协同发展。早在 2010 年，英国政府便提出“东部硅谷”的设想，成立意在比肩美国硅谷的“东伦敦科技城”，为科技创业者创造良好外部条件，并始终保持“抢人”姿态，通过发放科技签证等手段广纳人才。

· 专设机构支持发展

2011 年 6 月，英国政府正式发布《金融监管新方法：改革蓝图》白皮书，对英国金融监管体制进行改革。自 2013 年起，英国金融服务管理局（FSA）的监管职责由金融行为监管局（FCA）和审慎监管局（PRA）接管。金融行为监管局专注于金融机构、金融服务公司的行为监管与审慎监管，在促进金融科技发展以及创新探索监管科技等方面持续发力。

· 监管科技先行一步

2014 年，英国金融行为监管局设立了创新项目（Project Innovate），并增设创新中心（Innovation Hub），为创新企业创建与监管对接的便捷渠道。在此基础上，2015 年，金融行为监管局率先提出“监管沙盒”（Regulatory Sandbox）项目，意在于遵循消费者保护原则的前提下，为金融科技创新提供“监管试验区”，以适当放松的监管约束减少创新规则障碍、激发创新活力，推动创新方案由想法变为现实。截至2019年末，英国已开展五批“监管沙盒”测试，银行、保险、投资、租赁等各行业共计近百家企业参与测试项目。英国的监管科技创新为实现金融科技创新与有效风险管控的“双赢”提供了助力，有助于营造金融科技发展所需的健康、活力、有序的外部环境。

· 监管创新国际协同

鉴于互联网的跨境性、无边界性，金融科技监管的国际协同对于共同制定监管标准、增强监管政策互操作性有着重要意义。作为监管创新的先行者，英国一直致力于推进制定国际监管对策及构建国际监管环境。据英国剑桥大学新兴金融中心的报告，截至2019年6月，全球已有30余个已投入运行的监管沙盒，覆盖澳大利亚、新加坡、阿布扎比等多个国家或地区，此外还有不少国家或地区的监管沙盒即将投入运行或拟设立监管沙盒。这些监管沙盒中有许多是基于英国开创的模型所开发的。在此基础上，英国进一步提出“全球沙盒”理念，于2019年1月启动全球金融创新网络（Global Financial Innovation Network，GFIN），尝试搭建各国金融监管机构交流平台及企业金融产品服务跨境测试平台，目前参与的机构和组织已扩展至50个。

在全球金融科技竞争的上半场，得益于用户拥抱、重应用和体验提升的需求拉动模式，得益于技术变革、重创新和底层基础设施建设的技术驱动模式，以及得益于监管创新、重体系完善和生态优化的制度保障模式，各有千秋。随着国际竞争的持续加剧，在产业发展逐步进入深水区的当下，技术、人才、监管等关键支撑因素将发挥越来越重要的作用。例如，中国正加快由需求拉动型发展转向技术驱动型发展的步伐，在大数据、区块链、人工智能等关键技术领域加大投入。据著名知识产权产业媒体IPRdaily与incoPat创新指数研究中心联合发布的《2019年全球金融科技发明专利排行榜（TOP100名）》，中国平安凭借3008件专利排名第一，中国凭借48家入围企业成为入围企业数最多的国家。此外，在提升监管能力方面，中国积极尝试，例如央行拟在北京、上海、广州等 10 个省份或城市开展金融科技应用试点，探索符合中国国情的监管沙盒等。

**2. 全球排名概览**

（1）主要梯队

“凡益之道，与时偕行”。随着金融科技发展逐步进入深水区，全球金融科技新力量在生长，新变化在积聚，新挑战在酝酿。各国竞争金融科技中心的脚步也越发迫切，传统金融中心积极谋求转型，许多新兴力量正强势崛起。浙江大学互联网金融研究院（浙大 AIF）司南研究室团队基于金融科技实力、影响力等因素遴选 70 余座核心城市作为样本对象，以金融科技产业、金融科技体验和金融科技生态三大维度构建全球金融科技中心指数（GFHI），据指标得分评选出全球金融科技发展 TOP40 城市，并进一步将其划分为八大全球金融科技中心城市（得分超过 60 分）与 32 座区域金融科技中心城市。

2019 年八大全球金融科技中心城市依次是北京、旧金山（硅谷）、纽约、上海、伦敦、深圳、杭州（并列第六）、芝加哥，几座城市的总指数得分平均分达 75.6 分。这八大全球金融科技中心城市凭借高度集中的资源成为全球金融科技发展当之无愧的领头羊：一是金融科技企业量多质优，八大城市聚集了全球超过 70% 的上市金融科技企业和超过 90% 的市值；二是应用场景多元化，全球金融科技中心的传统金融科技化均值约为区域金融科技中心均值的 3 倍，同时其金融科技使用者平均占比达到 68.8%，比区域金融科技中心平均占比（53.3%）高出 15.5 个百分点；三是资源集中配套，八大城市聚集了全球 43.1% 的上市金融机构以及 46% 的科技企业，其市值均超过了所有城市总和的一半，在数字基建、科研实力、政策支持、政府监管等各方面，均较区域金融科技中心有明显优势。

32 座区域金融科技中心城市排名情况见表 17 - 2，其中，新加坡、悉尼、东京排名前三，香港、西雅图排名略有下降。此外，金融科技赛道上涌现出不少新星，墨尔本、苏黎世、开普敦、亚特兰大、孟买、阿姆斯特丹等城市进步最为明显。

表 17-2 2019 年区域金融科技中心城市排名

| 城市 | 所在国家 | GFHI 总排名 | 较 2018 年排名变动 | 城市 | 所在国家 | GFHI 总排名 | 较 2018 年排名变动 |
|---|---|---|---|---|---|---|---|
| 新加坡 | 新加坡 | 9 | — | 阿姆斯特丹 | 荷兰 | 25 | ↑5 |
| 悉尼 | 澳大利亚 | 10 | ↑1 | 班加罗尔 | 印度 | 26 | ↓1 |
| 东京 | 日本 | 11 | ↑2 | 都柏林 | 爱尔兰 | 27 | ↑1 |
| 亚特兰大 | 美国 | 12 | ↑6 | 柏林 | 德国 | 28 | ↓6 |
| 巴黎 | 法国 | 13 | ↑2 | 成都 | 中国 | 29 | ↑3 |
| 广州 | 中国 | 14 | ↑2 | 圣保罗 | 巴西 | 30 | ↓3 |
| 香港 | 中国 | 15 | ↓5 | 洛杉矶 | 美国 | 31 | ↓12 |
| 墨尔本 | 澳大利亚 | 16 | ↑17 | 重庆 | 中国 | 32 | ↓1 |
| 西雅图 | 美国 | 17 | ↓5 | 特拉维夫 | 以色列 | 33 | ↓12 |
| 斯德哥尔摩 | 瑞典 | 18 | ↓1 | 开普敦 | 南非 | 34 | ↑7 |
| 南京 | 中国 | 19 | ↑5 | 墨西哥城 | 墨西哥 | 35 | ↑3 |
| 孟买 | 印度 | 20 | ↑6 | 莫斯科 | 俄罗斯 | 36 | ↑6 |
| 苏黎世 | 瑞士 | 21 | ↑8 | 新德里 | 印度 | 37 | 新增 |
| 波士顿 | 美国 | 22 | ↓8 | 巴塞罗那 | 西班牙 | 38 | ↓3 |
| 首尔 | 韩国 | 23 | ↓3 | 雅加达 | 印度尼西亚 | 39 | ↑5 |
| 多伦多 | 加拿大 | 24 | ↓1 | 日内瓦 | 瑞士 | 40 | ↑3 |

资料来源：浙江大学互联网金融研究院司南研究室、杭州摩西信息科技有限公司。

（2）梯队变化

纵览世界金融科技发展版图，全球金融科技城市格局已从 2018 年的“7+23+N”发展为 2019 年由八大全球金融科技中心城市、32 座区域金融科技中心城市及多座潜力之城构成的“8+32+N”。同时，40 座城市的指数总体分布呈长尾形态（如图 17-3 所示）：一方面，区域金融科技中心城市内部平均相邻分差较小（0.69 分），更易超越前方城市；另一方面，全球金融科技中心城市内部平均相邻分差较大（3.54 分），格局很难打破。

· 全球中心已占先发优势

八大全球金融科技中心城市领先优势明显，GFHI 指数平均分高于区域中心城市 27.9 分，分差较 2018 年扩大 3.7 分，已然占得先发优势，并在先发优势的基础上持续“加固护城河”，充分发挥城市自身禀赋。

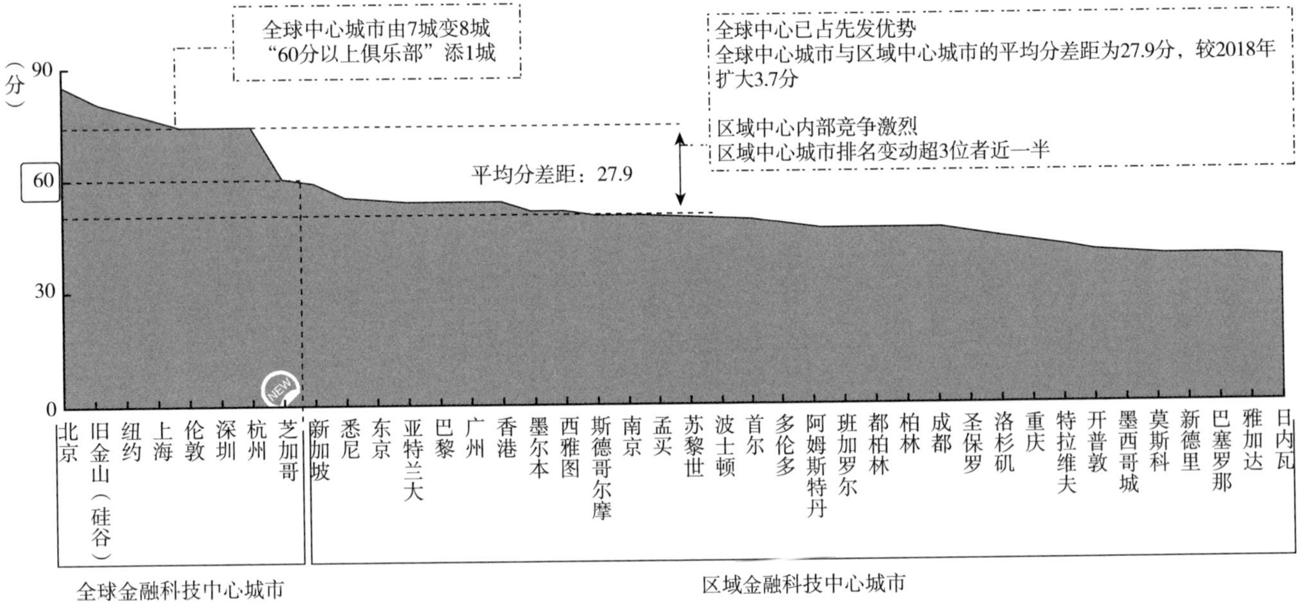


**图 17－3　2019 年 GFHI TOP40 城市总指数分布情况**

资料来源：浙江大学互联网金融研究院司南研究室、杭州摩西信息科技有限公司。

· 区域中心内部竞争激烈

在全球各国争相发展金融科技的当下，区域中心城市的内部竞争日趋激烈，32 座城市中近一半的城市 2019 年排名变动较 2018 年超过 3 位。“逆水行舟，不进则退”，激烈竞争的情况下，各城市只有不断强基固本、取长补短，才能谋得更光明的发展前景。

（3）格局变化

· 亚洲、美洲持续引领，但集中度下降

从全球金融科技中心城市来看，全球中心主要集中在亚洲和美洲，其中亚洲凭借中国城市占据 4 席，美洲凭借美国城市占据 3 席，欧洲凭借伦敦占据 1 席。

从区域金融科技中心城市来看，虽然亚洲、美洲还是呈现引领的态势，但集中度略有下降，亚洲和美洲城市占总城市比重从 2018 年的 69.6% 降至 2019 年的 62.5%。总体来看，2019 年区域中心在各洲的分布较 2018 年更为分散，其中非洲等表现亮眼。

· 中美金融科技领域竞争激烈

全球金融科技中心八城中中国、美国、英国三国之间的城市数量比从 2018 年的 4∶2∶1 变成了 2019 年的 4∶3∶1，美国凭借芝加哥的入围缩小了与中国的差距。

但与此同时，中国城市也在加速补齐短板。得益于监管规则的逐步完善和经济基础的不断巩固，2019 年中国城市的金融科技生态表现相比 2018 年普遍有所提高。同时，中国城市金融科技体验依旧保持领先，而美国城市 2019 年此项体验分值大多与 2018 年基本持平，使得其在全球竞争激烈的背景下体验排名均有所下降。

## （二）2019年全球金融科技发展大势回顾

**1. 政府高度重视**

2019 年各国政府及监管部门对金融科技发展的重视程度日益提高，不断出台金融科技相关政策或针对性扶持措施。表 17 - 3 列举了主要国家或地区 2019 年出台的各项金融科技支持新举措。

表 17－3　2019 年主要国家或地区金融科技支持举措

| 国家/地区 | 主要内容 |
|---|---|
| 中国 | 2019 年 8 月，中国人民银行印发《金融科技（FinTech）发展规划（2019～2021 年）》，对金融科技发展做出顶层设计、全局规划，厘清发展形势，提出总体要求，布置重点任务，明确保障措施 |
| | 2019 年 8 月，央行部署下半年重点工作，提出因势利导发展金融科技，加快我国法定数字货币（DC/EP）研发步伐 |
| | 2019 年 10 月，国家市场监管总局、央行发布《金融科技产品认证目录（第一批）》和《金融科技产品认证规则》，公布了 11 款首批被纳入金融科技产品认证目录的产品和金融科技产品认证的基本认证模式 |
| 美国 | 2019 年 3 月，纽约联邦储备银行成立金融科技顾问组，探讨金融科技新问题、技术应用、市场影响等 |
| | 2019 年 4 月，美国金融业监管局宣布设立金融创新办公室，积极应对金融创新过程中的机遇和挑战 |
| | 2019 年 5 月，美国众议院金融服务委员会成立金融科技工作组和人工智能工作组，提高政策制定能力，确保相关领域领先地位 |
| | 2019 年 7 月，美国参议院商业、科学和交通委员会批准《区块链促进法案》 |
| 英国 | 英国金融行为监管局 2019 年年度计划就开放银行、金融科技、监管科技等多方面提出研究重点 |
| | 英国金融行为监管局持续推动监管沙盒机制运行，2019 年 1 月，金融行为监管局发起的全球金融创新网络开放申请，被认为是跨国监管沙盒的良好尝试 |
| | 2019 年 6 月，英国金融行为监管局颁布 P2P 借贷市场监管新规，就投资者保护提出更高要求；2019 年 12 月，新政正式生效 |
| | 2019 年 12 月，英国金融行为监管局就开放金融如何转变金融服务、带来行业机会展开意见征询 |
| 欧盟 | 欧洲银行管理局提出，理解金融创新带来的风险与机遇将是其 2019 年的工作重心之一 |
| | 2019 年 7 月，欧洲银行管理局发布《金融科技对支付和电子货币机构商业模式影响报告》 |
| | 2019 年 12 月，欧盟委员会专家组发表《金融科技监管、创新与融资的 30 条建议》专题报告 |

资料来源：作者整理自未央网国际金融科技监管动态。

2. 资金不断涌入

在全球范围内，各类资金正不断涌入金融科技行业，并逐年递增。据 GFHI 数据库，2019 年金融科技上市企业及高融资未上市企业数量较 2018 年增长 33%，融资总额提高 46%。此外，据《2019 胡润全球独角兽榜》，金融科技行业以56家独角兽公司的数量位列行业第二，并以3760亿美元的总估值占所有独角兽公司总估值的22%，这一比例为所有行业中最高。

**3. 深刻变革，科技与金融正在加速融合**

传统金融科技化将是未来金融科技发展的中流砥柱之一。在全球经济增长放缓、金融业内部竞争加剧和金融科技企业跨界竞争的三重背景下，传统金融机构正积极寻求与科技或金融科技企业的合作，加快科技赋能传统业务步伐，布局在线支付、大数据风控、智能获客、智能客服等板块，以期在金融科技化的时代浪潮中保持竞争力。例如，2019年2月，摩根大通推出加密货币JPM Coin，成为第一家发行加密货币的全球主流金融机构；2019年12月，招商银行在总行层面成立金融科技办公室，并于此前将“每年至少投入收入的3.5%于金融科技”写入章程；汇丰银行启动研发数字银行平台HSBC Kinetic，预计将于2020年正式推出。

在传统金融机构加速数字化、科技化转型的同时，科技公司在金融产业开展跨界服务、跨界创新的脚步也不曾停下。凭借技术优势，科技公司能够更充分地发掘下沉客户需求，深入拓展各个金融服务场景，助力普惠金融发展。例如，2019年3月，苹果公司联手高盛集团发布苹果信用卡Apple Card；2019年6月，Facebook上线全球数字加密货币Libra稳定币；2019年6月，亚马逊宣布与Synchrony Financial合作，面向无信用记录或信用不良的美国用户推出“抵押担保”信用卡产品等。

科技与金融的加速融合促进了未来人才需求的结构性调整。技术、研发、风控、合规、产品、网络安全等专业型和复合型人才将广受欢迎，而传统意义上的客户经理、交易员、分支行管理人员等则可能被淘汰。未来人才培养亟须“政产学研创”五位一体、联动发力。

## 二　全球金融科技的三维度比较分析

前文总结了全球范围内金融科技发展的三种主要驱动模式并从整体上解读了全球金融科技的现状、格局以及2019年的主要趋势。接下来，本章将从企业、用户和政府三大视角出发，深入分析样本城市在金融科技产业、体验、生态三方面的表现。

## （一）全球金融科技产业格局

随着金融科技的迭代升级，金融科技的内涵与边界也在不断拓展。通过整合国际国内权威研究，我们将金融科技3.0分为互联网银证保、新兴金融科技、传统金融科技化、金融科技基础设施这四大方面内容，如图17－4所示。互联网银证保以金融拥抱科技为主，是指通过互联网以纯线上的方式完成传统银行、证券和保险业务的业态。新兴金融科技以科技赋能金融为主，包含综合型金融科技（涵盖多种新兴金融科技业务）、第三方支付、网贷、众筹等业态。传统金融科技化以金融拥抱科技为主，是指银行、证券、保险、基金和信托等传统金融机构利用技术所进行的数字化、科技化转型，主要体现在传统业务线上化、生活服务场景拓展及产品线上销售等方面。金融科技基础设施以科技赋能金融为主，是以上金融科技业态和相关应用的支撑，既包括交易所、征信等金融支撑，也包括人工智能、大数据、云计算、区块链、信息（安全）服务等技术支撑。

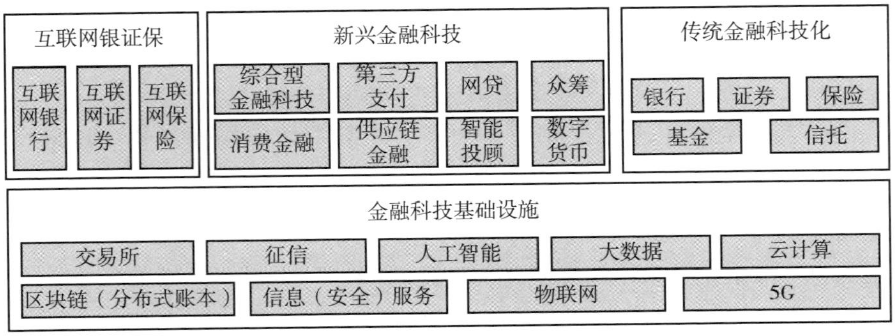


**图17－4　金融科技大厦**

资料来源：浙江大学互联网金融研究院司南研究室、杭州摩西信息科技有限公司。

基于此框架，我们着重从金融科技企业（含互联网银证保、新兴金融科技、金融科技基础设施）及传统金融科技化程度两个维度对所研究城市的金融科技产业发展进行分析及比较。①

**1. 金融科技产业排名**

如表 17－4 所示，全球金融科技产业前 40 城排名与总排名相似，同样呈现明显的“8＋32”两梯队格局。第一梯队 8 城与全球金融科技中心城市一致，仅名次略有变动，体现了金融科技产业在地区金融科技整体发展中的重要地位。在第二梯队 32 城中，亚洲城市占 14 席；美欧势均力敌，各获 7 席和 8 席。相比第一梯队，2019 年第二梯队城市排名较 2018 年变化较大，在分数总体呈现长尾分布的态势下平均相邻分差变小，呈现各城市竞争加剧态势。

**表 17－4　2019 年全球金融科技产业前 40 城排名**

| 城市 | 国家 | 产业排名 | 总排名 | 城市 | 国家 | 产业排名 | 总排名 |
|---|---|---|---|---|---|---|---|
| 北京 | 中国 | 1 | 1 | 班加罗尔 | 印度 | 21 | 26 |
| 旧金山(硅谷) | 美国 | 2 | 2 | 孟买 | 印度 | 22 | 20 |
| 纽约 | 美国 | 3 | 3 | 多伦多 | 加拿大 | 23 | 24 |
| 上海 | 中国 | 4 | 4 | 圣保罗 | 巴西 | 24 | 30 |
| 伦敦 | 英国 | 5 | 5 | 首尔 | 韩国 | 25 | 23 |
| 杭州 | 中国 | 6 | 6 | 洛杉矶 | 美国 | 26 | 31 |
| 深圳 | 中国 | 7 | 6 | 波士顿 | 美国 | 27 | 22 |
| 芝加哥 | 美国 | 8 | 8 | 南京 | 中国 | 28 | 19 |
| 亚特兰大 | 美国 | 9 | 12 | 广州 | 中国 | 29 | 14 |
| 香港 | 中国 | 10 | 15 | 特拉维夫 | 以色列 | 30 | 33 |
| 巴黎 | 法国 | 11 | 13 | 都柏林 | 爱尔兰 | 31 | 27 |
| 新加坡 | 新加坡 | 12 | 9 | 成都 | 中国 | 32 | 29 |
| 悉尼 | 澳大利亚 | 13 | 10 | 胡志明 | 越南 | 33 | 42 |
| 东京 | 日本 | 14 | 11 | 雅加达 | 印度尼西亚 | 34 | 39 |
| 西雅图 | 美国 | 15 | 17 | 重庆 | 中国 | 35 | 32 |
| 柏林 | 德国 | 16 | 28 | 巴塞罗那 | 西班牙 | 36 | 38 |
| 苏黎世 | 瑞士 | 17 | 21 | 墨西哥城 | 墨西哥 | 37 | 35 |
| 阿姆斯特丹 | 荷兰 | 18 | 25 | 维尔纽斯 | 立陶宛 | 38 | 45 |
| 墨尔本 | 澳大利亚 | 19 | 16 | 新德里 | 印度 | 39 | 37 |
| 斯德哥尔摩 | 瑞典 | 20 | 18 | 开普敦 | 南非 | 40 | 34 |

① 具体衡量方法参见由浙江大学互联网金融研究院司南研究室发布的《2020 全球金融科技中心城市报告》。

除第一梯队外，亚特兰大、香港、巴黎、新加坡、悉尼等带领的第二梯队亦有许多亮点，其中令人瞩目的城市如墨尔本、阿姆斯特丹、苏黎世、巴黎、雅加达和维尔纽斯的产业排名分别相比2018年上升了23名、17名、16名、11名、9名和9名，这些城市多集中于澳大利亚、北欧和东南亚地区。这些城市取得跨越式增长的路径各有不同，如墨尔本和巴黎深耕已上市企业，大幅提升市值，而阿姆斯特丹、苏黎世和雅加达则通过优质企业吸引大量融资。

**2. 金融科技产业结构现状：业态结构较为集中，国与国间动力不同**

如前所述，金融科技产业主要包含互联网银证保、新兴金融科技、传统金融科技化等，包括网贷、第三方支付等多个细分业态，并由金融科技基础设施给予支撑。根据我们对各业态企业数量的统计，全球金融科技业态前四由网贷、第三方支付、信息服务、综合型金融科技占据（见图17－5），合计占比达60%。其中，随着“金融科技基础设施是未来全球金融中心发展和竞争的核心资源”的认知逐步成为共识，以信息服务（如金融IT）为代表的相关产业越来越受到各方关注；而“综合型金融科技”排名第四，则表明了在全球范围内金融科技企业多元综合发展渐成趋势。除此之外，在技术领域，区块链/数字货币排名最靠前，位列全球第五。

从地域分布来看，国别之间业态分布体现了显著差异，并印证了前文对中、美、英三国金融科技发展模式的推断。通过图17－5中美对比可以看到，中国的金融科技产业发展典型地表现为需求拉动型，以客户需求为主要动力的业态如网贷、第三方支付、消费金融、众筹等占比极高，而技术支撑型业态如区块链/数字货币和人工智能仅占5.6%。相比而言，美国则更多地以技术驱动发展，不仅信息服务业态占据榜首（24.0%），而且区块链/数字货币、人工智能占比达12.0%。以中国为代表的发展中国家在金融抑制、监管支持、客户拥抱等因素的综合作用下在世界金融科技舞台异军突起，但在国际竞争持续加剧、产业逐步进入深水区的当下，技术、人才、监管等关键因素的支撑将会日趋重要。

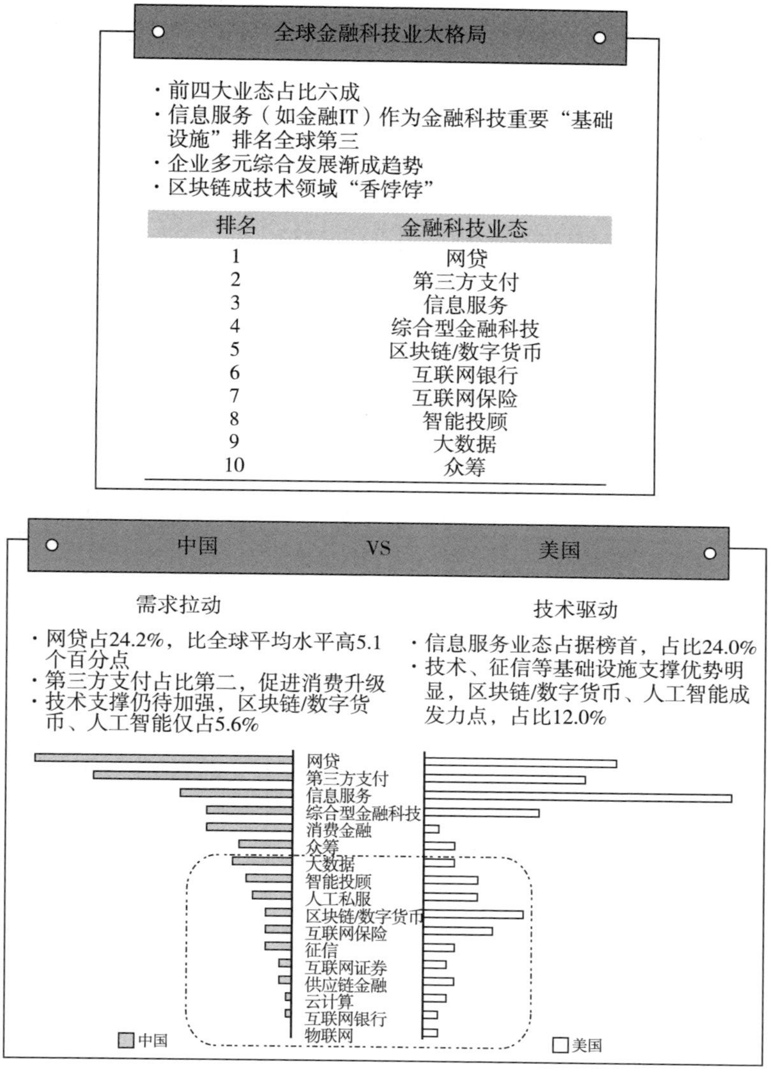


**图 17-5　2019 年全球金融科技企业业态分布情况及中美对比**

注：基于样本内各国金融科技上市企业及高融资未上市企业（风投融资额累计 5000 万美元及以上的未上市金融科技企业）数量统计得到。

资料来源：浙江大学互联网金融研究院司南研究室、杭州摩西信息科技有限公司、Crunchbase、天眼查、Bloomberg、Investing. com。

## （二）全球金融科技体验格局

全球金融科技体验[①] 2019 年整体提升，以中国城市为代表的发展中国家城市全面领先，且南非、俄罗斯、印度、阿根廷等国城市进步明显，而美国、澳大利亚等国城市金融科技体验水平提升缓慢排名略有下降。2019 年全球金融科技体验前 40 城排名具体情况见表 17－5。

**表 17－5　2019 年全球金融科技体验前 40 城排名**

| 城市 | 国家 | 体验排名 | 总排名 | 城市 | 国家 | 体验排名 | 总排名 |
|---|---|---|---|---|---|---|---|
| 杭州 | 中国 | 1 | 6 | 都柏林 | 爱尔兰 | 21 | 27 |
| 深圳 | 中国 | 2 | 6 | 阿姆斯特丹 | 荷兰 | 22 | 25 |
| 广州 | 中国 | 3 | 14 | 悉尼 | 澳大利亚 | 23 | 10 |
| 上海 | 中国 | 4 | 4 | 布宜诺斯艾利斯 | 阿根廷 | 24 | 53 |
| 北京 | 中国 | 5 | 1 | 圣保罗 | 巴西 | 25 | 30 |
| 南京 | 中国 | 6 | 19 | 柏林 | 德国 | 26 | 28 |
| 西安 | 中国 | 7 | 47 | 斯德哥尔摩 | 瑞典 | 27 | 18 |
| 成都 | 中国 | 8 | 29 | 墨尔本 | 澳大利亚 | 28 | 16 |
| 开普敦 | 南非 | 9 | 34 | 法兰克福 | 德国 | 29 | 41 |
| 重庆 | 中国 | 10 | 32 | 首尔 | 韩国 | 30 | 23 |
| 莫斯科 | 俄罗斯 | 11 | 36 | 日内瓦 | 瑞士 | 31 | 40 |
| 孟买 | 印度 | 12 | 20 | 纽约 | 美国 | 32 | 3 |
| 班加罗尔 | 印度 | 13 | 26 | 西雅图 | 美国 | 33 | 17 |
| 新德里 | 印度 | 14 | 37 | 巴塞罗那 | 西班牙 | 34 | 38 |
| 圣彼得堡 | 俄罗斯 | 15 | 21 | 米兰 | 意大利 | 35 | 43 |
| 旧金山(硅谷) | 美国 | 16 | 2 | 香港 | 中国 | 36 | 15 |
| 墨西哥城 | 墨西哥 | 17 | 35 | 多伦多 | 加拿大 | 37 | 24 |
| 伦敦 | 英国 | 18 | 5 | 波士顿 | 美国 | 38 | 22 |
| 苏黎世 | 瑞士 | 19 | 21 | 吉隆坡 | 马来西亚 | 39 | 48 |
| 新加坡 | 新加坡 | 20 | 9 | 洛杉矶 | 美国 | 40 | 31 |

资料来源：浙江大学互联网金融研究院司南研究室、杭州摩西信息科技有限公司。

① 根据浙江大学互联网金融研究院司南研究室发布的《2020 全球金融科技中心城市报告》，金融科技体验得分主要用金融科技应用率即使用过金融科技的人口占比衡量。

**1. 全球金融科技体验整体提升**

2019 年全球金融科技使用者占比平均值从 2018 年的 39.3% 增长到 51.0%，整体金融科技体验大幅提升。体验的提升，一方面归功于金融科技产业发展、基础设施建设以及大型金融科技企业的全球化扩张；另一方面归功于传统金融机构自身科技化进程的加速以及消费者对金融科技的更深度和广泛的触达。在发达国家城市中，新加坡、都柏林、阿姆斯特丹等城市的金融科技使用者占比大幅上升，很大程度上是源于其银行、保险公司、股票经纪公司和其他传统金融机构纷纷开始发力金融科技、优化金融服务、提升金融普惠程度。

**2. 金融科技体验格局变化**

对比 2018 年，全球金融科技体验格局变化较大，多个城市表现抢眼、进步明显，特别是俄罗斯、南非、印度、阿根廷等国家的城市。以南非为例，其金融科技体验的提升与其智能手机普及率的提高和移动支付的繁荣有关，目前南非智能手机渗透率超过 60%，移动支付是受欢迎程度仅次于现金的支付方式。而印度金融科技体验的快速提升主要得益于当地政府大力支持数字化经济和包容性金融发展，其在 2017 年宣布的减少纸币流通量计划为移动支付的快速发展提供了巨大空间。俄罗斯金融科技使用者占比的增加在一定程度上与外国对其主要银行实施制裁有关，经济制裁虽对其传统金融带来了冲击但也使得汇款和外汇交易等服务的替代提供商得以进入大众视野。在阿根廷，金融科技的快速普及主要是因为以区块链为代表的金融科技能够有效改善其脆弱的金融体系和不稳定的经济环境，帮助其居民抵御高通货膨胀率和不稳定的货币价值。

反之，在传统金融业占主导地位的地区，金融科技使用者占比提升缓慢，排名下降明显。具体如美国、澳大利亚以及巴西等地区，相比金融科技企业等金融领域的新进入者，这些地区的消费者更加信任传统金融提供商，因而对独自提供服务的非金融服务企业接受度较低，倾向于接受它们与传统金融机构合作，这也使得传统金融机构在推动金融科技生态系统发展方面作用突出。因此，在这些市场中，金融科技更多定位于协助传统金融进一步提升交易安全性、优化金融服务、巩固市场地位。

3. 金融科技体验的中国标杆

整体而言，中国为全球金融科技体验树立了标杆。在金融科技体验TOP40城榜单上，中国城市包揽前8名，且9城全部进入TOP10。就中国城市而言，杭州连续三年金融科技体验排名全球第一，金融科技应用率（使用者占比）达93.5%，相比2018年提高2个百分点，相比中国第二名的深圳高5.6个百分点（见图17－6）。头部城市金融科技体验发展态势稳定，杭州、深圳、广州、上海、北京所组成的中国TOP5城市排名连续三年几乎未变，仅上海超越北京排名中国第四。

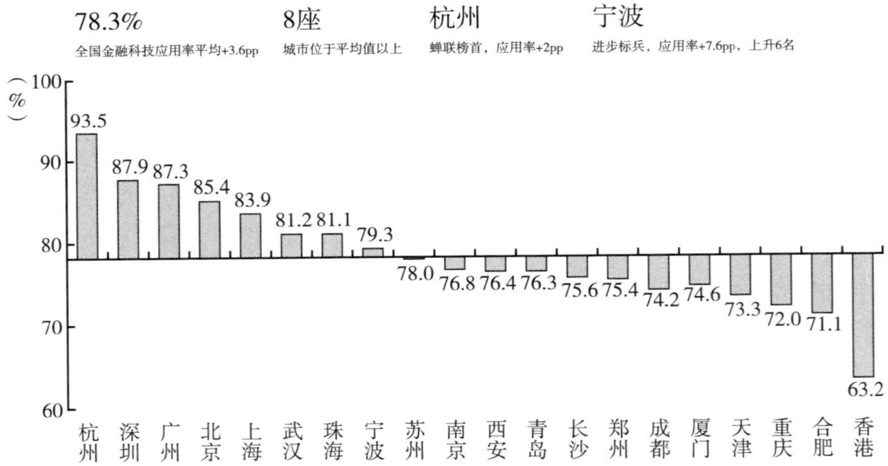


**图17－6　2019年中国金融科技使用者占比情况**

资料来源：浙江大学互联网金融研究院司南研究室、杭州摩西信息科技有限公司。

具体而言，在金融科技应用率方面，报告调查的20座中国城市金融科技使用者占比平均值为78.3%，较2018年整体提升了3.6个百分点。杭州、深圳、广州、上海、北京、武汉、珠海和宁波8城位于平均值以上。其中，宁波为最佳进步城市，使用者占比比2018年增加7.6个百分点，排名上升6名。

在金融科技体验方面，从总体来看，中国第三方支付的城市服务场景不断丰富。截至2019年9月，中国各城市支付宝和微信支付的城市服务项目总数已达到3694个（相比2018年增加了18%），且主要集中于交通、政务和医疗领域，其中交通领域占比最高（达36%），连续两年蝉联第一，而政务领域增速最快（为83%），简政放权不断落实。从各城市来看，广州政务、交通服务数中国第一，深圳综合服务数中国第一。此外，在“最多跑一次”等政策的积极实施下，成都、杭州的政务服务数增长迅猛，分别高达114%和73%。

## （三）全球金融科技生态格局

本章所使用的金融科技生态衡量指标①主要包括经济基础、产业基础、数字基建、科研实力和政策监管五个方面。金融科技的本质在于为实体经济服务，经济基础决定了金融科技发展的起点和基本实力，而产业基础更具针对性。经济基础和产业基础作为硬实力，共同奠定了金融科技发展的基础。数字基建和科研实力则代表了一个国家或地区在金融科技发展方面的软实力。发达国家在数字基建方面领先优势较为明显，网络普及程度和数据安全意识都明显优于大多数发展中国家。科研实力对于推动金融科技生态发展起到关键作用，在一定程度上决定了其发展上限。

**1. 全球金融科技生态总览**

2019年全球金融科技生态前40城排名情况见表17－6。纵览全球，2019年全球金融科技生态整体稳中有升，且金融科技生态排名与产业排名高度相关，前20城依旧被中国城市与其他发达国家城市包揽，证明了良好的金融科技生态是城市金融科技向好发展的关键所在。从地域分布来看，亚洲生态实力进步明显，进步榜单中亚洲城市超一半，几乎所有中国城市有不同程度的名次提升。从细分领域来看，金融和科技产业基础渐成支撑金融科技生态完善的中坚力量；从发展模式来看，这些城市或立足金融发展科技，或立足科技赋能金融，或二者兼修。

① 各级指标具体信息参见浙江大学互联网金融研究院司南研究室发布的《2020全球金融科技中心城市报告》。

表 17－6　2019 年全球金融科技生态前 40 城排名

| 城市 | 国家 | 生态排名 | 总排名 | 城市 | 国家 | 生态排名 | 总排名 |
|---|---|---|---|---|---|---|---|
| 伦敦 | 英国 | 1 | 5 | 都柏林 | 爱尔兰 | 21 | 27 |
| 纽约 | 美国 | 2 | 3 | 南京 | 中国 | 22 | 19 |
| 北京 | 中国 | 3 | 1 | 日内瓦 | 瑞士 | 23 | 40 |
| 旧金山(硅谷) | 美国 | 4 | 2 | 洛杉矶 | 美国 | 24 | 31 |
| 东京 | 日本 | 5 | 11 | 吉隆坡 | 马来西亚 | 25 | 48 |
| 深圳 | 中国 | 6 | 6 | 特拉维夫 | 以色列 | 26 | 33 |
| 上海 | 中国 | 7 | 4 | 孟买 | 印度 | 27 | 20 |
| 新加坡 | 新加坡 | 8 | 9 | 苏黎世 | 瑞士 | 28 | 21 |
| 西雅图 | 美国 | 9 | 17 | 亚特兰大 | 美国 | 29 | 12 |
| 波士顿 | 美国 | 10 | 22 | 成都 | 中国 | 30 | 29 |
| 芝加哥 | 美国 | 11 | 8 | 阿布扎比 | 阿联酋 | 31 | 50 |
| 悉尼 | 澳大利亚 | 12 | 10 | 重庆 | 中国 | 32 | 32 |
| 巴黎 | 法国 | 13 | 13 | 巴塞罗那 | 西班牙 | 33 | 38 |
| 杭州 | 中国 | 14 | 6 | 班加罗尔 | 印度 | 34 | 26 |
| 墨尔本 | 澳大利亚 | 15 | 16 | 新德里 | 印度 | 35 | 37 |
| 首尔 | 韩国 | 16 | 23 | 阿姆斯特丹 | 荷兰 | 36 | 25 |
| 多伦多 | 加拿大 | 17 | 24 | 圣保罗 | 巴西 | 37 | 30 |
| 斯德哥尔摩 | 瑞典 | 18 | 18 | 开普敦 | 南非 | 38 | 34 |
| 广州 | 中国 | 19 | 14 | 雅加达 | 印度尼西亚 | 39 | 39 |
| 香港 | 中国 | 20 | 15 | 法兰克福 | 德国 | 40 | 41 |

资料来源：浙江大学互联网金融研究院司南研究室、杭州摩西信息科技有限公司。

2. 五维度解读生态格局

（1）经济增长助推中国城市金融科技发展，亚洲城市进步明显

得益于持续稳定增长的宏观经济基础，以及政府对金融科技发展的高度重视和不断加力的政策支持，几乎所有中国城市排名有不同程度的上升，表现抢眼。在进步榜前五的城市中，亚洲城市吉隆坡、深圳、重庆、广州分列前 2～5 位，仅次于南非的开普敦（进步 15 名）。而在 26 座金融科技生态排名上升 TOP40 城市中，亚洲城市占据 14 席，占比高达 53.8%，其生态正在稳步改善。

（2）产业基础渐成生态发展中坚力量，影响发展模式

金融与科技产业基础渐成生态发展中坚力量，影响发展模式。如表

17 -7所示，产业基础排名前六的城市与金融科技生态排名前六的城市一致（名次略有不同），说明金融与科技产业基础对于城市金融科技生态建设的重要性日益提升。同时，金融与科技产业基础禀赋在很大程度上决定了这些城市的金融科技发展模式，城市依据各自禀赋差异，或立足金融发展科技，或立足科技赋能金融，或二者兼修。纽约和北京的全球 TOP200 金融机构总市值分别高达 1. 18 万亿美元和 1. 15 万亿美元，居全球第一和第二，主要凭借发达的金融产业吸引科技企业共同开展合作；旧金山（硅谷）和东京的科技产业分列全球第二、第三，其通过出众的科技产业营造浓厚的创新创业氛围，推动金融科技发展。

**表 17 -7　2019 年金融科技生态产业基础前六城排名**

| 城市 | 金融科技生态排名 | 产业基础排名 |
| --- | --- | --- |
| 伦敦 | 1 | 6 |
| 纽约 | 2 | 1 |
| 北京 | 3 | 2 |
| 旧金山（硅谷） | 4 | 4 |
| 东京 | 5 | 3 |
| 深圳 | 6 | 5 |

资料来源：浙江大学互联网金融研究院司南研究室、杭州摩西信息科技有限公司。

（3）发达国家数字基建臻善，与发展中国家间的鸿沟依然存在

发达国家数字基建平均分高达 87. 8 分，而发展中国家平均分仅为 71. 0 分，16. 8 分的分差表明二者之间仍存在较大的差距。发达国家的网络普及程度较高，数据安全意识较强，数字基建日趋完善。发展中国家仍须重视并大力发展数字基础设施建设，在高速发展的同时更须解决信息安全问题，解除数据安全隐忧。

（4）金融科技人才体系构建：专项研究机构推进理论前沿拓展

充足的优秀人才和雄厚的科研力量是推动金融科技生态向好发展的重要力量，也在很大程度上决定了未来城市金融科技发展的腾飞高度。对城市而言，其高校科研实力是支撑城市科研的中坚力量，高校是培育金融科技人才

的沃土。由于金融科技具有较强的理论与实践相结合的特性，产学研结合水到渠成。除此之外，各类高端智库和研究机构也努力为推进金融科技理论前沿研究、吸纳顶尖金融科技人才做出贡献，上海、广州、首尔等多座城市科研能力排名因而得到较大提升。例如，致力于成为全球金融科技及区块链领导咨询企业和智库领袖之一的 FINWEX 在上海成立，旗下涵盖全球顶尖金融科技系列峰会、区块链智库等多类型业务；广东金融高新区成立“区块链 +”金融科技研究院；杭州拥有中国首家金融科技创新实验室、浙江大学互联网金融研究院等优质专项科研机构；首尔市政府先后建立两所金融科技实验室等。

（5）前进中的政策与监管：从顶层设计开始加速补齐短板

政策监管作为生态的关键一环，对改善城市的金融科技发展环境起着至关重要的作用。总体来看，多数城市相比 2018 年政策支持力度有所增加，越来越多的政策制定者意识到金融科技的价值，开始从顶层设计着手把握大方向，高屋建瓴推进金融科技发展。同时，监管短板也正在补齐，监管科技愈加活跃，特别是发展中国家监管能力提升卓有成效。2018 ~ 2019 年全球金融科技政策监管排名变动情况见图 17 – 7。

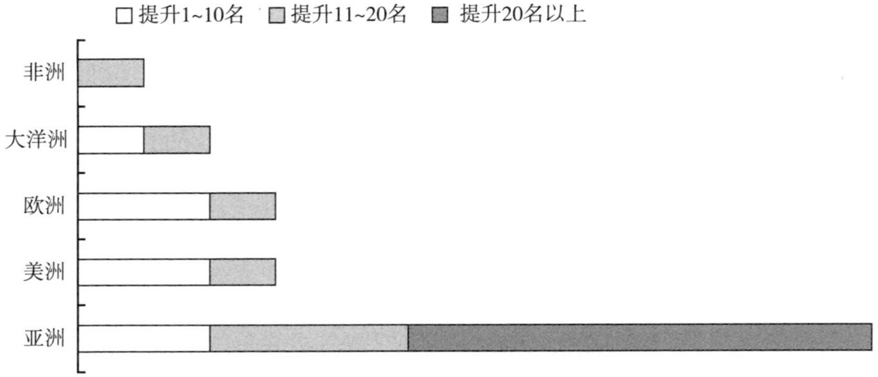


**图 17 – 7　2018 ~ 2019 年全球金融科技政策监管排名变动**

资料来源：浙江大学互联网金融研究院司南研究室、杭州摩西信息科技有限公司。

对于金融科技飞速发展的中国来说，政策监管能力提升迫在眉睫。2019 年，中国金融科技监管持续从严，各城市监管能力明显提升，监管平均分从

2018 年的 64. 0 分上升至 2019 年的 74. 0 分，与此同时，中国政策支持平均分相比 2018 年大幅上升了 15. 3 分。规范监管是全球金融科技发展的趋势和共识，但也须特别注意，在加强监管的同时勿忘支持和发展，避免矫枉过正而进入“一放就乱，一管就死”的困境。从城市来看，北京、上海、深圳监管能力与支持力度均入中国前三，最为平衡；北京、广州、杭州相继发布城市金融科技发展规划，规划先行引导产业良性发展将是下半场金融科技发展之道。

整体来说，全球金融科技产业发展延续了总排名的两梯队格局，中国城市表现亮眼。全球金融科技业态结构较为集中在网贷、第三方支付、信息服务、综合型金融科技等方面，传统金融科技化渐成产业发展中坚力量，且金融科技基础设施受到广泛重视。从金融科技体验来看，全球金融科技体验整体提升，中国城市依旧是全球金融科技体验标杆。从金融科技生态来看，发展中国家城市正在着力完善生态，亚洲城市生态实力明显提升。

## 三　趋势展望和政策建议

### （一）2020年七大趋势展望

结合前文对全球金融科技现状的比较阐述、行业相关数据披露、学者探讨、政策走向等分析，我们认为监管科技、央行数字货币、开放银行、技术与业务进一步紧密结合、合作与投资并购、金融科技产品的标准化与规范化以及金融 RPA 将成为 2020 年全球金融科技发展的七大趋势。本部分将从重要性及行业价值、发展现状、未来走向等方面展开论述，逐一阐明全球主要金融科技发展趋势。

**1. 监管科技**

国际金融协会（IIF）认为，监管科技是为更加有效和高效地满足监管与合规要求而使用的新技术。随着大量金融业务创新产品的涌现，金融机构的合规成本大幅增长，而监管科技则使得金融机构可以利用技术手段开展自动化内部控制与合规审查，从而减少相应的成本支出。此外，监管机构通过运用监管科技的力量，有助于减少与被监管者之间的信息不对称，防范系统性金融风险。

2019 年，英国金融行为监管局持续推动监管沙盒机制运行，其在 2019 年 1 月发起的全球金融创新网络开放申请便被认为是跨国监管沙盒的良好尝试。2019 年 12 月，欧盟委员会专家组发表了《金融科技监管、创新与融资的 30 条建议》专题报告，特别建议在加密资产、金融数据方面采取更加大胆的政策行动，调整现有法规的适用性，紧跟市场发展变化的步伐。上述举措都将助推监管科技的创新发展。中国也早在 2018 年 8 月印发《中国证监会监管科技总体建设方案》，为监管科技在中国的发展提供了有力的支持。

据 CB Insights 预测，全球金融行业对监管科技的市场需求在 2020 年将达 1187 亿美元。可见，在政策支持和监管需求升级的双重推动下，监管科技将迎来重大突破，也将成为一个资本争相涌入的市场。

**2. 央行数字货币**

数字货币的固有属性决定了其可以降低货币发行流通成本，提高支付清算的效率，可以精确追踪货币交易情况，减少洗钱、逃税，提高央行对货币供给及流通的控制力，因此各国央行纷纷把握时机加紧研发央行数字货币（CBDC）。中国人民银行数字货币研究所所长穆长春曾表示，发行数字货币的首要目的是保护货币主权，同时，可使中国跨境清算摆脱对 SWIFT 和 CHIPS 支付体系的依赖，加快人民币流通及国际化。

金融和科技巨头在加密货币领域也已有了不少动作。2019 年，金融巨头摩根大通推出 JPM Coin，成为第一家发行加密货币的全球主流金融机构；科技巨头 Facebook 上线全球数字加密货币 Libra 稳定币，引起行业的高度关注。而各国央行数字货币的进程同样值得广泛关注。早在 2016 年，中国人民银行数字货币研讨会就宣布了数字货币研究取得阶段性成果，并一直稳步前进，在 2020 年将进行试点测试。2020 年 2 月，瑞典央行也宣布即将开始测试数字货币——电子克朗，距离央行数字货币的诞生又近了一步。

根据国际清算银行（BIS）于 2020 年 1 月发布的 CBDC 调查报告，约有

7 家未披露的中央银行（覆盖世界人口的 20%）可能在 3 年内推出 CBDC。可见，央行数字货币将是 2020 年金融科技发展的重要战略方向。

**3. 开放银行**

麦肯锡《开放银行的全球实践与展望》报告认为，开放银行是一种平台合作模式，利用开放应用程序编程接口（API）等技术实现银行与第三方机构间的数据共享，从而提升用户体验。作为市场经济的重要主体、货币流通的重要媒介，商业银行在金融体系内始终占据最重要的位置。但由于经济形势低迷、监管政策收紧、互联网金融企业冲击等影响，近年来银行的利润率持续性走低。开放银行是银行业为改善发展现状、适应用户习惯改变而探索的新发展模式。

商业银行正通过与商业生态系统合作伙伴共享数据、算法、交易、流程和其他业务功能的方式，聚合更多生态场景，为用户提供无感、无缝、无界的金融服务体验。科技公司也凭借技术优势，深入拓展各个金融服务场景。比如前文提到的，汇丰银行预计于 2020 年正式推出数字银行平台 HSBC Kinetic；高盛联手苹果公司发布 Apple Card；亚马逊与 Synchrony Financial 合作。在中国，国有大行、股份行、城商行、民营银行等都在积极探索和实践开放银行的新模式、新业态。

在数字化转型升级的大背景下，传统金融机构正逐步开放技术能力、业务能力、数据等，加速数字化进程，走向开放化新格局。开放银行的理念和模式探索也将成为 2020 年金融科技发展的一大趋势。

**4. 技术与业务进一步紧密结合**

当下，技术的重要性在不断被放大。根据 IPRdaily 与 incoPat 创新指数研究中心联合发布的数据，2019 年全球金融科技发明专利排行榜（TOP100）企业来自 9 个国家或地区，集中分布在中国和美国，其中中国占比 48%，美国占比 35%。中国平安凭借 3008 件专利申请量排名第一，阿里巴巴凭借 2788 件专利排名第二，Mastercard 凭借 903 件专利排名第三。

在强调技术的同时，我们更应该重视技术的业务落地、关注金融科技为企业带来的实际价值、探索技术与业务间的深度融合，让技术最终服务于金融产品的研发、消费者体验的提升以及积极社会价值的创造。例如平安银行持续利用人工智能、区块链、云计算等新技术赋能业务，推出“AI＋风控”“AI＋客服”，构建线上口袋银行App与线下零售新门店相融合的智能OMO服务体系，提升客户体验、丰富金融产品、创新业务模式，荣获“年度金融科技机构”“年度最佳智能金融服务”等多个业内奖项。

中国的金融科技应用场景丰富，信用、理财、消费金融、互联网保险等数字经济业态多样，金融科技的业务落地程度、消费者的接受程度较高。未来，技术与业务越来越紧密的结合将继续是金融科技的主要趋势之一。

**5. 合作与投资并购**

合作和投资并购越来越成为金融科技发展的重要路径。2020年值得关注的趋势之一是传统金融机构、金融科技公司之间更多的合作和投资并购关系。银行与金融科技公司加强战略合作，包括共建联合实验室、联合成立子公司、银行向金融科技公司购买服务等。投资并购则指银行将自身资本注入金融科技公司，形成更紧密的合作关系，将注资企业作为自己的外部金融科技研发基地，缩短技术研发应用时间。同时，随着金融科技公司的成熟和扩张，行业巨头将继续收购拥有核心专利技术的科技公司，从而拓宽业务范围。

从全球看，根据CB Insights的《全球金融科技发展报告》，2019年美国金融科技公司融资金额增长4%，欧洲金融科技企业融资金额增长71%，亚洲连续第三、第四季度在交易数量和金额方面超过欧洲。在中国，传统金融机构与金融科技企业合作的例子很多，形式也丰富多样。如百度和中信银行联合发起成立百信银行，腾讯和中国银行联合成立金融科技实验室，中国建设银行下属子公司建信信托、国家开发银行旗下国开金融均入股蚂蚁金服等。

全球金融科技公司融资事件次数和总额近年来整体呈现上涨趋势，投融资热度持续，可见，合作与投资并购会是2020年金融科技发展的一大趋势。

**6. 金融科技产品的标准化与规范化**

金融科技产品的标准化与规范化是金融科技行业高质量发展的必然要求，对高质量发展起到支撑和引领的作用。金融创新不能仅仅依靠应用创新，更要形成支撑行业的技术体系并建立完善的技术体系标准。

为更好满足金融行业发展与监管需要，2019 年 10 月，中国市场监管总局、中国人民银行决定将支付技术产品认证扩展为金融科技产品认证，发布《金融科技产品认证目录（第一批)》，包含客户端软件、安全芯片、嵌入式应用、云计算平台等 11 个产品种类，同时制定了《金融科技产品认证规则》，公布了金融科技产品认证的基本认证模式。中国金融科技创新已从支付领域扩大到金融基础设施和前沿科技应用领域。

此外，中国在数字货币、第三方支付等特定领域的研究已处于世界领先水平，未来将在把握国际标准发展脉络的前提下积极参与金融科技领域的国际标准研制，增强全球金融科技发展的话语权，这也预示着金融科技产品的标准化与规范化将是金融科技领域的重要趋势之一。

**7. 金融 RPA**

机器人过程自动化（Robotic Process Automation，RPA）是一种预先设定的程序，通过模拟并且增强人与计算机的交互过程，将基于规则的常规操作自动化，例如读取邮件、对账汇总、检查文件、生成文件和报告等枯燥、重复、标准化的工作，都可以让 RPA 机器人代为完成。金融业务中流程化、重复性工作较多，相比人工操作，RPA 结合 OCR（光学字符识别)、NLP（自然语言处理）等技术可降低和减少业务执行错误率及非法操作。即使在 RPA 不能完全实现自动化流程的情况下，其也可以为用户腾出时间，使之能够专注于为客户提供更高价值。

RPA 行业存在已久，处在第一梯队的是国外三大 RPA 企业，UiPath 在 2019 年 5 月完成 5.68 亿美元的 D 轮融资，估值达到 70 亿美元；Automation Anywhere 在 2019 年 11 月完成 2.9 亿美元的 B 轮融资，估值达到 68 亿美元；Blue Prism 在 2019 年 7 月以 8000 万英镑的股权和现金完成对 Thoughtonomy 的收购。2019 年前后，RPA 资本市场的战火真正蔓延到中国，英诺森、来也、云扩科技等诸多 RPA 企业均获得融资。

虽然目前中国金融机构对 RPA 技术资金投入力度不大，但 RPA 落地的业务场景正在逐渐丰富，且人工智能技术中的人脸识别、语言交互、自动控制等技术也在逐渐融入 RPA 中以实现更多的智能决策，RPA 在不断加速 AI 与金融业务的融合。因此可以预见，未来金融机构对 RPA 的投入会逐渐增加，金融 RPA 的价值正在逐渐显现。

## （二）未来之路的选择

### 1. 要发展怎样的金融科技产业

（1）由需求拉动转向技术驱动

由前文对分别以中国、美国、英国为代表的需求拉动、技术驱动、制度保障这三种金融科技发展模式的分析和对比可知，在全球范围内，以技术为核心驱动力的发展方式正愈发受到重视，如监管科技、智能投顾、数字货币、RPA 等都离不开技术支持，核心技术对于推动传统金融机构加速转型升级以及推进金融科技基础设施建设的必要性不言而喻。在过去的几年中，中国市场的典型特征仍是需求拉动，但在发展网贷等行业时出现了一些问题。此外，需求拉动的金融科技创新，如移动支付带来的金融科技创新爆炸性增长，在未来将难以重现，因此我们需要对发展方向做出适当调整。而美国在金融科技核心基础技术层面起步早，积累了全球领先的竞争优势，传统金融行业转型发展速度领先。因此，无论是基于对行业未来发展方向的思考还是国家间的对比结果，我们都应加快向技术驱动型金融科技行业发展转型的步伐。由需求拉动转向技术驱动，将是中国发展金融科技产业的必由之路。

（2）由单维服务转向无界服务

在金融科技产生和发展的过程中，传统金融机构和新兴金融科技公司之间广泛地存在着竞争、合作和竞合等丰富的关系。在过去，传统金融机构由于缺乏技术支持，难以为客户提供优质且便捷的服务，受到互联网金融的强烈冲击，进而转向积极探索新的发展模式，通过与金融科技企业的合作推进数字化转型，不仅丰富了金融产品和服务，而且提升了服务的质量和水平。而金融科技企业也借此打破孤立，让金融科技产品和服务面向更广阔的客户群体。在未来，持牌传统金融机构与金融科技公司之间的关系将趋向多元化，金融科技与传统金融的界限也将日趋模糊，例如大型传统金融机构成立金融科技控股子公司、金融科技企业与传统金融机构开展战略合作等。中国的金融科技要想取得长足发展，更好服务于消费者和中小微企业，必须秉承开放包容的理念，推动金融服务由单维服务转向无界服务。

（3）由注重国内转向注重国际

近年来，一些优秀的金融科技企业在深耕国内市场的同时，也将目光逐渐聚焦海外市场，开启全球化布局。蚂蚁金服以在新兴市场输出技术经验及在发达市场并购合作两种方式拓展海外业务；腾讯金融科技利用文娱和社交平台抢占支付入口，拓展线下应用场景；度小满金融和京东数科等积极布局东南亚，谋求建立全球范围内的金融生态系统。前文已提到，中国过去的金融科技发展主要基于需求拉动，但国内市场需求正在被压缩，黄金期在慢慢消退。而谷歌和淡马锡的一项联合研究显示，预计到 2025 年东南亚互联网经济规模将突破 2400 亿美元；埃森哲的研究表明，约 90% 的美国、欧洲、中东和非洲地区的零售银行消费者已经通过移动应用程序办理银行业务。通过多年发展，中国的金融科技企业已具备技术上的优势，也积累了丰富的金融服务经验，因此，拓展国际视野、深度参与全球市场竞争也将是中国金融科技产业发展的必然要求。

**2. 如何改善金融科技体验**

（1）坚持金融科技的普惠初心

金融科技发展的本质和目的是带来更好的金融产品和服务，并更好地服务实体经济。它带来了一次新的金融革命，在工具、场景、体系、理念等多方面重构了金融行业。源源不断的创新将金融科技的水平推到了一个又一个新高度，也正不断渗透人类社会生活的方方面面。但与此同时，金融科技也逐渐暴露了一些可能的风险。在金融科技迅猛发展的当下，探索技术未来发展空间的同时，需要注意防范技术的潜在风险，并秉承金融服务实体的使命，坚持金融科技的普惠初心，推动“人人生而平等”这一金融普惠愿景的实现。

（2）重视消费者体验和金融科技应用

随着金融科技在金融各环节应用的逐渐深入，金融服务的效率得到了大幅提升，金融机构的业务成本也不断降低。但更重要的是，它给消费者带来了更方便、更舒适的用户体验。金融科技通过简化业务流程，提供更丰富多样且高效的产品和服务，更好地满足了消费者需求，展现出先进技术的实践价值。金融科技的应用和推广也使得金融数据能够突破行业限制，更加立体、多维地参与用户的生活，提高人们的生活效率和品质。只有金融科技不断发展和应用，才能进一步加快金融科技普惠化、精准化的发展进程，持续改善金融科技体验。

**3. 如何构建更好的金融科技生态**

（1）技术支撑

金融科技是金融和科技的结合，落脚点在科技，底层核心技术是构建金融科技生态的基础。综观全球金融科技发展特点，技术是推动金融行业转型的重要抓手，大数据、云计算和人工智能等新技术的出现，深刻影响了金融行业的发展路径和业务模式，也为金融科技的发展提供了无限可能。构建更好的金融科技生态，必须完善金融科技发展的技术支撑环境。具体来讲，要鼓励企业自主研发和创新，培育各技术子行业的领军企业；要鼓励政产学研加强创新合作，促进学术机构和金融科技企业共同研究与创新创造，推动高端智库卓越金融科技人才培育、理论前沿拓展，不断夯实金融科技发展的生态基础并提供智力支撑。

（2）政策保障

长期以来，中国政府一直在积极鼓励并尝试各种创新计划。随着金融科技的持续广泛发展，为了构建更好的金融科技生态，政府需要继续提供良好的政策保障，把金融科技发展上升为国家战略将有助于营造支持金融科技发展的政策大环境。建议围绕《G20 数字普惠金融高级原则》和《金融科技（FinTech）发展规划（2019～2021 年）》，研究制定如“中国金融科技创新发展行动计划 2025”“中国数字普惠金融 2025”等相应政策规划，进一步强调我国发展金融科技的必要性和紧迫性，明确战略目标及发展路径，持续提升中国金融科技全球影响力，持续增强金融精准服务实体经济能力，持续补齐当前金融体系的普惠短板。在具体的政策实施上，要把握好金融科技监管的一致性，保证金融科技企业和传统金融机构在市场发展和行业竞争中的公平性，促进合作和良性竞争、资源合理有效配置，发挥政策引导作用，以期构建更好的金融科技生态环境。

（3）风险监管

有效的风险监管对维护金融科技行业的健康有序发展环境至关重要。综览全球，金融科技发展目前普遍存在监管落后于实践的现象，且已逐渐成为掣肘众多国家（尤其是发展中国家）金融科技可持续发展的主要因素。我国现行的金融监管体系无法与金融行业的发展水平、速度和目标完全匹配，监管理念、机制、手段均与英国、新加坡等发达国家存在差距，监管能力亟待提升。在全球范围内，已有多个国家的政策制定者意识到顶层设计对金融科技发展的重要作用，高屋建瓴地把握金融科技发展大方向。在此背景下，中国也愈发重视金融科技行业的监管，中国人民银行发布的《金融科技（FinTech）发展规划（2019～2021年）》明确指出，要加大金融审慎监管力度，包括建立金融科技监管基本规则体系、加强监管协调性、提升穿透式监管能力及建立健全创新管理机制。未来，监管机构可以积极开展金融科技创新监管试点，将北京等城市打造为“全球金融科技监管试验区”，扩大监管的示范效应。针对信息过度采集、数据泄露等不断暴露的问题，监管机构应加大对个人数据和信息安全的保护力度。此外，还应充分利用好监管科技的力量，防范系统性金融风险，细化监管措施时要注意本质目的是促进行业的良性发展、建设更好的金融科技生态。

（4）技术与业务复合型人才的培养

人才是金融科技创新发展的关键。人才培养不仅指扩大人才规模、提高人才充足率，更强调顺应金融科技发展的主要趋势，加快培养技术与业务复合型人才。未来的金融人才将面临深刻的结构性调整，技术、研发、风控、合规、产品、网络安全等专业型和复合型人才将广受欢迎，而传统意义上的客户经理、交易员、分支行管理人员等则可能被淘汰。目前，技术与业务复合型人才的稀缺在一定程度上影响了技术的业务落地，我们迫切需要进一步从政策制度、行业企业生态凝聚力等层面提高对金融科技人才的吸引力，创新人才培育、引进及激励体系，为金融科技发展提供源源不断的人才动力源泉。

## 参考文献

艾瑞咨询：《2019 年中国金融科技价值研究报告》，2019。

安永会计师事务所：《2019 年全球金融科技采纳率指数报告》，2019。

安永会计师事务所：《2019 年全球资产管理行业报告》，2019。

贲圣林、罗丹：《为什么应将金融科技发展上升为国家战略?》，《半月谈》，2020 年 5 月。

龚文：《建立中英双赢的金融科技生态圈》，《国际融资》2017 年第 3 期。

胡润研究院：《2019 胡润全球独角兽榜》，2019。

普华永道：《2019 年全球企业市值排名》，2019。

瑞银集团：《美国银行业科技支出报告》，2019。

王永强、赵增锋：《科技金融生态文献研究综述》，《河北金融》2019 年第 3 期。

魏珺：《构建共赢的金融科技生态圈》，《金融电子化》2017 年第 6 期。

亿欧智库：《2019 金融科技出海报告》，2019。

张洋子：《构建金融科技生态圈：内涵、国际经验与中国展望》，《科学管理研究》2019 年第 2 期。

浙江大学互联网金融研究院：《2020 全球金融科技中心城市报告》，2019。

中国人民银行：《2019 年第四季度支付体系运行总体情况》，2020。

中国信息通信研究院：《中国金融科技生态白皮书（2019 年）》，2019。

BIS，“Policy Responses to Fintech：A Cross – country Overvies”，2020.

CB Insights：《全球金融科技发展报告》，2019。

CCAF，“The Global RegTech Industry Benchmark Report”，2019.

Diemers，D.，Lamaa，A.，Salamat，J.，Steffens，T.，“Developing a FinTech Ecosystem in the GCC：Let’s Get Ready for Take off”，2015，http：//www. strategyand. pwc. com/media/file/Developing – a – FinTech – ecosystem – in – the – GCC. pdf.

Financial Conduct Authority，“The Impact and Effectiveness of Innovate”，2019.

FSB，“Financial Stability Implications from FinTech”，2017.

IPRdaily、incoPat 创新指数研究中心：《2019 年全球金融科技发明专利排行榜

（TOP100 名）》，2020。

Lee，I. ，Shin，Y. J. ，“Fintech：Ecosystem，Business Models，Investment Decisions，and Challenges”，*Business Horizons*，2018，61（1）.

Leong，C. ，Tan，B. ，Xiao，X. ，Tan，F. T. C. ，Sun，Y. ，“Nurturing a FinTech Ecosystem：The Case of a Youth Microloan Startup in China”，*International Journal of Information Management*，2017，37（2）.

Soloviev，V. I. ，“Fintech Ecosystem and Landscape in Russia”，*Journal of Reviews on Global Economics*，2018，7.

# 第十八章
# 各国金融科技监管及法律关系

杨 东 郑清洋 金亦如*

摘 要： 2019 年世界范围内最值得关注的金融科技议题包括数据带来的治理问题及以区块链和数字货币为代表的新金融给传统金融带来的影响。目前金融科技监管的着眼点与监管动态包括但不限于数据技术的安全监管、电子支付监管、金融科技支持政策、监管科技创新、互联网融资监管、开放银行监管、区块链技术的规范与应用、数字加密货币监管、金融科技监管国际合作等。美国、英国、欧盟、新加坡、印度等在允许或鼓励金融科技创新的同时均强调监管，特别是对金融消费者权益的保护。应通过完善金融基础设施建设、加强法治保障、发展监管科技等方式防范金融科技风险。

关键词： 金融科技监管 数据技术 消费者保护 监管科技

## 一 全球金融科技行业监管动态概述

### （一）2019年重点关注问题

2019 年全球性的热点议题依旧离不开金融科技为全球金融带来的机遇

* 杨东，中国人民大学未来法治研究院教授，中国人民大学区块链研究院执行院长，教育部“长江学者”特聘教授，教育部创新创业教育指导委员会委员。郑清洋，中国人民大学金融科技与互联网安全研究中心助理研究员。金亦如，中国人民大学金融科技与互联网安全研究中心助理研究员。

与挑战。目前各国、各地区政府组织以及国际组织都对金融科技极其关注。从2019年开始，最值得关注的金融科技问题有二：其一是数据带来的一系列治理问题，其二是以区块链和数字货币为代表的新金融给传统金融带来的影响。我们可以从世界诸国的动态看到，人工智能、大数据、云计算、区块链等新兴数字技术带来了前所未有的复杂技术风险与金融风险，以及与消费者权益保护相关的问题，这从宏观与微观层面都要求实施更加全面、审慎的监管。

随着数据的集中统合和处理运用，数据的价值不断彰显，如何在实现数据价值的同时保证金融市场的稳定，成为各国监管需要平衡的关键之处。从信息工具的视角来看，大数据和征信体系是互联网金融信息工具应用的基础，对大数据的运用降低了信息供给的成本和潜在的风险。从促进我国数据产业发展的现实需要出发，应当鼓励数据尤其是金融数据的开放和共享。通过关键的数字普惠金融平台，整合动态的企业和个人开放数据，打破各政府部门的数据孤岛，促进社会信息共享平台和信用体系建设，对发挥数据价值有重要意义。同时，也不能忽视平台对数据的控制提高了市场进入壁垒及转换成本，甚至带来了“赢者通吃”的局面。在国外的Google Search案中，Google基于流量构建了平台型数据生态，通过流量控制排除其他企业，进而丧失创新服务的动机和能力。国内也存在一些大型社交平台通过控制技术流量端口禁止其他平台分享的现象，阻碍了数据的开放和共享，影响数据作为生产要素的评价贡献，这也是国内数字普惠金融平台发展时需要警惕的一点。

就国际合作而言，2019年，各国、各地区政府组织及金融机构纷纷出台各项政策，同时积极促成国际合作，致力于推动整体金融科技行业的规范化发展。目前金融科技监管的着眼点与监管动态包括但不限于数据技术的安全监管、电子支付监管、金融科技支持政策、监管科技创新、互联网融资监管、数字银行（开放银行）监管、区块链技术的规范与应用、数字加密货币监管、金融科技监管国际合作等。

## （二）2019年各国金融科技监管动态概述

如果以总体投资情况作为衡量指标，美国依旧在金融科技领域占据主导。美国政府不断创新政策方针，推动相关行业发展，维持技术与金融的健康竞争优势，促进国内外经济增长。目前美国政府和相关部门对金融科技持鼓励态度，以期保持整体金融科技的领先地位。同时，美国联邦监管机构与国会加大对加密数字货币的监管力度，在加密合规、融资活动、电子移动支付、投资者与消费者利益保护、网络数据安全等方面发力。自 Facebook 推出 Libra 后，各国基于不同的金融与数字货币监管立场，针对数字加密货币推行了一系列监管措施。美国目前的金融科技监管强调 Libra 需要在满足美国监管部门要求的基础上，提供更为详细的项目信息，防止对金融稳定的影响[①]。

2019 年，欧盟在完善 GDPR 框架以提高其适用性的基础上，不断完善合作监管体系[②]，扩大 GDPR 适用范围[③]；加强隐私与数据保护，审慎对待数字货币与加密资产，加大对整体金融科技的监管力度[④]；完善监管机构和治理框架，推动金融科技持续健康发展[⑤]。在对待数字货币与加密资产问题上，虽然欧洲各国

---

① 杨东、马扬：《天秤币（Libra）对我国数字货币监管的挑战及其应对》，《探索与争鸣》2019 年第 11 期。美国目前对待 Libra 的态度为："任何加密发送器都必须遵守《银行保密法》（BSA），并在财政部金融犯罪执法网络（finCEN）上进行注册。"

② 部分欧盟成员国为完善监管机制，建立创新中心并明确监管沙盒机制，提议统一建立"创新促进者网络"，力图克服本土化监管缺陷，加强欧盟各国当局在金融科技监管方面的沟通与协调。欧洲银行管理局也将以金融科技创新的风险与机遇为工作重心，通过建立"创新雷达"实现金融科技的跟踪识别与突破创新。

③ 2019 年 11 月 12 日，欧盟正式发布了《GDPR 适用地域指南》，对适用范围做了进一步明确规定。

④ 中兴通讯数据保护合规部、数据法盟：《GDPR 执法案例精选白皮书》（2019）。欧洲各国对违反 GDPR 有关行为的处罚力度不断加大。根据中兴通讯数据保护合规部的不完全统计，截至 2019 年 9 月 24 日，共有 22 家数据保护机构针对 87 起案件做出高达 373650857 欧元的行政处罚决定。其中在英国的两起执法案例创 GDPR 生效以来最高罚款纪录：（1）英国航空公司因违反 GDPR 被罚 2.046 亿欧元（约合 15.94 亿元人民币）；（2）万豪集团被罚 1.1 亿欧元（约合 8.57 亿元人民币）。

⑤《金融科技对支付和电子货币机构商业模式影响报告》，欧洲银行管理局网站，http://img.mpaypass.com.cn/201907/files/20190729142552797821.pdf，2020 年 3 月 9 日访问。2019 年 9 月 30 日，欧洲银行管理局推出新版金融机构外包准则，使用范围包括银行、投资公司、电子支付机构、数字货币机构，旨在为金融外包活动建立更为协调的治理框架。

对加密货币的态度存在分歧，但整体上仍采取审慎监管的措施①，特别是以德国为代表的部分欧盟成员国对加密资产采取了更为强烈的态度②。

开放银行、加密数字货币、监管科技创新与消费者保护是新加坡金融科技监管的重心。新加坡政府相关部门成立技术组，发布面向金融机构的相关政策指南，同时针对数字加密货币投资与交易使用采取了从警告到制定规定的措施，并推出快速监管沙盒等监管科技，推动新加坡金融科技的海外市场拓展。

俄罗斯、瑞士、印度等国也分别针对数字加密货币等金融科技的热点行业加大监管力度，推出一系列监管新政，引入许可制度，并针对消费者保护、开放银行等问题进行重点规制。

总之，在新形势下，金融科技监管的需求越发凸显。监管的要求不断升级，需要更多复杂的监管措施。新技术的应用为监管科技在更大范围、更深层次的应用提供了支持，同时，金融科技的应用也会为监管带来更多新型挑战③。

---

① 《欧盟对 Facebook 天秤币启动反垄断调查》，腾讯科技，2019 年 8 月 21 日。在 Facebook 于 2019 年 6 月发布 Libra 白皮书，并预计于 2020 年发布天秤币 Libra 后，欧盟当局决定对 Libra 及可能整合的 WhatsApp、Facebook Messenger 等应用进行反垄断调查。德法两国在联合声明中表示，Libra 项目无法对其可能产生的风险提供合理解释和相应的解决方案，发行货币的权力只能属于主权国家政府，任何私营实体机构不能参与此类工作。

② 2019 年 9 月，德国政府颁布区块链战略，确保区块链技术的应用不侵犯国家主权或消费者权利，确保这种新的数字支付底层技术不会成为官方货币的替代品。2020 年初，德国联邦金融监管局明确将数字资产（包括虚拟货币）归类为金融工具，不具有一种货币的法律地位。

③ 何阳：《监管科技（RegTech）前沿技术与应用研究》，未央网，2019 年 4 月 19 日，https：//www. weiyangx. com/326953. html。为应对不断升高的监管成本，各国监管部门都对类似监管沙盒的科技进行关注与研究；金融从业机构需要利用科技满足监管要求，降低合规成本；监管机构也需要不断进行技术创新，提升监管能力，降低监管成本。各个国家不同地区的金融行业发展与监管需求存在差异，因此监管科技发展也各有侧重：或侧重提升监管科技底层技术架构，强调对前沿趋势的追踪；或侧重实践应用，通过创新中心鼓励技术革新；或推动金融科技监管框架的变革与修订，改造监管业务流程与政策；或成立专业组织进行科技应用的合作与创新。

# 二　各国金融科技行业监管实践

## （一）美国

从总体看，美国注重金融科技创新，以期实现经济发展。为了达成这一目标，美国注重金融方面的消费者保护，大力打击金融领域的潜在违规行为，出台了一系列最新法案，对包括 Libra 在内的新兴事物进行了规范。

**1. 金融科技创新**

注重金融科技创新，实现现代经济发展的更高效益。美国金融业监管局（Financial Industry Regulatory Authority，FINRA）于2019年4月24日宣布设立金融创新办公室，以利用整体金融行业创新下的机遇并应对相关挑战①。此举将进一步增强其识别、理解和促进市场金融创新的能力，从而加强投资者保护和市场诚信。

2019年4月30日，美国货币监理署（Office of the Comptroller of the Currency，OCC）就创新试点计划向公众征求意见。该计划是自愿的，旨在为符合条件的实体在测试创新活动的早期提供监管投入。这些创新活动可能给消费者、企业、金融机构和社区带来重大机遇或利益。

**2. 消费者金融保护**

注重对消费者的金融保护，打击金融领域的潜在违规行为。2019年1月29日，美国第116次国会通过《金融技术保护法》（*Financial Technology Protection Act*），建立打击恐怖主义和非法融资的独立金融技术工作组，以解决那些因使用数字货币犯罪的问题，培育创新能力和金融科技领导力，鼓励

---

① 金融创新办公室由华盛顿 FINRA 宣布成立，致力于解决金融技术领域的相关问题，增强对投资者的保护与市场诚信，参见美国金融业监管局网站，https://www.finra.org/media-center/news-releases/2019/finra-forms-office-financial-innovation-announces-haimera-workie-head，2020年3月9日访问。

研发相关工具、实施相关计划，打击恐怖分子、非法使用数字货币的行为①。

2019 年 9 月 10 日，消费者金融保护局（Consumer Financial Protection Bureau）与州监管机构启动了美国消费者金融创新网络（American Consumer Financial Innovation Network，ACFIN）②。通过这种合作关系，ACFIN 成员将共享信息，加强沟通，并就与创新相关的政策和计划进行协调。

2019 年 12 月 17 日，美联储消费者和社区事务部发布“消费者合规监督公告”，以共享相关检查员的观察信息及与消费者保护有关的重要进展信息，并向相关机构提供可以采取的实际步骤，提高美联储消费者合规监督活动的透明度③。

2020 年 1 月 8 日，联邦贸易委员会发布 2019 年回顾与 2020 年前景展望。其中，在金融科技部分提出，金融科技的创新令人眼花缭乱，但一直以来的消费者保护原则仍是金融科技领域的重中之重④。

---

① 参见美国国会网站，https：//www. congress. gov/bill/116th – congress/house – bill/56/text，2020 年 3 月 9 日访问。具体来说，该法案的主要目标和任务是：（1）针对金融科技（如数字货币）在恐怖主义等相关违法活动中的应用展开调查；（2）设立打击恐怖主义和非法融资的独立金融技术工作组，针对上述问题展开调查并发布年度报告；（3）协助财政部奖励提供恐怖分子使用数字货币行为相关信息的个人；（4）制定金融科技领导创新和金融情报计划，支持开发检测恐怖主义和非法使用数字货币的工具和程序。

② 参见美国消费者金融保护局网站，https：//www. consumerfinance. gov/about – us/newsroom/bureau – state – regulators – launch – american – consumer – financial – innovation – network/，2020 年 3 月 9 日访问。该网络旨在加强联邦和州监管机构之间的协调，以促进金融创新。ACFIN 强化了共同目标，如竞争、消费者获取和金融普惠。此外，ACFIN 提升了创新者的监管确定性，使美国经济和消费者受益。该网络还力求与市场创新保持同步，以确保消费者免受歧视和欺诈行为的侵害。

③ 参见美联储网站，https：//www. federalreserve. gov/publications/files/201912 – consumer – compliance – supervision – bulletin. pdf，2020 年 3 月 9 日访问。

④ 参见美国联邦贸易委员会网站，https：//www. ftc. gov/news – events/blogs/business – blog/2020/01/ftc – consumer – protection – year – review – offers – 2020 – vision – your，2020 年 3 月 9 日访问。这是从 FTC 与在线贷方 Avant 达成的 385 万美元和解中吸取的经验。控诉方称，Avant 在营销和服务贷款方面采取了不公平和欺骗性的做法。既定的标准也可以适用于众筹平台。根据 FTC 对得克萨斯州 iBackPack 的未决诉讼，该公司通过众筹活动筹集了超过 800000 美元，但其中很大一部分资金用于个人支出。在 2019 年判决的一项诉讼中，联邦贸易委员会表示，名为 Bitcoin Funding Team 和 My7Network 的计划的营销人员用承诺的数字货币财富，通过链式推荐（金字塔形式的一种）进行营销，将 FTC 的新 FinTech 页面添加为书签，以获取最新案例和资源。

3. 数字经济：数字资产与信息数据

2019 年 5 月 31 日，美国证监会创新和金融科技战略中心（SECFinHub）在加入全球金融创新网络，为寻求遵守美国联邦证券法的金融科技公司提供帮助，构建对数字资产分析的框架后，主持进行公共论坛，重点讨论分布式账本技术（DLT）和数字资产具体包括区块链/分布式账本技术、数字融资市场、智能投顾与人工智能/机器学习四大项目①。

2019 年 9 月 18 日，美国证券交易委员会起诉 ICOBox 及其创始人 Nikolay Evdokimov，指控其非法进行 ICOBox 数字代币发售，价值 1400 万美元，并作为其他数字资产发行的未注册经纪人，违反了联邦证券法的注册要求②。2020 年 3 月 7 日，美国加利福尼亚中央地区法院批准了美国证券交易委员会对 ICOBox 及其创始人 Nikolay Evdokimov 的缺席判决动议，在判决书中命令 ICOBox 及其创始人承担超过 1600 万美元的罚款。

2019 年 10 月 9 日，美国国税局（Internal Revenue Service）为从事涉及虚拟货币交易的纳税人发布了两条新的指南，包括 2019 年税收裁定（PDF）和常见问题解答（FAQ）③。

2019 年 12 月 12 日，美联储理事会、消费者金融保护局、联邦存款保险公司、国家信用社管理局以及货币审计署联合发表《关于在信用担保中使用替代数据的机构间声明》④。

2020 年 1 月，FINRA 举行了网络安全会议，来自证券公司、监管机构

---

① 参见美国证监会网站，https：//www. sec. gov/finhub，2020 年 3 月 9 日访问。

② 参见美国证监会网站，https：//www. sec. gov/news/press – release/2019 – 181，2020 年 3 月 9 日访问。

③ 参见美国国税局网站，https：//www. irs. gov/newsroom/virtual – currency – irs – issues – additional – guidance – on – tax – treatment – and – reminds – taxpayers – of – reporting – obligations，2020 年 3 月 9 日访问。新的税收裁定解决了纳税人和税务从业人员关于数字货币硬分叉的税收待遇的常见问题。美国国税局意识到，一些使用虚拟货币进行交易的纳税人可能无法报告收入和缴纳由此产生的税款，或者未正确报告其交易。美国国税局正在通过各种努力，从纳税人教育到审计再到刑事调查，积极处理这一领域的潜在违规行为。

④ 参见美联储网站，https：//www. federalreserve. gov/supervisionreg/caletters/caltr1911. htm，2020 年 3 月 9 日访问。该声明侧重于在承保中使用替代数据对消费者保护的影响，强调了潜在的利益和风险。

和执法部门的专员分享有效做法、实用技巧以及有关新威胁和挑战的信息①。

## （二）英国

作为全球金融科技中心之一，英国的金融科技行业一直走在世界前列，开放、具有前瞻性的金融科技监管体系是英国最突出的竞争优势。受地理位置和人口因素影响，英国并不具备市场优势，为了适应金融发展趋势，它进一步保护金融消费者利益②。

近年来，以英国金融行为监管局（Financial Conduct Authority，FCA）、苏格兰银行（Bank of Scotland）为首的英国金融监管机构始终致力于提升市场完整性、推动金融创新和竞争以及保护金融消费者利益。在新的金融发展背景下，FCA 不断更新法律，向社会公众征求监管意见，公布市场调查报告，以保障金融投资环境的稳定和发展。

**1. 金融科技创新**

金融科技创新能力是金融市场活力的重要基础。为紧跟金融市场发展的潮流，更好地应对市场风险和新兴数字经济带来的挑战，英国各金融监管部门始终关注金融科技领域。2019 年 2 月 14 日，英格兰银行发布了《金融市场基础设施监管报告》（*The Bank of England's Supervision of Financial Market*

① 参见美国金融业监管局网站，https：//www. finra. org/media - center/blog/cybersecurity - five - top - stories - from - finras - 2020 - conference，2020 年 3 月 9 日访问。演讲内容涉及广泛的主题，包括：利用美国国家标准与技术研究院网络安全框架制订强大的计划；公司可以采取预防措施来控制对其系统的访问，保护数据并向承包商和员工进行有关良好做法的教育；监视网络威胁并检测网络事件、攻击和安全漏洞；如何应对网络攻击或安全漏洞并从中恢复，以及监管机构在考试期间看到的内容。

② 英国于2011 年进行了金融监管体制改革，采用了“双峰”监管模式，在该监管体系下，金融科技领域的监管主要由金融行为监管局负责。同时，金融科技公司在银行业、保险业等领域的运营还必须通过英国审慎监管局（Prudential Regulation Authority，PRA）的许可。这种完善的监管体制持续吸引着全球资本在英国投资金融科技企业，为英国金融科技企业的发展壮大提供了政策性扶持和指导，从而形成良性循环。

*Infrastructures - Annual Report*）①，对金融科技进行了重点关注，尤其是以区块链或分布式账本技术为代表的新型支付行为。

2019 年 3 月 9 日，英国上议院通讯委员会发布报告《数字世界监管》②，揭露数字产业的监管现状，并提议新建数字监管专门机构。报告进一步提议监管需采用前瞻性思路，既确保互联网的创新活力，又保障公民的基本数字权利。

2019 年 3 月 13 日，英国政府发布调查报告《解锁数字竞争》③，提议为促进数字经济的发展，尽快更新市场竞争管理条例，修改并购法规。此外，报告要求大公司在不影响隐私的前提下，对外开放关键数据库访问权，并呼吁加强市场反垄断监督。

2019 年 4 月 29 日，FCA 发布分析金融科技创新项目的成果和全球金融创新网络后续行动计划④。FCA 对 5 年来创新项目的发展情况进行分析，着重研究积极的金融创新给市场竞争和消费者利益带来的影响，为评估监管性干预措施对那些不能纯定量分析的领域的影响建立框架，并公布入选后续金融创新网络测试计划的企业和相关监管机构。

2019 年 5 月 29 日，FCA 发布关于推出"跨部门监管沙盒"的征求意见⑤。除了传统金融机构外，类似 Facebook、阿里巴巴等科技公司也开始涉足金融领域。因此，目前的金融市场范围更加宽泛，产品和服务的监管可能同时涉及多个部门，传统的监管模式乃至监管沙盒机制已经无法满足当前新形势下的监管需求，FCA 提出"跨部门监管沙盒"以应对金融跨界融合新

① 参见英格兰银行网站，https：//www. bankofengland. co. uk/news/2019/february/supervision - of - financial - market - infrastructures - annual - report - 2019，2020 年 3 月 11 日访问。

② 参见英国上议院网站，https：//publications. parliament. uk/pa/ld201719/ldselect/ldcomuni/299/299. pdf，2020 年 3 月 11 日访问。

③ 参见英国政府网站，https：//www. gov. uk/government/publications/unlocking - digital - competition - report - of - the - digital - competition - expert - panel，2020 年 3 月 11 日访问。

④ 参见英国金融行为监管局网站，https：//technation. io/news/uk - takes - significant - step - in - legal - certainty - for - smart - contracts - and - cryptocurrencies/，2020 年 3 月 11 日访问。

⑤ 参见英国金融行为监管局网站，https：//www. fca. org. uk/publication/call - for - input/call - for - input - cross - sector - sandbox. pdf，2020 年 3 月 11 日访问。

趋势。

2019 年 10 月 16 日，为应对金融产业对生态环境的影响，FCA 发布《气候变化与绿色金融：意见回复和未来行动》的专题报告①。

2019 年 12 月 17 日，FCA 开放金融数据权工作小组发布了《开放金融中数据保护通知书》，以应对新兴数据领域的权利保护问题，呼吁探索商业模式和激励结构与消费者利益相匹配②。

**2. 金融消费者保护**

衡量现代国家金融监管体系的标准中，对金融消费者的保护是极为重要的指标之一。作为英国金融科技监管领域的主要机构，近年来，FCA 高度重视对金融科技领域消费者的保护，并实施了一系列相应措施。

2019 年 3 月 8 日，FCA 发布《提高金融申诉专员服务的奖金限额》，于同年 4 月 1 日正式生效，主要内容包括：金融消费者在对金融机构提起控诉后，能够获得的赔偿金最高金额从 15 万英镑提升到 35 万英镑③。2019 年 3 月 14 日，FCA 发布了《投资平台市场研究》报告，主要关系到 FCA 随后阶段监管行为中的拟议与立法。其中规定投资者能够在不出售投资产品的前提下将其基金资产在不同平台转移，并不会受到一般限制或面临额外收费。2019 年 4 月 1 日，FCA 发布《关于 P2P 贷款的安全警示》，针对创新性金融个人储蓄账户投资产品的风险进行提示与警告。2019 年 6 月 4 日公布，同

---

① 参见英国金融行为监管局网站，https：//www. fca. org. uk/publication/feedback/fs19 －6. pdf，2020 年 3 月 11 日访问。针对社会反馈意见，FCA 制订近期绿色金融发展行动计划：（1）就全新监管规制展开咨询，改革证券发行人的气候风险要求，阐明现有信息披露义务；（2）确定规则变更，要求独立治理委员会监督和报告公司环境、社会与治理和管理政策以及单独的规制变更；（3）罗列消除有效管理权最主要障碍的措施；（4）阐明绿色发展观念，采取适当措施保障消费者免受非环保企业的误导。

② 参见英国金融行为监管局网站，https：//www. fca. org. uk/publication/call －for －input/call －for －input －open －finance. pdf，2020 年 3 月 11 日访问。通知书中首先对有效消费者数据权进行定义，其次对加强消费者数据保护提供意见。文中重新定义更清晰的消费者“信任”概念，以建立良好的消费生态体系。

③ 参见英国金融行为监管局网站，https：//www. fca. org. uk/publication/policy/ps19 －08. pdf，2020 年 3 月 11 日访问。FCA 表示为应对通货膨胀和更好地保护金融消费者和小企业，未来的处罚金额还将随金融市场发展而增长。

年12月9日起正式生效的全新P2P借贷监管法规在投资者保护方面进行了规定，投资者对P2P贷款的投资最高不得超过其可投资总资产的10%①。此外，自2019年12月9日起，所有P2P平台都必须在产品销售时对投资者进行测试，确定投资者的投资经验与知识满足“成熟投资者”的基本要求②。

2019年7月31日，FCA发布《加密资产指引》报告，有助于保障加密资产领域的金融消费者权益③。报告首先确认FCA的监管范围，强调加密资产处于监管范围之内；其次，要求相关市场主体向市场参与者（多为金融消费者）和其他利益相关者提供被纳入监管的范围，并得到有效监管的加密资产类型；再次，报告进一步明确市场参与者的义务和对消费者利益的保护责任；从次，报告公示了当前不受FCA监管的部分加密资产信息，以警示金融消费者；最后，明确规定FCA对加密资产实施监管的规范标准。

2019年9月28日，FCA发布P2P行业整顿通知，进一步规制P2P借贷产业的不法平台。通知中要求65家P2P贷款平台立即采取行动，清理平台违规行为，以保障借贷方和消费者的利益，否则将面临整顿关停处罚。2019年11月18日，法律科技交付小组（Law Tech Delivery Panel）发布了《加密资产和智能合约法律声明》，提高了加密资产领域消费者权益

① 这样的限制在市场中引发了不少评论，因为如今很多投资者的P2P贷款投资量都远高于这个数字。

② 参见lend academy网站，https：//www. lendacademy. com/fca – announces – new – rules – for – uk – p2p – lending – platforms/，2020年3月9日访问。市场对这一要求的反响非常强烈，并认为这将继续加大P2P平台的获客难度。除上述两点之外，本次新规的其他几项要求也值得市场参与者关注，比如：明确监管部门和管控平台需要提供的平台内容，满足信用风险评估、风险管理和公平估值等业务需求；加强P2P平台清理规划；加强P2P平台市场营销管控，最大规模地降低模糊和虚假宣传；罗列P2P平台需要向投资者提供信息的最低要求。2014年，FCA首次发布了P2P贷款市场监管法规。如今已经过去5年，市场也出现了不小的变化。虽然本次法案中提出了不少更加严苛的要求，但是所有从业者都明白，只有加强监管，才能通过优胜劣汰保证行业的健康持久发展。

③ 参见英国金融行为监管局网站，https：//www. fca. org. uk/publication/policy/ps19 – 22. pdf，2020年3月11日访问。

保护的社会意识[①]。

2019 年 12 月 17 日，FCA 向社会公众发布关于开放金融的征求意见书[②]，旨在探索开放银行带来的机遇和危机，保障金融消费者的最佳利益，明确 FCA 对开放银行的应有监管职能，推动未来经济战略的制定。

## （三）欧盟

欧盟在现有的法律法规框架内不断强化金融科技发展的调适性。

第一，金融科技创新与监管。早在 2018 年 6 月，欧盟委员会为了审查欧盟现有法律法规与当前欧盟范围内金融科技行业发展的适配性，专门成立专家小组，小组在 2019 年 12 月 13 日发表了一篇题为《金融科技监管、创新与融资的三十条建议》（*Final Report of the Expert Group on Regulatory Obstacles to Financial Innovation*：30 *Recommendations on Regulation*，*Innovation and Finance*）的专题报告[③]。

---

① 参见法律科技交付小组网站，https：//technation. io/news/uk – takes – significant – step – in – legal – certainty – for – smart – contracts – and – cryptocurrencies/，2020 年 3 月 11 日访问。该小组是由政府司法部门和业内专家组成的专业组织，旨在推动英国司法系统发展。根据该声明，未来在英国法规监管范围内，加密资产将被认定为可交易财产，而智能合约则将被认定为可强制执行的协议。

② 参见英国金融行为监管局网站，https：//www. fca. org. uk/publication/call – for – input/call – for – input – open – finance. pdf，2020 年 3 月 11 日访问。

③ 报告指出，金融科技是一个不断发展变化的产业，未来欧盟地区监管机构应该继续秉持这一多维、协作监管思路，努力保持高标准的消费者保护、市场完整性和金融体系稳定性。为此，专家小组特别建议在加密资产、金融数据方面采取更加大胆的政策行动，调整现有法规的适用性，紧跟市场发展变化的速度。例如：正面应对新技术（尤其是人工智能技术、分布式账本技术）及其带来的挑战；建立监管框架，确保对产生相同风险的活动采用相同的监管规则，保证市场竞争环境的公平、公正；提高监管完整性，特别是在客户尽职调查（KYC）领域，降低监管分散给公平竞争市场环境带来的威胁；打击大型垂直一体化平台的垄断行为，维持市场创新环境，为消费者提供更多选择；适时调整数据监管规则，合理考虑金融数据与普惠金融发展对消费者的影响。此外，该专家小组还指出，国际合作对于制定金融科技监管标准、增强监管政策互操作性方面同样非常重要。

2019 年 1 月 7 日，欧洲证券市场管理局、欧洲银行管理局以及欧洲保险和职业养老金管理局联合发布了一份金融科技监管主题报告，对迄今为止在欧洲建立的各类推动金融科技发展的机构进行了详细比较①。

6 月 19 日，欧洲银行管理局启动了关于贷款发放和监管指引草案的咨询②。

从 9 月 30 日起，欧洲银行管理局外包指引正式生效。新的外包指引基于欧洲银行业监管委员会 2006 年发布的外包指引（该指引只适用于信贷机构）进行了修订更新，适用范围包括银行、投资公司、支付机构和电子货币机构，旨在为外包活动建立一个更加协调的治理框架。外包指引就上述金融机构在外包活动中的流程及治理框架等做了具体规定，明确了外包活动的范围，对关键或重要功能的外包服务提供商选择、安排和控制提出了更严格的要求。外包指引还明确，金融机构管理部门应确保有足够的资源管理外包活动，外包不得导致金融机构成为只涉及授权而无实质业务的“空壳”。

11 月 28 日，欧洲银行管理局发布有关信息与通信技术（ICT）和安全

① 该报告认为创新促进机构主要分为两类。（1）创新中心：企业就金融科技相关问题向当局提出询问的专门联络点；（2）监管沙盒：允许企业在权威机构授权和监管下进行产品服务测试的机制。目前来看，虽然大多数欧盟成员国都建立了创新中心，但是成立监管沙盒的并不多。丹麦、立陶宛、荷兰和波兰已经明确了自己的监管沙盒机制，挪威、奥地利、西班牙和匈牙利的机制构建工作也正在进行之中。报告也指出，各国本土化的监管模式可能会阻碍金融科技的跨境发展和监管。为此，报告提议建立一个“创新促进者网络”，加强欧盟各国当局在金融科技监管方面的沟通与协调。

② 草案指出，当将技术创新用于信贷发放时，机构应做到以下几点：在风险管理和控制框架中充分体现与正在使用的技术创新相关的风险；管理在信贷决策过程中潜在的偏差，例如，由于使用了依赖于某些类型数据或数据源的技术创新模型等，确保为数据和系统的完整性提供了适当的保障措施；能够解释结果，理解所用技术创新的基础模型，并确保其可追溯性、可审计性、稳健性和弹性；验证并定期监控相关输出，并将其表现与使用传统工具方式进行比较；适当记录并定期审查技术创新的相关过程和模式；确保管理部门理解技术创新是如何应用并影响信贷发放的；确保信贷风险管理职能部门理解并能解释使用中的技术支持的创新行为。

风险管理的最终指南①。该指南是对欧盟委员会 2018 年 3 月发布的《金融科技行动计划》的回应，并将于 2020 年 6 月 30 日生效②。

10 月 14 日，欧洲银行业管理局发布了《年度工作计划（2020）》，本次规划旨在回应欧洲银行业管理局的原定任务以及金融、银行法规中的各类新变化与新问题③。

第二，数字货币与隐私保护。2019 年 11 月 12 日，欧盟正式发布《GDPR 适用地域指南》。其中，很关键的一条是地域适用范围，写入第 3 款。

对于 Libra 和加密货币而言，欧盟当局也制定了反垄断法规，以避免欧盟范围内的数据利益被他国攫取④。2019 年 12 月 17 日，欧洲中央银行发布

---

① 该指南以 2017 年 12 月发布的支付服务操作和安全风险措施指南为基础，明确了对信贷机构、投资公司和支付服务提供商降低和管理其 ICT 与安全风险的相关要求。具体来看，指南要求金融机构建立健全的内部治理和控制框架，包括制定 ICT 战略、履行独立和客观的控制职能、适当地与 ICT 运营流程隔离并设立独立的内部审计职能，以降低 ICT 和安全风险。该指南提醒金融机构，在外包或使用第三方供应商时，应确保风险管理框架规定的风险缓解措施的有效性，并在合同或服务协议中予以规定。此外，指南还要求金融机构维护并更新其业务职能，根据数据的机密性、完整性和可用性对其危险程度进行分类，在此基础上评估与 ICT 相关的操作风险并采取相应措施。

② 《信息与通信技术安全风险管理指南》，原文参见豆丁网，http：//www. docin. com/p－2282513363. html。

③ 参见欧洲银行业管理局网站，https：//eba. europa. eu/eba－publishes－work－programme－for－2020，2020 年 3 月 9 日访问。《年度工作计划（2020）》指出，2020 年欧洲银行业管理局将重点关注以下 6 个领域：（1）支持制订降低风险的一揽子计划和在欧盟实施全球标准；（2）为监督融合和压力测试提供有效的方法和工具；（3）朝着一体化的欧盟数据中心和简化的报告框架迈进；（4）使反洗钱成为欧盟的真正优先事项；（5）促进金融创新和可持续性的健康发展；（6）促进解决问题的业务框架。

④ 2019 年 8 月 21 日彭博社报道，欧盟当局本月早些时候发布调查问卷时表示，担心 Libra 数字货币计划的信息交换与消费者数据使用可能带来竞争限制。因此，欧盟决定对 Libra 及其可能整合的 WhatsApp 与 Facebook Messenger 等应用场景展开反垄断调查。目前，Facebook 方面拒绝对此发表评论。Facebook 曾表示将在 2020 年推出数字货币 Libra，但是如今面临来自全球各国监管机构的质疑。2019 年 8 月 19～25 日，以 Maxine Waters 为代表的美国立法代表团奔赴瑞士，与瑞士联邦数据保护机构就 Libra 问题展开讨论。而此前，英国信息委员会也发布声明，要求提交更多 Libra 项目的信息，公布 Libra 成员网络之间的数据共享模式。Facebook 也表示，在没有获得监管支持的情况下不会上线 Libra 项目。

《探索央行的数字匿名性可行性报告》①，这一报告概述了匿名央行数字货币的概念以及相关逻辑证明，并试图在欧洲范围内的数字货币上将隐私与合规结合起来②。2019 年 11 月 5 日，一份欧盟文件草案称欧洲中央银行应考虑发行一种公共数字货币，目前草案未公布，但欧盟央行发行加密货币应当成为未来趋势③。

第三，新技术与现行法律关系。对于人工智能等新兴技术，欧盟也在积极推动相关技术和道德准则。2019 年 4 月 8 日，欧盟委员会人工智能问题高级别专家小组对外公布了 7 项标准的"可信任人工智能技术道德准则"，共涉及：①人力资源和监督；②技术稳健性和安全性；③隐私和数据治理；④数据、系统和 AI 业务模型的透明性；⑤多样性、不歧视和公平；⑥社会和环境福祉；⑦问责制④。

---

① 据悉，该计划是通过分布式账本技术平台 Corda 开发的，并建立在该技术的概念证明基础上。而这一 PoC 项目的核心，是允许进行小额交易的用户使用匿名票券，因此无须透露他们的身份，而更大额的交易，则需要进行 AML/CFT 检查。

② 参见欧洲中央银行网站，https：//www. ecb. europa. eu/paym/intro/publications/pdf/ecb. mipinfocus191217. en. pdf？3824c3f26ad2f928ceea370393cce785，2020 年 3 月 9 日访问。

③ 路透社："*Alarmed by Libra*，*EU to Look into Issuing Public Digital Currency*：*Draft*，" https：//www. reuters. com/article/us – eu – cryptocurrency – regulations/alarmed – by – libra – eu – to – look – into – issuing – public – digital – currency – draft – idUSKBN1XF1VC，2020 年 3 月 18 日访问。

④ 参见欧盟委员会网站，https：//ec. europa. eu/digital – single – market/en/news/ethics – guidelines – trustworthy – ai，2020 年 3 月 9 日访问。（1）人力资源和监督：人工智能系统应该赋予人类权力，使他们能够做出明智的决定并培养他们的基本权利。同时，需要确保适当的监督机制。（2）技术稳健性和安全性：AI 系统需要具有弹性和安全性。确保在出现问题时采取后备计划，同时保证准确性、可靠性和可重复性。这是确保风险最小化和防止无意伤害的唯一方法。（3）隐私和数据治理：除了确保充分尊重隐私和日期保护之外，还必须确保适当的数据治理机制，同时考虑到数据的质量和完整性，并确保合法访问数据。（4）数据、系统和 AI 业务模型的透明性。可追溯性机制有助于实现这一目标。此外，应以适合利益相关方的方式解释人工智能系统及其决定。人类需要意识到他们正在与 AI 系统进行交互，并且必须了解系统的功能和限制。（5）多样性、不歧视和公平：必须避免不公平的偏见，因为它可能会产生多重负面影响，比如弱势群体的边缘化，以及偏见和歧视的加剧。人工智能系统应该是所有人都可以访问的，并且在整个生命周期都涉及利益相关者。（6）社会和环境福祉：人工智能系统应该使所有人受益，包括后代。因此必须确保它们是可持续的和环境友好的。此外，应该考虑到环境，包括其他生物，应该认真考虑它们的社会影响。（7）问责制：应建立机制，确保人工智能系统及其结果的责任。

1. 德国

（1）数字货币与区块链技术。德国积极推动区块链的发展，并在法律和监管上为区块链等技术的落地应用打开政策窗口。2019 年 1 月，德国政府公开征求区块链技术意见，并于 2019 年 9 月 18 日正式发布全新的区块链发展战略，以期借助新兴区块链技术，进一步巩固德国金融科技在世界的重要地位，并着重加强落实该技术在商业、公共行政管理方面的应用。此外，德国政府表示将加强区域性、国际性合作，确保区块链技术在应用于金融科技的同时，不侵犯国家主权或金融消费者的合法权益，也避免此类新的数字支付底层技术对官方货币的地位产生威胁①。2019 年 12 月 3 日，德国证券交易所发布新闻稿称，与金融科技企业 HQLAX② 联合推出基于分布式账本技术的证券借贷市场抵押品互换解决方案，并已应用于瑞银集团与德国商业银行和瑞士信贷间的真实交易③。

同时，德国对数字货币等数字资产也做了相关界定。2019 年 3 月 1 日，德国联邦金融监管局公布了对数字货币等数字资产的监管指南，明确将包括虚拟货币在内的各种数字资产归类为金融工具④。

（2）科技监管。2019 年 5 月 9 日，德国议会宣布通过修订版的众筹投

① 《德国国家区块链战略》中文译文，载比特万象，2019 年 11 月 7 日，http：//www.bitmixc. com/information/bw/24529. html。

② 据悉，HQLAX 专门为全球证券借贷和回购市场中的机构客户提供流动性管理和抵押品管理解决方案，并已与瑞银集团、德国商业银行、瑞士信贷、花旗、高盛、荷兰国际集团等逾 15 家市场参与者开展不同阶段的合作。同时，除明讯银行和欧洲清算银行外，HQLAX 正在引入摩根大通作为第三方托管代理。

③ 其中，瑞银集团和瑞士信贷开展了跨托管人的债券互换交易，用托管在明讯银行的一揽子公司债券交换了托管在欧洲清算银行的一揽子德国政府债券。该交易仅将债券所有权变更记录在基于 R3 联盟区块链平台 Corda Enterprise 上，而无须将证券在托管人之间进行实物转移。

④ 根据该金融监管机构的说法，虚拟货币是“价值的一种数字表示形式，没有任何中央银行或公共机构发行或为其担保，其与法定的货币挂钩不具有必然性，由此可以认为其不具有货币的法律地位。但被自然人或法人视为交换媒介，可以通过电子方式进行传输，存储和交易”。该监管机构还澄清，包括金融行动特别工作组在内的多个实体对数字货币的定义是重叠的，这构成了其分类的基础。

资监管框架文件[①]。对于德国众筹行业而言，这是一个重要的利好信息，相关行业也对本次新规表明了积极态度。但该文件也存在一定的局限性，比如众筹豁免仍然不适用于股权融资，同时注册为有限责任公司形式的德国企业也在政策福利覆盖范围之外[②]。

2. 法国

（1）互联网企业监管。2019 年 4 月，法国国民议会通过了对谷歌、亚马逊等大型互联网企业征收数字税的提案，这一改革可能会影响到欧洲其他国家的互联网企业监管。同月，“企业复兴与转型行动计划”也获得国民议会通过。这项法案旨在刺激当地商业的发展，包括将储蓄从个人转移到企业[③]。

（2）数字货币监管。在数字货币监管方面，法国与德国保持了一致步调，同时积极发展法国央行的数字货币。2019 年 7 月 19 日，法国财政部长在七国集团财长和央行行长会议上表示，Facebook 等大型科技巨头涉足数字货币领域的现象可能会带来巨大的金融和网络风险。会议也建议对数字货币领域采取严格的监管措施，并同意对大型科技公司征收数字税。2019 年 9 月 13 日，欧元区财长会议于赫尔辛基召开，德、法两国联合发表了关于 Libra 加密数字货币的声明，表示 Libra 项目目前可能无法对其可能产生的金

① 根据新规，众筹招股说明书豁免的筹款限额从 250 万欧元提高到 600 万欧元；分红权将被纳入许可的投资工具范围；众筹豁免可以每 12 个月使用一次，而不是一个项目周期只能使用一次；每个投资者每年的个人投资限额从 10000 欧元提高到 25000 欧元，不仅是投资资产，证券同样适用；通过特殊控股公司投资的投资者，投资总额可以超过 25000 欧元的限额。未发行和已经偿还的投资不计入招股说明书的要求。之前，招股说明书的门槛取决于发行规模。

② https：//www. crowdfundinsider. com/2019/05/147418 - new - german - crowdfunding - regulation - major - enhancements - a - few - regrets/，2020 年 3 月 9 日访问。有限责任公司是德国创业公司最常选择的模式。德国众筹协会的会员覆盖了德国众筹投资市场近 85% 的市场份额。该协会担心，按照目前的发展速度，德国可能无法赶上国际发展的速度，而初创公司和高增长公司的融资则可能因此流向允许进行股权融资的邻国。

③ 据报道，该法案允许法国的保险公司投资比特币等数字货币，且不限制投资金额。根据 FXStreet 的说法，该法案的双重规定使保险公司能够通过专业基金对数字货币进行投资，并允许它们提供与数字货币有关的寿险保单。新措施还将对专业的资本投资基金产生影响。

融风险提供合理解释，并制定相应的解决措施，因此需要将发行货币的权力收归主权国家政府，严禁任何私营实体机构参与。会议还重申，两国将在金融安全、投资者保护、反洗钱与反恐怖主义融资、数据保护等加密货币及所谓“稳定币”项目方面加强合作。2019 年 12 月 4 日，在法国审慎监督管理局（French Prudential Supervision and Resolution Authority，ACPR）举办的会议上，法国央行行长维勒鲁瓦表示：法国央行很快将测试数字货币，并“在 2020 年第一季度末呼吁出台相关项目”①。

3. 荷兰

荷兰目前金融科技监管的整体情况与欧盟其他国家类似，监管领域的金融科技仍是重点，同时加强与周边国家的监管合作，并与具体的金融科技平台保持密切联系，在充分交流意见与诉求的基础上建立合作共赢的监管体系。

加密货币为荷兰金融科技监管领域 2019 年度的热点问题。2019 年 1 月，荷兰金融市场管理局（AFM）和荷兰央行相继向荷兰财长建议将许可制度引入加密货币服务市场，以强化监管与金融消费者保护②。2019 年 3 月，荷兰数据保护局（DDPA）发布了旨在规范数据领域执法细则的《通用数据保护条例》的罚款规则③。2019 年 5 月，荷兰税务机关关停了涉及隐藏和模糊加密货币交易来源的加密货币交易网站

---

① 维勒鲁瓦称，法国致力于数字货币创新。不过，他同时告诫法国需要以“严肃、有条理的”方式试验此项新技术。此前，法国经济和财政部长勒梅尔在欧盟议会上呼吁建立“公共数字货币”。勒梅尔曾表示反对 Facebook 的天秤座项目，称如果该项目对货币政策造成了潜在威胁，法国应当阻止该项目进行。

② 参见荷兰央行网站，https：//www. ccn. com/dutch – central – banks – onerous – rules – put – crypto – players – in – crosshairs/，2020 年 3 月 9 日访问。

③《通用数据保护条例》规定，对违规企业的最高罚款额为其全球收入的 4% 或 2000 万欧元。而细则对罚款金额进行分类并提供了示例。如果企业违规面临的最高罚款额为 1000 万欧元，但企业违规程度没有达到最高限，则会面临以下四类罚款：第一类罚款为 0 ~ 20 万欧元，第二类为 12 万 ~ 50 万欧元，第三类为 30 万 ~ 75 万欧元，第四类为 45 万 ~ 100 万欧元。分类考虑的因素包括受影响的人数、侵权时长、公司的应急反应速度以及所涉及的数据类型。参见 https：//autoriteitpersoonsgegevens. nl/sites/default/files/atoms/files/stcrt – 2019 – 14586. pdf。

Bestmixer. io。

荷兰监管部门注重与周边国家和金融平台的交流与合作。2019 年 6 月，英国金融行为监管局和荷兰金融市场管理局在伦敦签署了合作协议，宣布两国机构将在金融科技监管领域加强合作，共同促进区域性金融科技市场规范发展①。2019 年 9 月 3 日，依据欧盟反洗钱指引文件（第五版）和荷兰国内监管条例规定，荷兰央行公布了一系列加密货币监管最新政策，并于 2020 年 1 月 10 日正式对加密货币服务相关企业展开更为严格的监管。具体政策要求包括，所有提供加密货币与法币兑换、交易以及加密货币钱包服务的金融科技平台必须在 2020 年 1 月 10 日前注册，平台董事和股东随后还需要向央行证明其具备符合要求的反洗钱与反恐怖主义融资能力，并接受央行的评估测试。

**4. 意大利**

意大利监管机构 2019 年针对国内金融科技市场进行了更加审慎、严格的监管，并辅以各项配套措施，以从源头对各项数据领域的风险进行防范。2019 年 12 月 23 日，意大利政府宣布开始征收数字税。征收对象为全球收入超过 7. 5 亿美元，且来自意大利市场的收入不少于 550 万欧元（约合 600 万美元）的企业，税率为其数字产品收益的 3%。

意大利对违反《通用数据保护条例》的电信公司罚款 2780 万欧元，因其涉嫌违法电话营销。由于多项非法的数据处理行为，意大利数据保护机构对 TIM（一家以“意大利电信”名义运营的意大利电信公司）处以总计 2780 万欧元的罚款②。在意大利金融警察局的支持下，意大利数据保护机构还对“意大利电信”开展了复杂的调查，并发现了数起严重违反个人数据

---

① https：//www. fca. org. uk/news/press - releases/financial - conduct - authority - and - dutch - authority - financial - markets - afm - agree - closer - partnership.

② 侵权涉及数以百万计的人。从 2017 年 1 月到 2019 年初，意大利数据保护机构收到了数百起有关 TIM 的投诉，尤其是未经客户同意就主动拨打营销电话，甚至是在客户已经在选择退出的名单上进行了注册或已经明确拒绝接听此类营销电话时，该公司仍然进行电话营销。投诉中还提到了关于奖品竞赛和 TIM 提交给用户的有关表格中存在不公平的处理做法。

保护法规的行为[①]。除了罚款外，意大利数据保护机构还对“意大利电信”实施了20项纠正措施[②]。

## （四）日本

### 1. 金融科技与数字货币监管

多年来，日本的中央银行日本银行（Bank of Japan）致力于数字货币项目的研究，以顺应全球数字货币研究的大趋势。日本银行在详细分析的基础上，于2月18日发布数字货币（CBDC）专题研究报告，对数字货币进行了详细的分析[③]。与世界发达国家央行的政策类似，日本银行未有发行数字货币以取代纸币的计划，但仍然需要针对此类数字货币展开研究，实现对支

① 事实证明，TIM对其正在进行的行为的基本特性不够熟悉，并且公司普遍不遵守问责制。在6个月的时间里，数以百万计的营销电话中有很多被打给了“非客户”。意大利数据保护机构可以确定，TIM所依赖的呼叫中心运营商在没有取得任何同意的情况下联系了数据对象。在一个案例中，一个人在一个月内被联系了155次。在大约20万个案例中，“名单外”的号码，也就是不包括在TIM营销列表中的号码被拨打。同时被发现的还有其他类型的非法行为，如TIM未能监督某些呼叫中心的活动或未能正确管理和更新其黑名单（列出不希望接收市场营销电话的个人）。针对客户的某些应用程序提供了不准确、不清晰的数据处理信息，并且获得客户同意的安排也不够充分。在某些需要填写纸质表格的情况下，往往一份同意书会被用于多种不同的目的，其中包括同意营销。数据泄露管理系统也被证明是无效的，并且没有适当的措施和管理系统来处理个人数据，这在设计上不符合隐私要求。TIM的黑名单被发现与承包商呼叫中心的黑名单不一致，二者关于“口头订单”即电话合同的记录也不一致。TIM以网络提供商的身份持有其他电话运营商的客户号码，这些号码被存储的时间超过了法律允许的期限，且未经客户同意就用于营销活动。

② 特别值得一提的是，意大利数据保护机构禁止TIM出于营销目的，使用那些在呼叫中心联系时拒绝接听营销电话的用户、黑名单中的用户以及没有同意接听的“非客户”的数据。未经用户自由、明确的同意，TIM公司不得再将通过“MyTim”、“TimPersonal”和“TimSmartKid”App收集的客户数据用于提供相关服务以外的目的。意大利数据保护机构发布的命令包括TIM有义务检查其黑名单的一致性，并及时获取呼叫中心汇总的黑名单，以便更新自己的黑名单。TIM将不得不重新考虑“TimParty”计划，使客户在无须同意营销活动的情况下即可参与折扣计划和有奖竞赛。TIM还需要检查App的激活程序；必须以清晰易懂的语言，详细说明其所进行的活动，以及有关的目的和处理机制，并取得有效同意。TIM须就资料当事人的合法要求实施技术及组织措施，并加强措施确保各自系统中处理的个人数据的质量并及时更新。TIM的措施和执行方案安排必须到位，并根据特定时间表通知意大利数据保护机构，同时罚款必须在30天内支付。

③ 日本银行：《数字创新、数字革命以及央行数字货币》，2019年2月18日。

付效率、流动性危机以及货币传输机制等影响因素的深层理解与监管①。

面对日益增长的数字货币交易，日本金融厅（FSA）于2019年4月16日下令，要求加密交易所加强内部监督②。具体的监督对象可能为数字货币存储设施，如“冷钱包”③。

日本虚拟货币商业协会（JCBA）④ 也于2019年3月8日发布《关于新ICO监管的建议》，以促进国内区块链和加密货币相关业务发展⑤。

但是在2019年东京召开的一次会议上，日本央行副行长雨宫正佳却表示，该机构尚未做好准备立刻推出央行数字货币，因为还有许多问题亟待解决，如数字货币对国家货币政策的影响，以及确保高标准安全措施的影响等。同时雨宫正佳也指出，对于各国央行来说，继续研究数字货币非常必要⑥。

5月21日，为应对信息通信技术发展带来的金融交易多样化，日本众议

① 日本银行网站，https：//www. boj. or. jp/en/research/wps_ rev/wps_ 2019/data/wp19e02. pdf，2020年3月9日访问。

② 路透社网站，https：//www. reuters. com/article/us - japan - cryptocurency/japan - to - require - crypto - exchanges - to - bolster - internal - oversight - source - idUSKCN1RS0YO，2020年3月9日访问。

③ 继交易所出现一系列安全漏洞之后，FSA开始限制使用安全性较低的“热钱包”（将虚拟货币存储在直接连接到互联网的平台上），并要求各交易所转而采用“冷钱包”（没有连接到互联网的存储设备）。2017年，日本成为首个在国家层面对加密货币进行监督的国家。虽然日本对借力金融科技推动经济增长寄予了很大希望，但随之而来的风险也不容小视。据统计，仅2018年一年，黑客就从东京的各家加密货币交易所盗走了价值5.3亿美元的数字货币。

④ JCBA是获得日本金融厅认可的虚拟货币行业自治协会，旨在联合行业中的参与者共同促进虚拟货币行业健康有序发展。

⑤ 日本虚拟货币商业协会网站，https：//cryptocurrency - association. org/news/main - info/20190308 - 001/，2020年3月9日访问。JCBA目前针对有关ICO监管的建议主要集中在三个方面：日本国内的交易所中加密货币的扩张、对实用性令牌及证券类令牌的定义、相关监管规定。这项拟议的法规建议将证券类令牌及实用性令牌进行区分，使前者可以受到《金融商品交易法》的约束。

⑥ https：//www. crowdfundinsider. com/2020/02/157014 - cbdc - bank - of - japans - deputy - governor - masayoshi - amamiya - confirms - reserve - bank - has - no - immediate - plans - to - launch - its - own - virtual - currency/，2020年3月9日访问。国际结算系统的技术创新可能会推动消费者需求增加，央行机构必须为可能到来的更加复杂、快速变化的环境做好准备。雨宫正佳还表示，如果央行机构使用自己的数字货币，货币政策影响利率、资产价格和银行发行贷款能力的方式不会发生太大变化。一些美国学者认为，数字货币可 （转下页注）

院通过了《为应对信息通信技术发展资金决算部分修正法案》，围绕新兴的数字货币与区块链技术进行具体规定。主要进行了三点内容修订：①统一数字货币国内称呼为“暗号资产”；②完善数字货币非法流出时的相关保护措施；③通过《资金决算法》与《金融商品交易法》修正案。本次修正案正式将ICO纳入监管机构的视野之中，也重申了不禁止ICO的基本立场[①]。

9月3日，日本金融厅针对虚拟货币投资大额损失案件展开调查，将产业发展现状与问题总结于相关监管文件中，发布《虚拟货币交易服务行政管理流程指南》最终版本的修订意见，并将ICO纳入监管范围，以更好地保护投资者的权益[②]。

**2. 金融科技与隐私保护**

日本积极应对金融科技新兴技术带来的一系列国际合作问题，于2019年3月20日颁布针对“关于加入国际货币基金组织和国际复兴开发银行措施”相关法案的修正案[③]。2019年4月，日本政府开始对是否允许用户划定企业可使用的个人数据范围进行细化规定。例如，客户可以限制金融科技平台使用他们的个人数据接收直接邮件，或者收回他们之前同意提供的个人数据信息[④]。2019年10月28日，日本金融厅发布了一份金融网络安全专题报告，总结了2018年度整个日本金融领域网络安全方面的现状和常见问题[⑤]。那些通过人工智能分析用户信用服务、购买历史数据进行消费需求分析的企业，会受到较大影响。

---

（接上页注⑥）能使中央银行更容易对客户存款采取负利率举措，雨宫正佳认为这是“值得研究的”。

① 该法案为日本金融厅拟备，将于6月7日正式公布。参见日本众议院网站，http：//www.shugiin.go.jp/internet/itdb_ gian.nsf/html/gian/keika/1DCC01E.htm。

② 日本金融厅网站，https：//www.fsa.go.jp，2020年3月16日访问。

③ 日本众议院网站，http：//www.shugiin.go.jp/internet/itdb_ gian.nsf/html/gian/keika/1DCB606.htm。

④ 据了解，这也将成为日本在2020年对国家数据保护法进行修订的一个重要讨论点。根据现行法律，当平台通过不正当的手段获取个人信息，或者将数据用于原始用途之外时，用户有权利阻止平台使用其个人信息。

⑤ 日本金融厅网站，https：//www.fsa.go.jp/en/news/2019/20191028－5.html，2020年3月9日访问。

在数据保护方面，2020 年 3 月 10 日，《个人信息保护法（修正案）》获得日本内阁批准，并将在 3 月后递交议会，预计于次年生效。本次修正案从个人数据范围、数据的提供与披露等方面对数据主体的权利进行扩大，通过扩大企业责任、促进企业自我完善提升数据安全，并引入数据使用、推广的新概念与新规定，同时对全球化趋势下的部分问题进行具体规定。

## （五）俄罗斯

俄罗斯对于加密货币的监管较为重视，但是目前针对加密资产的监管范围存在争议，因此相关立法进程被推迟。2020 年将进一步对加密货币进行研究，并推动监管法案的审议与颁布。总体上俄罗斯对金融科技领域的诸多热点问题持审慎态度，各项工作迟于西欧国家，但仍在不断被提上日程，以求构建更为完善、安全的监管体系。

2019 年 5 月，俄罗斯出于防范风险、稳定经济、科学立法等多种原因，推迟了本国关于加密货币监管的立法程序，但相关的研究工作仍在进行。由于立法程序被暂时搁置，俄罗斯反洗钱金融行动特别工作组（FATF）出于工作需要，对俄罗斯立法机构提出要求，命令其必须在原有的加密资产监管范围内进行一定程度的扩展，如需要明确“加密货币”和“比特币”等数字货币和数字资产行业相关术语的法律地位①。此前，俄罗斯《数字金融资产法案》于 2018 年 5 月经俄罗斯议会审议通过。但这部俄罗斯的加密资产监管法案由于缺乏对相关术语和概念，如加密挖矿、加密货币和代币等的详细解释，被发回立法机构重新审议和调整②。

2019 年 11 月，在金砖国家论坛上，俄罗斯直接投资基金（RDIF）总干事 Dmitriev 表达了与其他金砖国家一同开发单一支付交易系统的愿

① 据当地新闻媒体塔斯社报道，目前俄罗斯已经针对这一问题延迟了加密资产的立法进程，并对现有立法文件进行再次审议。

② 俄罗斯国家杜马金融市场委员会主席透露，立法者试图根据俄罗斯中央银行的“特定地位”，在法案中避免使用某些术语。此外他还表示，俄罗斯也许会在《数字金融资产法案》中包含必要的术语，或将其写入单独的法律草案中。

望，讨论了发行加密货币“BRICS”，并运用其进行交易的可能性。2020年2月，俄罗斯中央银行完成了首个监管沙盒试点计划，可用于发行数字代币①。

### （六）新加坡

#### 1. 金融科技监管

新加坡致力于为金融科技打开新的市场，不断通过发放金融牌照以及设置监管沙盒等形式刺激金融市场的活力，更重要的是，金融科技要在满足投资者风险需求的基础上发展，风险也必须处于可控的监管条件下。2019年6月28日，新加坡金融管理局（Monetary Authority of Singapore，MAS）成立技术组，宣布将发行两张数字全银行（DFB）牌照和三张数字批发银行（DWB）牌照，对MAS现有互联网银行框架下的数字银行进行补充②。2019年8月，新加坡金融管理局推出快速监管沙盒（Sandbox Express），使打算接受MAS监管的公司能够在其下创建应用程序，于预定范围内快速尝试创新，而不必通过现有的沙盒应用程序，进而在新加坡和国外市场上检验有前途的创新，并使其有更好的机会被广泛采用③。2019年11月29日，新加坡金融管理局发布了一份咨询文件，提议允许支付代币衍生物在批准的交易所进行交易，并根据《证券和期货法》规范交易活动④。

---

① https：//www. crowdfundinsider. com/2020/02/157569 - central - bank - of - russia - announces - digital - asset - framework - regulatory - sandbox - pilot/.

② 新加坡金融管理局网站，https：//www. mas. gov. sg/regulation/Banking/digital - bank - licence，2020年3月9日访问。数字银行许可证将允许包括非银行参与者在内的实体在新加坡开展数字银行业务。这些新的数字银行牌照掀开了新加坡银行业自由化进程的新篇章，并确保新加坡银行业继续保持活力。

③ 新加坡金融管理局网站，https：//www. mas. gov. sg/ - /media/MAS/Smart - Financial - Centre/Sandbox - Express/Sandbox - Express - Guidelines - 7 - Aug. pdf? la = en&hash = E7917E9851BBE097AB7E889D64591FA340CC483C，2020年3月9日访问。

④ 新加坡金融管理局网站，https：//www. mas. gov. sg/news/media - releases/2019/mas - consults - on - proposed - changes - to - regulate - payment - token - derivatives - traded - on - approved - exchanges，2020年3月9日访问。

**2. 数字货币与金融消费者保护**

在数字货币等领域，新加坡通过法规指南等形式强调了税收和金融消费者保护。2019 年 7 月 5 日，新加坡税务局（Inland Revenue Authority of Singapore，IRAS）发布《IRAS 电子税收指南（草案）》（*IRAS e－Tax Guide*），拟对加密数字货币进行征税。该电子税收指南列出了涉及数字令牌或加密货币的交易的 GST 待遇，并于 2020 年 1 月 1 日起生效①。2019 年 7 月 31 日，新加坡金融管理局对欺诈网站诱骗比特币投资行为进行警告，提醒公众应格外小心，并避免在网站链接的表格上提供任何财务或个人信息。任何怀疑投资可能被欺诈或被滥用于其他非法活动的人，应向警方举报②。

新加坡也在加强与中国等金融科技发展大国的国际监管合作。2019 年 10 月 21 日，新加坡金融管理局与中国银行保险监督管理委员会签署了谅解备忘录，以加强监管合作③。

2020 年 1 月 28 日，新加坡《支付服务法》（*Payment Services Act*）正式生效。新的法案将改善新加坡支付服务的监管框架，加强对消费者的保护，并增强人们对使用电子支付的信心④。

## （七）印度

印度储备银行是印度金融科技监管领域的主要负责部门。2019 年 1 月，印度储备银行发布了名为《新零售支付系统授权》（*Authorisation of New Retail Payment Systems*）的政策文件，并邀请公众对此发表评论。

---

① 新加坡税务局网站，https：//www. iras. gov. sg/irashome/uploadedFiles/IRASHome/GST/Draft%20e－Tax%20Guide%20_ GST_ Digital%20Payment%20Tokens. pdf，2020 年 3 月 9 日访问。

② 新加坡金融管理局网站，https：//www. mas. gov. sg/news/media－releases/2019/warning－on－fraudulent－website－soliciting－bitcoin－investments，2020 年 3 月 9 日访问。

③ 新加坡金融管理局网站，https：//www. mas. gov. sg/news/media－releases/2019/mas－and－cbirc－enhance－supervisory－cooperation－and－cross－border－regulatory－oversight，2020 年 3 月 9 日访问。

④ 新加坡金融管理局网站，https：//www. mas. gov. sg/news/speeches/2019/payment－services－bill，2020 年 3 月 9 日访问。

2019 年 9 月，印度储备银行正式发布《零售支付系统授权详细指南》，包括印度的非银行金融公司在内的许多支付服务商将有机会获得执照许可。

2019 年 8 月，印度储备银行发布了《监管沙盒授权框架》（*Enabling Framework for Regulatory Sandbox*），宣告印度的监管沙盒机制正式启动。2019 年 11 月 4 日，其宣布开放首批金融监管沙盒申请。2019 年 9 月 16 日，印度储备银行向多家商业银行与非银金融机构致函，要求其停止向未受监管的实体提供信用机构持有的消费者数据①。2019 年 12 月 5 日，印度储备银行发布公告称，为推动 P2P 行业发展，未来将允许资金出借方的投资总额提高到 500 万卢比②。

为推动印度金融科技产业发展，支持 P2P 行业市场化发展，印度政府成立了一个专门的金融科技指导委员会，该委员会由印度前经济部长加格领导，重点关注如何通过金融科技增加中小微企业获得普惠金融服务的机会。委员会认为，应该允许微型单位发展与融资局（Micro Units Development and Refinance Agency，MUDRA）通过 P2P 平台向中小微企业

---

① 印度经济时报网站，https：//economictimes. indiatimes. com/small - biz/startups/newsbuzz/apex - bank - restricts - access - to - credit - data - of - consumers/articleshow/71194383. cms，2020 年 3 月 9 日访问。按照印度现行《信用信息企业监管法案》（*Credit Information Companies Regulation Act*），商业银行和非银金融机构需要向 4 家信用机构报告每一笔贷款情况，并实时更新借款人的还款情况，帮助贷款机构了解用户并做出后续贷款决策。根据法案要求，商业银行与非银借贷机构应该对上述消费者数据履行保密职责。然而，随着金融科技市场的不断发展，不少银行开始与金融科技机构合作，允许后者在无须征得用户同意的情况下直接从信用信息公司访问用户数据。这种商业模式已经存在了好几年，涉及在线市场、IT 公司、分析公司和机构代理商等多种机构。在近日对某些银行的年度审计中，这种行业“通行做法”被正式曝光。印度储备银行认为，此举违反了《信用信息企业监管法案》，并要求涉事机构在 15 天内向其报告整改措施，并尽快完成数据分享模式调整。市场普遍认为，印度储备银行的本次整改将对数十家依靠此类信息进行客户评估的金融科技初创企业造成实质性打击。不过也有分析人士指出，这或许能够推动印度金融科技初创企业的规范化进程。目前，不少初创企业已经放弃了纯粹的在线贷款中介模式，并开始申请非银金融机构贷款许可证，MoneyTap 就是其中一家。

② https：//www. rbi. org. in/Scripts/NotificationUser. aspx？Id = 11764&Mode = 0，2020 年 3 月 9 日访问。

提供贷款支持[①]。2019 年 11 月，印度电子和信息技术部部长 Sanjay Dhotre 表示，印度政府正在制定区块链国家战略，但加密货币暂时不在考虑范围内。

在打击金融科技违法犯罪方面，印度的执法机关建立了专门的技术部门。2019 年 2 月，印度内政部下属的网络犯罪协调中心成立了国家网络法医实验室[②]。同月，印度最高法院也下令要求政府必须在四周内制定数字货币相关监管规则，否则将直接介入相关领域，促使印度政府加快了该领域监管规则的制定工作[③]。

### 案例：印度关于集体数据平台的实验[④]

印度在集体数据平台上进行了一次试验。FarmerZone 是一个基于云计算的开源农业数据集合平台，旨在改善小农户的生活。通过汇集有关天气预报、疾病和虫害监测与控制、土壤营养、灌溉需要、种子选择、信贷联系和市场准入等方面的数据，帮助农民更好地规划作物种植、提高产量，并确保这些数据用于满足集体利益。根据设想，FarmerZone 将满足农民的所有需求——从应对气候变化到获取市场信息。

---

① 李雷：《印度金融科技指导委员会支持 P2P 行业市场化发展》，中国金融观察网，https：//www. chinaesm. com/jinrong/2019/0910/107099. html，2020 年 3 月 9 日访问。该委员会向印度财政部提议，应该推动印度 P2P 借贷平台模式改革，向更加市场化的方向迈进。根据印度现有法规要求，中小微企业不能参与 P2P 借贷。此外，该委员会建议采用多种方式的客户尽职调查方式，比如视频、经过验证的电子文档等，允许服务提供商在征得用户同意的情况下提高验证速度。最后，委员会建议对预付费工具（PPI）系统进行改革，上调 10 万卢比的上限要求。目前，PPI 账户中的最高未偿还额度为 10 万卢比。

② https：//www. crowdfundinsider. com/2019/02/144722 – india – opens – new – comprehensive – cyber – safety – centre – and – lab/，2020 年 3 月 9 日访问。

③ https：//inc42. com/buzz/supreme – court – gives – centre – 4 – weeks – to – bring – in – cryptocurrency – policy/，2020 年 3 月 9 日访问。

④ 联合国贸易与发展会议：《数字经济报告 2019》，2019 年 9 月 4 日，第 133 页。

## （八）澳大利亚

澳大利亚多年来始终关注金融科技领域的发展，致力于研究相匹配的创新型监管战略，以应对金融科技和数字经济带来的一系列监管挑战。

目前，多项前沿技术被澳大利亚运用于监管实践，以提升监管效率。2019 年 3 月 18 日，澳大利亚正式发布了本国的国家区块链战略与路线图。该国工业、科学和技术部部长 Karen Andrews 与贸易、旅游和投资部部长 Simon Birmingham 共同表示，新的政策路线图旨在促进澳大利亚在区块链技术运用领域成为全球领导者①。2019 年 4 月 9 日，澳大利亚证券与投资委员会（Australian Securities & Investments Commission，ASIC）决定，为应对金融行业存在的收费不透明、监管不到位等问题，加大人工智能投入，采用自然语言处理技术等 AI 技术加强合规监管②。2019 年 7 月，澳大利亚政府颁布了《2019 年财政法修正案》。按照新规，ASIC 将在监管沙盒运作方面拥有更大的灵活性，比如提供更长的测试时限，或覆盖更多产品和服务种类等③。2019 年 9 月 11 日，澳大利亚参议院宣布成立“金融科技和监管科技专员委员会”（Select Committee on Financial Technology and Regulatory Technology），以进一步研究金融科技和监管科技的发展状况④。2019 年 10 月 23 日，该专委会根据社会反馈撰写了一份问题文件报告，明确了未来提高澳大利亚金融科技与监管科技竞争力的五个主题方向：资金与成本、税收

---

① 该路线图将同时覆盖监管、能力建设、创新、投资以及国际竞争力和合作等多个领域。

② ASIC 是一个独立政府部门，依法独立对公司、投资行为、金融产品和服务行使监管职能。该部门针对金融领域的各类不端行为进行了专门调查，结果显示金融行业确实存在问题，但需要监管审查的范围过大，人工调查恐怕难以负担，需要引入 AI 技术。具体而言，就是运用“语言匹配”（phrase - matching）技术发现金融交易中的不当行为。

③ 2016 年 12 月，ASIC 首次提出监管沙盒机制。此后 ASIC 不仅自己创建了沙盒机制，同时成为全球金融创新网络小组的成员之一，致力于打造全球化的创新监管环境。

④ 委员会重点关注以下几个方面：（1）金融科技与监管科技为澳大利亚消费者和商业带来的机会规模和范围；（2）金融领域采用新技术的障碍；（3）金融科技便利化改革的进展以及可比全球制度的基准；（4）监管科技的现行做法以及监管科技行业加强合规性同时降低成本的机会；（5）当前举措在为金融科技和监管科技初创企业营造良好环境方面的有效性。

政策、技术与人才、文化氛围、监管法规。

金融消费者的数字权利保护是数字经济时代的热点问题。2019 年 8 月 2 日，澳大利亚政府通过了一项消费者数据权利法案。根据该法案，消费者将在与第三方金融科技平台或数字银行分享个人数据方面拥有更多自由①。2019 年 10 月中旬，澳大利亚信息专员办公室（Office of the Information Commissioner）开始对相关企业就《消费者数据权利法》征求意见。政府表示颁布《消费者数据权利法》是为了赋予澳大利亚居民更多的数据管控权，允许其选择授信机构/平台自主分享数据②。该法案将促进澳大利亚相关行业就行业互信、协作与数据安全等方面展开积极协商。

金融犯罪的复杂化是金融科技发展带来的一项新挑战。2019 年 6 月 10 日，澳大利亚税务局计划对使用加密货币进行避税的行为进行集中调查③。2019 年 9 月 25 日，澳大利亚金融犯罪监管机构澳大利亚交易报告与分析中心（Australian Transaction Reports and Analysis Centre）宣布对数字支付巨头 PayPal 开展反洗钱与反恐怖主义融资调查，以保障金融科技发展的稳定。2019 年 6 月 18 日，澳大利亚税务局发表了专题报告，对加密货币的定义及可能产生的税务问题做出了详细说明④。根据该报告，澳大利亚税务局将对加密货币领域的纳税人进行追缴，逾期未缴的将面临罚款甚至最高 5 年的监禁处罚。

---

① 《消费者数据权利法》将为开放银行奠定法律基础，同时引入更多竞争活力。该法案生效前，银行将拥有一段缓冲期，用于搭建数据共享 API，涉及信用卡、借记卡、存款、交易和抵押账户等。

② 未来，在澳大利亚，有关机构只有在征得消费者同意之后才能共享数据，而本项知情同意授权的有效期只有 12 个月，且消费者有权要求在不再使用其信息时删除数据。此外，授权使用其数据的机构必须确保不会将任何可识别的数据出售给第三方，同时必须确保共享的任何信息都不会用于识别其他人或获取有关第三方的信息。如有机构违反数据隐私法规要求，将面临 1000 万美元或者机构年营业额 10% 的巨额罚款。

③ 首批调查将涉及 12 起案件。早在 2018 年，来自澳大利益、美国、英国、荷兰和加拿大的税务机关组成的联合调查组，就曾对全球范围内的恶意避税、网络犯罪和滥用加密货币等行为进行信息共享和重点打击。

④ 报告明确指出，“加密货币”是指一种数字资产，通过加密技术来控制附加单元的生成并验证区块链上的交易。公民通过转让或处理加密货币获得的资本收益，需要对其中的部分或全部收益缴纳相应税款。

## 三　各国金融科技监管重点总结与启示

### （一）金融科技重点风险防范

**1. 金融基础设施风险防范与化解**

金融基础设施是金融市场稳健高效运行的重要保障，是实现宏观审慎管理和强化风险防控的重要抓手，在整个金融市场运行中居于枢纽地位。在各级政府以及相关行业的努力下，我国金融基础设施不断完善，为保障市场平稳健康运行做出了巨大的贡献。但在法制建设、管理统筹、规划建设等方面还存在一定的短板，金融监管部门的协调配合水平还有待提高，监管标准不够一致，监管层次不够明确，不利于金融基础设施向集中统一、安全有效、先进开放的方向发展；金融监管职能与行政管理职能的界限尚不清晰；跨境监管尚需完善，随着跨境资本业务的相继开通，配套监管框架建设亦需提上日程。应当进一步统一监管标准，健全准入管理，优化设施布局，健全治理结构，夯实金融科技可持续发展的基础。

**2. 金融科技背景下非正规金融活动的风险防范与治理**

行之有效的金融运行规则是促进非正规金融可持续发展的重要保障，特别是金融消费者保护。在此方面欧盟出台了号称史上最严的《通用数据保护条例》，并通过发布《GDPR 适用地域指南》等规范性文件，辅助法案的实施，在一定程度上降低了金融科技的风险，同时也为这一新生事物的发展起到了一定的保障与良性引导作用。与此相比，我国的金融科技法治保障还不够完善，数字金融消费权益保护法律制度不健全，个人信息、数据保护等方面存在重大安全隐患，急需一套惩治适当、划分清楚的金融消费者权益保护标准体系。

**3. 金融科技与监管科技协调发展**

欧洲各国通过设立创新中心、明确监管沙盒机制、建立创新雷达等方式，促进监管科技与金融科技发展相同步，使监管做到有数据、有标准、有规则、有手段、有路径。传统的监管规则与理念滞后于互联网金融的发展，监管者难以应对互联网金融行业的快速发展。监管科技作为互联网安全治理的核心手段，将科技尤其是信息技术运用在监管、监控、报告以及合规的场景中，通过数据共享，形成统一的监管生态系统，从而降低了监管成本，解决了数据有效性问题，真正实现实时的、预测的、自上而下的、以技术支撑为核心的监管体系。同步发展监管科技，不仅是让金融科技更合规、更普惠，更是为了提升监管机构的效能，促进金融科技的发展，让更多、更好的技术得到应用。

## （二）启示

中共十九届四中全会强调要健全劳动、资本、土地、知识、技术、管理、数据等生产要素由市场评价贡献、按贡献决定报酬的机制。其中增加了"数据"这一生产要素，提出"由市场评价贡献、按贡献决定报酬"的机制。因此，金融科技企业用多种方式收集并提供数据，改变已有的产品或服务，或者推出新的产品或服务，使金融消费者获得更大的选择范围，促进金融科技市场竞争层次的提升。从促进我国金融科技发展的现实需要出发，应当鼓励数据开放和共享，但是不能利用数据集中后形成的流量优势，损害其他小型创新性平台的利益，破坏金融市场的竞争秩序。

为了实现治理的有效性，可以借鉴"共票"理论①，实现以数据为核心的监管治理。"共票"理论能有效涵盖金融科技的"原油"——数据，不仅能为金融科技发展所依托的数据赋能，也可以通过数据提升金融科技监管的效率。"共票"对于金融科技治理而言，既指明了其发展的前景，又有效释放了金融技术的创新驱动力，服务实体经济。这将引导金融科技的发展，拓

---

① 杨东：《"共票"：区块链治理新维度》，《东方法学》2019 年第 3 期，第 56 ~ 63 页。"共票"理论，其英文为"Coken"，既表示"共同、联合"之意，又代表了对惯用词"Token"的继承，也代表区块链等金融科技正确的发展方向。其集增长红利分享的功能、流通消费的功能、权益证明的功能于一体，是凝聚系统共识的机制与手段。"共票"充分体现了众筹的思想，在理念上可以引导金融科技应用转向正轨，也为相关治理提供方向和目标。

展金融科技监管的制度设计。“共票”是区块链等金融科技技术和数据经济结合诞生的中国原创理论，站在中国实践之上，回应了社会实际需求[①]。“他山之石，可以攻玉”，在对世界各国、各地区政府组织的金融科技监管拥有宏观上的认识后，着眼中国现实，运用中国智慧，解决中国问题，促进制度与法律构造发展，以“共票”为监管理念的金融科技治理，将大力推动我国金融科技市场的健康发展，使我国成为世界金融科技市场的主导力量。

① 杨东：《区块链让众筹和共票成为中国原创的制度理论》，《金融博览》2018 年第 10 期，第 36 ~ 37 页。

# 第十九章
# 全球金融科技领域投融资分析

毕马威中国金融科技工作组*

摘　要：随着科学技术的飞速发展，人们对“金融科技”一词已经并不陌生。诚然，科技已经悄然融入了各行各业，而科技本身和金融的碰撞与结合，无疑将成为人类发展史上又一革命性的创新变革。创新带来了机遇和挑战，科技与金融的融合亦是如此。随着金融科技行业的蓬勃发展，资本市场对金融科技行业的关注热度逐步提升，投资热点亦几经变迁。本章对全球金融科技行业的发展及趋势、监管对金融科技行业发展的影响等进行了剖析。在投融资领域，全球金融科技市场发展潜力巨大。本章以当前趋势展望未来金融科技行业发展，成熟的金融科技企业和新兴银行将不断扩大服务范围，投资者更加青睐处于融资后期的金融科技企业，科技巨头也更加关注自身在金融科技领域的投资和发展。

关键词：金融科技　风险投资　私募

---

* 毕马威中国金融科技工作组一直致力于促进中国金融科技领域的健康成长，为中国金融科技产业进一步发展提供支持。2016 年首次推出了毕马威中国金融科技 TOP50 企业名单并获得业界广泛关注，随后每年推出 TOP50 名单及报告。工作组积极搭建跨领域沟通平台，链接政、企、学、研、社，积极推动中国金融科技生态圈的建设。参与本次编写的人员包括但不限于王大鹏、吴福昌、周海滨、李海洋、尉杰。

## 一　全球金融科技领域总体投资动态

2019 年全球金融科技领域投资势头略弱于 2018 年，最终以 1357 亿美元、2693 宗交易收官（见图 19－1）。尽管 2019 年稍有下降，但仍能凸显全球金融科技市场的巨大潜力。其中发生了两宗大额交易：富达国家信息服务公司（FIS）以 425 亿美元收购了 Worldpay，Fiserv 以 220 亿美元收购了 First Data。

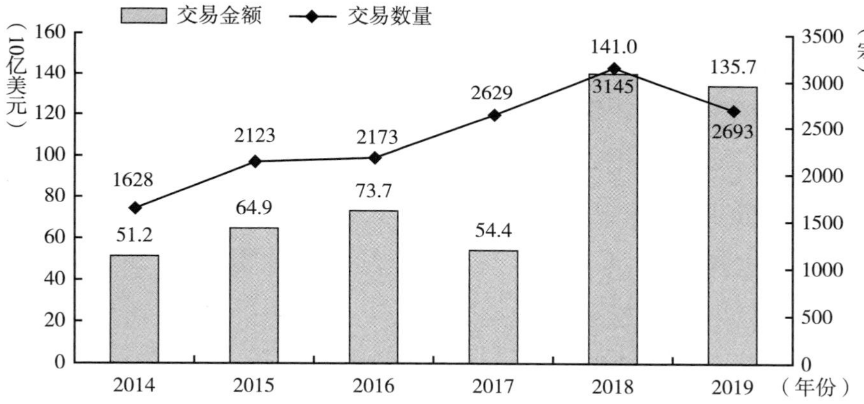


**图 19－1　2014～2019 年金融科技领域投资活动（风险投资、私募和并购）**

资料来源：毕马威《金融科技脉搏——2019 年上半年》《金融科技脉搏——2019 年下半年》。有关国际金融科技领域的投资数据来自 PitchBook，时间截至 2019 年 12 月 31 日。

### （一）全球并购活动凸显了竞争日益激烈的金融科技环境

除了印度企业 Paytm 一宗价值 17 亿美元的融资交易外，2019 年最大的金融科技交易都集中在并购交易上，以金融科技为重点的并购交易创造了 973 亿美元的年度新纪录。此外，2019 年几宗大额并购交易发生在多个国家，除了英国（Worldpay）和美国（First Data、Dun & Bradstreet 和 Assurance IQ），爱沙尼亚（AliExchange）、法国（eFront）、澳大利亚（Exchange Australia）和意大利（SIA）等国家也有较大规模的并购交易发生。

## （二）美洲和欧洲在金融科技领域融资方面创下新纪录，亚洲投融资交易势头保持稳定

2019 年，美洲和欧洲都在金融科技投资领域创下了新纪录，美洲累计达成了 642 亿美元的投资额，而欧洲的投资额达 581 美元，其中超过一半的投资来自 Worldpay 这一宗交易。尽管亚洲金融科技投资同比下降，但与 2018 年第二季度异常值以外的历史数据相比，投资势头总体稳定。

**1. 区块链领域投资动态**

2018 年区块链和加密货币领域非公开投资的交易数量创历史新高（见图 19－2）。2019 年开年投资势头放缓，但最终一笔巨额交易提升了全年总交易额，同时使 2019 年达到了近 10 年以来整体投资领域交易数量的第二高水平。区块链和加密货币领域的发展仍处于相对早期的阶段，多家初创公司正在探索商业化潜力并在消除技术和监管障碍方面不懈努力，吸引了投资者的关注，也促进了该领域的交易量增长。这项技术最终被采用的程度仍有待观察，但在此之前投资领域的势头可能仍会保持强劲。

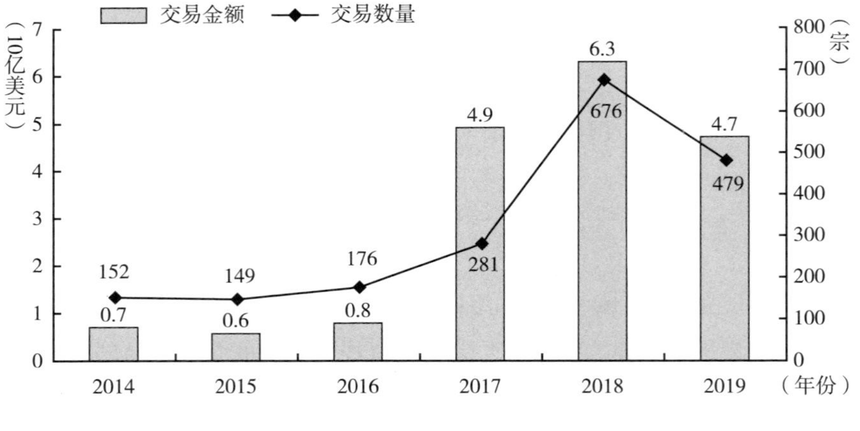


**图 19－2　2014～2019 年全球区块链和加密货币领域非公开投资活动（风险投资、私募和并购）**

资料来源：毕马威《金融科技脉搏——2019 年上半年》《金融科技脉搏——2019 年下半年》。有关国际金融科技领域的投资数据来自 PitchBook，时间截至 2019 年 12 月 31 日。

尽管交易量有所下降，但区块链仍是世界大多数国家和地区的热门话题之一。例如，Libra 在 2019 年 2 月宣布摩根大通将发行一种用于支付的数字货币后，Facebook 宣布推出 Libra 加密货币并引起了广泛热议。中国人民银行宣布将加速在数字货币和电子支付领域的研究和探索，为区块链领域的发展注入了新的活力。

投资领域对区块链领域的关注还不止于此。2019 年末，FoPay 以 21 亿美元收购了基于区块链的加密货币交易平台 AliExchange。此外，与业务流程完善相关的分布式账本技术在供应链管理和贸易融资等领域也开始成熟。

区块链有着巨大的变革潜力。随着区块链技术的不断成熟，其适用范围将进一步扩大。鉴于此，预计到 2020 年，区块链领域的投资仍将保持强劲的势头。

**2. 网络安全领域投资动态**

虽然金融科技领域网络安全赛道的投资交易活跃度不及其他赛道，但在 2019 年，网络安全赛道的投资方式涉及多种类型，总交易金额达到了创纪录的超过 6 亿美元的水平，涉及 53 笔交易，也创下历年交易笔数的峰值（见图 19－3）。仅专注在网络安全这一单一赛道的金融科技公司并不普遍，也无法吸引大量投资机构的关注。尽管如此，随着网络安全威胁日趋复杂，这个细分领域的重要性日益凸显，2020 年这一领域可能持续吸引一批投资者和收购方的兴趣。通过收购这些机构，并为客户提供定制化的服务，而不是经营一个广泛应用的标准工具，收购方也可以在一定程度上规避系统性风险。

**3. 保险科技领域投资动态**

保险科技领域的投资趋于成熟，因此融资交易额和交易量减少。然而，一些大额交易的发生使得总交易价值保持强劲，大额交易本身也是保险科技领域投资步入成熟期的一个信号。考虑到该领域的整合程度和市场占有率等因素，2020 年是继续保持稳定态势，与历史平均成交水平持平，还是与 2017 年和 2018 年两年那样出现高峰，让我们拭目以待（见图 19－4）。

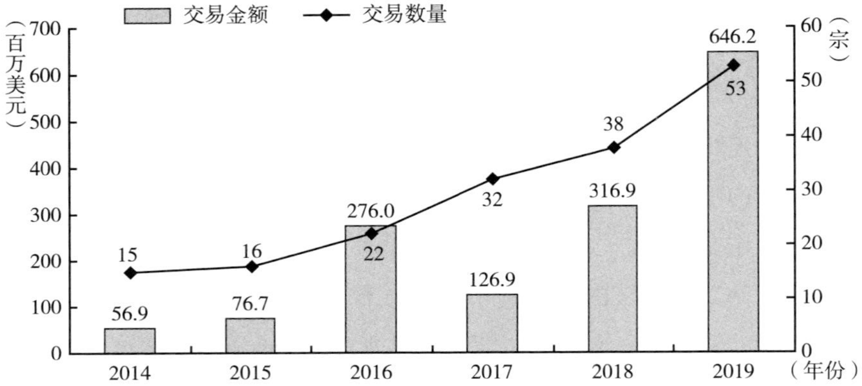


**图 19－3　2014～2019 年全球金融科技领域网络安全赛道非公开投资活动（风险投资、私募和并购）**

资料来源：毕马威《金融科技脉搏——2019 年上半年》《金融科技脉搏——2019 年下半年》。有关国际金融科技领域的投资数据来自 PitchBook，时间截至 2019 年 12 月 31 日。

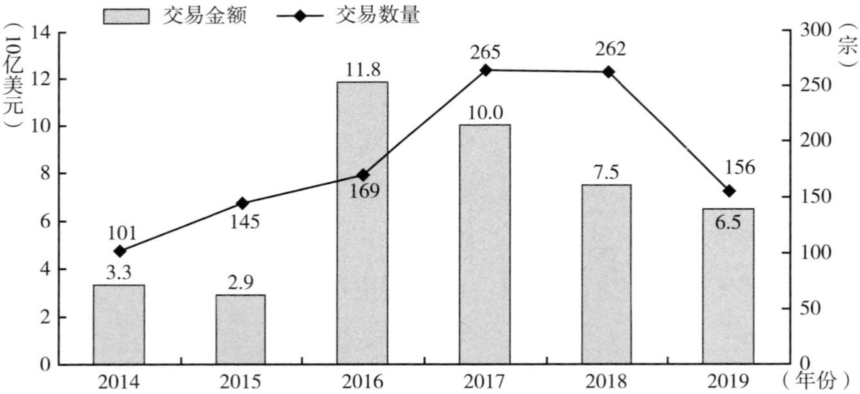


**图 19－4　2014～2019 年全球保险科技领域非公开投资活动（风险投资、私募和并购）**

资料来源：毕马威《金融科技脉搏——2019 年上半年》《金融科技脉搏——2019 年下半年》。有关国际金融科技领域的投资数据来自 PitchBook，时间截至 2019 年 12 月 31 日。

4. 支付科技领域投资动态

尽管成交笔数略有下滑，但过去两年支付科技领域的总成交额令人震惊（见图 19－5）。这一数字表明无论是零售领域，还是 B2B 领域，大家都意识到了整合支付服务能力的迫切性。传统企业和科技巨头都在寻求在移动端和企业级应用端提供更好的零售和商业支付体验。但是，考虑到该领域已经发生了很多并购交易，投资并购能否持续维持这么高的水平是很难预料的。

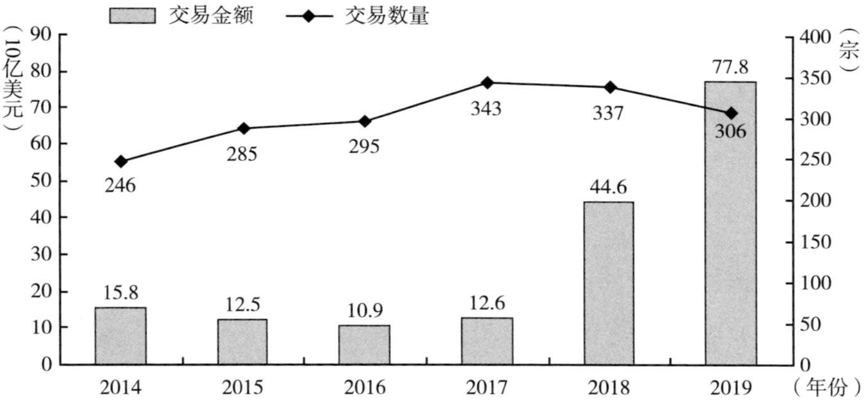


**图 19－5　2014～2019 年全球支付科技领域非公开投资活动（风险投资、私募和并购）**

资料来源：毕马威《金融科技脉搏——2019 年上半年》《金融科技脉搏——2019 年下半年》。有关国际金融科技领域的投资数据来自 PitchBook，时间截至 2019 年 12 月 31 日。

5. 房地产科技领域投资动态

房地产科技作为金融科技领域的一个细分市场在过去的两年里投资热度不断升温，我们看到大量的投资与收购交易，也看到并购方对这一领域的兴趣。尽管与 2018 年相比，2019 年达成的交易笔数有所下降，但相对历史水平依旧保持强劲的态势（见图 19－6）。可以明显看出，越来越多的企业创始人和金融家正在探索房地产科技，并将此视为另一个数字化转型的潜在领域。

6. 监管科技领域投资动态

鉴于专注单一解决方案的企业不是投资方或收购方愿意大量投资的标

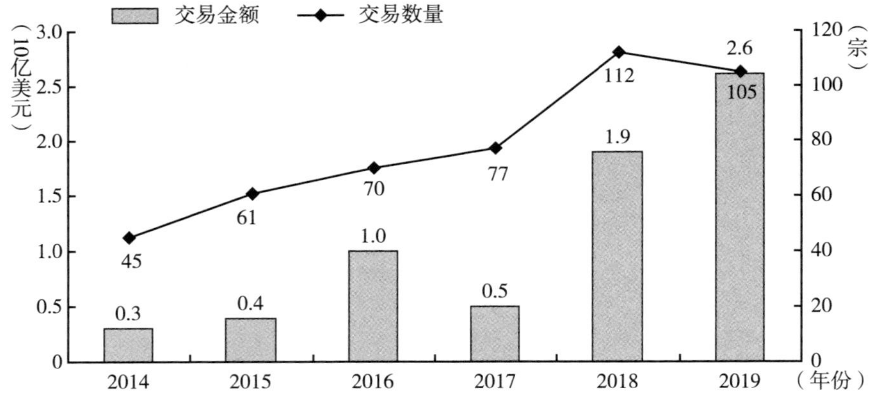


**图 19－6　2014～2019 年全球房地产科技领域非公开投资活动（风险投资、私募和并购）**

资料来源：毕马威《金融科技脉搏——2019 年上半年》《金融科技脉搏——2019 年下半年》。有关国际金融科技领域的投资数据来自 PitchBook，时间截至 2019 年 12 月 31 日。

的，监管科技领域的投资发展耐人寻味。得益于网络安全方面宏观因素的驱动，尽管交易额波动较大，监管科技领域在过去几年的交易数量稳步提升（见图 19－7）。发达市场日益复杂的监管环境进一步激发了人们对监管合规自动化、风险监控等的兴趣。

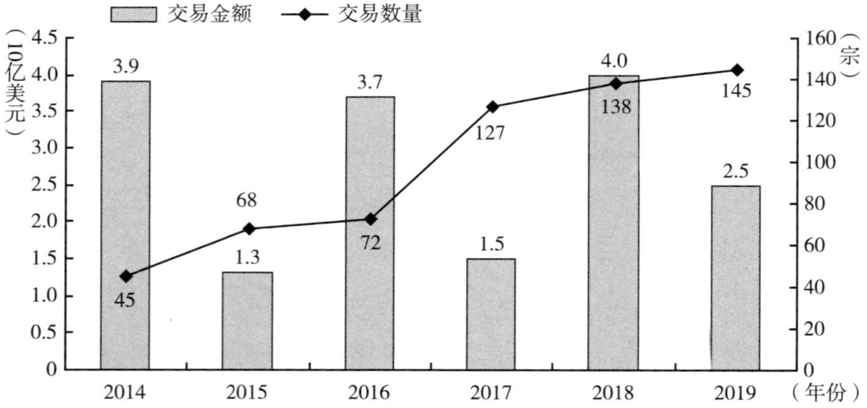


**图 19－7　2014～2019 年全球监管科技领域非公开投资活动（风险投资、私募和并购）**

资料来源：毕马威《金融科技脉搏——2019 年上半年》《金融科技脉搏——2019 年下半年》。有关国际金融科技领域的投资数据来自 PitchBook，时间截至 2019 年 12 月 31 日。

7. 财富科技领域投资动态

相关数据显示，专注于为高净值人士和家族提供财富管理服务的公司的竞争十分激烈，财富科技赛道的投资活动不如其他金融科技领域那么活跃（见图 19 –8）。人口结构的变化、客户期望的提高以及兴趣的变化，推动金融科技企业将注意力放到了更好的用户界面体验，以及桌面到移动设备的无缝衔接体验上。越来越多的投资者开始关注对财富管理企业的投资，并通过收购获得或提升相应的技术能力。

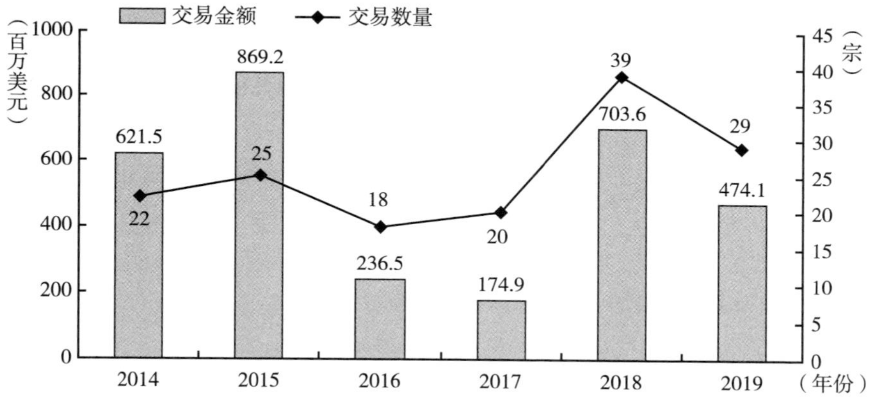


**图 19 –8　2014 ~2019 年全球财富科技领域非公开投资活动（风险投资、私募和并购）**

资料来源：毕马威《金融科技脉搏——2019 年上半年》《金融科技脉搏——2019 年下半年》。有关国际金融科技领域的投资数据来自 PitchBook，时间截至 2019 年 12 月 31 日。

8. 金融科技巨头在投融资领域的动态

值得注意的是，在过去几年中，金融科技巨头在金融科技领域动作频频，影响日益扩大，尤其是在 2018 年和 2019 年，金融科技巨头投入了大量的资金（见图 19 –9）。原因显而易见：随着金融科技领域细分市场的不断成熟，这些科技巨头正将其作为一个新的潜在业务领域并对此不断探索，或借此提升自身能力。

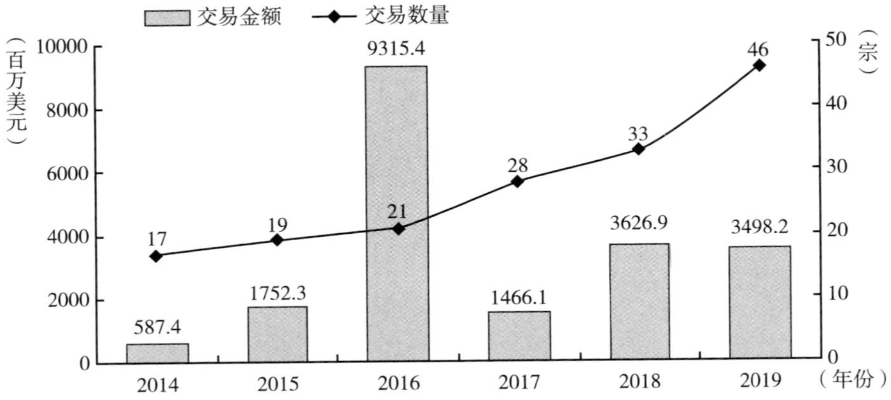


**图 19－9　2014～2019 年金融科技巨头参与全球金融科技领域非公开投资活动（风险投资和并购）**

资料来源：毕马威《金融科技脉搏——2019 年上半年》《金融科技脉搏——2019 年下半年》。有关国际金融科技领域的投资数据来自 PitchBook，时间截至 2019 年 12 月 31 日。

## （三）全球金融科技十大投资交易

表 19－1 列示了 2019 年全球金融科技领域十大投资交易（按照成交金额顺序排列）。

**表 19－1　2019 年全球金融科技领域十大投资交易**

| 排名 | 交易主体 | 交易金额（亿美元） | 企业所属国家 | 企业类型 | 交易类型 |
|---|---|---|---|---|---|
| 1 | Worldpay | 425 | 英国 | 支付/交易 | 并购 |
| 2 | First Data | 220 | 美国 | 机构/B2B | 并购 |
| 3 | Dun & Bradstreet | 69 | 美国 | 机构/B2B | 收购 |
| 4 | Assurance IQ | 35 | 美国 | 保险科技 | 并购 |
| 5 | AliExchange | 21 | 爱沙尼亚 | 资本市场/加密货币 | 并购 |
| 6 | Paytm | 17 | 印度 | 支付/交易 | G 轮 |
| 7 | eFront | 13 | 法国 | 机构/B2B | 收购 |
| 8 | Property Exchange Australia | 12 | 澳大利亚 | 房地产科技 | 并购 |

续表

| 排名 | 交易主体 | 交易金额（亿美元） | 企业所属国家 | 企业类型 | 交易类型 |
|---|---|---|---|---|---|
| 9 | Investment Technology Group | 10 | 美国 | 资本市场 | 并购 |
| 10 | SIA | 8.9 | 意大利 | 机构/B2B | 收购 |

资料来源：毕马威《金融科技脉搏——2019 年上半年》《金融科技脉搏——2019 年下半年》。有关国际金融科技领域的投资数据来自 PitchBook，时间截至 2019 年 12 月 31 日。

## 二　美洲金融科技领域总体投资动态

2019 年，美洲地区投资者极其关注金融科技领域，投资持续增长，拉丁美洲的增长尤其显著。2019 年，美洲在金融科技投资领域创下了新纪录，累计达成了 642.2 亿美元的投资总额（见图 19－10）。金融科技生态系统在美洲的不断扩大反映了该行业的巨大机遇，无论是在传统支付和贷款领域，还是在区块链、保险技术、监管科技以及房地产科技等其他领域，发展潜力都是巨大的。金融科技在美洲和世界各地不断发展和演变，在各行业之间的界限变得更加模糊。

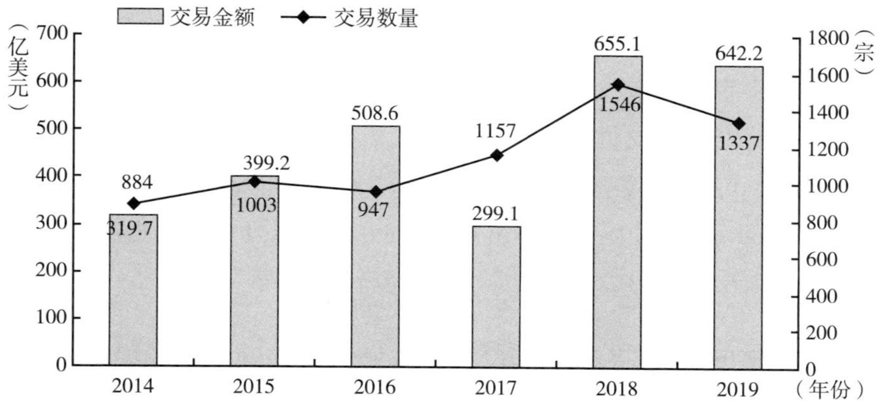


图 19－10　2014～2019 年美洲金融科技领域总体投资活动（风险投资、私募和并购）

### （一）2019年美洲在金融科技领域创下的投资纪录几乎与2018年的最高纪录持平

尽管美洲金融科技领域的交易数量与2018年的高点相比有所下降，但2019年该地区的金融科技投资总额仍达到642亿美元，仅略低于2018年的655亿美元。2019年下半年金融科技领域的投融资交易中，第三季度达成297亿美元的交易额。

2019年，美国持续推动美洲地区金融科技绝大多数细分领域的投融资发展，如Fiserv以220美元收购了First Data。加拿大和拉美国家也显示出了不俗的实力。2019年初，摩根士丹利以8.21亿美元收购Solium；此外，Advent International以7.25亿美元收购了阿根廷的Prisma Medios de Pago。这两单收购交易分别成为2019年度全美第六大和第七大交易。

### （二）地域和投资领域垂直多样助力美国金融科技市场发展

2019年，美国的地域多样性是金融科技投融资市场发展的主要优势。例如，SoFi（专注助学贷款的美国垂直型P2P平台，5亿美元H轮融资）和Chime（挑战者银行，5亿美元E轮融资）两笔巨额交易发生在硅谷及周边地区，德意志交易所以8.5亿美元收购了Axioma（投资配置和风险管理解决方案提供商），这宗交易发生在纽约。除此以外，有众多金额在5亿美元以上的金融科技投融资交易发生在美国多个州。

美国金融科技领域投资的多样性还体现在不同的垂直领域都能吸引大量资金。不限于传统的支付和贷款公司，如Mission Lane和SoFi，保险科技公司Assurance IQ、风险管理软件公司Axioma、专注于财务绩效管理的Onestream Software、B2B支付公司CSI Enterprises以及专注于提供财务规划的平台PIEtech都在2019年吸引了大量投资者的目光。

### （三）巴西创下了2019年度金融科技领域美洲地区的投融资纪录

拉丁美洲在金融科技领域的投资热度持续升温，尤其是巴西在2019年吸引了数笔大额交易，同时在第三季度创下了季度新高（投融资额达 4.162 亿美元），并同时创下了年度新高（投融资额达 8.609 亿美元）。巴西绝大多数投融资集中在金融科技领域的诸多细分领域，如数字银行和支付领域。数据显示，2019 年第四季度风险投资机构对巴西金融科技公司的投资尤其火爆，达成了诸如 VTEX（1.4 亿美元）和 Neon（9400 万美元）等多笔重大交易。虽然 EBANX 有一笔未披露的交易，但毫不影响其成为巴西继 Nubank 之后第二家金融科技独角兽企业。

除巴西以外，拉丁美洲其他地区也达成了一些重大交易。例如，Advent International 以 7.25 亿美元收购了阿根廷的 Prisma Medios de Pago，这笔交易也是 2019 年度拉丁美洲地区最大的一笔金融科技领域投融资相关交易。墨西哥的小企业贷款机构 Konfio 也在第四季度募集了 1 亿美元资金。

### （四）美洲十大金融科技领域投资交易

表 19－2 列示了 2019 年美洲金融科技领域十大投资交易（按照成交金额顺序排列）。

**表 19－2　2019 年美洲金融科技领域十大投资交易**

| 排名 | 交易主体 | 交易金额（亿美元） | 企业所属国家 | 企业类型 | 交易类型 |
|---|---|---|---|---|---|
| 1 | First Data | 220 | 美国 | 机构/B2B | 并购 |
| 2 | Dun & Bradstreet | 69 | 美国 | 机构/B2B | 收购 |
| 3 | Assurance IQ | 35 | 美国 | 保险科技 | 并购 |
| 4 | Investment Technology Group | 10 | 美国 | 资本市场 | 并购 |
| 5 | Axioma | 8.5 | 美国 | 机构/B2B | 并购 |
| 6 | Shareworks by Morgan Stanley | 8.4 | 加拿大 | 机构/B2B | 并购 |
| 7 | Prisma Medios de Pago | 7.25 | 阿根廷 | 支付/交易 | 收购 |

续表

| 排名 | 交易主体 | 交易金额（亿美元） | 企业所属国家 | 企业类型 | 交易类型 |
|---|---|---|---|---|---|
| 8 | Innovative Aftermarket Systems | 7.2 | 美国 | 机构/B2B | 并购 |
| 9 | Bright Health | 6.35 | 美国 | 保险科技 | D 轮 |
| 10 | InstaMed | 6 | 美国 | 机构/B2B | 并购 |
|  | CSI Enterprises | 6 | 美国 | 机构/B2B | 并购 |

资料来源：毕马威《金融科技脉搏——2019 年上半年》《金融科技脉搏——2019 年下半年》。有关国际金融科技领域的投资数据来自 PitchBook，时间截至 2019 年 12 月 31 日。

## 三　欧洲金融科技领域总体投资动态

2019 年欧洲地区金融科技领域的投融资交易总额猛增，全年达成了 753 宗投融资交易，交易金额达 580.7 亿美元（见图 19－11）。其中，FIS 在 7 月以 425 亿美元收购了 Worldpay，这笔交易成为年度成交额最大的一笔交易。欧洲诸国不断发展的创新金融科技生态、金融科技产品范围的扩大以及全球投资者的更多关注，促进了欧洲金融科技投融资市场的蓬勃发展。

### （一）金融科技公司的多样性促进了欧洲投融资交易的多样性

2019 年欧洲地区发生的金融科技领域较大规模的投融资交易都体现了多样性的特点，如交易发生所涉及地域的多样性，以及交易方案的多样性。继 Worldpay 的并购交易之后，接连达成了 3 宗重大交易，包括以 21 亿美元并购 AliExchange，以 13 亿美元收购 eFront，以及以 8.94 亿美元收购 SIA。

欧洲地区的金融科技市场日益成熟，金融机构对提高自身竞争力的需求日益强烈，推动了投资者提升对金融科技领域的关注度。欧洲希望找到扩大自身市场覆盖范围和影响力的机会，也希望充分运用前沿的金融科技解决方

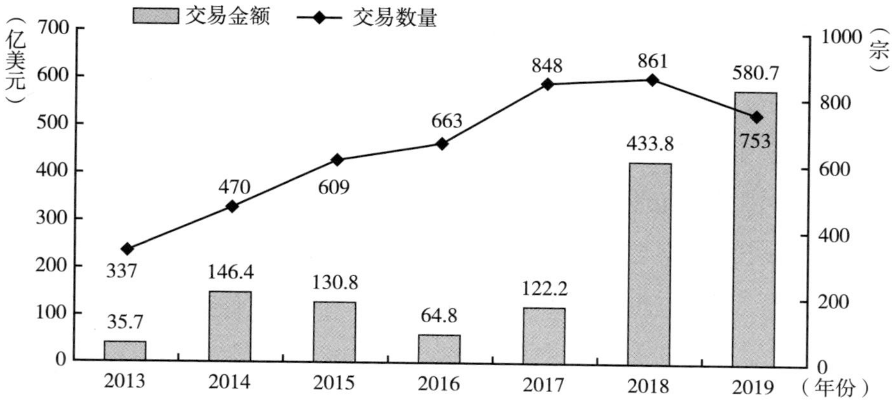


**图 19－11　2014～2019 年欧洲金融科技领域总体投资活动（风险投资、私募和并购）**

资料来源：毕马威《金融科技脉搏——2019 年上半年》《金融科技脉搏——2019 年下半年》。有关国际金融科技领域的投资数据来自 PitchBook，时间截至 2019 年 12 月 31 日。

案以吸引更多投资者的关注。例如，瑞典的 Klarna 在第三季度获得 4. 6 亿美元融资，吸引了澳大利亚联邦银行的加入。

### （二）欧洲金融科技公司不断吸引更大规模的投资

2019 年，欧洲地区处于各阶段的风险投资交易规模均值大幅增长。随着金融科技企业的日益成熟，整个欧洲地区达成了多宗交易额超过 1 亿美元的投融资交易。例如，2019 年下半年，N26（德国）吸引了 4. 7 亿美元融资，Klarna（瑞典）吸引了 4. 6 亿美元融资，英国的 Ebury、Hastee 和 Rapyd 分别吸引了 4. 45 亿美元、2. 68 亿美元和 1. 04 亿美元融资。企业投资者在 2019 年扮演了非常重要的角色，从最终达成的交易额数字来看，企业金融科技领域的投资额达到 34 亿美元。

起初，一些金融科技企业专注于提供某一种单一的产品，而在 2019 年扩大了其服务范围。例如，提供的产品合规化程度提高，不断向传统金融机构提供的合规化产品看齐。随之而来的是资本需求不断增长，加上市场拓展，这些可能都将促使 2020 年的投融资交易规模变大。

### （三）数字银行发展放眼全球市场

德国的金融科技企业 N26 正努力拓展巴西市场；英国的数字银行和一些提供 SaaS 服务的金融科技企业也在寻找海外市场，把目光投向了澳大利亚、中国香港及新加坡等国家和地区的市场。

迄今为止，数字银行发展面临的一个挑战是，其尚未真正地超越并成为客户的首选。因此，想要实现盈利，转型是数字银行的首要任务。

### （四）Worldpay 并购交易创下2019年英国金融科技投融资交易规模新纪录

Worldpay 这宗巨额并购交易的达成，使英国在 2019 年第三季度创下了 2019 年度金融科技领域投融资交易的新纪录。这宗巨额交易在一定程度上说明，不仅在英国，而且在全球范围内，支付领域都将发生革命性的创新。在英国，支付科技将为传统银行、金融科技公司以及其他一些关注获客和渠道的机构带来革新性的变化。

开放银行推动了英国金融科技数字银行的发展，但传统银行实践开放银行业务的程度并不高。2019 年第四季度，初创开放银行 Bud 与汇丰银行签署了一份合作协议，旨在与汇丰银行一起发掘开放银行业务机会，为汇丰银行的客户提供新的服务。在区块链发展方面，英国在 2019 年秋季发布了加密资产和智能合约方面更细化的指引，引发了人们对该领域的兴趣和关注。

### （五）2019年爱尔兰金融科技发展疲软

尽管达成了一些投融资交易，如 Fenergo 公司（金融软件公司）完成了 8500 万美元的融资，Future Finance 公司（学生贷款提供商）完成了 3000 万美元的融资，但爱尔兰在 2019 年全年的金融科技投融资发展略显疲软。对于 2019 年没有融资需求的金融科技企业而言，2020 年或许会产生更多融资需求，2020 年爱尔兰的投融资领域或将迎来一定程度的升温。

### （六）德国投融资市场势头强劲

德国金融科技领域的投融资势头强劲，尤其是在 2019 年第三季度，如 N26 以 4.7 亿美元的融资额领涨。并购交易活动也十分活跃，一些较为成熟的金融科技企业开始收购规模较小的初创公司，以扩大自身的市场份额。例如，Finleap 在 4 月收购了中小型银行 Penta，Creditshelf 在 9 月收购了 Valendo，Raisin 在 8 月收购了 Fairr. de。

此外，德国对监管科技的发展持续关注，尤其是对与风险管理相关的监管科技的发展兴趣浓厚。保险科技生态的持续发展，使其吸引了更多的关注。保险科技中心和创新实验室慕尼黑 Insurtech Hub 和德国 InsurLab 的设立将持续推动这一领域的发展。

### （七）以色列金融科技投融资领域迎来了辉煌的一年

尽管交易数量有所下降，但 2019 年以色列投资者对金融科技领域仍保持高度关注，投资额也再创新高。战略合作伙伴关系的重要性日益凸显。

鉴于以色列拥有强大的研发能力和网络安全生态系统，除了发力保险科技以外，以金融科技为重点的网络安全解决方案也是以色列发展金融科技的重点。此外，以色列对开发以人工智能驱动的解决方案的兴趣也有所提升，在人工智能驱动审计分析和自动化方面进行探索。人才管理解决方案有望成为以色列金融科技发展的另一个重点领域，因为金融机构希望员工具有多元化技能。

### （八）欧洲十大金融科技领域投资交易

表 19－3 列示了 2019 年欧洲金融科技领域十大投资交易（按照成交金额顺序排列）。

表 19－3　2019 年欧洲金融科技领域十大投资交易

| 排名 | 交易主体 | 交易金额（亿美元） | 企业所属国家 | 企业类型 | 交易类型 |
|---|---|---|---|---|---|
| 1 | Worldpay | 425 | 英国 | 支付/交易 | 并购 |
| 2 | AliExchange | 21 | 爱沙尼亚 | 资本市场/加密货币 | 并购 |
| 3 | eFront | 13 | 法国 | 机构/B2B | 收购 |
| 4 | SIA | 8.9 | 意大利 | 机构/B2B | 收购 |
| 5 | Greensill Capital | 8 | 英国 | 机构/B2B | 成长型基金 |
| 6 | World First UK | 7.17 | 英国 | 支付/交易 | 并购 |
| 7 | N26 | 4.7 | 德国 | 借贷 | A 轮 |
| 8 | Klarna | 4.6 | 瑞典 | 支付/交易 | 风投后期 |
| 9 | Ebury | 4.45 | 英国 | 支付/交易 | 并购 |
| 10 | OakNorth | 4.4 | 英国 | 借贷 | 风投后期 |

资料来源：毕马威《金融科技脉搏——2019 年上半年》《金融科技脉搏——2019 年下半年》。有关国际金融科技领域的投资数据来自 PitchBook，时间截至 2019 年 12 月 31 日。

## 四　亚太地区金融科技领域总体投资动态

2019 年，亚太地区的金融科技投资势头于年底出现强劲反弹，最终以第四季度的 41 亿美元强势收官。2019 年，亚太地区金融科技领域投融资总额达 128.9 亿美元，涉及 547 宗交易（见图 19－12）。中国在 2019 年实现了 4.479 亿美元的交易额，交易总额占亚太地区总交易额的 3.47%。

### （一）金融科技领域投资横跨亚太地区

2019 年，几宗较大规模的投融资交易发生在澳大利亚、中国、印度、韩国和越南 5 个国家，总体投融资交易势头强劲。中国在经历了 2018 年的一波大规模投融资之后，相较于其他国家强劲的增长势头，在 2019 年的投融资势头略显疲软。印度在 2019 年金融科技投融资活动中再创新高，新加坡和澳大利亚的势头也较为强劲。

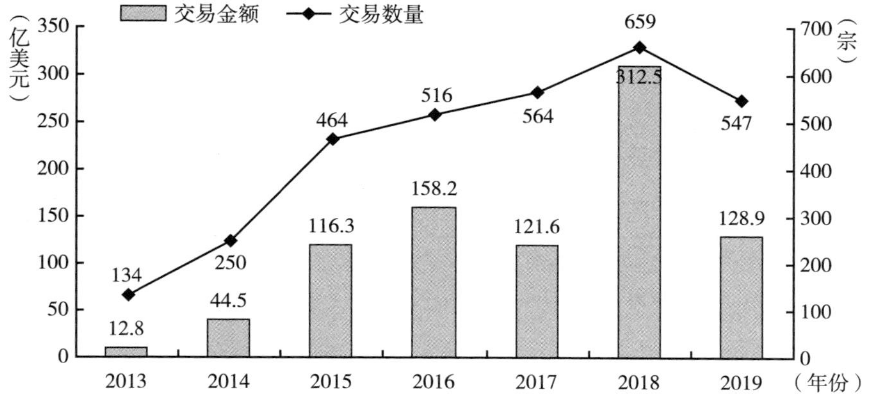


**图 19－12　2014～2019 年亚太地区金融科技领域总体投资活动（风险投资、私募和并购）**

资料来源：毕马威《金融科技脉搏——2019 年上半年》《金融科技脉搏——2019 年下半年》。有关国际金融科技领域的投资数据来自 PitchBook，时间截至 2019 年 12 月 31 日。

## （二）亚太地区十大金融科技领域投资交易

表 19－4 列示了 2019 年亚太地区金融科技领域十大投资交易（按照成交金额顺序排列）。

**表 19－4　2019 年亚太地区金融科技领域十大投资交易**

| 排名 | 交易主体 | 交易金额（亿美元） | 企业所属国家 | 企业类型 | 交易类型 |
|---|---|---|---|---|---|
| 1 | Paytm | 17 | 印度 | 支付/交易 | G 轮 |
| 2 | Property Exchange Australia | 12 | 澳大利亚 | 房地产科技 | 并购 |
| 3 | Lotte Insurance | 3. 39 | 韩国 | 保险科技 | 收购 |
| 4 | Vietnam Payment Solution | 3 | 越南 | 消费金融 | 成长型基金 |
| 5 | Ouyeel | 2. 93 | 中国 | 机构/B2B | 风投后期 |
| 6 | Judo Capital | 2. 79 | 澳大利亚 | 借贷 | 收购 |
| 7 | PolicyBazaar | 2. 38 | 印度 | 个人理财 | F 轮 |

续表

| 排名 | 交易主体 | 交易金额（亿美元） | 企业所属国家 | 企业类型 | 交易类型 |
|---|---|---|---|---|---|
| 8 | WTOIP Intl. | 2. 24 | 中国 | 众筹平台 | 风投后期 |
| 9 | Blockchain Exchange Alliance | 2 | 韩国 | 加密货币/区块链 | 风投后期 |
| 10 | Edaili | 2 | 中国 | 机构/B2B | D 轮 |

资料来源：毕马威《金融科技脉搏——2019 年上半年》《金融科技脉搏——2019 年下半年》。有关国际金融科技领域的投资数据来自 PitchBook，时间截至 2019 年 12 月 31 日。

## （三）中国金融科技领域投资动态

**1. 中国金融科技市场不断演进和成熟，投资机构关注的地域及领域更加广泛**

相较于 2018 年的大规模投资，2019 年中国金融科技投融资市场达成的交易量有一定程度的下滑，但交易仍非常活跃（见图 19 - 13）。许多金融科技巨头将目光投向了海外市场，一些中国的科技巨头成为支付领域的引领者，它们专注于在本土扩大影响力，同时更是在世界范围内进行投资或扮演重要的角色。例如，蚂蚁金服（Ant Financial）于第四季度在新加坡提交了

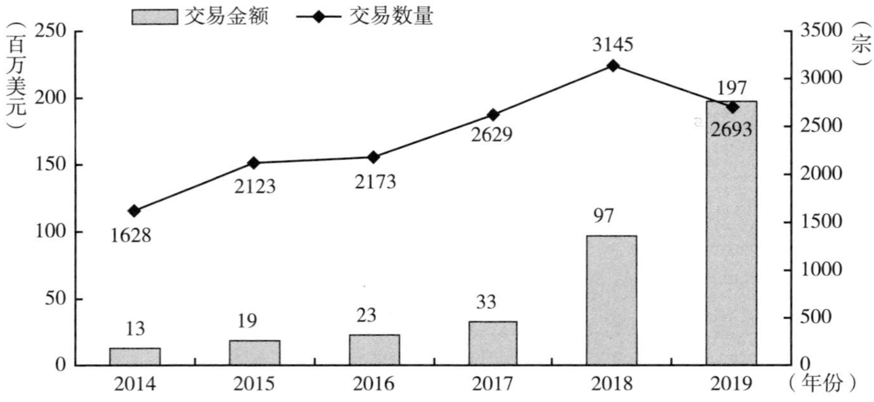


**图 19 - 13　2014 ~ 2019 年中国金融科技领域总体投资活动（风险投资、私募和并购）**

数字银行牌照申请；腾讯则参与了众多海外市场的投资，如投资了阿根廷的Ualá（一家数字银行）。

同时，随着金融科技巨头主导的细分领域不断成熟，中国投资者开始将注意力转向新兴金融科技领域。例如，监管科技领域已经引起了中国风险投资机构的极大关注，尤其是运用了人工智能和机器学习技术来评估风险和识别欺诈的监管科技领域，中国投资者对广泛利用这些先进技术改善银行和金融机构运营、为财富管理提供支持的金融科技企业也十分关注。

**2. 中国发布金融科技三年发展规划**

2019 年第三季度，中国人民银行出台了《金融科技（FinTech）发展规划（2019～2021 年）》（下称“三年规划”），指导和支持中国金融科技产业的发展。在此之前，中国已经采取了若干侧重于执行层面的举措。例如，一项金融科技沙盒正在开发进程中，目前正在北京地区进行测试。三年规划将有助于推动未来的金融科技投融资活动，尤其是在风险管理、网络安全、大数据、人工智能、分布式数据库和身份认证等关键领域。

**3. 阿里巴巴的上市复苏和中国香港特别行政区的金融科技**

尽管经济形势持续走低，香港金融科技市场在 2019 年第四季度逐渐复苏。香港联交所（HKEX）或许是 2019 年最繁忙的上市地点。2018 年 11 月，阿里巴巴筹集了 112 亿美元，以远高于优步的 IPO 规模（81 亿美元）二次上市。

2019 年，中国香港特别行政区首次发布了 8 张数字银行牌照。其中，众安第一个推出了数字银行试点。随着持牌机构不断推出数字银行产品，可以明显观察到中国香港特别行政区在 KYC、ReGeTeaTM、数字载入和通信，以及数字银行基础设施等领域投资的增长。数字银行牌照的发放也刺激了传统银行持续改善自身的数字化产品和体验。

## 五　2020年全球金融科技领域投资展望

2019 年，全球金融科技生态不断走向成熟。人们对开放数据机会更加关注，多个司法管辖区的监管更加清晰，大型金融科技企业吸收越来越多的技术人员，而且人工智能和区块链等技术不断发展。这些发展和变化，让我们相信2020年有望成为金融科技又一个重要的年份。

（1）更大规模的交易。投资者更多地聚焦于融资后期的金融科技企业，交易规模将不断扩大。

（2）拓展服务范围。成熟的金融科技企业和挑战者银行将不断扩大服务范围，从最初的利基重点领域扩展到邻近领域，如能源业、电信业等。

（3）交易呈现地区多元化。金融科技领域的投资交易将越来越多地出现在传统金融科技市场以外的地区，如东南亚、拉丁美洲和非洲。

（4）科技巨头的投入加大。阿里巴巴、Alphabet、苹果和腾讯等大型科技巨头将加大对金融科技领域的关注，努力延伸其触角，以增加其生态系统对客户的价值。

（5）数字银行牌照。继中国香港特别行政区、澳大利亚和新加坡之后，亚太地区更多的国家和地区将逐步开发数字银行制度，使用数字银行牌照以刺激市场竞争，并向更广泛的人群提供服务。

（6）曾经的被投企业开始增加对金融科技的投资。成熟的金融科技企业将逐步对处在其他新兴金融科技领域的企业进行投资，以增强自身能力、吸引更多人才，同时促进自身在新市场的发展。

（7）合作伙伴关系。合作伙伴关系将在大型科技企业与金融科技企业、传统企业和金融科技企业以及金融科技企业之间得到更多的运用，且合作伙伴关系将高度以客户为中心，旨在创造更多价值并更快地扩大规模。

（8）开放银行，开放金融。市场对于开放数据机遇的关注度将超越银行业本身，人们将关注开放数据在金融服务领域其他方面的运用，并借助开放数据机遇解决金融服务行业与其他行业（如能源业、电信业等）的共同痛点。

（9）金融服务的再次捆绑。消费者逐步寻求改变日益复杂、分散的数字生活的解决方案，期待出现一个可信的一站式平台以帮助他们料理金融相关事务。

（10）网络安全与数字身份管理。随着传统金融机构从建设转向购买网络解决方案，尤其是在欺诈、安全和身份管理等领域，以网络安全为重点的金融科技公司将变得更有吸引力。

## 参考文献

《毕马威全球领先金融科技 100 企业报告》。
《毕马威中国领先金融科技 50 企业报告》。
《金融科技脉搏——2018 年上半年》。
《金融科技脉搏——2018 年下半年》。
《金融科技脉搏——2019 年上半年》。
《金融科技脉搏——2019 年下半年》。
孙国峰主编《中国监管科技发展报告（2019）》，社会科学文献出版社，2019。
姚前主编《中国区块链发展报告（2019）》，社会科学文献出版社，2019。

# 附　　录

Appendices

## 附录1
## 2019年金融科技大事记

赵　亮*

**2019 年 1 月 1 日**　由全国人大常委会于 2018 年 8 月 31 日通过的《电子商务法》正式施行。作为我国首部电子商务领域的综合性法律，《电子商务法》的出台标志着中国电子商务进入历史发展新阶段。

**2019 年 1 月 10 日**　国家互联网信息办公室发布《区块链信息服务管理规定》，该规定自 2019 年 2 月 15 日起施行。规定对区块链信息服务提供者的内容管理、技术能力、安全评估、安全隐患的整改等安全管理责任做出了要求。该规定的正式出台标志着我国对于区块链信息服务"监管时代"的来临。

**2019 年 1 月 10 日**　央行发布《关于金融行业贯彻〈推进互联网协议第六版（IPv6）规模部署行动计划〉的实施意见》。该文件提出，到 2019 年底，金融服务机构门户网站支持 IPv6 链接访问；到 2020 年底，金融服务机

* 赵亮，中国社会科学院大学金融系博士研究生。

构面向公众服务的互联网应用系统支持 IPv6 链接访问，并具备与 IPv6 改造前同等的业务连续性保障能力。

**2019 年 1 月 21 日** 印度央行印度储备银行发布《新零售支付系统许可政策文件》，该文件简述印度零售支付运营商格局，明确降低支付系统集中度、促进竞争与创新等政策目标，并提出促进零售支付系统和运营商发展的政策行动。

**2019 年 1 月 23 日** 英国金融行为监管局（FCA）发布《数字资产指南》咨询文件。该文件对交易所代币、实用代币和安全代币进行了明确的评估和区分，并提议可以根据 FCA 现有的规章制度来实施监管。

**2019 年 1 月 28 日** 币安交易所（Binance）在其区块链资产发行平台启动 BitTorrent（BTT）众筹项目，不同于以往的 ICO（Initial Coin Offerings，首次代币发行）融资方式，此次以交易所发行 IEO（Initial Exchange Offerings，首次交易所平台币发行）的融资方式引发业界广泛关注。

**2019 年 1 月 30 日** 环球同业银行金融电信协会（SWIFT）与区块链公司 R3 CEV 开展基于区块链平台支付的概念验证（PoC）。在试点合作中，SWIFT 的企业用户可运用 R3 的区块链平台 Corda，通过 GPI Link 授权合作银行提供支付结算，并将支付结果通过 GPI Link 反馈回交易平台。

**2019 年 1 月 30 日** 中国证监会发布《关于在上海证券交易所设立科创板并试点注册制的实施意见》。科创板于 2019 年 6 月 13 日正式开板，重点支持新一代信息技术、高端装备、新材料、新能源、节能环保以及生物医药等高新技术产业和战略性新兴产业，推动互联网、大数据、云计算、人工智能和制造业的深度融合。7 月 22 日，科创板首批 25 家公司鸣锣上市，标志着设立科创板并试点注册制这一重大改革任务正式落地。

**2019 年 1 月** 首个以新加坡元为支持的稳定币项目 SGDR 正式推出，该项目由 Rate Network 公司创建，计划将该稳定币应用于以太坊和恒星网络两大公链，并以此进行资产通证化和身份管理，基于公链的数字资产转移，可以使用户享受速度更快、成本更加低廉的金融交易，并具备“微支付”和“事件驱动支付”等新的支付功能。

**2019 年 1 月**　韩国金融科技公司 BxB Inc. 发布了首个由韩元支持的稳定币（KRWb）。

**2019 年 1 月**　新加坡议会通过了新的《支付服务法》，以使新加坡金融管理局能够简化对新加坡各种支付服务（包括电子支付）的监管要求，从而灵活地对快速变化的支付环境做出反应。

**2019 年 2 月 11 日**　美国总统特朗普签署《美国人工智能倡议》，该倡议提出应在投资人工智能研究与开发、释放人工智能资源、制定人工智能监管标准、建立人工智能技术人才培养机制、加强国际参与五个方面，采取多种方式提高美国在人工智能领域的国家领导力。

**2019 年 2 月 14 日**　摩根大通集团在其私链平台 Quorum 发布加密货币摩根币（JPM Coin）。摩根币被定位为一种支付清算工具，机构客户可以将美元以 1∶1 的比例兑换成摩根币并存入指定账户，通过银行基于以太坊的私有链平台，实现机构用户间的即时支付，提升批发支付业务的服务效率。不同于央行发行的法定货币，摩根币属于商业银行基于自身资产信用，并结合区块链技术发行的数字货币，同时，摩根币在设计理念与具体实践中体现出业务应用局限于机构用户、账本访问为许可性而非完全公开、投资及避险属性不强等特征，也使其区别于其他稳定币形态。

**2019 年 2 月 18 日**　国家新一代人工智能创新发展试验区正式成立，这也是国内首个国家新一代人工智能创新发展试验区。

**2019 年 2 月 26 日**　联合国世界知识产权组织（WIPO）发布了首份《2019 技术趋势——人工智能报告》。报告显示，截至 2016 年，科研人员已提交超过 34 万份人工智能发明专利申请，发表的科学出版物超过 160 万篇（部），在国别专利总申请量方面，美国、中国、日本排在前三位。

**2019 年 3 月 1 日**　美国谷歌公司发布最新产品线 Cloud IoT Core，该系统可以使平台用户安全地连接和管理大规模的物联网 IoT 设备。同年 7 月，谷歌公司又发布了 Edge TPU 芯片和 Cloud IoT Edge 软件，通过进一步提升边缘计算的数据处理能力，降低了数据传输到中央处理器而带来的带宽要求，提升了网络边缘设备的智能化水平。

**2019 年 3 月 15 日**　央视“3·15”晚会播出银行卡闪付存在盗刷问题。出于便捷支付目的，具有闪付功能的银行卡在进行小额消费（通常默认免密限额 1000 元）时，不必输入密码、打印签购单验证签名。针对央视曝光的盗刷问题，中国银联联合各商业银行建立了“风险全额赔付”保障机制，承诺将使用功能及相关风险充分告知持卡人，并提供自主关闭及恢复功能服务。

**2019 年 3 月 19 日**　IBM 公司推出全球首个单一网络集成支付、清算与结算的全球区块链网络 Blockchain World Wire，该网络基于区块链技术和恒星网络协议，提供更为快速便捷的跨境支付服务，降低跨境交易资本要求，同时还可为使用机构提供数字资产结算服务。

**2019 年 3 月 19 日**　全国首家 5G 高校在上海工程技术大学建成启用，该校成为全国首个实现 5G 网络深度覆盖的高校。

**2019 年 3 月 27 日**　香港金融管理局发出首批 3 张虚拟银行牌照，由 Livi VB、SC Digital Solutions 和众安银行获得。截至 2019 末，香港金融管理局已累计批准成立 8 家虚拟银行。

**2019 年 3 月 29 日**　教育部公布 2018 年度普通高等学校本科专业备案和审批结果，人工智能专业被列入新增审批本科专业名单，全国共有 35 所高校获首批建设资格。

**2019 年 3 月**　国家互联网信息办公室分别于 3 月和 10 月发布两批次的区块链信息服务名称及备案编号，两批次总共 506 个区块链服务项目获得了网信办的备案资质。

**2019 年 4 月 1 日**　济南地铁 1 号线正式开启商业运营，该条线路采用奥比中光 3D 传感技术，为国内首条采用 3D 人脸识别闸机的地铁线路。

**2019 年 4 月 3 日**　美国证券交易委员会（SEC）发布《数字资产“投资合同”属性分析框架》，该文件为投资者提供分析数字资产是否为一个投资合同，以及数字资产的发行和销售是否构成证券交易的框架。

**2019 年 4 月 9 日**　北京互联网法院公布首个采用“天平链”证据的判决。“天平链”于 2018 年 9 月 9 日由北京互联网法院主导建立，为基于区块链技术的电子证据开放生态平台，以解决电子证据存证难、取证难、认定难的问题。

**2019 年 4 月 25 日**　拉卡拉支付股份有限公司在深交所上市，成为首家 A 股上市的第三方支付公司。

**2019 年 4 月 29 日**　国家外汇管理局发布《支付机构外汇业务管理办法》（汇发〔2019〕13 号），要求在该办法实施前参与跨境外汇支付业务试点的支付机构，应于办法实施之日起 3 个月内，向注册地国家外汇管理局分局、外汇管理部进行名录登记。该办法进一步明确了我国跨境支付服务机构的资质要求，此前仅以境外持牌机构的身份开展业务的支付机构，将不能为国内跨境电商卖家提供跨境支付服务。

**2019 年 4 月**　美国国会推出了《2019 年虚拟货币消费者保护法案》（HR 922）和《美国虚拟货币市场和 2019 年监管竞争法案》（HR 923）两项新的数字资产相关法案，旨在解决价格操纵问题并提升美国在新兴产业中的竞争优势。

**2019 年 5 月 2 日**　加拿大央行（BOC）和新加坡金融管理局（MAS）联合宣布，两国央行合作完成了一次基于分布式账本技术、使用央行数字货币的跨境和跨货币支付测试，即通过使用哈希时间锁定合约技术，实现两国央行区块链网络 Jasper 和 Ubin 的成功连接。该项目也是两国央行首次合作进行的数字货币跨境支付的试点项目。

**2019 年 5 月 9 日**　依图科技推出自研云端视觉推理 AI 芯片 QuestCore（求索），以及基于该芯片构建的软硬件一体化产品和行业解决方案。该款芯片产品为首款针对云端定制的深度学习视觉推理芯片，适用于人脸识别、视频结构化分析、行人再识别等图像和视频实时智能分析任务。

**2019 年 5 月 10 日**　深圳市政府颁发《深圳市新一代人工智能发展行动计划（2019～2023）》。计划 5 年内在深圳建成 20 家以上创新载体，培育 20 家以上技术创新能力处于国内领先水平的龙头企业，打造 10 个重点产业基地。人工智能核心产业规模突破 300 亿元，带动相关产业规模达到 6000 亿元。

**2019 年 5 月 15 日**　印度央行印度储备银行（RBI）发布了《印度移动与结算系统声明：2019～2021 愿景规划》。此次愿景规划是印度政府自 2002 年以来第 6 次发布的支付与结算系统愿景文件，提出降低纸质清算在零售支付中的占比、数字支付交易额占 GDP 的比重到 2021 年提升至 14.80%、移动支付交易增加 50% 等目标。

**2019 年 5 月 16 日**　北京银行宣布旗下金融科技子公司北银金融科技有限责任公司正式成立，这是国内首家成立的金融科技子公司城商行。

**2019 年 5 月 24 日**　由科技部联合国内外十余家机构编写的《中国新一代人工智能发展报告 2019》正式发布，报告从全球形势、创新环境、科研突破、经济发展、社会应用、人才支撑、区域格局等视角，对过去一年中国人工智能发展的总体情况进行了回顾。

**2019 年 5 月 25 日**　科技部与上海市政府共同启动国家新一代人工智能创新发展试验区建设，这是国内第二个国家新一代人工智能创新发展试验区。

**2019 年 5 月 26 日**　2019 中国国际大数据产业博览会在贵阳召开，大会发布《块数据 5.0：数据社会学的理论与方法》《2019 中国地方政府数据开放报告》《大数据蓝皮书：中国大数据发展报告 NO.3》《数权法 1.0：数权的理论基础》等研究成果。

**2019 年 5 月 28 日**　国家互联网信息办公室就《数据安全管理办法（征求意见稿）》公开征求意见。该办法明确网络运营者不得以改善服务质量、提升用户体验、定向推送信息、研发新产品为由，以默认授权、功能捆绑等形式强迫、误导个人信息主体同意其收集个人信息。

**2019 年 5 月 31 日**　中国银行“5G 智能 + 生活馆”在北京正式开业，该网点为客户搭建 5G 网络环境，并运用生物识别、人工智能等前沿科技，实现无人全自助智能服务。中国工商银行、中国建设银行、浦发银行等商业银行也在大力开展智慧网点改造，深度融合 5G 元素与生活场景，进一步提升用户的金融服务体验。

**2019 年 5 月**　交通运输部办公厅印发《关于大力推动高速公路 ETC 发

展应用工作的通知》，要求加快ETC（电子不停车收费系统）的推广应用，到2019年底，各省（区、市）汽车ETC安装率达到80%以上，通行高速公路的车辆ETC使用率达到90%以上，高速公路基本实现不停车快捷收费，同时明确允许ETC可以绑定银行账户和支付账户。该项政策引发商业银行与非银支付机构对ETC账户的激烈争夺，截至2019年8月2日，全国ETC用户数量累计突破1亿。

**2019年6月6日** 工信部正式向中国电信、中国移动、中国联通、中国广电发放5G商用牌照，标志着我国正式进入5G商用元年。

**2019年6月9日** 中国人民银行与泰国央行签署中泰金融科技合作协议，双方将加强在金融科技领域的创新与联合研究、信息分享及监管合作，建设有利于金融科技发展的生态环境。

**2019年6月12日** 美国支付巨头VISA宣布推出基于区块链的商用跨境支付网络“B2B Connect”。该支付网络通过数字身份识别功能，将企业的敏感商务信息（如银行信息和账号）令牌化，并在该交易网络中实现跨境支付，缩短交易完成时间。

**2019年6月18日** 脸书公司（Facebook）发布天秤币（Libra）白皮书，宣布将联合多家行业机构发布数字货币Libra。与传统的电子支付系统不同，天秤币是以区块链（联盟链）为基础的点对点和去中心化的新一代支付系统。与比特币等加密数字货币不同，天秤币的货币价值与一揽子货币资产相对应，保障币值的相对稳定，因此又被称为“稳定币”。脸书声称，推出天秤币的目的是建立一套简单的、无国界的货币和为数十亿人服务的金融基础设施。

**2019年6月20日** 菲律宾两大运营商之一环球电信公司正式启动该国首个5G商用网络服务，菲律宾也由此成为东南亚首个开通5G网络的国家。

**2019年7月2日** 美国国会众议院金融服务委员会（Financial Services Committee）向脸书公司CEO马克·扎克伯格及其他高管致函，要求其立即中止开发数字货币Libra及数字钱包Calibra。该公开信表示，虽然脸书公司已经发布了白皮书，但有关天秤币项目的意图、潜在用途和安全信息仍然匮乏，存在较大的潜在风险。

**2019 年 7 月 11 日** 法国参众两院联合委员会通过法案，决定自 2019 年 1 月 1 日起开始征收临时性数字服务税（DST），此项法案的纳税对象包括在法国提供广告服务、向广告公司销售用户数据、提供中介服务的数字企业，税率为营业额的 3%。该法案是自 2018 年 3 月欧盟提出制定公平的数字经济所得税建议后，首个欧盟国家通过的征税法案。该法案的实施对包括美国四大数字巨头（GAFA）谷歌、亚马逊、脸书和苹果在内的互联网企业冲击最大，该法案通过前，美国已启动“301 调查”反对法国的歧视性税收政策。

**2019 年 7 月 17 日** 马斯克的 Neuralink 公司宣布了脑机接口（Brain - Computer Interface，BCI）新的解决方案。该方案主要通过机器人对人体头部进行激光束手术，植入由 96 根神经线组成的芯片，相当于在大脑中植入 3072 个电极，Neuralink 公司表示将在 2020 年进行人体试验。

**2019 年 7 月 18 日** 全国首个互联网仲裁电子证据平台正式运行，电子证据平台借助人工智能、区块链、大数据分析、加密算法等创新技术，无缝对接各个电子数据来源接口，实现互联网仲裁案件全流程线上解决。

**2019 年 7 月** 英格兰银行计划于 2020 年推出新版 50 英镑，“计算机科学和人工智能之父”艾伦 · 图灵的头像被印上英国 50 英镑新钞。

**2019 年 7 月** 韩国金融服务委员会（FSC）公布数字银行计划，计划批准成立 1 ~2 家数字银行。

**2019 年 8 月 1 日** 《自然》杂志的封面文章介绍了由清华大学施路平研究团队开发的全球首款异构融合类脑芯片——“天机芯”。此前，神经科学导向和计算机科学导向的人工智能计算平台互不兼容，施路平研究团队开发出具有融合功能的计算平台，并在此架构上开发出可同时支持计算机科学导向人工智能网络和神经科学导向模型的天机芯片。

**2019 年 8 月 5 日** IBM 公司推出新的区块链网络“Trust Your Supplier”（信任你的供应商），通过 IBM 公司的区块链平台体系，有助于改进传统供应商的数据管理方法，为区块链技术对供应链金融服务的最新应用。

**2019 年 8 月 13 日** 印度央行印度储备银行发布《监管沙盒授权框架》文件，该文件是印度央行于 2019 年 4 月发布征求意见稿后获得各相关利益主体的反馈意见后形成的，文件的发布宣告印度监管沙盒机制正式启动。

**2019 年 8 月 21 日** 央行官方微信公众号发布副行长范一飞于 2018 年 1 月 25 日发表《关于央行数字货币的几点考虑》的文章以及支付结算司副司长穆长春 8 月 10 日在第三届中国金融四十人伊春论坛上的演讲。央行表示在坚持双层运营、M0 替代、可匿名的前提下，2019 年已基本完成法定数字货币（DC/EP）顶层设计、标准制定、功能研发、联调测试等工作，后续将扎实开展数字货币研究，跟踪研究数字货币国际前沿信息。

**2019 年 8 月 23 日** 华为公司推出人工智能处理器 Ascend 910（昇腾 910），同时推出全场景 AI 计算框架 MindSpore。

**2019 年 8 月 29 日** 以“智联世界无限可能”为主题的 2019 年世界人工智能大会在上海召开。大会公布《2019 人工智能安全与法治上海导则》，并发表《人工智能数据安全风险与治理》《人工智能时代数字内容治理机遇与挑战》《2019 智能网联汽车产业安全研究报告》三份报告，同时招标第二批 19 个人工智能应用场景，聚焦医疗、教育、城市管理和产业发展等各个领域，实现人工智能技术的全产业覆盖。

**2019 年 8 月 29 日** 科技部印发《国家新一代人工智能创新发展试验区建设工作指引》，进一步明确国家新一代人工智能创新发展试验区的总体要求、重点任务、申请条件、建设程序和保障措施，提出到 2023 年，将布局建设 20 个左右试验区，以促进人工智能与经济社会发展深度融合为主线，全面提升人工智能创新能力和水平。

**2019 年 8 月** 澳大利亚政府通过《消费者数据权法》，该法案赋予客户控制数据并与第三方共享的权利，迈向了开放数据经济的重要一步。根据新规定，消费者可以更自由地与第三方金融科技和开放银行分享其账户数据。

**2019 年 9 月 3 日** 汇丰银行（中国）有限公司对外宣布，已协助一家深圳电子制造企业完成全球首笔基于区块链技术的跨境人民币信用证交易，这也是在粤港澳大湾区内完成的首单区块链跨境信用证交易。

**2019 年 9 月 6 日**　中国人民银行正式印发《金融科技（FinTech）发展规划（2019～2021 年）》，提出加强金融科技战略部署、强化金融科技合理应用、赋能金融服务提质增效、增强金融风险技防能力、加大金融审慎监管力度、夯实金融科技基础支撑六项重点任务。到 2021 年，建立健全我国金融科技发展的“四梁八柱”，使我国金融科技发展居于国际领先水平。

**2019 年 9 月 22 日**　比特币期货交易平台 Bakkt 正式上线，该交易平台由纽约证券交易所（NYSE）的母公司美国洲际交易所（ICE）设立，并于 2019 年 7 月开启首轮交易测试。

**2019 年 9 月 25 日**　上海市经信委印发《关于建设人工智能上海高地，构建一流创新生态的行动方案（2019～2021 年）》。方案提出，全市统筹 5G、物联网、互联网数据中心（IDC）、云计算平台、超算中心等新一代信息基础设施建设运营，聚焦支持人工智能企业发展。

**2019 年 9 月 30 日**　美国支付公司贝宝（PayPal）全资控股的美银宝信息技术（上海）有限公司收购国付宝 70% 股权的交易获得央行批准。国付宝是获得央行批准而成立的具有支付许可证的支付公司，贝宝控股国付宝后意味着贝宝拥有国内支付牌照，也使贝宝成为首家在中国拥有在线支付牌照的海外公司。

**2019 年 9 月**　央行发布《中国人民银行关于发布金融行业标准，加强移动金融客户端应用软件安全管理的通知》（银发〔2019〕237 号），针对移动金融 App 的安全问题，从提升安全防护能力、加强个人金融信息保护、提高风险监测能力、健全投诉处理机制、强化行业自律管理五大方面进行管理规范。

**2019 年 10 月 9 日**　新加坡星展银行推出针对中小企业客户的数码物流解决方案。该方案将帮助新加坡物流中小企业迎接不断发展的消费模式带来的挑战，使新加坡能够在新兴业务领域保持领先地位。

**2019 年 10 月 11 日**　中国信息通信研究院发布《全球数字经济新图景（2019 年）——加速腾飞重塑增长》，内容涵盖全球 47 个国家数字经济的政策焦点、整体态势、数字产业化、产业数字化转型等多个方面的内容。

**2019 年 10 月 11 日**　中国银联与奥比中光公司共同成立“3D 视觉联合实验室”，双方将围绕 3D 视觉技术研究及应用开展合作，共同推进金融科技创新。

**2019 年 10 月 12 日**　北京银保监局印发《关于规范银行与金融科技公司合作类业务及互联网保险业务的通知》，通知要求银行开展合作类业务不得突破自身经营范围，不得借助外部合作规避监管规定，对合作机构实行名单制管理，应审慎制定准入标准。

**2019 年 10 月 20 日**　在浙江乌镇举行的第六届世界互联网大会“金融科技——深度融合，多向赋能”论坛上，中国银联联合中国工商银行、中国农业银行、中国银行、中国建设银行等 60 余家金融机构，联合发布全新智能支付产品“刷脸付”，这是继支付宝、微信之后，又一支付巨头进军“人脸支付”领域，标志着以支付介质为基础的产业竞争已由卡基支付、码基支付进入生物识别支付。

**2019 年 10 月 23 日**　国际顶级期刊《自然》杂志刊登文章，报道谷歌公司约翰·马丁内斯领导“量子霸权”小组建造出名为“Sycamore”的超导量子处理器，并声称其量子计算机的运行能力已经全面超越了传统计算机，即 Sycamore 用时 200 秒的计算，目前最先进的传统计算机“Summit”需要 1 万年（IBM 质疑最多为 2.5 天），并由此实现了“量子霸权”（Quantum Supremacy，该词由美国加州理工学院理论物理学家约翰·普瑞斯基尔提出）。

**2019 年 10 月 23 日**　脸书公司 CEO 马克·扎克伯格出席美国众议院金融服务委员会主题为“考察脸书及其对金融服务和房产领域的影响”的项目听证会，就脸书公司推出的天秤币项目风险及对美国金融体系和美元的影响接受问询。

**2019 年 10 月 24 日**　中共中央政治局就区块链技术发展现状和趋势进行第十八次集体学习。中共中央总书记习近平在主持学习时强调，区块链技术的集成应用在新的技术革新和产业变革中起着重要作用，要把区块链作为核心技术自主创新的重要突破口，明确主攻方向，加大投入力度，着力攻克一批关键核心技术，加快推动区块链技术和产业创新发展。

**2019年10月25日** 中国国家市场监管总局、中国人民银行对外公布《金融科技产品认证目录（第一批）》《金融科技产品认证规则》。首批纳入金融科技产品认证目录的产品包括客户端软件、安全芯片、安全载体、嵌入式应用软件、银行自动柜员机终端（ATM）、支付销售点终端（POS）、终端移动可信执行环境（TEE）、可信应用程序（TA）、条码支付受理终端（含显码设备、扫码设备）、声纹识别系统以及云计算平台等。

**2019年10月26日** 中国密码领域的第一部法律《密码法》由十三届全国人大常委会第十四次会议表决通过，并于2020年1月1日起施行，这标志着我国在密码的应用和管理方面有了专门性的法律保障。根据《密码法》规定，密码是指采用特定变换的方法对信息等进行加密保护、安全认证的技术、产品和服务。密码分为核心密码、普通密码和商用密码，国家对密码进行分级管理。

**2019年10月30日** 由微众银行与深圳大学共同组建的“深圳大学微众银行金融科技学院”成立大会在深圳大学举行，该学院为全国首个校企共建的金融科技学院，旨在培养复合型专业人才。

**2019年10月30日** 由韩国10家银行参与试验的“开放银行”系统正式投入试运行。用户可通过任意一家参与系统运行的银行App，管理自己在多家银行的账户，使客户跨行汇款更加便捷，并计划借助API接口，使商业银行和金融科创企业可以平等地享有访问用户账户数据的权利。

**2019年10月31日** 上海银行与蚂蚁金服“双链通”区块链平台合作供应链融资项目正式放款。该平台通过对蚂蚁区块链技术和网商银行信贷技术的运用，缩短供应链上游企业的账款回收周期，上海银行也成为国内首家与“双链通”平台实现业务对接的合作银行。

**2019年10月** 央行发布《个人金融信息（数据）保护试行办法（初稿）》，待征求意见结束后将正式对外发布。该办法重点涉及完善征信机制体制建设，将对金融机构与第三方之间的征信业务活动等进一步做出明确规定，加大对违规采集、使用个人征信信息的惩处力度。

**2019 年 10 月** 印度央行印度储备银行正式发布《零售支付系统授权详细指南》，明确要求所有支付服务运营商应确保不同零售支付系统之间的互操作性，并须遵守 KYC（了解你的客户）要求。

**2019 年 10 月** 贝宝正式退出脸书公司的 Libra 稳定币项目。贝宝是 28 家创始会员中第一个退出的厂商。

**2019 年 10 月** 韩国国民议会通过网贷监管新规，要求网贷机构必须在韩国金融服务委员会注册，注册资本不低于 5 亿韩元（约 300 万元人民币），网贷机构须公开披露交易结构、财务管理状况、贷款规模、逾期率等相关信息，借贷利息不得超过 24%。

**2019 年 11 月 8 日** 中国工商银行发布全新智慧银行生态系统 ECOS 1.0 系统，该系统是中国工商银行自 2017 年全面实施“智慧银行 ECOS 工程”建设的重要标志性成果，将有助于中国工商银行将支付、融资、理财、投资等金融产品嵌入民生消费和企业生产场景，构建更为开放的跨界金融生态。

**2019 年 11 月 18 日** 日本软银公司旗下的雅虎日本和运营即时聊天软件的 Line 公司正式宣布，双方就合并经营达成基本协议。两家公司此前各自拥有移动支付平台“Paypay”和“Line Pay”，合并后的实体将成为日本最大的互联网平台，为超过 1 亿名用户提供聊天、搜索、电子商务和支付应用程序，并计划每年投资 1000 亿日元开发人工智能技术。

**2019 年 11 月 20 日** 新加坡金融管理局（MAS）就允许支付型代币衍生品在交易所交易并根据《证券与期货法》对交易活动进行监管这一事项，向利益相关各方征求意见。根据新加坡金融管理局规定，将数字代币分为证券型代币、支付型代币和实用型代币三类。此前，证券型代币相关的衍生品交易已经在《证券与期货法》的监管范围内。

**2019 年 11 月 28 日** 由边缘计算产业联盟（Edge Computing Consortium，ECC）和绿色计算产业联盟（Green Computing Consortium，GCC）联合成立边缘计算 IT 基础设施推进工作组（Edge Computing IT Infrastructure，ECII），编写并发布《边缘计算 IT 基础设施白皮书 1.0》，这是我国首个边缘计算基

础设施领域白皮书。该白皮书总结了异构计算、边缘智能、边缘协同和“5G+边缘计算”四大最新发展趋势。

**2019 年 11 月** 中国信息通信研究院发布的《2019 金融行业移动 App 安全观测报告》显示，有 70.22% 的金融行业 App 存在高危漏洞，仅有 17.08% 的金融行业 App 进行了安全加固，攻击者可利用这些漏洞窃取用户数据，进行 App 仿冒、植入恶意程序、攻击服务等，严重威胁 App 安全，此外，20.48% 的金融行业 App 被嵌入了第三方 SDK，金融 App 的个人隐私信息泄露问题也较为严重。

**2019 年 11 月** 印度央行印度储备银行宣布首批监管沙盒申请将于 2019 年 11 月 15 日至 12 月 15 日开放，主题为“零售支付”，涉及移动支付、离线支付及非接触式支付等多个服务类型。

**2019 年 12 月 3 日** 中国互联网金融协会在北京召开移动金融 App 备案管理工作试点启动会议，会议明确，各试点机构应于 2019 年底前完成首批试点备案 App 的材料提交和备案申请，协会完成备案审核工作后择期发布第一批通过备案的 App 清单。首批 23 家机构试点包括 16 家银行类金融机构（含 5 家国有大行、5 家股份行、3 家城商行、2 家农商行和 1 家农信联社）、4 家证券基金保险类金融机构，以及 3 家非银支付机构。

**2019 年 12 月 5 日** 北京市金融监管局对外表示，在中国人民银行指导支持下，北京市在全国率先启动金融科技创新监管试点，探索构建包容审慎的中国版“监管沙盒”。

**2019 年 12 月 13 日** 平安集团旗下金融壹账通正式在美国纽交所上市，融资金额 3.12 亿美元。

**2019 年 12 月 18 日** 香港首家虚拟银行众安银行有限公司正式开始试营业，将提供开户、存款、转账等多种线上银行服务，初期拟邀请 2000 人参与，并接受香港金融管理局金融科技监管沙盒的监管。

**2019 年 12 月 19 日** 天津飞腾信息技术有限公司发布《飞腾安全架构规范 PSPA1.0》，提出了自主的处理器安全平台架构标准和相关技术规范。飞腾系列 CPU 基于 ARM 架构，覆盖高性能计算、高性能服务器、桌面、嵌入式应用等领域，为从端到云的各型设备提供核心算力支撑。

**2019 年 12 月 27 日** 央行就《中国人民银行金融消费者权益保护实施办法（征求意见稿）》向社会公开征求意见。该征求意见稿提出，金融机构应合理划分金融产品和服务风险等级以及金融消费者风险承受等级，将合适的金融产品和服务提供给适当的金融消费者。在消费者金融信息保护方面，意见稿明确金融机构不得变相强制收集消费者的金融信息。

**2019 年 12 月** 马来西亚国家银行发布数字银行牌照框架征求意见稿，将最多向合格申请人颁发 5 张数字银行牌照，以提升银行业的竞争水平和创新能力。

**2019 年 12 月** 英国金融行为监管局成立开放金融咨询小组，就开放金融所带来的机遇征求意见，探讨将开放银行相关原则扩展至更广泛的金融产品领域。

**2019 年 12 月** 《互联网保险业务监管办法（征求意见稿）》面世，开始向相关保险机构、互联网机构及部分银行机构征求意见。相较于 2015 年发布实施的《互联网保险业务监管暂行办法》，此次征求意见稿的内容从 30 条增至 106 条，在网络安全等级保护、风险管控和个人信息管理等方面做出了明确的规定。

**2019 年 12 月** 北京互联网法院发布《天平链应用接入技术规范》和《天平链应用接入管理规范》，探索“业务链、管理链、生态链”三链合一的“天平链 2.0”新模式，打造司法体系与国家治理现代化创新实践示范平台。

**2019 年 12 月** 韩国正式启动开放银行系统，共有 16 家银行和 31 家金融科技企业参与，该开放银行系统于 10 月试运行开始，已有约 300 万名用户通过该开放银行系统注册了约 700 万个账户。

**2019 年 12 月** 央行发布《移动金融客户端应用软件安全管理规范》，对 2012 年出台的《中国金融移动支付客户端技术规范》相关技术标准进行了完善，并明确不得收集与提供金融服务无关的个人金融信息、信息使用结束后应立即删除敏感信息、在客户端卸载软件后不得留存个人金融信息等要求。

**2019 年 12 月**　数字银行 Monese 宣布在英国推出首个共同账户产品，这也是欧洲地区首个数字银行跨境共同账户产品。

**2019 年 12 月**　欧洲央行在其辑刊《焦点》第四期发布了题为《如何实现中央银行数字货币的匿名性》的专题报告。报告指出，欧洲中央银行系统已经完成了“中央银行数字货币”匿名性的概念验证。

**2019 年 12 月**　美国加州人工智能公司耐能（Kneron）对外宣称，近期使用 3D 面具完成了对支付宝和微信的“刷脸支付”功能的破解测试，这引发了社会对“刷脸支付”安全性的担忧。

# 附录2 2019年典型城市金融科技发展及政策

沈燕鸿*

2019 年，中国金融科技发展仍处于全球领先水平。从地域发展情况来看，各城市在金融科技发展速度和水平上存在差异，东部城市总体实力较强。其中，北京金融科技优化布局稳步发展，上海努力打造金融科技国际化品牌，深圳力争粤港澳大湾区金融科技发展“主角”，杭州采用“政策 + 人才”策略激发城市发展新活力。成都、重庆、广州、南京等城市也在积极布局金融科技发展。在 2019 年第 26 期《全球金融中心指数报告》① 排名中，上海、北京、深圳、广州、青岛、成都、大连、天津、南京和杭州十座城市进入榜单；《2019 金融科技中心城市报告》显示，北京、上海、杭州、深圳、南京、广州、成都、重庆入选全球金融科技产业前 40 个城市。下面主要分析北京、上海、深圳、杭州、广州、成都、重庆、南京八地 2019 年金融科技发展情况，并梳理八地出台的相关政策。

---

* 沈燕鸿，中关村互联网金融研究院研究一部主任，具有多年金融科技领域研究经验，毕业于中国财政科学研究院财政学专业。参与过《中国互联网金融与小微金融竞争力报告（2017）》《互联网保险报告（2017）》《小微企业融资环境评价研究报告》《中国金融科技和数字普惠金融发展报告（2018）》等研究，还参与了《北京市促进金融科技发展规划（2018 ~ 2022 年）》和《海淀区建设具有全球影响力的金融科技创新中心五年发展规划》的编写工作。

① 英国智库 Z/Yen 集团与中国（深圳）综合开发研究院共同编制的第 26 期《全球金融中心指数报告》。

# 一　北京金融科技发展现状及政策

## （一）发展概述

2019年，北京市金融科技综合实力进一步提升，创新能力持续增强，企业实力不断增长，金融科技整体发展水平仍然领先全球。《2019金融科技中心城市报告》显示，北京继2018年被评为全球金融科技中心城市第一后，2019年蝉联全球金融科技中心城市榜首；在第三届（2019）钱塘江论坛发布的“2019年全球金融科技产业40城”的排名中，北京排在全球和中国榜首。截至2019年底，北京共有金融科技公司3945家①（不包含P2P网络借贷和网络众筹公司），涵盖综合金融类集团、金融科技底层技术类企业、市场基础设施类企业和金融科技应用类企业。根据中关村互联网金融研究院发布的《2019中国金融科技竞争力100强榜单》，北京有49家企业跻身100强，是入选企业最多的地区。

金融科技智力资源不断聚集。截至2019年8月底，北京地区两院院士达到778人，占全国的比重为47.8%；高校加快改革，积极推进金融科技专才培养，截至2019年底，北京已有清华大学、北京大学、中国人民大学、中央财经大学、北京理工大学、对外经济贸易大学、首都经济贸易大学、外交学院、北京工商大学、北京联合大学、北京航空航天大学、北京第二外国语学院、北京民族大学、北京语言大学、北京交通大学、北京外国语学院、北京工业大学、北京林业大学共18所高校开展本科或者硕士层次金融科技专业教学，进一步夯实北京金融科技创新发展的人才基础。

北京各区加强金融科技发展部署，实现差异化发展。继2018年10月发布的《北京市促进金融科技发展规划（2018～2022年）》提出“一

① 数据来源于金融科技企业数据库。

区一核，多点支撑”的空间布局后，2019 年 1 月，国务院发布《国务院关于全面推进北京市服务业扩大开放综合试点工作方案的批复》指出：西城区建设国家级金融科技示范区，并在依法合规的前提下探索“监管沙盒”机制；海淀区进一步强化国家科技金融创新中心功能；东城区和朝阳区应着力打造国际金融开放前沿区；石景山区应以北京保险产业园为核心，加快建设国家级金融产业示范区；房山区应以金融安全小镇和基金小镇为载体，打造有吸引力的特色金融聚集区；顺义区应以首都产业金融中心为平台，着力发展产业金融和离岸金融。2019 年，大兴云计算产业园建成，门头沟投建人工智能产业园；5 月底，中关村金融科技产业发展联盟成立，62 家企业已先行入驻，加速北京金融与科技资源联动发展。

北京加快推进以“监管沙盒”为核心的金融科技监管创新工作等措施，不断巩固自身金融科技“排头兵”的地位。2019 年 1 月，国务院发布的《国务院关于全面推进北京市服务业扩大开放综合试点工作方案的批复》提出，西城区着力强化国家金融管理和服务功能，在依法合规的前提下探索监管“沙盒机制”，促进金融发展、防范金融风险；12 月，北京市地方金融监督管理局发布《北京市在全国率先试点金融科技“监管沙箱”》的公告。2019 年 10 月 12 日，央行等六部委正式批准在北京开展金融科技应用试点工作，针对当前金融科技发展面临的问题和挑战，在做好网络安全保障和数据隐私保护的前提下，探索运用云计算、人工智能、移动互联网、大数据、物联网等新一代信息技术，提高金融服务质量和效率，增强服务实体经济与防范化解风险的能力，提升公共服务与社会治理水平，为新技术的全面应用提供实践基础和经验借鉴。12 月，北京 46 个金融科技试点项目获得六部委批复，居全国 10 个试点省市之首。

### （二）政策

北京金融科技发展相关政策见附表 1。

**附表 1　北京金融科技发展相关政策**

| 时间 | 发布单位 | 政策 | 主要内容 |
| --- | --- | --- | --- |
| 2019 年 2 月 | 中关村科技园区管理委员会 | 《中关村国家自主创新示范区促进科技金融深度融合创新发展支持资金管理办法》 | 针对在中关村示范区内注册的国家高新技术企业和中关村高新技术企业,支持金融科技引领发展,持续深化科技信贷创新,构建了覆盖科技企业全生命周期的金融产品和服务体系 |
| 2019 年 5 月 | 北京市海淀区人民政府 | 《关于加快中关村科学城人工智能创新引领发展的十五条措施》 | 主要内容包括:一是强化原始创新和关键核心源头创新,鼓励高校院所、新型研发平台和顶尖科学家团队聚焦人工智能重大原创学术思想和理论开展研究;二是鼓励创新主体建设开源开放的创新平台,突出支持一批产业链协同创新平台、开源及共性技术平台和公共计算平台,特别重大的平台可连续支持三年,最高支持 3000 万元;三是大力推进"人工智能 +"示范应用,重点围绕交通、医疗、金融、制造、教育等领域打造一批人工智能深度应用场景,通过示范应用进一步引导人工智能技术产业化落地,打造科技城市,构建新型城市形态;四是全面优化人工智能产业布局,打造高品质人工智能研发和产业创新集聚区;五是强化资本助力,鼓励早期投资、长期投资、分阶段连续投资和产业链组合投资,引导社会资本更加有耐心地培育人工智能产业发展;六是大力引进、培育人工智能紧缺人才,建设人工智能高级人才培训学校,面向深度学习算法、体系架构、融合应用等领域开展培训 |
| 2019 年 6 月 | 北京市海淀区人民政府 | 《关于支持中关村科学城智能网联汽车产业创新引领发展的十五条措施》 | 主要内容包括以下三个方面。一是围绕"汽车大脑"产业生态建设,大力夯实产业研发基础,提升技术创新高度,支持一批共性技术基础平台建设,支持一批智能网联汽车领域关键技术创新突破。二是围绕"国际一流自动驾驶创新示范区"建设,打造功能齐全、特色突出的自动驾驶封闭测试场,营造智能网联汽车与智能交通全面融合的测试环境;构建技术先进、体系完备的开放测试区域,支持智能网联先进技术应用;加大创新企业孵化培育, |

续表

| 时间 | 发布单位 | 政策 | 主要内容 |
| --- | --- | --- | --- |
| 2019年6月 | 北京市海淀区人民政府 | 《关于支持中关村科学城智能网联汽车产业创新引领发展的十五条措施》 | 对智能网联汽车专业孵化器、加速器给予支持，对初创企业开展自动驾驶相关测试给予补贴；提升示范区市场化运营能力，突出自动驾驶场景应用，对短途接驳、物流配送、智能清扫、智能公交等自动驾驶示范应用给予支持。三是支持举办创新活动，打造国际创新名片。对具有国际影响力和行业带动力的高端交流平台和自动驾驶汽车赛事活动予以支持，推动中关村科学城成为国际领先的智能网联汽车产业创新高地 |
| 2019年10月 | 北京银保监局 | 《关于规范银行与金融科技公司合作类业务及互联网保险业务的通知》 | 规范辖内银行与金融科技公司合作类业务及互联网保险业务，促进银行保险机构加强风险管控和合规管理 |
| 2019年10月 | 北京市西城区人民政府 | 《北京市西城区科技企业孵化加速平台认定和支持办法（修订）》 | 设置专项资金支持西城区孵化加速基地建设发展，完善中关村科技园区西城园科技创新服务体系，增强自主创新服务能力，建设具有首都特色的都市型科技园区 |
| 2019年11月 | 中关村西城园管理委员会 | 《〈关于支持北京金融科技与专业服务创新示范区（西城区域）建设的若干措施〉的实施细则（试行）》 | 进一步明确《关于支持北京金融科技与专业服务创新示范区（西城区域）建设的若干措施》支持对象的范围、支持方式 |

## 二　上海金融科技发展现状及政策

### （一）发展概述

《2019 金融科技中心城市报告》显示，上海名列全球金融科技中心城市第四、国内金融科技中心城市第二。相关数据显示，截至 2019 年底，上海共有金融科技企业 3534 家[①]（不包含 P2P 网络借贷和网络众筹公司），位居全国第二，涵盖了第三方支付、区块链、保险科技、消费金融等领域。

上海拥有打造国际金融中心的先发优势，2019 年上海全面提速建设金融科技中心，加速国际金融中心和科技中心的联动发展，聚焦金融科技前沿趋势。2019 年 10 月，在中国人民银行上海总部的指导下，上海国际集团联合 14 家单位发起成立上海金融科技产业联盟，涵盖金融要素市场、银行、保险、证券、新金融、高校等多个领域。作为上海金融科技产业联盟的物理载体，上海首个以金融科技为主导的国际产业园——上海城创金融科技国际产业园同步揭牌，加速构筑金融、科技、人才、市场的发展环境。同时，在上海“筑巢引凤”效应的带动下，BAT（百度、阿里、腾讯）、华为、商汤等科技公司纷纷在上海布局。在 2019 世界人工智能大会上，商汤集团中国总部暨全球研发总部正式落户上海[②]。

2019 年，上海充分发挥本土金融科技资源优势，培养符合需求的金融科技人才教育平台，在高校成立培养金融科技人才的相关专业。2019 年 1 月，上海交通大学上海高级金融学院的金融硕士项目（金融科技方向）设立；2019 年 10 月，复旦大学获中国人民银行金融科技研究中心授牌，成为国内首家加入金融科技研究中心的高等院校。

### （二）政策

上海金融科技发展相关政策见附表 2。

① 数据来源于中国金融科技企业数据库。

② 《上海加快金融科技中心建设　氪信科技等 AI 新生代大有可为》，光讯网，2020 年 2 月 25 日，http：//www. gx - news. cn/finance/gongsijingji/12166. html。

**附表 2　上海金融科技发展相关政策**

| 时间 | 发布单位 | 政策 | 主要内容 |
|---|---|---|---|
| 2019 年 1 月 | 中国人民银行会同国家发展改革委、科技部、工业和信息化部、财政部、银保监会、证监会、国家外汇局 | 《上海国际金融中心建设行动计划（2018～2020 年）》 | 到 2020 年，上海基本确立以人民币产品为主导、具有较强金融资源配置能力和辐射能力的全球性金融市场地位，基本形成公平、法治、创新、高效、透明、开放的金融服务体系，基本建成与我国经济实力以及人民币国际地位相适应的国际金融中心，迈入全球金融中心前列 |
| 2019 年 8 月 | 中共上海市委、上海市人民政府 | 《关于促进中国（上海）自由贸易试验区临港新片区高质量发展实施特殊支持政策的若干意见》 | 聚焦管理权限、专业人才、财税金融、规划土地、产业发展、住房保障、基础设施等方面，形成 50 条政策措施，支持新片区内企业开展真实、合法的离岸转手买卖业务，优先支持符合条件的集成电路、人工智能、生物医药、航空航天、新能源汽车等关键重点领域的企业上市 |
| 2019 年 8 月 | 国务院 | 《中国（上海）自由贸易试验区临港新片区总体方案》 | 金融方面，进一步提升贸易投资的便利化水平，试行更加开放、更加便利、更加自由的金融政策，打造金融开放创新的新高地。强调要通过聚焦集成电路、人工智能、生物医药、民用航空等重点产业，在投资环境、贸易监管、国际人才流动以及税收等核心环节，提出了一系列配套措施，以新发展理念引领高质量发展 |
| 2019 年 10 月 | 中国人民银行上海总部 | 《关于促进金融科技发展　支持上海建设金融科技中心的指导意见》 | 从打造具有全球影响力的金融科技生态圈、深化金融科技成果应用、加大新兴技术研发、持续优化金融服务、加强长三角金融科技合作共享、提升金融科技风险管理水平、提升金融科技监管效能、加强人才培养和合作交流八个方面提出 40 项指导意见，旨在助力上海国际金融中心建设和科技创新中心建设联动发展，着力挖掘上海金融科技发展潜能，深度激发金融科技发展活力，提升金融科技赋能实体经济的质量和效率，为把上海建设成为与国际金融中心地位相适应的金融科技中心提供有力支撑 |

## 三 深圳金融科技发展现状及政策

### （一）发展概述

深圳的金融科技发展位居全国前列，金融科技生态圈更加完善。无论是金融科技企业数量、金融科技渗透程度，还是当地政府对金融科技发展的支持力度，深圳市均为全国的先行军。《2019 金融科技中心城市报告》显示，深圳名列全球金融科技中心城市第六、国内金融科技中心城市第三。当前，深圳市共有纳入统计标准的金融科技企业 1640 家，占全国金融科技企业数量的 13.29%。深圳市互联网银行、互联网保险的发展位居全国前列。深圳市互联网银行累计放贷量的行业占比为 63.86%，居全国第一位；在体验上，深圳市金融科技使用者占比达 86%，位居全国第二。深圳也是第三方支付体验的“规模状元”，微信和支付宝城市服务位居全国第三方支付场景广度第一，场景服务涵盖政务、医疗、交通、住房等多个方面。在数字货币、电子支付领域，深圳的金融科技企业也支撑着各个应用场景的运用与发展①。2019 年第 26 期《全球金融中心指数报告》显示，深圳排名全球金融中心第九，在金融科技发展的“标杆城市”中排名第五。

深圳区位优势显著，在粤港澳大湾区金融科技发展规划区域中处于重要位置，也是连接中国香港和内地的桥梁，是深交所所在地，并且，拥有以华为、腾讯等为代表的优质金融科技企业，聚集超 80 家上市信息科技公司。深圳不断加强与香港金融管理局在金融科技领域的合作。一方面，深圳市地方金融监管局与香港金融管理局率先签署合作备忘录，大力鼓励深港金融科技跨境创新，建立深港金融科技软落地机制，推动香港青年赴

① 《粤港澳大湾区纲要“点名”深圳发展金融科技》，未央网，2019 年 2 月 24 日，https：//www.weiyangx.com/321718.html。

深圳交流学习；另一方面，深圳市地方金融监管局、香港金融管理局、澳门金融管理局、前海管理局等，每年共同举办金融科技全球峰会，目前已连续举办三届，为深港金融科技产品与项目提供了展示平台。2019 年 3 月，深圳市地方金融监管局、香港金融管理局、澳门金融管理局、中国人民银行深圳市中心支行等单位指导，平安集团、华为科技、腾讯集团、深交所等 23 家单位发起设立“深港澳金融科技师”专才计划，将推动金融科技国际标准制定，填补金融科技人才认证的国际空白，加强粤港澳大湾区金融合作。

深圳市地方金融监管局在监管科技方面先行先试，目前建成“灵鲲金融安全大数据平台”“地方金融风险监测预警系统”“地方金融监管信息系统”“信访回复智能助手”“网贷机构良性退出网络投票平台”等，构建了全天候无缝隙的日常监测系统，全面预警和打击金融违法犯罪行为①。

## （二）政策

深圳金融科技发展相关政策见附表 3。

**附表 3　深圳金融科技发展相关政策**

| 时间 | 发布单位 | 政策 | 主要内容 |
| --- | --- | --- | --- |
| 2019 年 3 月 | 深圳市福田区科技创新局 | 《福田区科技产业园区（孵化器）认定与管理暂行办法（征求意见稿）》 | 聚焦 5G 研发及应用、芯片设计与研发、金融科技研发及应用、高端现代服务业等，引进 5G 中高频器件创新中心、深圳国家芯火双创平台、IC 测试验证工程技术中心、华为软件云服务创新中心、粤港澳 5G 和新一代无线信息技术公共服务平台等多个新一代信息技术产业项目 |

① 《深圳市金融科技生态圈初步形成》，深圳市人民政府金融工作局网站，2020 年 2 月 25 日，http：//www. jr. sz. gov. cn/sjrb/ydmh/xxgk/gzdt/201910/t20191031_ 18474409. htm。

续表

| 时间 | 发布单位 | 政策 | 主要内容 |
| --- | --- | --- | --- |
| 2019 年 3 月 | 广东省科学技术厅、教育厅、公安厅、财政厅、人力资源和社会保障厅、自然资源厅、农业农村厅、国家税务总局广东省税务局 | 《关于进一步促进科技创新的若干政策措施实施指引》 | 梳理凝练“科创 12 条”，分为单独制定出台配套政策、统一制定出台实施指引、结合工作贯彻落实、有条件的地市组织实施 4 种类型，分别推进落实 |
| 2019 年 7 月 | 深圳市人民政府 | 《深圳市科技计划管理改革方案》 | 推出深圳科技计划管理改革 22 条举措，通过新设、整合、拓展、优化科技计划项目，形成总体布局合理、功能定位清晰的“一类科研资金、五大专项、二十四个类别”科技计划体系，实现体系架构市场化、关键环节国际化、政府布局主动化、高校支持稳定化、人才支持梯度化、深港澳合作紧密化、国际交流全面化，增强核心引擎功能，发挥示范带动作用，为建设中国特色社会主义先行示范区、创建社会主义现代化强国的城市范例提供重要支撑 |
| 2019 年 8 月 | 国务院 | 《关于支持深圳建设中国特色社会主义先行示范区的意见》 | 在金融领域，支持在深圳开展数字货币研究与移动支付等创新应用，促进与港澳金融市场互联互通和金融（基金）产品互认，在推进人民币国际化上先行先试，探索创新跨境金融监管，支持深圳试点深化外汇管理改革 |

# 四　杭州金融科技发展现状及政策

## （一）发展概述

杭州已成为国内金融科技创新最活跃、发展最迅速的城市之一，金融科技发展水平稳居全国前列。《2019 金融科技中心城市报告》显示，杭州位列全球第六、全国第三；在金融科技体验方面，杭州连续三年获全球最佳，杭州金融科技应用率（使用者占比）达 93.5%，而全国金融科技应用率平均值为 78.3%。其中，蚂蚁金服在 2019 全球科技金融百强榜中继续排名第一；恒生电子在保险、基金、银行、证券等 IT 服务市场占有率保持第一。2019 年 10 月 29 日，经中国人民银行同意，由中国互联网金融协会和世界银行共同支持建设的全球数字金融中心在杭州正式成立。“全球数字金融中心”这张新名片，让杭州的金融科技发展迈上了一个新台阶。目前杭州上市公司的数量在全国各大城市中名列第四，仅次于北京、上海和深圳，位居省会城市第一。截至 2019 年 5 月 20 日，全国科创板受理企业共 110 家，其中浙江省有 10 家，而 6 家来自杭州[①]。

人才流入为杭州金融科技的发展提供智力保障。杭州持续加大金融科技专业人才引进，全力推进“钱塘金融人才专项实施”“急需紧缺金融人才招引培育”“提升金融人才培养服务体系”“金融人才职业素质提升工程”等工作。落户杭州的人才中，90% 以上集中于信息软件、金融服务等高端产业。2019 年 5 月，钱塘江金融港湾金融科技实验室成立，搭建起了高校金融学科改革创新、金融人才教育、覆盖全球的金融数据库、第三方投研和科技成果转化等多个平台。同时，长三角金融人才高校联盟成立，推动浙江省金融人才工作不断发展。

杭州秉持包容和审慎的态度，不断鼓励和探索金融科技创新。杭州在法院系统率先采用区块链等技术创新，使用户可以直接完成区块链取证、存证的全流程操作。2019 年 5 月，《杭州国际金融科技中心建设专项规划》正式发布，对目标定位、主要任务、空间布局及政策支持予以明确。未来 3 年，杭州市将致力于建设国际化的金融科技研发与创新策源地、金融科技基础设施先行区、金融科技产业与应用集聚地、金融科技创新生态示范区、金融科

① 《瞄准国际金融科技中心，杭州金融业提质增效书写新篇章》，杭州网，2020 年 2 月 25 日，https：//hznews. hangzhou. com. cn/jingji/content/2019 –05/30/content_ 7202307. htm。

技产业集聚首选地、金融科技政策低洼地，努力建设国内领先、国际一流的金融科技“四地两区”，把自身打造成为“中国金融科技引领城市”和全球金融科技应用与创新中心。

## （二）政策

杭州金融科技发展相关政策见附表4。

**附表4　杭州金融科技发展相关政策**

| 时间 | 发布单位 | 政策 | 主要内容 |
| --- | --- | --- | --- |
| 2019年4月 | 杭州市人民政府 | 《杭州市加快5G产业发展若干政策》 | 积极推动垂直行业融合创新，深化5G与物联网、人工智能的融合，推进5G在工业制造、娱乐消费、城市治理、民生服务等方面的应用。积极实施“5G+”行动计划，在工业互联网、超高清视频、智能网联车、智慧安防、智慧物流、智慧医疗、电竞、商贸、教育等行业中开展应用。全市每年认定一批产业带动作用明显的5G新技术、新产品、新业态、新模式示范项目，市本级财政给予每个项目100万元奖励。开展政府重大工程5G应用示范，围绕亚运会、城市大脑、未来社区、地铁、高铁等重大工程建设，发挥先行先试引领作用。发挥政府采购政策的引导作用，对符合规定的首购产品可通过政府采购方式由采购人或政府首先购买。各级政府采购主体采购与首台（套）产品相同品目或者品类的产品，且该产品使用了不可替代的专利、专有技术的，可以采用单一来源采购方式，重点支持5G重大创新产品的应用 |
| 2019年5月 | 浙江省发展改革委、省地方金融监管局、杭州市人民政府 | 《杭州国际金融科技中心建设专项规划》 | 对杭州金融科技发展目标定位、主要任务、空间布局及政策支持予以明确。未来3年，杭州市将致力于建设国际化的金融科技研发与创新策源地、金融科技基础设施先行区、金融科技产业与应用集聚地、金融科技创新生态示范区、金融科技产业集聚首选地、金融科技政策低洼地，努力建设国内领先、国际一流的金融科技“四地两区”，把杭州打造成为“中国金融科技引领城市”和全球金融科技应用与创新中心 |

续表

| 时间 | 发布单位 | 政策 | 主要内容 |
|---|---|---|---|
| 2019 年 6 月 | 杭州市委办公厅、市政府办公厅 | 《关于服务“六大行动”打造人才生态最优城市的意见》 | 到 2022 年，培育金融领军人才 100 名，金融高级管理人才 3000 名，金融青年人才 30000 名。制定全市金融人才引育专项扶持办法，建立金融领域急需紧缺人才目录，推进金融人才信息服务平台建设。对新获得特许金融分析师（CFA）、金融风险管理师（FRM）、北美精算师等国际通行金融资格证书的金融人才，给予最高每人 5 万元补贴。制定完善金融人才认定和评价标准，健全各层级金融人才培育梯队，促进金融业更好服务实体经济，有效防控金融风险。充分发挥钱塘江金融港湾智库作用，强化金融国际化交流 |
| 2019 年 7 月 | 杭州江干区金融办 | 《建设杭州金融城打造金融科技先行区行动纲要》 | 江干区将推进包括行业深耕、企业引育、场景应用、生态构建等在内的六大行动计划，构建相互联系、相互支持的金融科技产业生态，打造杭州金融城 |
| 2019 年 9 月 | 杭州市人民政府 | 《杭州市人民政府关于推动创新创业高质量发展打造全国“双创”示范城的实施意见》 | 突出“双创”资源要素整合，完善“双创”服务体系，推动各类平台串珠成链、连线成网，切实提高“双创”的组织化水平，全力打造全国“双创”示范城，加快建设具有全球影响力的“互联网＋”创新创业中心，全面打响“数字杭州双创天堂”的城市品牌 |
| 2019 年 10 月 | 杭州市人民政府 | 《杭州市人民政府关于加快推进跨境电子商务发展的实施意见》 | 主要包括七个方面 14 项条款：鼓励跨境电子商务主体培育；鼓励跨境电子商务品牌培育；鼓励跨境电子商务人才引进培养；鼓励跨境电子商务园区建设；鼓励跨境电子商务仓储物流建设；鼓励跨境电子商务金融体系建设；鼓励跨境电子商务“单一窗口”平台建设 |
| 2019 年 12 月 | 杭州市人民政府 | 《杭州市建设国家新一代人工智能创新发展试验区若干政策》 | 以区、县（市）为主体，建设一批市级人工智能创新发展区；聚焦人工智能创新发展，突出城市大脑、未来社区、智能亚运等重点，实施人工智能应用场景建设工程；支持 500 强等龙头企业进入人工智能领域，在“人工智能＋实体经济”等领域率先形成示范 |

续表

| 时间 | 发布单位 | 政策 | 主要内容 |
| --- | --- | --- | --- |
| 2019年12月 | 杭州市人民政府办公厅 | 《杭州市新零售发展五年行动计划（2019～2023年）》 | 实施新零售业态模式创新工程、新零售示范培育工程、新零售设施技术提升工程、新零售人才体系建设工程、新零售发展模式推广工程，加大政策扶持，打造国际电子商务中心城市和新零售策源地，到2023年，争取形成以“新零售示范之城”为统领，武林—湖滨—吴山商圈和钱江新城—钱江世纪城商圈为核心，重点商业街区和大型商业综合体多区域集聚，社区、商务区、重点乡村多网点覆盖，“一城两核多区多点”的新零售发展格局 |
| 2019年12月 | 杭州市科学技术局 | 《关于落实“新制造业计划”推进杭州市“雏鹰计划”企业培育工程的实施意见（征求意见稿）》 | 通过财政政策、科技金融服务、创新创业服务等，推动初创期科技企业发展 |

## 五　广州金融科技发展现状及政策

### （一）发展概述

广州金融科技发展态势强劲。根据2019年9月第26期《全球金融中心指数报告》，在全球金融中心指数排名中，广州的综合评分较上期增加3分，排名上升到全球第23位，并且，在金融科技发展的“标杆城市”中位列第4，广州的金融科技表现越来越亮眼。

广州科技创新的主体阵容逐步扩大，金融业快速发展，金融科技发展大有可为。广州市科技局公布的最新数据显示，2018年广州新增高新技术企业4000多家，总数从2015年的1919家增加至2018年的1.1万家，稳居全国第3位；科技创新企业超过20万家，入选全国科技型中小企业信息数据库数量位居全国城市第一①。2019 年上半年，广州市实现金融业增加值 1057.63 亿元，同比增长 8.6%，高于广州市 GDP 增速，也高于同期深圳增速和全国平均水平。

## （二）政策

广州金融科技发展相关政策见附表 5。

**附表 5　广州金融科技发展相关政策**

| 时间 | 发布单位 | 政策 | 主要内容 |
| --- | --- | --- | --- |
| 2019 年 1 月 | 广州市地方金融监督管理局 | 《关于支持广州区域金融中心建设的若干规定》 | 加大对广州金融业优势项目的支持力度，弥补发展短板，加大力度集聚金融要素资源，着力发展特色金融 |
| 2019 年 3 月 | 广州市人民政府 | 《广州市加强基础与应用基础研究实施方案》 | 提出大力推进一批高水平实验室建设、积极推进一批国家重大科技基础设施落户、重点建设一批国际领先的重大科技创新平台、产学研协同突破一批重大关键技术难题、培养造就一批高水平基础研究团队、努力构建开放合作新格局、建立健全基础科学研究经费资助体系 7 个方面的主要任务 |
| 2019 年 4 月 | 广州市科学技术局 | 《广州市进一步加快促进科技创新的政策措施（征求意见稿）》 | 提出落实科技创新的 12 条重点措施，加速科技创新 |
| 2019 年 9 月 | 广州市地方金融监督管理局 | 《广州市关于促进供应链金融发展的实施意见》 | 鼓励充分发挥供应链核心企业作用，鼓励供应链核心企业与金融机构合作共建供应链服务平台 |

① 《广州高新企业数量增至 1.1 万家》，今日广东网，2020 年 2 月 25 日，http://epaper.southcn.com/oversea/jrgdqb/html/2019-03/21/content_7788319.htm。

续表

| 时间 | 发布单位 | 政策 | 主要内容 |
|---|---|---|---|
| 2019年9月 | 广州市科学技术局 | 《广州市建设科技创新强市三年行动计划（2019～2021年）》 | 围绕我国建设世界科技强国的总体战略部署，落实广东省建设科技创新强省的任务要求，打通“科学发现、技术发明、产业发展、生态优化”创新发展全链条，支撑高质量发展，充分发挥广州作为国家中心城市和综合性门户城市的引领作用，打造粤港澳大湾区建设发展核心引擎。坚持问题导向，加快重点领域突破；坚持需求导向，服务经济社会发展；坚持改革引领，构建开放创新格局 |
| 2019年12月 | 广州市地方金融监督管理局 | 《广州高层次金融人才支持项目实施办法（第二次修订）》 | 围绕服务实体经济、深化金融改革、防控金融风险三大任务做了21处修订，进一步拓宽了高层次金融人才申报的覆盖面。修订后的金融人才目录，新增了普惠金融人才、不良资产处置人才、金融党建人才等专业人才子类 |

## 六　成都金融科技发展现状及政策

### （一）发展概述

近年来，成都加速建设国家西部金融中心，金融全球影响力持续提升。在2019年第26期《全球金融中心指数报告》中，成都继2017年首次入榜后排名持续攀升，排名全球第73。在金融科技方面，本期评分为707分，全球排名第18，中国排名第6，表明其金融科技的发展已具备一定优势，并得到国际普遍认可。

2019年，成都加快提升金融服务实体经济能力。上交所、新三板西部基地签约落户，新增上市公司15家，其中A股上市公司9家，在全国首创“减税云贷”银税互动产品。在金融科技服务载体上，成都金融监管局将继续深化交子金融“5+2”平台，陆续推出2.0版、3.0版①。

① 《2020年如何稳金融？成都正制定“金融科技”规划》，红星新闻网，2020年2月25日，https：//baijiahao.baidu.com/s？id=1653997070894286675&wfr=spider&for=pc。

## （二）政策

成都金融科技发展相关政策见附表6。

**附表6　成都金融科技发展相关政策**

| 时间 | 发布单位 | 政策 | 主要内容 |
|---|---|---|---|
| 2019年4月 | 成都市地方金融监督管理局 | 《关于推广交子金融“5+2”平台构建中小微企业全生命周期投融资服务体系的实施意见》 | 通过推广成都交子金融“5+2”平台，构建中小微企业全生命周期投融资服务体系，持续精准服务实体经济，提升金融普惠性和服务效能，激发中小微企业的活力和创造力 |
| 2019年4月 | 成都市地方金融监督管理局 | 《关于扩大金融服务业对外开放助力实体经济高质量发展的若干政策措施》 | 对金融服务业对外开放进行了系列规定与明确，包括支持国外知名金融机构来成都设立法人金融机构总部，对落户的持牌法人金融机构，按其注册资本的1%给予最高4000万元一次性奖励；建立“一带一路”金融服务中心，探索设立“一带一路”大宗商品期货交易中心和非国家储备货币交易中心 |
| 2019年4月 | 成都市地方金融监督管理局 | 《关于支持金融科技产业创新发展的若干政策措施》 | 创新性提出国内首个金融科技企业分类认定标准，并针对金融科技企业出台了一系列奖补政策 |
| 2019年4月 | 成都市地方金融监督管理局 | 《成都市引进培育交子金融人才实施办法》 | 填补了市级层面金融人才政策空白，分别从资金支持、生活保障、表彰激励、贡献奖励、认证补贴五方面提出了引进培育交子金融人才的支持措施 |

# 七　重庆金融科技发展现状及政策

## （一）发展概述

重庆是中西部经济第一城，也是国家中心城市、西部地区经济中心和全国金融高地，金融科技创新与发展基础扎实。2018年，重庆金融业增加值达

1942.33亿元，紧追广州和天津，位居全国第六、中西部第一。2019年上半年，重庆战略性新兴产业贡献超过50%，新产业、新动能推动重庆经济实现快速发展①。重庆是"一带一路"和长江经济带的联结点，集"一带一路"、西部大开发、长江经济带、统筹城乡综合配套改革试验区等国家重大倡议和战略于一体，在产业创新、制度改革等方面走在全国前列。除区位优势外，重庆良好的营商环境吸引了度小满金融、蚂蚁金服、腾讯金融等诸多金融科技巨头深入布局。

战略定位和时代机遇助推重庆金融科技产业崛起。根据2019年10月发布的《国家数字经济创新发展试验区实施方案》，重庆被确立为首批国家数字经济创新发展试验区，进一步推进重庆数字产业化、产业数字化发展，打造"智造重镇"和"智慧名城"。同年11月，经中国人民银行、国家发改委、科技部、工信部、人力社保部、国家卫健委六部委批准，重庆市成为全国首批开展金融科技应用试点的城市之一。在金融科技应用试点工作中，重庆市通过打造金融科技产业聚集区、高质量发展制度创新区、监管科技应用先行区和金融科技标准示范区"四区"，拓展高质量发展空间；建设国家金融科技认证中心、重庆市金融大数据服务中心"两中心"，夯实金融科技支撑体系。

当前，重庆江北嘴区域和渝北区已成为重庆金融科技发展主阵地。江北嘴区域的地理位置优越，一直备受关注。2019年7月，重庆设立了江北嘴金融科技港，这片区域成为承接重庆金融科技发展的主阵地。初期，金融科技港以引入基础技术平台型企业为重点，形成以人工智能、区块链、云计算以及数据隐私保护为基础的技术平台，为应用场景创业企业提供一站式技术服务。在应用场景方面，"金融监管科技"和"供应链金融科技"是江北嘴金融科技港重点发力的两大方向。目前，江北嘴已入驻金融类企业230余家，并陆续与22家金融科技企业和机构完成了签约。江北嘴金融科技港的发展使重庆建设内陆国际金融中心的路径越来越明晰。渝北区在金融科技关键底层技术上发展较好，为金融科技发展提供了有力的技术支持。渝北区仙

① 《从重庆"金融磁力"，看普惠金融的中国实践样本》，布谷新金融，2020年2月25日，http://www.bgxjr.cn/news/10906.html。

桃数据谷涵盖了大数据、人工智能、云计算、物联网及其衍生的互联网金融、供应链金融等前沿产业，会聚并定制化输送很多大数据、智能化领域的专业技能型、复合创新型和行业精英型人才①。2019 年 8 月，仙桃国际大数据谷举行 2019 年重大招商项目现场集中签约活动，现场签约了 49 个项目，投资总额 587.4 亿元。新一批智能化项目的落地将进一步推动渝北地区的经济发展，为重庆金融科技的发展增加动力。

### （二）政策

重庆金融科技发展相关政策见附表 7。

**附表 7　重庆金融科技发展相关政策**

| 时间 | 发布单位 | 政策 | 主要内容 |
| --- | --- | --- | --- |
| 2019 年 12 月 | 重庆市人民政府办公厅 | 《重庆市引进科技创新资源行动计划（2019～2022 年）》 | 到 2022 年，重庆将累计引进 100 所高校、科研院所和企业开展合作，让高端创新资源不断聚集。提出五项重点任务：设立高端研发机构；共建联合研发基地（中心）；建立科技成果转化基地（中心）或技术转移转化服务机构；合作推动“双一流”建设；合作建设科技创新平台 |

## 八　南京金融科技发展现状及政策

### （一）发展概述

南京是泛长三角区域金融业最发达的城市之一，2018 年南京金融业总资产规模已接近 7 万亿元，金融业主要指标均居全省首位，整体金融市场规模占全省的 20%，全年实现金融业增加值约 1450 亿元，占 GDP 的比重超过

① 《仙桃数据谷加快实施五大重点工程》，中国新闻网重庆新闻，2020 年 2 月 25 日，https：//www. sohu. com/a/340468510_ 100253935。

10%，雄厚的金融产业积淀是南京参与并推动长三角区域金融联动发展的基础[①]。2019 年上半年，南京市实现服务业增加值 4154.61 亿元，增长 9.4%，增速快于 GDP 增速 1.3 个百分点，服务业增加值占 GDP 比重达 61.6%。重点行业支撑有力，以科技、水利、教育和卫生为主的非营利性服务行业增加值增长 11.5%。以信息传输、软件和信息技术服务业等行业为主的其他营利性服务行业增加值增长 13.6%。金融业增加值增长 11.7%，增速分别高于 2018 年全年和 2018 年同期 6.8 个和 7.9 个百分点[②]。

南京金融科技实力崭露头角。根据 2019 年第 26 期《全球金融中心指数报告》，南京排名第 103，首次上榜便超越了杭州，金融科技发展潜力不容小觑。2019 年 8 月，南京成立金融科技研究创新中心，凝聚政府政策支持优势、高校和科研院所的人才优势、企业的技术与产业优势，以移动互联网、区块链、大数据、人工智能等新型技术为支撑，开展金融科技课题研究、人员培训、场景应用试点，推动金融科技研发及应用推广。

### （二）政策

南京金融科技发展相关政策见附表 8。

**附表 8 南京金融科技发展相关政策**

| 时间 | 发布单位 | 政策 | 主要内容 |
| --- | --- | --- | --- |
| 2019 年 7 月 | 南京市地方金融监督管理局 | 《关于提供更优营商环境 加强基金业集聚发展的若干政策意见》 | 从打造基金集聚区、提供政府资金支持、开展一站式服务、搭建项目对接平台等六个方面，推进南京基金业集聚发展，并形成集聚发展合力 |

① 《南京金融业总资产规模接近 7 万亿元》，南京市人民政府网，2020 年 2 月 25 日，http：//www.nanjing.gov.cn/njxx/201812/t20181221_1343240.html。

② 《通报 2019 年上半年南京市经济运行情况》，南京市人民政府网，2020 年 2 月 25 日，http：//nanjing.gov.cn/zdgk/201907/t20190730_1610612.html。

图书在版编目(CIP)数据

中国金融科技运行报告.2020 / 杨涛，赍圣林主编
. --北京：社会科学文献出版社，2020.9
ISBN 978-7-5201-7196-0

Ⅰ.①中… Ⅱ.①杨… ②赍… Ⅲ.①金融-科技发展-研究报告-中国-2020 Ⅳ.①F832

中国版本图书馆CIP数据核字（2020）第164132号

中国金融科技运行报告（2020）

主　　编／杨　涛　赍圣林
副 主 编／杨　东　宋　科　刘　勇

出 版 人／谢寿光
组稿编辑／恽　薇
责任编辑／冯咏梅　颜林柯　胡　楠　蔡莎莎

出　　版／社会科学文献出版社·经济与管理分社（010）59367226
地址：北京市北三环中路甲29号院华龙大厦　邮编：100029
网址：www.ssap.com.cn
发　　行／市场营销中心（010）59367081　59367083
印　　装／三河市东方印刷有限公司

规　　格／开 本：787mm × 1092mm　1/16
印 张：31.5　字 数：481千字
版　　次／2020年9月第1版　2020年9月第1次印刷
书　　号／ISBN 978-7-5201-7196-0
定　　价／148.00元